博士論文
出版項目

內閣大庫藏書研究

A Study on NeiGeDaKu Collection of Books

林振岳　著

中國社會科學出版社

圖書在版編目（CIP）數據

內閣大庫藏書研究 / 林振岳著 . —北京：中國社會科學出版社，2022.7
（2023.7 重印）

　ISBN 978 - 7 - 5203 - 9887 - 9

　Ⅰ. ①內… 　Ⅱ. ①林… 　Ⅲ. ①藏書—圖書史—研究—中國—清代
Ⅳ. ①G259. 294. 9

中國版本圖書館 CIP 數據核字（2022）第 041116 號

出 版 人	趙劍英
責任編輯	宋燕鵬
責任校對	李　碩
責任印製	李寡寡

出　　版	中國社會科學出版社
社　　址	北京鼓樓西大街甲 158 號
郵　　編	100720
網　　址	http://www.csspw.cn
發 行 部	010 - 84083685
門 市 部	010 - 84029450
經　　銷	新華書店及其他書店

印　　刷	北京君昇印刷有限公司
裝　　訂	廊坊市廣陽區廣增裝訂廠
版　　次	2022 年 7 月第 1 版
印　　次	2023 年 7 月第 2 次印刷

開　　本	710 × 1000　1/16
印　　張	27.5
插　　頁	2
字　　數	383 千字
定　　價	158.00 元

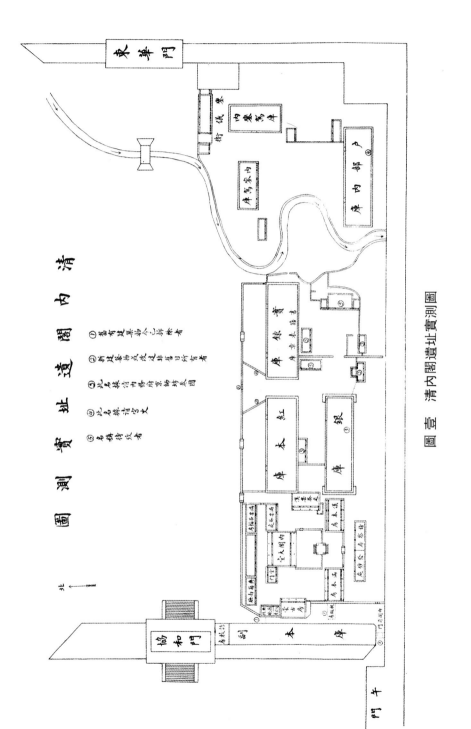

圖壹　清內閣遺址實測圖

圖 貳　內閣大庫紅本庫

圖 叁　內閣大庫書籍表章庫

（插圖引自《清內閣庫貯舊檔輯刊》）

出 版 説 明

　　爲進一步加大對哲學社會科學領域青年人才扶持力度，促進優秀青年學者更快更好成長，國家社科基金 2019 年起設立博士論文出版項目，重點資助學術基礎扎實、具有創新意識和發展潜力的青年學者。每年評選一次。2020 年經組織申報、專家評審、社會公示，評選出第二批博士論文項目。按照"統一標識、統一封面、統一版式、統一標準"的總體要求，現予出版，以饗讀者。

全國哲學社會科學工作辦公室

2021 年

序　一

　　中國古籍之存藏與保護歷史，爲近年古典文獻學界研究熱點之一，已湧現不少可喜成果。所見成果之所以可喜，乃因研究課題愈益專門，研究旨趣愈益沉潛，諸君精耕細作，鍥而不捨，題目雖屬小衆，所獲則深入且堅實，令文獻學研究實至而名歸。

　　歷代典籍之存藏與保護，多賴官方及民間之共識與努力。承平之世，訪書聚書，庋藏編目，整理修復，新編重刻等等，皆爲先民延續文脈之自覺行爲。晚近以來，古籍傳承保存之責，大致呈由私藏轉爲公藏、由民間轉爲官方之趨勢。中國圖書館事業發展已逾百年，所藏歷代典籍總量，已囊括存世古籍絕大部分品種及版本。存藏於各地圖書館之古籍（尤其善本），莫不經歷千回百折而流傳至今。各館古籍管理人員於編目流通之餘，對於館藏構成及其來歷之回溯，研究熱情正逐漸升溫。平心而論，圖書館對於各自藏書之來歷，若知之甚少，或述之乏人，則慎終追遠，未免愧對前修，繼往開來，尤慮後勁不足。

　　林振岳君之博士學位論文《內閣大庫藏書研究》，聚焦中國國家圖書館前身京師圖書館（1911－1928）藏書來源中之內閣大庫藏書，追溯其收藏沿革及整理史實，少所倚傍，戛戛獨造，經深入調查，網羅史料，周密爬梳，釐清原委，取得厚實成果，業經專家肯定。論文一再修訂，茲將正式出版，聞之深感喜慰。

　　林君對內閣大庫藏書之研究特點，爲注重利用書目及檔案。如其依據筆記、日記、書札、書目、清檔等原始史料，對內閣大庫書檔清理及移交學部之過程，自光緒三十四年十月至宣統元年九月，有迄今最爲詳盡之描述。對於京師圖書館所編善本書目之利用，則不限於通行常見者，爲此擴大調查範圍，遍訪中外圖書館，故能左采右獲，見所未見，獲取多種稀見書目，經比勘發現諸目著錄之差異，從而揭示內閣大庫藏書曾經多次整理編目之事實。林君研究工作之深入、前期準備之充分，又可由其編纂《京師圖書館善本書目彙編》知之。京師圖書館時期歷次編目之稿本、抄本，因收藏分散，形成研究盲點，現經多年調查，基本釐清《善本書目》之編纂過程，所發現前人認爲失傳之張宗祥編《善本書目》（訪自上圖），及考明藏於日本之兩部《善本書目》爲史錫永所改編，堪稱創獲。《彙編》按部編排，將前後六部善本書目細加比勘，對於還原內閣大庫藏書初貌、鉤稽其歷年變遷之軌跡，實多裨益。

林君論文凡分六部分：一爲概述，介紹內閣大庫藏書之發現，兼及大庫位置、功能以及藏書之來源；二述內閣大庫藏書發現後最初之整理，涉及清季曹元忠、劉啟瑞等人之清點活動，認定曹編《文華殿檢書分檔》《內閣大庫見存宋元槧書目》爲大庫所藏宋元本之專錄，劉編《內閣庫存書目》則爲大庫藏書移交學部時之清點底賬；三述京師圖書館成立後歷年編纂之善本書目，作者經眼之《京師圖書館善本書目》多至六部、十六種版本（內稿抄本十二種），其中經考訂證實之張宗祥、史錫永兩家所編書目，爲此前研究者所未曾道及；四述京師圖書館時期對內閣大庫藏書之整理，即取夏曾佑《京師圖書館善本簡明書目》及張宗祥《京師圖書館善本書目》作分析，證明同爲內閣大庫舊藏，於不同時段之著錄中已出現配補、改裝等情形；五述民國間內閣大庫藏書之庋藏蹤跡，如據《新舊二目異同表》，比勘京師圖書館系列《善本書目》及趙萬里《國立北平圖書館善本書目》，可知京師圖書館改組爲國立北平圖書館後，對內閣大庫藏書曾續加整理（趙萬里等對原京師圖書館著錄之善本多有剔除），並介紹上世紀三十年代"善本南遷"後內閣大庫藏書分藏北京、臺北及海內外其他處所之現狀；六述內閣大庫藏書整理對"善本書影"

形制之影響，大量新出現之宋元本（含殘書及零葉），曾催生民國間《宋元書景》《宋元書式》《舊京書影》《重整內閣大庫殘本書影》等善本書影聯翩出版，其影響至今不衰。對於內閣大庫藏書研究之意義，林君有以下評估：

（一）內閣大庫書檔，包括檔案、書籍二者，書籍與檔案同等重要，均屬於王國維所稱"四大史料"之一所含內容，對近代學術發展造成影響；

（二）內閣大庫藏書爲晚近新發現宋元刻本之淵藪，令存世古籍宋元本之品種及數量爲之改觀，中日學人對此批藏書之整理與探索，對此後之古籍目錄與版本研究具有推動作用；

（三）內閣大庫藏書傳自明代內府，清代歷朝對內閣大庫書檔之清點，沿襲明文淵閣對圖書及目錄之管理制度，據此錮閉深宮數百年之藏書，可追溯宋元明三代內府藏書體制；

（四）內閣大庫藏書之遞藏流通，爲中國國家圖書館早期館史中重要發展環節；

（五）內閣大庫所藏宋元本多存蝴蝶裝舊貌，爲反映古代書冊形制之重要實物，其價值不下於敦煌石室所發現唐人寫卷，民國間馬衡等對於古代書冊制度之研究，即由此發軔；

（六）內閣大庫藏書之發現，推動晚近善本書目及書影之編纂活動，並促成《百衲本二十四史》編纂計畫之提出；

（七）內閣大庫藏書命運，關涉近世中國典籍文物播遷史，爲維繫海峽兩岸文化之重要紐帶。

由林君之論述可知，內閣大庫藏書上承宋元明歷朝內府藏書脈絡，多屬溢出《天祿琳琅書目》正續編著錄之清宮藏書，遂成爲籌建京師圖書館時最先入藏之善本，由宮廷藏書轉爲圖書館公藏，此前散亂堆積、罕爲人知者，經編目整理而發表公佈，實屬古籍典藏流傳史中重要事件。內閣大庫藏書編目同時，對其所作配補、拆分、修復、改裝等整理，皆屬現代圖書館整序編目、版本鑒定諸業務用於古籍之最早實踐。內閣大庫藏書又命運多舛，自出於深宮、庋爲善本未久，即遭際南北播遷、東西舶載，故其品種數量、裝幀形態及收藏去向等，各時期記錄出現差異，遺留問題，猶待清理。對於內閣大庫藏書之調查研究，非僅關乎國家圖書館早期藏書之原本面貌及流傳原委，又涉及中國古籍流傳史、近代圖書館發展史、近世圖書文物播遷史、二十世紀前期中日學術交流史等專題，時人對此雖已有涉獵，但深入探討及實證研究，仍存空間。連類比事，國內各大古籍收藏館，俱有類似釐清館藏來源之任務。

重視目錄、版本及校勘之文獻學研究方法，爲清代樸學家所倡導，亦爲近代文獻學家王欣夫先生等身體力行。林君少年劬學，嗜書如命，自入復旦大學深造，日親典籍，濡染斯文，於文獻學研究若有宿契，對清末以來文獻流傳及文獻學家活動，潛心用力，積有年所，厚積薄發，遂於內閣大庫藏書研究見其方法嫻熟而成績斐然。林君對京師圖書館藏善本之來源，非僅關注內閣大庫藏書而已，他如於"歸安姚氏書"，曾整理《咫進齋善本書目》、輯錄《京師圖書館藏歸安姚氏咫進齋舊藏書目》；於"南陵徐氏書"，曾撰文辨明其乃徐文達、乃光父子藏書，而非徐乃昌積學齋藏書。其好學深思、追本溯源、重視稿抄校本之研究旨趣，足供有志研究古籍存藏與保護歷史者借鑒。

辛丑冬日吳格識於復旦大學古籍保護研究中心

序　二

　　人從母胎出來，開始呼吸外面的空氣以來，在長輩們呵護下成長，不斷地接觸周圍世界，學習吸收生活習慣，學會語言，養成一套價值觀，塑造成一個人格，成年之後很難改變。孔子說"如有王者，必世而後仁"，因爲一個人的價值觀很難改變，所以說必需等現在的成年人都出局，社會才有可能改變。

　　學術文化也有類似的情況。且不論學二代，一般人上了大學才有機會接觸學術文化。現在回想，我開始學專業的那幾年時間，自己有關學術的基本價值觀已經成形，至今都沒大變，儘管對具體問題的認識都在變化。就這點來說，我受戶川芳郎老師的影響最深，而戶川老師受倉石武四郎的影響，倉石則受狩野直喜影響。簡單說是師承關係，但狩野、倉石、戶川到我之間，並沒有直接授受的學術觀點，只有價值觀似乎有共性。戶川老師的演習課，讓學生分析《周禮疏》等文獻，每週擔任報告的學生都要花時間做準備，所有內容，甚至每一個字，都要找相關書證，複印資料發給老師和同學們。如果資料包括版本書影，老師一定會要求學生說明爲什麼要用這一版本。老師並沒有提供答案，講解各種版本的性質，但這樣的提問對我來說已經足夠了，從此深知看書要反思各種版本的不同意義。戶川老師自己講課從來都是漫無邊際的聊天。他沒有講過經學、宋元版等方面的具體內容，一直介紹清代到近代中日諸多學者以及各種文獻的情況。我聽他的漫談，對學術的世界有了大致的印象。他跟長澤規矩也、阿部隆一、尾崎康等版本學家都有直接交往，也很敬重他們。當時我感到宋元版是遙不可及的神秘領域。

　　戶川老師有幾次談到過倉石武四郎晚年，把早年在京都大學、東京大學講課的手寫講義放在案頭，相當珍惜。不過對更早時期做過的"舊學"成果，包括《儀禮疏》、《尚書正義》的校勘和《舊京書影》等，沒有聽說後來倉石自己有多重視。戶川老師也不太瞭解《舊京書影》的編輯情況，翻看倉石的文集都沒有提到過《舊京書影》。只有開始翻譯《正史宋元版之研究》，看到《舊京書影》反覆被引用，我才知道是必不可少的參考資料。等《正史宋元版之研究》出版，讀者都看不到《舊京書影》的話，無法理解尾崎先生的論述，所以有必要先出版《舊京書影》。於是搜集相關資料，這才逐漸瞭解了北平善本的基本情況。在那之前，不僅是我，很多人的認識非常模糊，例如昌彼得先生撰文懷疑北平善本有大批遺失，本來出於單純的誤會，而沒看到有人糾正，連尾崎先生都誤信昌先生說。對北圖內部的人，或行內專家來說，或許是一種常識，但外界很難瞭解到。所以我在影印《舊京書影》的出版說明裏，敘述我瞭解到的大致情況，希望引起讀者的注意。幸運的是，當時翻看《北平圖書館館刊》，偶然看到《新舊二目對照表》，還有因爲當時我在東洋文化研究所有個臨時的職位，能進書庫，偶然看到《京師圖書館善本書目（詳本）》抄本。得了這兩份資料，對北平善本的瞭解一下子深入很多了，至少對我自己而言是頓開眼界的經驗。

　　林兄此書以內閣大庫本爲主線，探討京師、北平圖書館所藏善本的來龍去脈，比起當年我的初步認識，自然深入幾百倍，做到很全面。內閣大庫並非個人收藏，所以情況與個人藏書樓完全不同。公家的東西大家都有份，所以早期有些人順手拿出去變賣。不僅如此，一百年來很多官員、館員及學者都有參與這批書的保管整理，換言之，這批藏書社會性很強，直接受到政治史、文化史、學術史背景的影響，因此本書實際上也在反映近代圖書館、版本學事業的發展歷史，絕不僅僅是一批古書流傳的跟蹤報告而已。

　　一百年滄桑，不僅藏書文化變化，學者的生態也有很大的不同。

繆荃孫自不用說，張元濟、傅增湘都是清朝進士，社會地位極高，也有經濟基礎，所以他們還能自己購求收藏。趙萬里、倉石他們雖然也享受了一定的社會地位，但畢竟靠薪水生活，所以看書一定要靠圖書館。趙萬里跑南北找藏書家看宋元版，也爲圖書館購買，而未聞自己收藏。社會的變化，並不局限在戰亂時期，就算是和平時代，社會漸變從不停止，最近幾十年來的變化也不比戰亂時期小。上世紀七八十年代阿部隆一、尾崎康他們看書，藏書單位還很配合。九十年代看書要靠個人關係，最近二十年來，最好別想調查什麼宋元版了。如今想要看宋元版的人一大堆，無法一一滿足要求，這怨不得誰，宋元版只能封存。以前每一個收藏一些善本書的單位都會有一兩個研究版本的圖書館員，現在都在講究效益，很多館員被逼作爲隨時都可以換崗的官員，只能執行上級安排的任務。這與很多大學教授被逼作爲有可能被裁員的服務業職員，小心安分地保住自己的飯碗一樣。

　　變化自然也有好的方面。隨著電子信息技術的發展普及，影印本以及電子書影越來越多，例如長澤規矩也舊藏越刊八行本《禮記正義》卷六十五，二〇一四年我編影印本《禮記正義》時不知現藏，由林兄指點才知道在關西大學，如今在關西大學官網竟然可以看到全卷高清彩色圖像。回想從上世紀九十年代，三十年來我個人爲電腦花費的時間和金錢是多得嚇人的，最近還要加上手機和網費。八十年代以前，文稿都手寫，只需要紙和筆，交給出版社，排版是印刷廠的任務。現在我們等於要自己擔任當年撿字工人的活，雖說電腦可以幫忙，但電腦這東西經常鬧彆扭，從不令人順心，而且要我們不斷地花錢養活，十分討厭。不過，沒有電腦，我怎麼能看到這麼多善本書的書影？像我這種隨時都有可能被裁員的服務業職員，居住條件非常有限，無法收藏大量書籍。最近閱讀自己編過的《禮記正義》，感覺不錯，開始覺得今後重點讀自己編過的書也不錯。

　　十多年來我參與編過不少書，自己也寫過不少文章，今年也已經有一些可喜的收穫。如果可能的話，我最想讓戶川老師看看，跟他一一說明每一部書、每一篇文章的趣處，他應該會最高興的。可惜戶川老師歲數太大，幾年前已經宣布徹底閉關，不與外人交流了。現在我有這樣的想法，或許也是人老還童的一種表現。其實我寫文章，從來沒有預設具體的讀者對象，是寫給陌生的、但有共同價值觀的人。民國學者我最景仰胡玉縉，《許廎學林》是民國最可愛的書，爲王欣夫所編。王欣夫編印過多種可喜可愛的書，《文獻學講義》、《蛾術軒篋存書錄》亦皆可喜。王欣夫受經學於曹元弼，而曹王二氏的學術價值觀似乎有別。吳格老師應該沒有直接受教於王欣夫，但旁觀吳老師多年來編輯的各種書，皆討人喜好，感到與王欣夫有較大共性。林兄受吳老師熏陶，其價值觀似與王欣夫、吳老師一脈相承，所以他自己也編書，辦過小刊物，挖掘過張錫恭著作書版，也挖掘到《舊京書影》、《京師圖書館善本書目》相關諸多資料。我感覺林兄和我的學術價值觀很接近，這不是我要巴結拉攏年輕人，也不是什麼惺惺相惜，只是說這裏有一個讀書文化。而且文化只是一個抽象概念，實際上只有我們各活各的讀書生活而已。

　　本書成就顯著，無疑可以傳後，然而對林兄自己而言，也是一個足跡，自然不會停滯於此。所謂前途無量，將來的變化會有好的，也會有不好的。身體狀況、社會處境、家人健康等，人生充滿由不得自己的事情。但無論發生什麼情況，我們還是只能繼續讀自己的書，一直到實在看不了爲止。王欣夫在我出生那一年逝去，而我已經活得比魯迅還久。生命有限，祝願我們今後的讀書生活永遠充實愉快！

喬秀岩謹識

二〇二一年八月

摘　　要

　　"內閣大庫藏書"原爲清宮舊藏，其源可上溯至宋元明內府藏書。清末籌建京師圖書館，內閣大庫藏書移交學部，成爲北京（北平）圖書館善本藏書之基礎。此後配補拆分、修復改裝，又隨時局變動南北播遷、東西舶載，其品種數量、裝幀形態等，記錄漸形模糊。對此部分善本圖書之調查研究，關涉北京圖書館早期藏書之流傳原委，爲研究中國古代典籍流傳、近代圖書館發展歷史之重要課題，且與近代中國文物遷徙流轉（部分善本曾隨"文物南遷"移藏上海及美國國會圖書館，今分藏北京、臺北兩地）、二十世紀前期中日學術交流史（如日本學者倉石武四郎來華拍攝《舊京書影》）等專題研究相關。

　　本書回顧了內閣大庫藏書發現歷史，著重發掘內閣大庫藏書相關書目文獻，介紹了清代以來大庫藏書保存及整理狀況，包括清歷朝所編書檔舊目、清末大庫藏書移到文華殿時劉啟瑞與曹元忠整理編目、移交京師圖書館後之編目著錄情況。書中對現存《京師圖書館善本書目》稿抄本作了系統梳理，藉此還原民國期間對內閣大庫藏書著錄、配補、改裝等情況，進而追蹤大庫藏書去向。大庫藏書發現之時，爲人盜出而流失者不少，今散見於公私藏家，本書在一定範圍內進行調查。

　　內閣大庫藏書爲晚近新出宋元本淵藪，對清末民國之學術研究、出版有較大影響，早期"善本書影"編纂亦與之相關。書中從大庫藏書發現的角度重新回顧了《宋元書景》、《宋元書式》、《舊京書影》等善本影譜編纂過程，指出大庫新出宋元殘書殘葉對早期"善本書影"編纂推動發展之影響。

關鍵詞：內閣大庫　藏書史　圖書館史　版本目錄　善本書影　京師圖書館　北平圖書館

Abstract

'NeiGeDaKu Collection of Books' refers to the Chinese ancient books treasured up by Royalty of Qing Dynasty and partly originated the imperial storage from Song, Yuan, and Ming Dynasty, which were in the late Qing Dynasty, handed over to the Department of Education in order to build up the Jingshi library, and thus, accordingly became the foundation of rare books collection in Beijing (Peking) Library afterwards. Since ever, unceasingly rebinding involved remove or replace the page if it got damaged or lost, etc. , has made all the records of that Collection fuzzy in variety, quantity, and binding form, let alone in the worst case later, when a change record started off as vague, it had not been at least being tracked and documented in the endless being moved all the way across country owing to the plenty of chaos caused by the sorts of wars. Research on all these rare books, concerning the collecting of these rare books from the Chinese National Library, should be an important subject for both ancient Chinese classics and the development history of modern libraries. Furthermore, it also relates to the transfer of cultural relics in modern China (Some rare books were moved to Shanghai and US Library of Congress with "the migration of cultural relics from Forbidden City to the South China", which are stored in Beijing and Taipei respectively today.), and the history of Chinese – Japanese academic exchange in the early 20th century（such as the book of *JiuJingShuYing* written by Kuraishi Takeshirou, Japanese scholar, once came to China and photo-copied part of these books.）.

Having reviewed the discovery history of NeiGeDaKu Collection of Books, the paper emphatically explores the bibliographic literature of the royal library, and introduces the storage and arrangement of library books since the Qing Dynasty, including the bibliographic lists compiled in every period of successive emperors, the catalogue systemized by Qirui Liu and Yuanzhong Cao at the time of moving books to Wenhua Temple during the fall of Qing Dynasty, and the catalogue description after transferring books to the Jingshi Library. By systematically combing through the existing man-uscripts of *JingShiTuShuGuanShanBenShuMu*, the paper restores certain original appearances of description, supplement, and modification of the Collections during the period of the Republic of China. To a certain ex-tent, in doing so, it successfully traces the whereabouts of the Collection books. When the Royal library was discovered, the books in it were hugely lost because of a lot of theft, and many of them are seen in the storage of public and private collectors nowadays. For this part, this paper conducts the investigation in a certain scope.

NeiGeDaKu Collection of Books, the fountainhead of emerging new-found edition（from 1840 to 1949）of the Song and Yuan Dynasties, has great influence on the academic research and publication from late Qing Dynasty to the period of the Republic of China, which could be seemed straightforward, for example, on the previously compilation of " the photo-copy of rare books ". From the perspective ofthe discovery of NeiGeDaKu's Collection, the paper reviews the compilation process of " *SongYuanShuYing*", " *SongYuanShuShi*" and " *JiuJingShuYing*", etc. again, meanwhile, also pointing out the impacts of the residual books, even pages of Song and Yuan Dynasties on the earlier compilation of " the photocopy of rare books" .

Key Words: NeiGeDaKu ; History of book collection; Library History; Bibliography of book edition; Photocopy of rare books; Jingshi Library; Peking Library

本書引用相關書目說明

本書引用《京師圖書館善本書目》等目錄，採用簡稱編號，格式如下：

【張 0001】　【庫】　周易鄭康成注一卷　一冊
　①　　　　　②　　　③　　　　　④

各部分含義如下：①書目/館藏 簡稱。②所引條目在該目/該館編號。③舊藏來源。④書名卷數。如【張 0001】表示張目第一條著錄。【庫】表示舊藏來源爲內閣大庫藏書。

①**各目/各館簡稱（書目附所據版本）**

【繆】繆荃孫《清學部圖書館善本書目》　民國元年（1912）《古學彙刊》鉛印本

【簡】舊編《京師圖書館善本簡明書目》　中國國家圖書館藏京師圖書館鈔本

【江】江瀚《京師圖書館善本簡明書目》　中國國家圖書館藏民國七年（1918）京師圖書館鈔本

【夏】夏曾佑《京師圖書館善本簡明書目》　民國五年（1916）鉛印本

【張】張宗祥《京師圖書館善本書目》　上海圖書館藏京師圖書館鈔本

【史】史錫永《京師圖書館善本書目錄》　日本京都大學人文科學研究所藏鈔本

【趙】趙萬里《國立北平圖書館善本書目》　民國二十二年（1933）刻本

【異】《本館善本書目新舊二目異同表》　《國立北平圖書館館刊》1934 年第 8 卷第 1、2、4 期連載本

【舊】倉石武四郎《舊京書影提要》　民國十八年（1929）《文字同盟》第 24、25 號合刊本

【北】北京圖書館（中國國家圖書館）

【臺】臺北故宮博物院

②各目/各館編號說明

1. 【繆】【簡】【江】【夏】【張】【史】【趙】【異】【舊】各目，依據底本著錄條目之先後順序編號。如【繆0001】、【舊0019】。

2. 【北】北京圖書館（中國國家圖書館），據索書號編號。如【北 A00003】。

3. 【臺】臺北故宮博物院所藏原北平圖書館善本，集中編號爲“平圖”，由於該館編號較長，今依其該館網上檢索系統著錄“平圖”各書之先後次序編號。如【臺0001】。

③舊藏來源簡稱（本書僅涉及兩種）

　　【庫】清內閣大庫藏書　　　　　　【姚】歸安姚氏咫進齋藏書

④書名卷數說明

舊目著錄書名，同名者多簡省爲“又”或“又一部”，今以〖 〗補全題名。例：

【繆0002】【姚】〖周易兼義十卷略例一卷釋文一卷〗又全

【夏0007】【庫】〖周易集說〗又一部　　（清內閣書）

目　　錄

Contents

敘　　論

一　選題背景

清宣統元年（1909），內閣大庫房屋坍塌，發現庫中存有大量舊本書籍。張之洞奏請將藏書移交學部，籌建京師圖書館，即後來北平圖書館，今北京圖書館（中國國家圖書館）前身，爲我國公共圖書館之發軔。

內閣大庫爲清代內府存放檔案文書之處，庫中書籍部分源自明內府舊藏。乾隆朝編纂《四庫全書》，大庫藏書也未加利用，清末人譏之爲“廣開獻書路，求遠反遺邇”①。此批藏書三百年間，秘貯庫中，未經流通，爲清代前中期藏書家所未睹。由此形成了藏書史上的奇觀：書中收藏印鑒宋元明印記之外，即接以清末民國公私藏印。庫中宋元本多存蝴蝶裝舊貌，爲研究書冊形制重要實物例證，價值不下於清季敦煌石室新發現唐人寫卷。

內閣大庫藏書又與我國近代公共圖書館籌建、善本南遷等歷史事件關聯。大庫藏書發現之後，即移交學部籌建京師圖書館，爲其早期入藏善本之基礎。歷任京師圖書館主事編纂《京師圖書館善本書目》，即主要整理著錄內閣大庫藏書。抗戰之中，時局飄搖，部分善本漂洋過海，寄存美國國會圖書館，戰後移交臺灣“中央圖書館”，最後入藏臺北故宮博物院。自此一宗藏書，分藏北京、臺北

---

① 曹元忠：《秘閣》，《箋經室遺集》卷十八，民國三十年（1941）吳縣王氏學禮齋鉛印本。

兩地。

　　內閣大庫藏書乃晚近新出宋元本之淵藪，對清末民國學術研究、出版也產生了較大影響。早期"善本書影"編纂、《百衲本廿四史》影印、書冊制度研究，皆與大庫新出宋元本相關。內閣大庫藏書發現實近代學術史之大事件，而相關史料披露、研究甚爲缺乏。有鑒於此，論文以"內閣大庫藏書"爲題，展開相關研究。

二　選題意義

　　（一）內閣大庫藏書發現恰逢中國社會新舊變革之際，爲中國公共圖書館發軔期。釐清此宗藏書移交、整理相關史實，尤其是京師圖書館時期整理此宗藏書、編纂《善本書目》相關情況，有助於深入了解中國國家圖書館早期館史，推動中國近代公共圖書館發展史相關研究。

　　（二）內閣大庫藏書爲中國公共圖書館最早入藏的一批善本，近代公藏書目規範化、程式化過程，與整理該宗藏書密切相關。如繆荃孫新增著錄版框尺寸之舉，張宗祥、史錫永等人編纂館藏善本書志等，皆開風氣之先。對此宗藏書之整理、編目著錄情況研究，有助於深化對民國以來版本學、目錄學發展之認識。

　　（三）內閣大庫藏書新出大量宋元殘書殘葉，推動了早期善本書影編纂。將《宋元書景》、《宋元書式》、《舊京書影》等善本影譜編纂納入大庫藏書發現的歷史背景，可進一步釐清中國早期善本書影起源及發展的學術史。

　　（四）內閣大庫藏書爲晚近新出宋元本之淵藪，對清末民國學術研究、出版產生影響。清末以來，簡牘出土、敦煌寫卷及內閣大庫藏書發現，爲研究簡帛時期、寫卷時期（紙發明以後）、書冊時期（雕版印刷術流行後）各自提供了實物材料，由此興起了一股研究書冊制度的熱潮。此外，大庫新發現眾多宋元版正史，對影印《百衲本廿四史》計劃提出有促進作用。

　　（五）抗戰期間，平館善本南遷，又擇其精華寄存美國國會圖書館，戰後移交臺灣“中央圖書館”，最後入藏臺北故宮博物院。一宗藏書，分隔兩地，今對此宗藏書追蹤研究，有助了解其具體分合之情形，爲日後牉合提供目錄根據。

（六）內閣大庫藏書流落民間者不少。今公私藏書、拍賣，常見宋元殘書零葉，多即內閣大庫舊藏。若對大庫藏書背景有所了解，不難推斷其來源，從而爲推定版本及配補提供線索。

三　研究綜述

今人多矚目於內閣大庫所藏清宮檔案，而庫中藏書則關注者無多，論者大多只在宮廷藏書研究中附帶及之。如齊秀梅、楊玉良《清宮藏書》（2005）有“內閣大庫藏書”一章，對內閣大庫來龍去脈有所簡介。張昇《明清宮廷藏書研究》（2006）下編第三章“清代宮廷藏書處所”下列有“內閣大庫”之目，並在第五章“清代宮廷藏書的流散”下列有“清末內閣大庫書檔的流散”一節。此類宮廷藏書研究，大多將內閣大庫藏書作爲清宮藏書的一部分來考量，而非以大庫藏書作爲主體進行研究，故而所述多以簡介爲主。2014年臺北故宮博物院盧雪燕《臺北故宮博物院現藏清內閣大庫藏書探源》一文，係近年首篇以“內閣大庫藏書”爲專題的論文，該文對內閣大庫藏書的歷史有所回顧，其中對內閣大庫藏書發現及移出這部分內容的敘述主要參考陳宗仁《1665年臺灣圖與“內閣大庫輿圖”的形成與流傳》（2012）一文[1]，盧文更重要的價值是對臺北故宮博物院現藏內閣大庫藏書展開了清查。

現今學界以內閣大庫藏書爲專題的研究雖然很少，但清末以來

---

[1]　“筆者所述內閣大庫的整理及移出，大皆參閱陳宗仁《1665年臺灣圖與“內閣大庫輿圖”的形成與流傳》，第16—20頁。”盧雪燕：《臺北故宮博物院現藏清內閣大庫藏書探源》，《版本目錄學研究》第五輯，北京大學出版社2014年版，第654頁。盧文所引陳宗仁一文是一篇會議論文，發表於2012年11月1日“海洋、空間意識與文化交會——第二屆輿圖學國際學術研討會”。此會議論文集不知是否公開出版，筆者無從獲致，未見陳文原文。

相關資料之披露及研討從未間斷。內閣大庫所藏書檔，清代歷朝編有庫物目錄，清末羅振玉曾據其中一本刊入《玉簡齋叢書》，題作《內閣大庫檔冊》（1910）。民國間方甦生主持整理大庫檔案，將庫中原有清冊目錄，陸續以《內閣大庫書檔舊目》（1933）、《清內閣庫貯舊檔輯刊》（1935）、《內閣大庫書檔舊目補》（1936）爲名刊行。

而對內閣大庫書檔來源及發現經過有所敘論者，有以下數家。其初羅振玉購入大庫檔案建庫書樓，王國維爲作《庫書樓記》（1922），概述內閣大庫所藏書檔之由來、發現經過及其史料價值。金梁《內閣大庫檔案訪求記》（1923）、徐中舒《內閣檔案之由來及其整理》（1930）、《再述內閣大庫檔案之由來及其整理》（1933）、羅福頤《清內閣大庫明清舊檔之歷史及其整理》（1948），對大庫藏書檔之由來、發現及書檔內容詳爲介紹。此外，民國故宮文獻館編刊內閣大庫書檔舊目，各書前附方甦生所撰敘錄，計有《內閣大庫書檔舊目敘錄》（1933）、《清內閣庫貯舊檔輯刊敘錄》（1935）、《內閣大庫書檔舊目補敘錄》（1936）三篇，方氏對大庫書檔來源及清內閣大庫與明文淵閣關係加以詳考，至今仍爲研討內閣大庫書檔重要論著。

清末內閣大庫藏書發現以後，移交學部，籌建京師圖書館。有關此時期整理編目情況，研究者多提及劉啟瑞《內閣庫存書目》，而對另一位整理者曹元忠所知不多。張昇《明清宮廷藏書研究》（2006）對中國國家圖書館藏鈔本《內閣庫存書目》情況有所介紹。日本學者高橋智先生《內閣庫存書目について——中國版本學資料研究》（2011）一文介紹了北京大學圖書館藏劉啟瑞稿本《內閣庫存書目》，並節錄其目。2013年譯載於《中國典籍與文化論叢》第十五輯，並由蘇揚劍整理刊佈目錄全文。曹氏檢書手稿，因攜歸自藏，後隨曹氏遺稿入藏王欣夫蛾術軒，今藏復旦大學圖書館，共有《文華殿檢書分檔》（1909）及《內閣大庫見存宋元槧書目》（1909）兩種，其中部分篇目在民國間曾以《箋經室所見宋元書題跋》爲名刊行（1914–1918）。此外，曹氏《檢書分檔》宣統二年曾提供與繆荃孫編纂《清學部圖書館善本書目》，筆者《繆荃孫〈清學部圖書館善本書目〉

編纂考》（2014）一文對此有所揭櫫。

　　內閣大庫藏書移交京師圖書館後，其整理工作由圖書館方面進行。京師圖書館歷年所編《善本書目》，即主要整理著錄內閣大庫藏書。先後有繆荃孫《清學部圖書館善本書目》（1912）、舊編《京師圖書館善本簡明書目》（1913）①、江瀚《京師圖書館善本簡明書目》（1912）、夏曾佑《京師圖書館善本簡明書目》（1916）、張宗祥《京師圖書館善本簡明書目》（1919–1921）、史錫永《京師圖書館善本書目錄》（1921–1922）。而關於早期京師圖書館善本書目編纂情況，目前尚未有較爲系統的研究，《北京圖書館古籍善本書目·前言》（1987）、寒冬虹《北京圖書館歷年所編的古籍目錄》（1989）、《中國國家圖書館館史》（2009），皆較爲簡略，闕載數家。如張宗祥編《京師圖書館善本書目》，中國國家圖書館與浙江圖書館兩館互訪，以爲失傳，喬秀岩（橋本秀美）、梶浦晉先生在日本東京大學東洋文化研究所、京都大學人文科學研究所發現傳抄本兩部，係後來圖書館工作人員據張目改編者。筆者在上海圖書館尋獲張宗祥所編善本書目傳抄本，在《張宗祥〈國立京師圖書館善本書目〉概述》（2015）文中有所介紹，後又進一步考證日藏二目爲史錫永改編。此外，高橋智先生《京師圖書館善本簡明書目·稿本について》（2013）一文，介紹了日本慶應義塾大學斯道文庫藏江瀚《京師圖書館善本簡明書目》稿本，並整理公佈全文。張濤先生《〈京師圖書館善本書目補遺〉與國家圖書館早期善本目錄的編製》（2015 未刊稿）一文，介紹了中國科學院圖書館藏《善本書目補遺》稿本，係民國八年張宗祥重編《善本書目》前針對夏曾佑目的補遺，文中並對近年《京師圖書館善本書目》最新研究成果進行綜述。

　　近年來學者對中國國家圖書館館史研討有一些新成果，孟化

---

　　①　《京師圖書館善本簡明書目》，1913 年在《教育部編纂處月刊》第一卷第五、六、八、九、十冊登載經、史兩部，不題撰人。子、集兩部未曾刊行，僅見有鈔本。此目編纂在江瀚《簡目》之前，編纂時間在 1912 年，刊載時間在 1913 年。

《國家圖書館與近代文化 (1909–1949)：從京師圖書館到國立北平圖書館》(2014) 一書，主要著眼于該館館務發展，對該館京師圖書館時期編纂《善本書目》等情況未特別留意。中國國家圖書館蘇健 2014 年館級科研項目《對國家圖書館學術研究的一個斷代史的參考》，據聞對京師圖書館時期所編纂《善本書目》有所考述，但由於該項目成果未公開，筆者未能參考其相關成果。

1928 年，北京改稱北平，京師圖書館改名北平圖書館。1929 年與北平北海圖書館合併，改組爲新國立北平圖書館。其後有趙萬里主持編纂《國立北平圖書館善本書目》(1933)，當時因藏書結構變化，重新分庫，將舊目中複本、殘本另存重複書庫或提歸普通書庫，清人著述則提入善本乙庫，並編有《本館善本書目新舊二目異同表》(1934)，說明新編善目與夏曾佑《京師圖書館善本簡明書目》之異同。趙氏重編《善本書目》是對原京師圖書館藏內閣大庫藏書最後一次大規模整理記錄。此後不久即進入動蕩不安的戰爭時期，善本南遷，其後又擇要運美保存，戰後移交臺灣。自此原北平圖書館所藏內閣大庫藏書一分爲二，分藏北京、臺北兩地。作爲當事人的錢存訓先生，在《北平圖書館善本古籍運美遷臺經過》(1967) 文中介紹了此段歷史。臺灣方面有"中央圖書館"館長蔣復璁《北平圖書館善本書籍運美經過》(1955)、《歸還國立北平圖書館存美善本概述》(1966) 二文對運美善本經過及相關情況有所回顧，昌彼得《關於北平圖書館寄存美國的善本書》(1970)、《國立北平圖書館善本闕書目》(1970)、《談故宮博物院所藏宋版書》(2002) 等文，將當時運美善本與遷臺之數量對比，提出了一些質疑。大陸方面則有朱紅召《國立北平圖書館善本圖書運送美國保存經過述略》(2003)，林世田、劉波《關於國立北平圖書館運美遷臺善本古籍的幾個問題》(2013)，張立朝、林世田《鐵肩雄心擔道義，履危蹈險顯擔當——記善本南遷與運美寄存事宜》(2015) 各文，其中林世田、劉波之文對昌彼得提出的質疑進行了回應。喬秀岩、宋紅先生爲影印《舊京書影》所作

《〈舊京書影、北平圖書館善本書目〉出版說明》(2011)① 追溯了此段歷史，並舉證了藏書分合的具體例子。

內閣大庫藏書分隔兩岸以後，分別繼承原北平圖書館館藏部分善本的北京圖書館 (今中國國家圖書館)、臺灣 "中央圖書館"，對原來這部分書分別編目著錄。1965 美國國會圖書館將寄存善本交還臺灣，由臺灣 "中央圖書館" 保存。該館後將此批寄存善本編入《"國立中央圖書館" 善本書目》(1967) 中，而每條標注 "北平" 二字。1969 年又單獨編印一冊《"國立中央圖書館" 典藏國立北平圖書館善本書目》。1985 年，此批藏書移交臺北故宮博物院收藏，該館著錄編號冠以 "平圖" 二字別之。而留存北京的平館善本，在建國後《北京圖書館善本書目》(1958) 中未收錄，因該目以建國十年來新入藏書爲主，間及 1937 至 1948 年陸續收入之書，在此之前入藏的北平圖書館藏書並不入錄。爲此給海峽彼岸的昌彼得先生帶來了一些誤解，認爲原未運臺的平館善本已下落不明。1987 年新編《北京圖書館古籍善本書目》始將原北平圖書館善本編入，包括了平館留京未南運的善本以及由滬運回的南遷善本。

建國後兩岸長期隔絕，分隔於海峽兩岸的內閣大庫藏書相關研究幾近中斷。由於信息不通，兩岸對留存大陸以及遷臺善本情況沒有及時交流。期間僅有日本學者阿部隆一、尾崎康對兩岸所藏宋元善本進行系統調查。阿部隆一對臺灣收藏原北平圖書館舊藏宋元版展開了細緻的調查工作，撰有《北平圖書館原藏宋金元版解題》(收入《增訂中國訪書志》，1983)，尾崎康調查北京、臺北兩地所藏正史宋元版，撰有《正史宋元版の研究》(1989)，其中部分宋元版即源出內閣

---

① [日] 喬秀岩、宋紅：《〈舊京書影、北平圖書館善本書目〉出版說明》修訂版之《補二、北平善本的各種書目》，見《文獻學讀書記》，生活·讀書·新知三聯書店 2018 年版，第 148—180 頁。該文爲《舊京書影》影印本 (人民文學出版社 2011 年版) 所作前言，又刊載《版本目錄學研究》第一輯，北京圖書館出版社 2009 年版。文章收入《文獻學讀書記》時有所補充，增加了 "2016 年補述" 三條。本書引文以後者增訂稿爲準。

大庫。

　　近年日本學者高橋智、喬秀岩先生對原北平圖書館藏善本相關
資料發掘，使得內閣大庫藏書漸漸回到我們視野之中，並陸續有學
者對一定範圍內的現存內閣大庫善本展開了追蹤調查研究。此方面
成果主要有喬秀岩等研究者合作的《舊京書影詳注稿》及盧雪燕
《臺北故宮博物院現藏清內閣大庫藏書探源》一文。

　　日本學者倉石武四郎在中國留學期間，在北平拍攝了《舊京書
影》。這是一部圍繞當時內閣大庫新出宋元版拍攝的善本影譜，共收
錄書籍294部，其中232部原爲內閣大庫藏書。由於該書影是以照
片散葉形式印製，在中國收藏極罕，鮮見提及，2011年喬秀岩先生
重加影印出版①，始爲國內學者所重。此外，喬秀岩先生主持教育部
人文社會科學重點研究基地項目"北平圖書館舊藏宋元版研究：近
代版本學發展史研究之一"（2012），與陳紅彦、張麗娟、李堅、葉純
芳、李霖、馬清源等研究者合作，對《舊京書影提要》進行了彙注
工作，將《京師圖書館善本書目》及《國立北平圖書館善本書目》
（1933）、王重民《中國善本書提要》（1983）、阿部隆一《增訂中國訪
書志》（1983）、《北京圖書館古籍善本書目》（1987）、臺灣《"國立中
央圖書館"善本書目》（1986增訂二版）等書，彙注於《舊京書影提
要》之下，編爲《舊京書影詳注稿》（未刊稿）。此項工作對追蹤《書
影》所收善本底本今藏地極具意義，也爲追蹤研究北平圖書館早期
入藏善本提供了範式。單就內閣大庫藏書而言，《舊京書影》收錄範
圍有限，僅有232部，未涵蓋《京師圖書館善本書目》著錄內閣大
庫善本之全部。

　　臺北故宮博物院盧雪燕《臺北故宮博物院現藏清內閣大庫藏書
探源》（2014）一文，則在追蹤臺北故宮現藏內閣大庫藏書上作出了
嘗試。盧氏主要根據夏曾佑《京師圖書館善本簡明書目》進行追蹤，
統計共得內閣大庫藏書今藏臺北故宮者140種，2205冊。但由於夏

---

　　①　［日］倉石武四郎：《舊京書影》，人民文學出版社2011年版。

目過於簡略，據之清點臺灣故宮現存內閣大庫藏書多有遺漏。若對京師圖書館早期目錄能有徹底清查，應有更多信息可供參考。

近年《北平圖書館甲庫善本叢書》(2013) 影印出版，係據抗戰期間國立北平圖書館寄存美國國會圖書館善本書籍拍攝的膠卷影印。其中一部分即內閣大庫舊藏善本，爲了解今藏臺北故宮博物院的原國立北平圖書館舊藏內閣大庫藏書情況提供了便利。

四　研究方法

前人關於公私藏書研究，主要有以下數端：藏書始末 (聚書來源、散書去向)、書目特色、藏書理念。內閣大庫藏書從分類上應歸於官藏一類，但又與一般官藏書籍有所不同。大庫不過是一個存放舊檔的文書倉庫，並非專門藏書之所。庫中所貯書籍，無專門徵集意圖，具有一定偶然性，與其他清宮藏書不盡相同。因此常規藏書研究中對研究對象藏書、編目理念分析，不盡適用於此宗藏書。"內閣大庫藏書研究" 主要爲實證性研究，即辨識何者爲內閣大庫藏書，追蹤其分合情況，以及考證此宗藏書發現、整理之史實，評價其對學術研究之影響。

內閣大庫藏書研究面臨的最大困難，在於如何辨識界定內閣大庫藏書。內閣大庫所藏書無清代官藏印記，也沒有《天祿琳瑯書目》一樣編訂精良的官修書目。追蹤清宮天祿琳瑯藏書可以根據書上藏印著手，而對內閣大庫藏書的判斷則恰恰相反：不是因爲書上有清代官藏印記，而是因爲書上沒有清代收藏印記。如果一部晚近新出的宋元本殘書，蝴蝶舊裝，紙幅闊大，版印精好，且書上無清代公私藏印 (有明代官藏印記更佳)，很可能即出於內閣大庫舊藏。這一類經驗性的推測，從何驗證？

民國時人對內閣大庫藏書的判斷，似乎也是全憑對於大庫藏書形貌的觀察經驗。如收藏大庫殘書較多的傅增湘，在所撰題跋中記下其經驗之談。傅氏《元刊金華黃先生文集跋》曰："其書風摧雨洇，古色黝然，望而識爲內閣大庫之蠹餘。"① 《跋宋刊本王荆公唐百家詩選》："此書蝶裝廣幅，有水渰痕，無收藏印記，望而識爲內閣大庫佚書。"② 《題宋本南齊書》注："此帙以冊裝觀之，仍是內閣大庫舊儲，鈐有明代'禮部官書'朱文大印。"③ 《題宋本魏書》詩注："此本以紙幅裝潢審之，仍是內閣大庫之物，特流出較早，每冊仍鈐明代'禮部官書'朱文大印，與余藏《南齊書》同。"④ 《題北宋本通典》詩注："蝴蝶裝，藍繭紙爲衣，望而知爲大庫佚書也。"⑤ 從中可以看出，傅增湘對內閣大庫書判斷的方法是，"以冊裝觀之"、"以紙幅裝潢審之"、"蝶裝廣幅"、"無收藏印記"、"望而知爲大庫佚書"，即根據書籍的裝幀（蝶裝）、開本（廣幅）、藏印（無藏印，或僅有元明官印）等情形綜合判斷。

如此看來，對內閣大庫藏書之判斷，全憑經驗感覺，玄乎其玄。本題所稱"內閣大庫藏書研究"，又從何著手？事實上傅增湘對內閣大庫殘書能做到"望而知之"的經驗也非憑空而來，傅氏正當清末民初內閣大庫藏書散出之時，常年流連廠肆，收得多部大庫殘書。且傅氏曾擔任教育部長，熟稔該部主管的京師圖書館所藏內閣大庫善本。其人目睹諸多出於大庫的宋元版，對大庫所藏書之種類及書籍形制十分熟悉，自然能做到"望而知之"。時過境遷，今人無民國時人親歷之背景，對內閣大庫藏書更爲隔閡。如今研究內閣大庫藏書，如果繼續憑藉經驗空談，大概是行不通的。如何科學地研究內閣大庫藏書，而不僅僅是作爲掠販家、鑒賞家茶餘飯後的談資，爲過去"經驗之談"找到文獻能夠驗證的方式，這正是本書著意所在。

追蹤書籍流通的文獻主要是藏書目錄，因此內閣大庫藏書研究前期的工作重點即發掘相關書目著錄。內閣大庫藏書清末移交學部

① 傅增湘：《藏園群書題記》，上海古籍出版社 1989 年版，第 806 頁。
② 傅增湘：《藏園群書題記》，第 948 頁。
③ 傅增湘：《藏園群書題記》，第 1023 頁。
④ 傅增湘：《藏園群書題記》，第 1024 頁。
⑤ 傅增湘：《藏園群書題記》，第 1029 頁。

之時，由劉啟瑞、曹元忠清點編目，今存有《內閣庫存書目》等，是大庫藏書較爲完整的目錄，但是著錄過於簡略，用於追蹤現存大庫藏書缺乏可行性。內閣大庫藏書移交京師圖書館後，在該館所編纂《善本書目》上，凡原屬大庫藏書者皆標注舊藏來源爲"舊清內閣書"。通過對《京師圖書館善本書目》著錄大庫藏書情況分析，可以重新獲得民國時人所判斷依據的"經驗"，即原京師圖書館所藏內閣大庫藏書之書名種類、版本、存卷、藏印、保存面貌等情況，根據這些情況去判斷今北京、臺北兩地所藏善本是否原京師圖書館著錄的大庫藏書，以及外間流失的大庫殘書與京師圖書館藏本是否爲同一版，然後進一步根據存卷及印章等判斷是否爲同一部藏本，此即本書所持的基本研究方法。在實際操作上，則需一分爲二：對於原京師圖書館所藏內閣大庫藏書，主要依據舊目著錄追蹤。而對流失在外的內閣大庫殘書，則主要根據經驗判斷，先調查發現哪些可能原屬大庫藏書，然後進一步通過舊目著錄、文獻記載等進行驗證。

在此方面，喬秀岩等研究者合作的《舊京書影詳注稿》以及盧雪燕《臺北故宮博物院現藏清內閣大庫藏書探源》一文已在一定範圍內作出了嘗試。盧文根據夏曾佑《京師圖書館善本簡明書目》(1916) 著錄情況對臺北故宮所藏大庫藏書進行追蹤，因爲夏目時間較早且著錄簡略，以之爲依據追蹤庫書，存在較大局限性。相較之下，喬秀岩先生等利用了晚出的史錫永《京師圖書館善本書目錄》著錄情況，對《舊京書影》所收書影原本追蹤，卓然成效。喬秀岩先生等追蹤範圍僅限於《舊京書影》所收的 294 部書，當中 232 部爲內閣大庫藏書，而出於京師圖書館舊藏者僅 203 部，未囊括《京師圖書館善本書目》著錄大庫藏書之全貌。因此，利用《京師圖書館善本書目》追蹤內閣大庫藏書，仍是值得繼續探討的一個方向。本書爲了獲得可靠的京師圖書館著錄內閣大庫藏書數據，投入較大精力在調查現存《京師圖書館善本書目》之上，文中專設一章論述《京師圖書館善本書目》相關情況，對分散於海內外的十多種稿抄本

《京師圖書館善本書目》作了系統梳理。此部分內容看似有些偏離論題，但卻是在展開內閣大庫藏書研究前不可不著手之工作。

　　本書依據舊目著錄追蹤內閣大庫藏書，範圍擴大到現查可知的六部《京師圖書館善本書目》著錄的內閣大庫舊藏善本，將目中所載 1500 餘部善本 6500 餘條著錄數據，按照同書（同一藏本）編排，先作《京師圖書館善本書目彙編》草目。由此可以了解京師圖書館時期善本著錄、配補、拆分、改裝之情況。再比對六個善本書目著錄的舊藏來源，相互驗證，從中確定內閣大庫舊藏近 800 部。在《京師圖書館善本書目》著錄基礎上，與善本南運之前的《國立北平圖書館善本書目》(1933)、《本館善本書目新舊二目異同表》(1934)對照，進而了解趙萬里時期對館藏善本整理的情況。再進一步與現存臺北故宮的原北平圖書館善本、中國國家圖書館善本書目比對，探究原京師圖書館所藏內閣大庫藏書現存情況。除了原京師圖書館（北平圖書館）舊藏的內閣大庫藏書以外，筆者還留意到北京大學圖書館、原北平歷史博物館、南京博物院及日本公藏機構所藏內閣大庫殘書，在一定範圍內進行了追蹤研究。

　　追蹤現存內閣大庫藏書是內閣大庫藏書研究一項長期工作，並非一人一時可以完成，這項工作也非內閣大庫藏書研究之全部。有關內閣大庫藏書之來源、發現、整理、移交、流失等相關史實，目前也並無充分研究成果可以資考。在開展追蹤大庫藏書這項繁複的工作之前，需對內閣大庫藏書發現、流傳相關史實進行梳理，本書對此也作出了一些探究。清末民初時人關於內閣大庫藏書發現及整理諸說，人云亦云者居多，本書遵循文史考證的基本方法，利用相關檔案、筆記、日記、書札、書目稿抄本等材料，對各個說法逐一考辨，以期梳理出一條相對準確的時間線，補充了曹元忠整理內閣大庫藏書以及張宗祥、史錫永編纂《京師圖書館善本書目》等相關史實。

　　由於內閣大庫藏書中有大量宋元本，國內圖書館多珍若拱璧，輕易不以示人。筆者能力所限，無緣親接宋元善本，大多情況下僅能依據善本書影或者縮微膠卷圖影。又中國第一歷史檔案館所藏學部相關檔案暫時封存，不允調閱，因此對內閣大庫藏書早期歷史之探究，目前僅能依據臺北"中央研究院歷史語言研究所"所藏內閣大庫檔案以及前人引用到的部分中國第一歷史檔案館檔案爲之論考。

本書論述以原北平圖書館（京師圖書館）舊藏內閣大庫藏書爲中心。對於清末民國以來流散在外的內閣大庫殘書殘葉，如劉啟瑞等主事者監守自盜流散者、傅增湘等藏書家坊間搜獲者，以及在清中前期已流散大庫藏書，因關涉前人名節風評，不可不慎重，相關內容章節暫未在文中呈現。此外，有關內閣大庫藏書對民國以來出版、學術研究之影響部分，如對張元濟《百衲本廿四史》影印計劃、民國以來書冊制度（書裝）研究、個別內閣大庫舊藏書籍文獻對學術研究之影響等相關問題，限於時力，未作展開，留待日後進一步深入研究。

五　本書特點

（一）對海內外所藏內閣大庫藏書相關稿抄本書目展開廣泛調查。先後調查發現曹元忠內閣大庫檢書手稿《文華殿檢書分檔》、《內閣大庫見存宋元槧書目》（復旦大學圖書館），大庫藏書移交學部之底賬《內閣庫存書目》、張宗祥《京師圖書館善本書目》（上海圖書館）、《內閣大庫儲藏舊檔書籍排架冊》、倉石武四郎稿本《舊京書影提要》（東京大學東洋文化研究所）等稿抄本書目。並對國家圖書館所藏稿鈔本《清學部圖書館善本書目》、《壬子本館善本書目》、《清內閣舊藏書目》，中國科學院圖書館藏《內閣庫存殘書目》、《善本書目補遺》，日本斯道文庫藏江瀚稿本《京師圖書館善本簡明書目》，東京大學東洋文化研究所、京都大學人文科學研究所藏鈔本《京師圖書館善本書目錄》等書目調查研究，將海內外藏本情況匯總對比，推進相關研究。

（二）通過對劉啟瑞、曹元忠稿本調查研究，並且結合檔案、日記、書札等零散史料，還原內閣大庫藏書發現之初整理及移交學部詳情，補充了曹元忠整理內閣大庫藏書相關史實。

（三）對現存《京師圖書館善本書目》進行了系統梳理。文中對海內外留存的 12 部稿抄本《京師圖書館善本書目》展開調查，重新發現過去以爲失傳的張宗祥《京師圖書館善本書目》，並考證了日本所藏兩部《京師圖書館善本書目錄》鈔本係史錫永所改編，在此基礎上進一步系統梳理了繆荃孫、王懋鎔、江瀚、夏曾佑、張宗祥、史錫永六人編纂的六部《京師圖書館善本書目》情況，並揭示了繆荃孫利用舊目合編《善本書目》之事實，可填補京師圖書館館史、版本目錄學史相關研究空白。

（四）在喬秀岩等研究者合作《舊京書影詳注稿》、盧雪燕《臺北故宮博物院現藏清內閣大庫藏書探源》基礎上，以大庫藏書爲中心，將調查範圍擴大到海內外古籍收藏機構，對北京、臺北二館及海內外其他公藏機構所現存內閣大庫藏書追蹤作出了初步嘗試（以經部爲限）。

（五）對內閣大庫藏書發現對清末民國以來學術研究的影響作出評價。本書考述了內閣大庫藏書對民國"善本書影"編纂之促進作用，揭示了《宋元書景》、《宋元書式》、《舊京書影》、《小百宋一廛書葉》等善本影譜與內閣大庫殘書殘葉之關係，說明該宗藏書對清末民國版本學之影響。

（六）論文大體依時間先後次序，以人物事件爲線索，以相關書目文獻爲單元，以期對內閣大庫藏書自發現至今的相關問題有所推進。通过探究內閣大庫藏書發現、整理、傳藏的歷史，相信對近代藏書史、圖書館史、版本學史、出版史研究皆有所助益。

六　章節內容

全書共分六章，各章內容如下。

第一章　內閣大庫藏書概述。本章介紹內閣大庫藏書發現之歷史，並對大庫位置、功能以及庫中藏書來源進行了探討。有關內閣大庫書檔發現過程，論者多祖述羅振玉、王國維之說，而於其事具體月日，頗有含糊之處。本章藉助檔案、筆記、日記、書札等材料，重新梳理内閣大庫書檔發現過程。

第二章　清代内閣大庫藏書之整理。本章介紹清代内閣大庫藏書之整理編目情況，分爲兩節。第一節"清代歷朝清點内閣大庫書檔舊目"。大庫藏書爲外人所知以前，清廷歷朝有庫吏清點庫物登記在冊之舉，這類庫物清冊被稱爲"書檔舊目"，從中可以了解清代歷朝大庫所藏書檔之進出變動情況。文中對内閣大庫書檔舊目一一敍錄，並追蹤了部分底本今藏所在。第二節"清末内閣大庫藏書之整理"。清末委任曹元忠、劉啟瑞清點内閣大庫藏書，二人各自編目。劉啟瑞編有《内閣庫存書目》，爲大庫藏書簡目，記錄了大庫藏書的整體情況，本書考證上海圖書館藏本即當時藏書移交學部時清點底賬，並據此對當時大庫藏書移交學部情形有所推考。曹元忠編有《文華殿檢書分檔》、《内閣大庫見存宋元槧書目》，僅著錄大庫所藏宋元本，其相關成果爲繆荃孫《清學部圖書館善本書目》所採。文中並論考了曹氏《箋經室所見宋元書題跋》成書過程與現存版本，以及其書與《文華殿檢書分檔》之關係。

第三章　京師圖書館創立與《善本書目》之編纂。内閣大庫藏書移交學部，籌建京師圖書館。京師圖書館時期共編纂有六部《善本書目》。本章對六部《京師圖書館善本書目》十六種版本 (其中稿抄本十二種) 作了系統梳理，補充了張宗祥、史錫永二人編纂善本書目之史實。

第四章　京師圖書館時期内閣大庫藏書整理。依據上一章梳理出的六部《京師圖書館善本書目》情況，分析夏曾佑《京師圖書館善本簡明書目》、張宗祥《京師圖書館善本書目》所著錄内閣大庫藏書情況，介紹各目所記錄不同時期大庫藏書著錄、配補、改裝相關情形。

第五章　善本南遷與現存内閣大庫藏書追蹤初探。京師圖書館改組爲國立北平圖書館以後，從北海圖書館合併及採購所得，仍陸續收得部分内閣大庫藏書。文中對此時期入藏大庫藏書情況有所介紹。趙萬里主持館務後，改組善本書庫，在新編《國立北平圖書館善本書目》中，原京師圖書館著錄善本多有剔除。本書根據《本館善本書目新舊二目異同表》及京師圖書館系列《善本書目》與趙目比對結果，揭示了北平圖書館時期大庫藏書著錄整理情況，並對善本南遷以後分藏北京、臺北以及海內外公藏機構的內閣大庫藏書現狀進行了初步探討。

第六章　內閣大庫藏書與早期"善本書影"編纂。內閣大庫新出大量宋元殘書殘葉，促進了清末民國善本書影之編纂。先後有《宋元書景》、《宋元書式》、《中國京師圖書館宋元本書式》、《舊京書影》、《重整內閣大庫殘本書影》等，此外北平曾流行過一套《宋元書影箋》箋譜，又張宗祥、徐森玉等人收集大庫宋元本殘葉編爲集錦。本書考證了以上"善本書影"與大庫藏書之關係，其中以《舊京書影》與大庫藏書淵源最深。文中介紹了東洋文化研究所藏倉石武四郎《舊京書影提要》稿本，據之推考倉石編纂該書影過程，指出《舊京書影》是主要圍繞新出內閣大庫藏書拍攝的一部善本影譜。

第一章

內閣大庫藏書概述

　　王國維《庫書樓記》曾言："光宣之間，我中國新出之史料凡四：一曰殷虛之甲骨，二曰漢晉之簡牘，三曰六朝及有唐之卷軸，而內閣大庫之元明及國朝文書，實居其四。"[①] 被王氏譽爲四大史料發現之一的內閣大庫檔案，因"八千麻袋"事件盡人皆知，而大庫檔案以外的書籍則關注不多。內閣大庫所藏實際包含書籍、檔案二者，民國時人多以"書檔"合稱。有關內閣大庫書檔發現及流播過程，略介紹如下。

　　清宣統元年（1909），內閣大庫房屋坍塌，將所藏移于文華殿兩廡，其容放不下者則仍露積在庫垣之內。當時張之洞領學部事，奏請將大庫中書籍撥歸學部，籌建京師圖書館，並委派曹元忠、劉啟瑞等人整理。其餘檔案，則仍議以無用，奏請焚毀。其間羅振玉以學部參事被派往內閣接收書籍，見到堆積的庫檔，俯拾皆是，"隨手取二束觀之，一爲陽湖管公幹貞任漕督時奏，一爲阿文成公用兵時奏"[②]，羅氏奏請張氏罷焚毀之議，將所有書檔皆收歸學部。以木箱移運價格太高，改用裝米麻袋，分裝八千麻袋，運歸學部，貯於國子監南學，即內閣大庫檔案"八千麻袋"稱法之由來。其中案卷存放於國子監南學，而殿試試卷則置於學部大堂後樓。

----

　　① 王國維：《庫書樓記》，《王國維全集》第八卷，浙江教育出版社 2009 年版，第 630 頁。
　　② 羅振玉：《集蓼編》，《羅振玉學術論著集》第 11 集，上海古籍出版社 2013 年版，第 54 頁。

民國二年 (1913)，教育部設歷史博物館籌備處於國子監。民國五年移址午門、端門，將國子監南學所藏內閣大庫檔案移放其中。民國十年，歷史博物館因經費欠缺，將剩下破碎檔案以四千元價格售予同懋增紙店，用作還魂紙材料。其時部分書檔散見廠肆，幸爲金梁、羅振玉等發現，以三倍之值購回。當時紙店將大庫檔案分運定興、唐山兩處，羅氏追回的檔案，原運定興者運回北平，唐山者運至天津，後在天津建庫書樓以儲之。羅氏兩度搶救內閣大庫檔案，並整理所購檔案，編刊《史料叢刊初編》等書，居功厥偉。民國十四年，羅氏將大庫檔案一萬六千元讓售與李盛鐸。民國十七年，歷史語言研究所成立，經馬衡介紹，以一萬八千元從李盛鐸處將檔案購回。原歷史博物館收藏較爲完整的檔案，則於民國十一年由教育部借與北京大學整理。

內閣大庫移交學部的書籍，後籌建爲京師圖書館，成爲該館藏善本之基礎。繆荃孫首任監督，主持編纂《清學部圖書館善本書目》。辛亥革命後，繆氏辭館務南歸。其繼任者江瀚、夏曾佑、張宗祥、史錫永等皆編纂有善本書目，對館藏內閣大庫藏書整理編目。

自內閣大庫書檔發現之後，民國以來學者即對庫中所貯書檔來源有所探討。1913 年王國維在瀋陽《盛京時報》發表筆記《東山雜記》，當中有一則介紹內閣大庫書之發現①。1922 年，王國維爲羅振玉撰《庫書樓記》②，述內閣大庫書檔之原委。1923 年，金梁在《東方雜誌》發表《內閣大庫檔案訪求記》③，介紹了當時搶救購回內閣

---

① 王國維：《東山雜記》六，《盛京時報》1913 年 8 月 2 日。又見收於王國維：《東山雜記》第三十一則，《王國維全集》第三卷，浙江古籍出版社 2009 年版，第341—342 頁。

② 王國維：《庫書樓記》，《王國維全集》第八卷，浙江教育出版社 2009 年版，第629—632 頁。此記末署"壬戌七月"，即民國十一年 (1922)。王國維致羅振玉札云："前數日哈園大做壽，應酬數日，頗以爲苦，而記庫籍之文恰於此數日內成之。維意《庫籍抱殘圖》題目似覺太小，因徑作《庫書樓記》，詳記此事顛末，易稿三四，頗自得意，以爲非如此文不足記此事，亦非此事無以發此文也。錄稿呈教。'庫書'或改'庫籍'亦佳。"見《王國維全集》第十五卷，浙江教育出版社 2009 年版，第 532 頁。

③ 金梁：《內閣大庫檔案訪求記》，《東方雜誌》1923 年第 20 卷第 4 期，第 86 頁。

大庫檔案之經過。1928 年，中央研究院歷史語言研究所創立，購回流失在外的內閣大庫檔案，由徐中舒等主持整理，編刊《明清史料》，1930 年出版第一集，卷首有徐中舒《內閣檔案之由來及其整理》① 一文，介紹大庫檔案來源。1931 年方甦生在《大公報》發表《讀徐中舒先生〈內閣檔案之由來及其整理〉以後》②，對徐氏說法提出了一些商榷。1933 年，徐中舒在《歷史語言研究所集刊》發表《再述內閣大庫檔案之由來及其整理》③，對大庫檔案來源及整理過程有所補充。1935 年，方甦生編刊《清內閣庫貯舊檔輯刊》，首冊爲《敘錄》④，考證了清內閣大庫與明文淵閣關係及庫中書檔之來源。(徐中舒《再述內閣大庫檔案之由來及其整理》一文雖然發表在前，卻已參考過方甦生《清內閣庫貯舊檔輯刊敘錄》原稿。⑤) 1948 年，羅福頤在《嶺南學報》發表《清內閣大庫明清舊檔之歷史及其整理》⑥，重新回顧了內閣大庫檔案發現與整理之歷史。1949 年以來大陸學者有關內閣大庫

---

① 　徐中舒：《內閣檔案之由來及其整理》，《明清史料》甲編第一冊，商務印書館 1930 年版。

② 　方甦生：《讀徐中舒先生〈內閣檔案之由來及其整理〉以後》，《大公報》文學副刊，第 183、184 期，1931 年 1 月 13、20 日。

③ 　徐中舒：《再述內閣大庫檔案之由來及其整理》，《歷史語言研究所集刊》第 3 卷第 4 期，1933 年，第 537—576 頁。

④ 　方甦生：《清內閣庫貯舊檔輯刊敘錄》，見《清內閣庫貯舊檔輯刊》，國立北平故宮博物院文獻館編，民國二十四年（1935）鉛印本。

⑤ 　"讓我們謝謝我們的同事方甦先生，和李光濤先生，他們替我在檔案中尋出了許多重要的材料。謝謝文獻館沈兼士先生，他允許我參考他們還未印行的《清內閣庫貯舊檔輯刊敘錄》的原稿。"（徐中舒：《再述內閣大庫檔案之由來及其整理》，第 538 頁）案徐氏所稱"方甦"即"方甦生"。方氏在《內閣大庫書檔舊目》《內閣大庫書檔補》序言署名"方甦"，而在《清內閣庫貯舊檔輯刊》序言署名"方甦生"，本書統一稱爲"方甦生"。

⑥ 　羅福頤：《清內閣大庫明清舊檔之歷史及其整理》，《嶺南學報》第 9 卷第 1 期，1948 年，第 125—166 頁。該文 2009 年在《紫禁城》雜誌重刊，文前附羅隨祖跋："此文後又經過至少兩次修訂，並以蠟版油印的形式，在小範圍內發行，但跋文未重寫。此篇文字爲家敦祖兄，檢綴先人舊稿，精細審核，秉燭繼書，揮汗如水，逐字錄出。"見羅福頤：《清內閣大庫明清舊檔之歷史及其整理》，《紫禁城》2008 年第 8 期，第 20—63 頁。

檔案由來的介紹文章衆多，如張德澤、鄧珂、李鵬年、呂堅、王道瑞、伍媛媛①等學者都對大庫檔案發現與流傳歷史作了回顧，但大多是祖述以上數文，在史料考證上沒有太多新的發現。臺灣方面研究主要有以下數文：1959 年李光濤所作《明清檔案存真選輯初集序》②詳考民初以來歷次整理內閣大庫檔案之情形，1998 年劉錚雲《舊檔案、新材料：中研院史語所藏內閣大庫檔案現況》③ 一文介紹了史語所所藏內閣大庫檔案之現狀。2009 年李慧敏《史語所藏內閣大庫檔案緣起》④ 一文，對內閣大庫檔案之由來及遞藏過程重加敘考，對前人說法有所辨正。2012 年陳宗仁《1665 年臺灣圖與 “內閣大庫輿圖” 的形成與流傳》，據盧雪燕《臺北故宮博物院現藏清內閣大庫藏書探源》一文引述，該文對大庫書檔整理及移出歷史有所考證⑤。

其中值得一提的是方甦生在探究內閣大庫書檔來源上的卓越貢獻。方甦生 (1903—?)，別署方甦，字更生，河北人。民國十八年

① 張德澤：《清內閣大庫檔案分散與變遷的情況》，《檔案工作》1957 年第 3 期，第 24—25 頁。鄧珂：《談談內閣大庫檔案》，《文物》1959 年第 9 期，第 25—27 頁。李鵬年：《內閣大庫——清代最重要的檔案庫》，《故宮博物院院刊》1980 年第 2 期，第 53—60 頁。呂堅：《內閣大庫及其檔案》，《文獻》1984 年第 4 期，第 235—239 頁。王道瑞：《簡述清代中央國家機關檔案的損壞與流失》，見《明清檔案與歷史研究：中國第一歷史檔案館六十週年紀念論文集》上冊，中華書局 1988 年版，第 121—134 頁。伍媛媛：《清內閣大庫檔案損毀流失述略》，《歷史檔案》，2017 年第 3 期，第 131—135 頁。伍媛媛：《王國維與清代內閣大庫檔案》，《中國檔案》，2019 年第 5 期，第 86—87 頁。

② 李光濤：《明清檔案存真選輯初集序》，《明清檔案存真選輯初集》，“中央研究院歷史語言研究所” 專刊之三十八，1959 年，第 1—18 頁。該文 1967 年又改名《記內閣大庫殘餘檔案》刊於《大陸雜誌》第 11 卷第 4—6 期，後收入氏所著《明清史論集》下，臺灣商務印書館 1971 年版，第 499—526 頁。

③ 劉錚雲：《舊檔案、新材料：中研院史語所藏內閣大庫檔案現況》，《新史學》第 9 卷 3 期，1998 年，第 139—162 頁。

④ 李慧敏：《史語所藏內閣大庫檔案緣起》，《檔案季刊》第 8 卷 2 期，2009 年，第 46—55 頁。

⑤ 陳宗仁：《1665 年臺灣圖與 “內閣大庫輿圖” 的形成與流傳》，“海洋、空間意識與文化交會——第二屆輿圖學國際學術研討會”，2012 年 11 月 1 日。該文爲會議論文，筆者未見，僅見盧雪燕《臺北故宮博物院現藏清內閣大庫藏書探源》引述。

(1929) 就職故宮文獻館，抗戰勝利後積勞成疾，壯年逝去。[①] 方氏英年早逝，聲名不顯，今人多僅提及其在檔案學上之成就。單就內閣大庫藏書而言，方氏在探究大庫藏書來源上也貢獻甚鉅。方氏先後所撰三篇《敍錄》，尤其是《清內閣庫貯舊檔輯刊敍錄》一文，在考證內閣大庫與文淵閣關係及庫中書檔來源上，用力頗深。徐中舒等文，多沿述方氏考證，略加發揮。尤爲可貴的是，方氏曾親與大庫檔案清理工作，文中記錄的大庫內書檔存貯情況，爲珍貴原始記錄。大庫書檔搬離之後，難以復原庫中原貌，只能依據方氏的記載。

早在 1913 年，王國維即稱"想今尚無恙，然罕有知其事矣"[②]，其時距離 1909 年大庫書檔發現不過才四年時間，關於大庫書檔的原委已罕有知之者。宣統元年內閣大庫書檔發現以後，書籍與檔案分離，檔案爲明清史研究者所利用，而書籍則被析出入藏圖書館。脫離了"內閣大庫書檔"的背景，利用者對其遞藏淵源難免隔閡，以致在對清代內廷所修部分書籍稿抄本等版本、內容性質上判斷有所偏差，爲此有必要對內閣大庫藏書發現、整理、移出、書檔來源重作一番探究。

第一節　內閣大庫藏書之發現

內閣大庫爲清宮東南隅東西兩座庫房之總稱。其西面爲紅本庫，俗稱西庫。東面爲實錄庫，又稱書籍表章庫，俗稱東庫。樓上貯實錄，樓下貯起居注及書籍表章檔冊之屬，清末發現內閣大庫藏書，

---

① 有關方甦生生平，詳見庾向芳、湯勤福《試論方甦生的學術貢獻》，見《民國史家與史學 (1912—1949)：民國史家與史學國際學術研討會論文集》，上海大學出版社 2014 年版，第 412—420 頁。

② 王國維：《東山雜記》六，《盛京時報》1913 年 8 月 2 日。又見收於王國維：《東山雜記》第三十一則，《王國維全集》第三卷，浙江古籍出版社 2009 年版，第 341—342 頁。

即在書籍表章庫（東庫）中。大庫所貯書檔，在清代變動頻繁。每朝紅本及纂修實錄等書檔若無空隙存放，即清理舊檔，騰出空所，焚毀舊檔，因成定制。又修書各館時有調用庫中書檔，修書完成之後始交還，進出之間，歷經數年，其存貯位置亦有變動。根據現存清代庫中書檔舊目可知，其歷朝庫物存貯位置皆不相同。又宣統元年修理大庫時，曾將實錄、紅本等移至內銀庫，宣統二年八月始移回。民國間故宮文獻館清理大庫之時所見庫內面貌，也是庫物移歸後的情形。因此，要細究大庫存貯書檔之情形，極爲困難，僅能舉其大況而言。本節依據清末民國時人諸說，考述如次。

一　內閣大庫藏書發現諸說

內閣藏書之發現，在清末民初時人文字中有不同說法。溯其所出，大致有三。一爲震鈞光緒三十三年刊行的《天咫偶聞》中說，光緒二十四、二十五年大庫屋壞，乃發現庫中有藏書。一爲羅振玉《集蓼編》中說，光緒三十四年末，宣統帝即位，醇親王載灃攝政，令內閣於大庫中檢清初多爾袞攝政典禮舊檔，因檢檔不得，乃奏請焚毀無用舊檔，因而發現庫中大量藏書。一爲民國十一年王國維所撰《庫書樓記》中說，宣統元年，大庫屋壞，將庫中藏書檔移至文華殿，內閣大庫藏書始爲世人所知。茲就以上三說，分敘於下。

（一）光緒二十四、二十五年大庫屋壞說

這種說法主要見於清末震鈞《天咫偶聞》。

> 光緒戊戌、己亥間，內閣大庫因雨而牆傾，夙昔以幽暗無人過問，至是始見其中尚有藏書，如邵康節《蠢子數》，堆庋充棟。又有大輿圖一張，無處張掛，其大可知。[1]

此說謂光緒二十四（1898）、二十五（1899）兩年間，內閣大庫因雨坍

---

[1]　震鈞：《天咫偶聞》卷一，北京古籍出版社 1982 年版，第 11 頁。

塌，始發現庫中有藏書。根據內閣大庫檔案記載，大庫房屋常因年久失修而滲漏。乾隆十六年（1751）閏五月，工部即因大庫“年久未修，滲漏之處甚多”①，派員來勘察。道光元年（1821）八月，“本堂尊佇實錄大庫五間，甚屬滲漏”②，滿本堂請求內務府派匠役前來拔草修繕。咸豐元年（1851）閏八月，“本衙門各處及東大庫均草長蔓延，間有滲漏，例應拔除”③。光緒三年（1877）內閣大庫又有滲漏，內閣多次催促內務府派人修理無果。光緒十二年內閣復奏“若不急爲修理，恐有傾覆之虞”④。光緒二十四年九月，《清實錄》記載“派內閣學士溥頲查估內閣實錄庫、紅本庫工程”⑤。光緒二十五年二月初六日，奏請將閣中潮濕霉爛之副本檢出焚毀：“庫內恭存硃批紅本，歷年存積，木格已滿，即使再行添置而限於地勢，日久仍不敷用。其庫樓上本章實係有礙工作，非全行挪出開工不易，臣等謹擬通盤詳查，將所有經過多年潮濕霉爛之副本撿出，派員運往空閒之處置爐焚化，以清庫儲，而昭慎重。”⑥ 三月二十五日得到了中堂諭，准奏焚毀：“庫樓下存儲光緒元年至廿四年正副本均有因庫墻坍塌致被雨水浸濕，或經蟲蝕霉爛情形……除自光緒元年起至廿四年正副各本，無論已未霉爛，概行分別存儲，用備將來查考外，其遠

---

①　乾隆十六年閏五月廿二日《工部爲查估內閣大庫應修處所事》，臺灣“中央研究院歷史語言研究所”藏清內閣大庫檔案，檔 092448。

②　道光元年八月十一日《滿本堂爲尊佇實錄大庫滲漏事》，臺灣“中央研究院歷史語言研究所”藏清內閣大庫檔案，檔 214555。

③　咸豐元年閏八月《營造司爲剪除雜草事》，臺灣“中央研究院歷史語言研究所”藏清內閣大庫檔案，檔 136242。

④　《內閣各房各館簿冊》房 18 號，中國第一歷史檔案館藏。案第一歷史檔案館所藏內閣檔案現不開放閱覽，本書所引該館所藏《內閣各房各館簿冊》皆轉引自王道瑞《簡述清代中央國家機關檔案的損壞與流失》，見《明清檔案與歷史研究：中國第一歷史檔案館六十週年紀念論文集》上冊，中華書局 1988 年版，第 125 頁。

⑤　《清德宗實錄》卷四百二十九，見《清實錄》第 57 冊《德宗景皇帝實錄》六，中華書局 1987 年版，第 628 頁。

⑥　《北廳清查光緒年紅本檔》，見方甦生《清內閣庫貯舊檔輯刊》第一編，民國二十四年（1935）鉛印本，第 73—76 頁。又據王道瑞《簡述清代中央國家機關檔案的損壞與流失》一文所引，原件今藏中國第一歷史檔案館，《內閣各房各館簿冊》房 18 號。

年正副各本及新舊記事檔簿，仍著原派各員等水（將）實在殘缺暨雨淋蟲蝕者，一併運出焚化，以免堆積，而便開工。"① 知當時大庫樓上存儲的是光緒元年以前的紅本正副本，樓下存儲的是光緒元年至廿四年的紅本正副本。不久即庚子國變，八國聯軍侵華，維修大庫的工作也由此停工。光緒二十五年三月廿五日檔案中提到了大庫牆壁坍塌，與震鈞《天咫偶聞》所稱"因雨坍塌"相合。一開始焚毀的範圍只是副本中"雨浸蟲蝕"者，後來則因樓上所存儲的紅本難以清理且占地方，其焚毀之範圍就不僅限於"潮濕霉爛之副本"，其他如"遠年正副各本及新舊記事檔簿"等殘缺的無用舊檔，也在焚毀之列。此次焚毀檔案計四千五百餘捆。

震鈞《天咫偶聞》一書刊行在光緒三十三年（1907），其人或出於親歷，又或因此事在內廷諸臣間多有傳聞，故載諸筆記。鄧珂《談談內閣大庫檔案》一文即以此爲內閣大庫書檔發現之始②。光緒二十四、二十五年間雖有內閣屋壞、焚毀檔案諸事，但是庫中藏書並未引起外界重視。此次並非內閣大庫藏書被發現並得到重視的原因。

（二）光緒三十四年奏請焚毀舊檔說

這種說法主要出自羅振玉《集蓼編》。據羅氏回憶，內閣大庫所藏書檔真正爲人所知，在宣統帝繼位之時。光緒三十四年（1908）冬，宣統帝即位，醇親王載灃攝政，令內閣於大庫中檢索清初攝政典禮舊檔，閣臣檢索不得，奏稱庫中無用舊檔太多，請焚燬，得旨允行。幸爲羅振玉、張之洞等人阻止，奏請移交學部，建立圖書館儲之。

> 當戊申冬，今上嗣位，醇邸攝政，令內閣於大庫檢國初時攝政典禮舊檔。閣臣檢之不得，因奏庫中無用舊檔太多，請焚

---

① 《北廳清查光緒年紅本檔》，見方甦生《清內閣庫貯舊檔輯刊》第一編，民國二十四年（1935）鉛印本，第73—76頁。

② "在光緒二十四、五年間，因內閣大庫牆塌，發現庫中尚有藏書。"鄧珂：《談談內閣大庫檔案》，《文物》1959年第9期，第25—27頁。

毀，得旨允行。翰苑諸臣因至大庫，求本人試策及本朝名人試策，偶於殘書中得宋人玉牒寫本殘頁。寧海章檢討（梫）影照，分饋同好，並呈文襄及榮公。一日，榮相延文襄午飲，命予作陪。文襄詢予，何以大庫有宋玉牒。予對以此即《宋史·藝文志》之《仙源集慶錄》、《宗藩慶系錄》。南宋亡，元代試行海運，先運臨安國子監藏書，故此書得至燕。且據前人考，明代文淵閣並無其地，所謂文淵閣，即今內閣大庫。現既於大庫得此二書，則此外藏書必多，盍以是詢之閣僚乎。文襄聞予言欣然，歸以詢，果如予言。但閣僚謂殘破無用者，予亟以《文淵閣書目》進，且告文襄："雖殘破，亦應整理保存。大庫既不能容，何不奏請歸部，將來貯之圖書館乎？"文襄俞焉，乃具奏歸部。奏中且言"片紙隻字，不得遺棄"。①

由羅氏所記可知，光緒三十四年（1908）冬，閣臣在大庫中查找清初多爾袞攝政典禮舊檔，因檔案太多查找不得，奏請焚毀無用舊檔。論者提到此段史實多係依據羅振玉之說，時間則皆謂"光緒三十四年冬"，未曾細究其具體月日，今據史料梳理如次。光緒三十四年十月二十日，載灃被授命爲攝政王，十一月初九日舉行宣統登基典禮②，可知閣臣至庫中尋找舊檔時間，在十月底、十一月初。當時任職軍機處的許寶蘅，是查檢舊檔、擬定攝政禮文的親與者，在日記中記載了其親歷之詳情。據許氏所記，十月三十日至大庫檢檔。十一月初一日開始整理攝政典禮相關文書③。初五日，彙編各部院所擬

①　羅振玉：《集蓼編》，《羅振玉學術論著集》第 11 集，上海古籍出版社 2013 年版，第 53 頁。

②　載灃：《醇親王載灃日記》，群衆出版社 2014 年版，第 295、304 頁。

③　光緒三十四年（1908）十一月初一日："五時半入直，六時半乾清門啟，王大臣先後到，交下各部堂司各官所議攝政王典禮說帖十四件，與式甫、慈溥商酌，分列條目，匯纂一編，再呈堂覽。"許寶蘅：《許寶蘅日記》第 1 冊，中華書局 2010 年版，第 222 頁。

攝政典禮條目①。至初九日，宣統登基。十日，草擬灃攝政禮節具體
條文。現存清宮檔案有"奏爲攝政體制關係紀綱由"一件，奏折中
特別提到"惟就我順治二年所明定睿忠親王之制，參以禮經及中外
諸說之意折衷焉"②，可知此時已參閱大庫所存清初多爾袞攝政典禮
舊檔，擬攝政典禮條文初稿完畢。許寶蘅在十二日日記中記錄了朝
中大臣對攝政典禮的爭論。至二十日，議定攝政禮節十六條③，"內
閣各衙門奏監國禮節，奉旨照准。"④ 至此時攝政典禮已定。可知至
大庫查閱清初舊檔時間，在光緒三十四年十月底、十一月初。

　　光緒三十四年十月三十日至大庫查檔之詳情，許寶蘅日記也有
記載，可以據之了解內閣大庫內部情形：

　　　　與慈溥、式僑宿方略館，午餐後閱大庫內藏乾隆以來檔冊，
　　插架皆滿，塵土堆積，又有書庫，內藏各種方略及四庫內之正
　　史、《通鑑》等書，並有御筆匾額、各種地圖，亦凌雜無次序。
　　與慈溥商量擬專派數人徹底一整理，其殘廢無關故實不足資考
　　者，概行毀棄，編列號次，分年藏弄，庶幾可免蠹蝕，爲將來
　　修史之地。慈溥謂近來軍機處幾於閒散，無關軍國，若並此保
　　存掌故之責亦失之，未免貽誚。此語頗爲沉痛。暇日當與易、
　　劉二公商之。⑤

許寶蘅提到了內閣大庫中"又有書庫"，並看到庫中所藏正史、《通

---

　　① 光緒三十四年（1908）十一月初五日："堂官交下各部院擬議攝政王典禮稿，
同人分條匯類，令供事清繕底稿，再候張相核定。"許寶蘅：《許寶蘅日記》第 1 冊，
第 222 頁。

　　② 光緒三十四年十一月初十 "奏爲攝政體制關係紀綱由（附清單一件）"，臺北
故宮藏 "清代宮中檔奏摺及軍機處檔摺件"，文獻編號 167788。

　　③ 光緒三十四年十一月二十日 "奏爲遵議監國攝政王禮節（附清單一件）"，臺
北故宮藏 "清代宮中檔奏摺及軍機處檔摺件"，文獻編號 167995。

　　④ 許寶蘅：《許寶蘅日記》第 1 冊，第 225 頁。

　　⑤ 許寶蘅：《許寶蘅日記》第 1 冊，第 221—222 頁。

鑑》等書籍。並"擬專派數人徹底一整理",將其中檔案整理按年
編排收藏,以便日後查檢,而其中"殘廢無關故實不足資考者",則
準備"概行毀棄"。可知此時已有整理庫中書檔之議。①

　　此時庫中藏書尚未得到重視,內閣大庫藏書受到外界關注且與
籌建京師圖書館一事產生關聯,則與羅振玉、張之洞二人有關。早
在光緒三十二年 (1906),羅振玉即已倡議籌建京師圖書館,在《教
育世界》發表《京師創設圖書館私議》②。此時只是倡議將《四庫全
書》及大內所藏《四庫》存目之書、《永樂大典》殘本等交圖書館
存儲,未提及內閣大庫藏書一事,可知此時羅氏尚未知大庫內有藏
書。按照羅振玉的敘述,光緒三十四年末,內廷準備焚毀舊檔之時,
翰苑諸臣紛紛至大庫尋找本人殿試試卷及其他本朝名人試卷。在此
期間,有人偶然在殘書之中得到宋人玉牒寫本殘頁,章梫將之影照
分贈朋好。張之洞得到後,以詢羅振玉,知爲宋人之物,因知庫中
藏書珍貴,才引起了重視。羅氏因之建言張之洞奏請將庫中藏書收
歸學部,設立圖書館存放。京師圖書館正式籌辦是在宣統元年,五
月份張之洞與端方商議辦館。③ 七月,派劉啟瑞、曹元忠前去內閣大
庫檢書。同月二十五日,《學部官報》才正式刊發《學部奏籌建京
師圖書館摺》④,此時圖書館籌建才正式提上議程。

　　1913 年 8 月 2 日,王國維在《盛京時報》發表筆記體的《東山

---

① 許寶蘅後來在內閣大庫檔案散出之時,還購得一部分。
② 羅振玉:《京師創設圖書館私議》,《教育世界》第 130 期,1906 年,第 1—
3 頁。
③ 《藝風老人日記》宣統元年五月十四日:"得匋齋信,言南皮約辦北京圖書
館。"繆荃孫:《繆荃孫全集·日記 3》,鳳凰出版社 2017 年版,第 31 頁。
④ 《學部奏籌建京師圖書館摺》:"又查內閣所藏書籍甚夥,近因重修大庫,經閣
臣派員檢查,除近代書籍之外,完帙蓋希。而其斷爛叢殘、不能成冊、難於編目者,
亦間有宋元舊刻,擬請飭下內閣、翰林院將前項書籍,無論完闕破碎,一併移送臣部,
發交圖書館妥慎儲藏。其零篇斷帙,即令該監督等率同館員,逐頁檢查,詳細著錄,
尚可考見版刻源流,未始非讀書考古之一助。"《學部官報》第 100 期。見《北京圖書
館館史資料匯編 1909—1949》,書目文獻出版社 1992 年版,第 6 頁。

雜記》，提及"內閣大庫書之發見"，與羅氏所述大體相同，惟時間則謂在宣統元年：

　　　　內閣大庫書之發見，在宣統元年。時方議攝政典禮，求國初故事不得，乃索諸庫中，始知書架之後，尚有藏書之處。然光緒十年間，此庫曾清釐一次，後乃忘之，蓋閣員之與其事者死亡遷轉盡矣。至是乃重整理，歸之於圖書館，然流出外間者亦有之。又其時乾隆以前黃本、題本充庫中，某相以日久無用，奏請焚爐，已得諭旨，乃露積庭中。時羅叔言參事至內閣，取一束觀之，乃管松崖幹貞督漕時奏牘，又閱一束，則阿文成桂西征奏牘也，皆順年月，排列頗爲整飭。乃言諸學部，以此種題本，皆係史材，焚爐可惜，可置京師圖書館中。經學部尚侍報轉商議，逾月而始往取。幸尚未焚毁，然已暴露月餘，經雨數次矣。書至學部時，圖書館未成，乃置諸國子監南學。想今尚無恙，然罕有知其事矣。①

王國維稱"內閣大庫書之發見，在宣統元年"，但下文所敘"時方議攝政典禮，求國初故事"，乃宣統即位之時，即光緒三十四年十月底、十一月初之事，實則與羅氏《集蓼編》所述相同。王氏又稱"光緒十年間，此庫曾清釐一次"，大概是根據其所見《內閣大庫檔冊》，即前云"然內閣舊有書目檔冊，係光緒十年間所點存者。庚子之亂，爲日本某君所得"② 者。這部"書目檔冊"後來被羅振玉以《內閣大庫檔冊》爲名刊入《玉簡齋叢書》，是清朝清點內閣大庫衆多目錄中的一部。實際上此本係清咸豐、同治年間清點東大庫書檔所編目錄，並非王國維所言"光緒十年間所點存者"（詳見下文第二章

---

① 王國維：《東山雜記》第三十一則，《王國維全集》第三卷，浙江古籍出版社2009 年版，第 341—342 頁。
② 王國維：《東山雜記》第三十一則，《王國維全集》第三卷，第 341—342 頁。

第一節介紹）。

（三）宣統元年大庫屋壞說

這種說法主要出自1922年王國維所撰《庫書樓記》。

> 宣統元年，大庫屋壞，有事繕完，乃暫移于文華殿之兩廡。地隘不足容具，露積庫垣內者尚半，外廷始稍稍知之。時南皮張文襄公方以大學士、軍機大臣管學部事，奏請以閣中所藏四朝書籍，設學部京師圖書館。其案卷則閣議概以舊檔無用，奏請焚毀，已得諭旨矣。適上虞羅叔言參事以學部屬官赴內閣參與交割事，見庫垣中文籍山積，皆奏准焚毀之物，偶抽一束觀之，則管制府幹貞督漕時奏摺；又取觀他束，則文成公阿桂征金川時所奏，皆當時歲終繳進之本，排比月日，具有次第。乃亟請于文襄，罷焚毀之舉，而以其物歸學部，藏諸國子監之南學。其歷科殿試卷，則藏諸學部大堂之後樓。[1]

據王氏所述，內閣大庫藏書之發現，是因宣統元年大庫房屋塌壞，將庫中藏書檔移至文華殿兩廡，始漸漸爲外界所知。後人談及內閣大庫書檔，多源本王氏《庫書樓記》中說法。如徐中舒稱："清宣統元年大庫屋壞，因修理庫屋之故，這兩座庫內的貯藏，就大大的移動了。"[2] 方甦生亦言："宣統元年，庫屋又壞，有事繕完。大學士張之洞奏請出其藏書，設學部京師圖書館。"[3] 傅增湘謂："宣統元年，因庫屋滲漏，發帑重修。庫存檔案、書籍，點派侍讀中書等十人入庫檢理，移歸學部。"[4] 諸家皆以宣統元年爲大庫藏書發現之始。然由前文敘述可知，實際上光緒三十四年末大庫書檔已開始檢

---

① 王國維：《庫書樓記》，《王國維全集》第八卷，浙江教育出版社2009年版，第629—632頁。
② 徐中舒：《再述內閣大庫檔案之由來及其整理》，第542頁。
③ 方甦生：《清內閣庫貯舊檔輯刊敘錄》，第1頁。
④ 傅增湘：《清代殿試考略》，民國二十二年（1933）鉛印本，第1頁。

點，漸漸爲時人所知。

宣統元年大庫塌壞，檔案中也有相關記載。宣統元年二月初九日，孫家鼐、張之洞、榮慶、鹿傳霖等人上奏請旨修理大庫：

> 奏內閣摺　請派估修尊藏實錄紅本大庫由　二月初九日
> 大學士臣孫家鼐等謹奏爲請旨事。竊查內閣尊藏實錄紅本大庫年久失修，後簷坍塌，前簷滲漏，情形甚重。臣等於光緒二十五年十一月奏請興修，前經工部奏請，欽派大臣奉旨派出侍郎堃岫承修，欽此。當將庫存列聖實錄、書籍移請至文華殿東西配殿安庋，擇期飭匠興修，適逢庚子停工，至今亦未修理。查此項工程，延擱多年，前將頭停瓦片揭落，現在更形滲漏，如再遲延，恐大木亦有柷朽之虞。工程愈大，用款愈繁，理合恭摺奏請另行欽派大臣查勘修理，以昭敬慎。謹恭摺具奏請旨。
> 宣統元年二月初九日
> 大學士臣孫家鼐、臣世續、臣那桐、臣張之洞協辦大學士臣榮慶、臣鹿傳霖①

奏折詳細記載了當時內閣大庫的情況是"後簷坍塌，前簷滲漏"，並且提及光緒二十五年原擬修理大庫，因爲庚子之亂而中輟，而當時已將頭停、瓦片揭下，更加重了雨水滲漏的情形。上奏以後，清廷即委派鹿傳霖負責，勘查修理工程。《宣統政紀》載該年二月，"派協辦大學士鹿傳霖查勘修理實錄、紅本大庫工程"②。又《宣統上諭

---

① 宣統元年二月初九日《奏爲請肯估修尊藏實錄紅本大庫》，臺北故宮藏"清代宮中檔奏摺及軍機處檔摺件"，文獻編號：175538。此檔首見盧雪燕《臺北故宮博物院現藏清內閣大庫藏書探源》一文引用："1909 年，大學士孫家鼐等再次奏請繼續修繕實錄庫和紅本庫，同時也將庫存'列聖實錄、書籍移請至文華殿東西配殿安庋'。"盧雪燕：《臺北故宮博物院現藏清內閣大庫藏書探源》，《版本目錄學研究》第五輯，北京大學出版社 2014 年版，第 651 頁。

② 《清實錄》第 60 冊《宣統政紀》，中華書局 1987 年版，第 144 頁。

檔》有宣統元年二月初九日奏章："軍機大臣欽奉諭旨：內閣奏請勘修尊藏實錄、紅本大庫工程一摺，著派鹿傳霖查勘修理。欽此。軍機大臣署名，臣奕劻。"① 四月，清查大庫所藏滿文書籍②。繆荃孫此年被任命爲京師圖書館監督，但未入京赴任，繆氏致徐乃昌札云："聞帝國圖書館只有一窪臭水、一個土堆，片瓦寸椽，尚無基礎，静候南皮出來布置。徐、姚兩書在學部空屋，內閣挖出九萬本（土裏宋元殘帙甚多）。"③ 信中提到內閣大庫藏書，用到"挖出"一詞，又云"土裏宋元殘帙甚多"，可能當時大庫坍塌，墻椽掩埋了部分書檔。又據《列朝實錄聖訓函數檔》所記："本閣實錄、紅本大庫，因年久失修，坍塌滲漏，奏請興修。謹將列朝實錄、聖訓，恭請至內銀庫，暫行尊藏。至宣統二年六月，庫房修齊，是年八月，仍將紅黃實錄、聖訓，移回本庫，敬謹尊藏。"④ 可知當時大庫書籍檔案等暫存文華殿兩廡，即奏折所稱"文華殿東西配殿"，而庫內實錄、紅本則移出暫存內銀庫。在宣統二年六月東大庫修繕完畢之後，八月仍將實錄、紅本重新移回大庫。

《清宮述聞》所引《味蓴簃隨筆》亦記載了此事：

　　宣統二年，清理內閣書庫，以所藏善本書，無論完缺，悉送學部圖書館。庫門鎖閉已久，一朝啟鑰，希見之品，層見疊出，除書籍外，列朝紅本，盈三巨屋，均移庋文華殿。御纂《七經》當時恭進稿本，亦尚有存者。《書經傳說彙纂》中，並有數卷署編修胡中藻名。中藻以文字獄，罹大辟，著述久遭禁錮，此僅存之稿，殆亦毀滅未盡者。康熙己未、乾隆丙辰兩次

---

① 《宣統朝上諭檔》第35冊（宣統元年），廣西師範大學出版社2008年版，第57頁。
② 參見《清內閣庫貯舊檔輯刊》第二編下《滿文書籍檔》。
③ 繆荃孫：《藝風堂書札》致徐乃昌（第一百三十三），《繆荃孫全集·詩文2》，第416頁。
④ 方甦生：《清內閣庫貯舊檔輯刊叙錄》，第59頁。

博學鴻詞卷，則悉數在焉。諸君紛攫取，數日而盡。又清代歷
科殿試卷，雖已不全，亦存二千餘卷，任意取攜，遂致散出。①

《味蓴籛隨筆》所記“宣統二年”，時間有誤②，內閣大庫藏書移出
整理移交學部是在宣統元年。庫物移出以後，諸臣至庫中攫取殿試
卷，此與羅振玉《集蓼編》所記光緒三十四年末翰苑諸臣至大庫尋
找試卷而發現宋人玉牒一次，應是前後兩回事。這在清人日記中可
以得到印證，惲毓鼎宣統元年十月二十七日日記：“八月間，內閣修
大庫，搜出宋元鐫本及鈔本舊書不少……庫又有自國初至今殿試策，
幾及三萬本，凡名人之策皆在焉。中翰諸君各擇其著名者藏之 (如劉
文清、朱文正、翁覃溪、洪稚存之類)。惜余知之已晚，不及向諸君索贈
也。”③ 可知時間在宣統元年七、八月整理庫物之時。又如徐兆瑋即
得到曹元忠所贈大庫舊藏試卷④，王欣夫曾購得曹氏舊藏《戚藩殿
試策》，“清代歷科試卷，均藏內閣大庫。宣統元年修庫屋，派人檢
理，遂漸散落。其名賢碩學數百卷，悉歸寶應劉氏食舊德齋。此及
沈彤、曹仁虎數卷，則歸吳縣曹氏箋經室，曹氏書散，余於廢紙中
檢得購歸”⑤，曹元忠所得殿試卷，應是七月份參與檢點內閣大庫
藏書時所得，均可與上述記載相參證。內閣大庫殘存的殿試卷後來
與藏書一同移交學部，傅增湘曾據之撰《清代殿試考略》⑥。

---

①　章乃煒、王藹人：《清宮述聞》，紫禁城出版社1990年版，第319—320頁。
②　在過去有關內閣大庫檔案發現歷史的論著中，頗有將“宣統元年”記作“宣
統二年”者，如李光濤《明清檔案存真選輯初集序》也云“清宣統二年大庫屋壞，這
些檔案由內閣移交學部”。是以上文特引錄檔案史料，以證王國維“宣統元年大庫屋
壞”之說不誤。
③　惲毓鼎：《惲毓鼎澄齋日記》，浙江古籍出版社2004年版，第464頁。
④　民國二十年（1931）十月三十日：“受古書店寄來夏味堂輯檢討公《年譜》
一冊，乃舊刻本，檢討鴻博試卷，曹君直於大庫檢得贈予，亟欲知其生平行詣也。”徐
兆瑋：《徐兆瑋日記5》，黃山書社2013年版，第3562頁。
⑤　王欣夫：《蛾術軒篋存善本書錄》下，上海古籍出版社2002年版，第1377頁。
⑥　傅增湘：《清代殿試考略》，民國二十二年（1933）鉛印本。

　　王氏《庫書樓記》記羅振玉奏請保存書籍以外檔案之事，謂
"適上虞羅叔言參事以學部屬官赴內閣參與交割事"云云，與羅氏
《集蓼編》所述大體相同。羅振玉此時作爲學部屬官被派往內閣視察
整理大庫藏書情形，"方予至內閣視察庫書時，見庭中堆積紅本題
本，高若丘阜，皆依年月順序結束整齊。隨手取二束觀之"① 云云，
這是宣統元年大庫書檔移出大庫以後事，庫中藏書移到文華殿兩廡，
而檔案則露積於庭中。同年七月，曹元忠等在文華殿整理內閣大庫
藏書。又據《擬焚紅本各件總數檔》，自八月初一日開始，至九月初
一日，共檢出乾隆至同治朝紅本一萬零六百六十二捆，露積於外，
擬加焚毀。② 羅振玉到內閣視察，見到這些露天堆積的檔案，詢問爲
何堆積在庭中，乃知這些是準備焚毀的檔案。可知在曹元忠等人理
書同時，移出的內閣檔案在挑揀出書籍以後，仍以爲無用，奏請焚
毀。幸爲羅振玉上奏得以保存，以木箱移運價格太高，改用裝米麻
袋貯之，分裝八千麻袋，運歸學部，後又轉貯於國子監南學。

　　王國維《東山雜記》、《庫書樓記》兩處敘述，與羅振玉《集蓼
編》說法並無十分相違之處，二者實則是前後相承的事件③。內閣
大庫藏書被發現的時間應該是光緒三十四年末，當時引起了羅振玉
等人重視。而宣統元年大庫墻壁倒塌，導致庫中藏書移出，陳列在
外，乃逐漸爲外界所知。而王國維"大庫屋壞說"讓人容易聯想到
漢代"孔壁藏書"故事，更具傳奇色彩，故論者紛紛以此作爲大庫
藏書發現之機由。無論其誘因是光緒三十四年十一月初宣統繼位時
查檔而導致的奏請焚毀無用舊檔事件，還是宣統元年二月大庫屋壞
而導致書檔移出，內閣大庫藏書之發現時間基本可以確定在光宣之

---

　　① 羅振玉：《集蓼編》，《羅振玉學術論著集》第11集，第54頁。
　　② 《擬焚紅本各件總數檔》，見方甦生《清內閣庫貯舊檔輯刊》第一編，第77
頁。又據王道瑞《簡述清代中央國家機關檔案的損壞與流失》一文所引，原件今藏中
國第一歷史檔案館，《內閣各房各館簿冊》房531號。
　　③ 兩種說法時間上有差異，內閣大庫藏書發現的時間若以大庫屋壞、勘查修理
的時間宣統元年二月算起，則與光緒三十四年十一月初查檔的時間差了三個多月。

交。實際大庫所藏書檔，清代歷朝內閣諸臣也能窺見，如震鈞《天咫偶聞》所記光緒二十四、二十五年即已見到大庫內有藏書。內閣也有編目整理的制度，歷朝都著錄有大庫所藏書檔之情況，但正如王國維所言，"後乃忘之，蓋閣員之與其事者死亡遷轉盡矣"①。而光緒三十四年十一月宣統即位之時，最初奏請焚毀無用舊檔，而派人前去清查庫物，大概只有內廷少數人知道，如許寶蘅即在日記中提到內閣大庫中"又有書庫"，若非輾轉爲羅振玉、張之洞等有識之士獲悉從而引起重視，可能這次大庫藏書的發現也會跟過去歷次清點一樣，在焚毀完檔案之後就再度沉寂。其後庫書移出文華殿整理，準備收歸學部建圖書館，此時藏書面貌乃全部展現在世人之前，"外廷始稍稍知之"②，庫中藏書始爲世人所知。

二　清內閣大庫位置及功能

內閣本爲處理政務之所，宮廷各類文書，即存儲內閣大庫之中。清代設立軍機處以後，內閣處理政務的機能幾乎喪失，乃專門掌管宮中文書典籍等。王國維《庫書樓記》曰：

　　蓋今之內閣，自明永樂至于國朝雍正，歷兩朝十有五帝，實爲萬幾百度從出之地。雍乾以後，政務移于軍機處，而內閣尚受其成事。凡政府所奉之朱諭，臣工所繳之敕書、批折，胥奉儲於此，蓋兼宋時宮中之龍圖、天章諸閣，省中之制敕庫、班簿房而一之。③

清代以來內閣大庫所貯書檔不是一成不變，也並非不爲人知。內閣大庫有庫吏管理，歷朝有清點登冊之舉，但是外人罕能窺見庫中所

---

① 王國維，《束山雜記》第三十一則，《王國維全集》第三卷，第341—342頁。
② 王國維：《庫書樓記》，《王國維全集》第八卷，浙江教育出版社2009年版，第630頁。
③ 王國維：《庫書樓記》，《王國維全集》第八卷，第630頁。

藏。清乾隆間曾任內閣中書的阮葵生，在《茶餘客話》卷一記道：

> 　　內閣大庫藏歷代策籍，並封貯存案之件。漢票簽之內外紀，
> 則具載百餘年詔令陳奏事宜。九卿翰林部員，有終身不得窺見
> 一字者。部庫止有本部通行，惟閣中則六曹咸備，故中書品秩
> 雖卑，實可練習政體，博古通今。予辛巳夏直票簽，九月即派
> 入武英殿繕寶譜地球圓說，未得久於其地。計百餘日中，粗繙
> 外紀。一遇夜直之期，檢閱尤便，每次攜長蠟三枝，竟夕披覽
> 不倦。當時十五、六日方輪一夜班，每代友承直，他人亦樂以
> 見委。聞近日中翰以夜班爲苦，互相推避，予則以日淺未得快
> 覩大庫爲憾。緣典籍掌庫事，資深者方轉典籍，惟探開庫之期，
> 隨前輩一觀，塵封插架，隨意抽閱，片牘皆典故也。①

阮氏稱大庫管理甚嚴，只有內閣中部員才能通行，“九卿翰林部員，
有終身不得窺見一字者”。阮氏爲了能多檢閱庫中書檔，不惜代他人
輪值，連夜披檢，猶且“以日淺未得快覩大庫爲憾”。但終清一代，
能夠窺睹大庫所藏的人還是少數，留下記載不多。因此，王國維稱
之“然三百年來，除舍人、省吏循例編目外，學士、大夫罕有窺其
美富者”②。

　　清乾隆年間王正功擔任內閣中書、典籍近二十年，對內閣制度
極爲熟悉，曾編纂《中書典故彙紀》，序中自稱“自中書轉典籍，
先後幾二十年，中書各房，周歷殆遍”。王氏《中書典故彙紀》書
中記錄了乾隆年間的庫中情形：

> 　　大庫在內閣後門外之東，文華殿之南，其北面有圍墻一帶，
> 開門二：其西爲典籍廳，請送關防及查取紅本出入之門。其東

---

① （清）阮葵生：《茶餘客話》，中華書局 1959 年版，第 30 頁。
② 王國維：《庫書樓記》，《王國維全集》第八卷，第 630 頁。

爲滿本堂，請送實錄出入之門。庫坐南向北，共二十間，開門四。每間深四丈，重之以樓。北面有牕，牕中用鐵柱，柱內有罦罳，外有鐵板牕，牕開而不闔。惟上御文華殿經筵及出東華門，則以繩繫之，過即開。西二門共庫十間，可通往來，樓上樓下，皆貯紅本，典籍關防亦貯其中。東二門內庫各五間，一爲滿本堂，存貯實錄、史書、錄疏、起居注及前代帝王功臣畫像等物。一爲存貯書籍及三節表文、表匣及外藩表文之所。近因西二庫紅本已貯滿，乾隆十三年以後紅本亦貯於此。①

王氏所記畢竟是乾隆年間情形，距離民國已一百七十多年。民國方甦生根據當時內閣大庫現貌，對王正功所描述的乾隆年間大庫形制作了對比，其《清內閣庫貯舊檔輯刊敘錄》曰：

　　西庫十間，即《清宮史續編》所謂紅本庫。東庫中之五間，即尊藏實錄庫。其餘五間，即書籍表章庫。王氏在內閣，自中書轉典籍，先後幾二十年，中書各房周歷迨遍 (見《彙紀·自敘》)，其說出自身歷目睹，故甚可信。所謂"西二門共庫十間，可通往來"、"東二門內庫各五間"，似實錄庫與書籍表章庫劃然分隔，不可通行。文獻館於民國二十年開始整理庫物之時，情形已異，東庫十間，全無分隔之跡，樓上除元、亨、利、貞四櫃書籍物件外，全庋實錄、聖訓，樓下書籍檔案占偏東六間，西偏四間則儲六科史書及起居注箱 (史書間有雜庋於紅本庫樓下者)，而所謂三節表文表匣，則盡以堆於西庫之紅本架頂。然王氏所記，乃乾隆二十年以前情形 (《中書典故彙紀·自敘》稱："雍正十三年冬，余以乙科應內閣中書試……乃自中書轉典籍，先後幾二十年。")，距今一百七十餘年，庫物陸續增入，與屢次佚毀，庋藏情形不知幾經變更。惜內閣檔案多缺失，否則堂諭、日記等檔中，或有庫物

---

① （清）王正功：《中書典故彙紀》卷六，民國《嘉業堂叢書》本。

移動之記載，可以供吾人之參考也。①

方氏在《清內閣庫貯舊檔輯刊敘錄》中繪有《清內閣遺址實測圖》（見書前扉頁插圖 圖壹）。方氏認爲王正功所言西庫十間爲紅本庫，東庫十間爲實錄庫及書籍表章庫。但是清末內閣大庫書檔發現之時，庫中情形與清乾隆年間王正功所描述者已大不相同。據清乾隆間汪啟淑《水曹清暇錄》載，當時大庫以天干編號，宋元版書籍貯"辛"字庫。

> 內閣另有十庫，以天干次目之。所藏歷代帝王及先賢遺像，聞尚完好。至辛字庫，多宋元板書，大率明文淵閣所遺。斷簡殘編，惜多錯亂。遇有檢閱，則派漢中書涉手，其彙鑰皆滿中書司掌焉。又有奇書一部，凡人八字，皆預算定，判斷載明，證之多不爽，惜人無由見之。②

汪氏所稱"另有十庫"，大概即指書籍表章庫樓下十間。在後文介紹的內閣大庫書檔舊目中，我們也可以看到清朝庫中所貯書檔移動變更情況。而發現宋元舊版書籍者爲書籍表章庫，當無可疑。宣統二年（1910）羅振玉曾刊行過一部清道光以後的大庫書檔目錄《內閣大庫檔冊》，目中以六藝"禮樂射御書數"編號六庫，與清末書籍表章庫之形制相近，王國維《庫書樓記》謂之"內爲大樓六間"，大概也是根據六庫而言，其中書籍在"書"、"數"兩庫。徐中舒《內閣檔案之由來及其整理》文中也根據《內閣大庫檔冊》著錄內容，對檔案以外的書籍作介紹：

> 檔案之外，"書"字庫所藏爲各省府縣志、賦役書、命書及

---

① 方甦生：《清內閣庫貯舊檔輯刊敘錄》，第5—6頁。
② （清）汪啟淑：《水曹清暇錄》，北京古籍出版社1998年版，第14頁。

硃批論旨等。"數"字庫所藏爲明文淵閣舊藏諸書，及清代鄉試錄、試卷、八旗通志等。"書"、"數"兩庫書籍，現存北平圖書館。檔案現除分存中央研究院歷史語言研究所、北京大學研究所國學門外，還有不少的散入私家了。①

方甦生在《內閣大庫書檔舊目敘錄》文中，根據民國時所見大庫現狀，對照《內閣大庫檔冊》著錄內容，認爲書籍表章庫樓下西偏的六間庫房，即原來存放《內閣大庫檔冊》所著錄書籍檔案之所。

　　《故宮博物院文獻館一覽》"內閣大庫檔案"項下說："實錄庫樓上貯實錄、聖訓，樓下貯起居注及書籍表章檔冊之屬。"當故宮文獻館開始整理此項檔案時，其貯藏原狀確是如此。說得詳細一點，彼時樓上除實錄、聖訓外，尚有以"元亨利貞"編號而已經凌亂的四櫃書籍檔案，樓下西偏四間，排着收貯起居注的紅箱及一部分的六科史書。東偏六間，則有滿箱的揭帖、滿櫃的遠年來文，南北廳的檔案，凌亂的大記事、日記檔、清漢字黃冊、鄉會試錄及光緒寫本《大清會典》的正副本等。後來經過整理，在這六間庫的架旁櫃後，又發見許多元明以來的殘零書籍，而《大庫檔冊》"射"字庫"龍"字、"師"字兩箱的"瑞穀草"，也在這裏發見，且在從東數起第三間庫的明柱上，一層薄的紅油漆籠照着"□字庫"三字，第一字已不可辨，"字庫"兩字則甚分明。凡此種種，都可證明此六間庫就是書籍表章庫，也就是《內閣大庫檔冊》的"禮樂射御書數"六庫。②

方甦生認爲"清宣統元年爲修繕大庫奏准焚燬、後來移交學部的書

　　① 徐中舒：《內閣檔案之由來及其整理》，《明清史料》甲編第一冊，商務印書館1930年版，第1頁。
　　② 方甦生：《內閣大庫書檔舊目敘錄》，第2頁。

籍檔案，差不多都是典籍廳保管之物，滿本堂保管物很少”①，並認爲書籍表章庫樓下東偏六間，即《內閣大庫檔冊》著錄之六庫。那麼，書籍占書籍表章庫總數多少？王國維謂之“書籍居十之三，案卷居十之七”②，徐中舒謂“內閣大庫所藏書籍，據《內閣大庫檔冊》計，占書、數兩庫，約當檔案之半”③，二人大約都是根據《內閣大庫檔冊》計算。繆荃孫稱“內閣挖出九萬本”④，汪康年《雅言錄》謂“計得書十餘萬冊”⑤。而根據清末整理大庫藏書的《內閣庫存書目》著錄，除去成捆未計冊者，總計書籍大約六萬六千餘冊。

第二節　內閣大庫藏書之來源

內閣大庫藏書，最爲人樂道者乃庫中保存著蝴蝶裝原貌的宋元版。人們由此產生一種印象，以爲大庫藏書即源自明文淵閣。實際上宋元本書籍只是內閣大庫藏書一小部分，庫中還有大量內府修書稿本、明清刊本、志書、賦役全書等。因此，大庫藏書來源需分別討論。庫中藏書一部分是明內府藏書，這部分藏書來源尚有爭議，另一部分是清內府修書各館閉館後存貯於大庫的書檔。

一　明內府藏書之遺

內閣大庫所貯宋元版書籍，究竟從何時開始已有？清代以來即傳言庫中書籍爲明代文淵閣藏書之遺。如乾隆間汪啟淑《水曹清暇

---

① 方甦生：《內閣大庫書檔舊目敘錄》，第 2 頁。
② 王國維：《庫書樓記》，《王國維全集》第八卷，第 630 頁。
③ 徐中舒：《內閣檔案之由來及其整理》，《明清史料》甲編第一冊，商務印書館 1930 年版，第 11 頁。
④ 《藝風堂書札》致徐乃昌（第一百三十三），《繆荃孫全集·詩文2》，第 416 頁。
⑤ 汪康年：《汪穰卿筆記》，中華書局 2007 年版，第 260 頁。

錄》謂之"大率明文淵閣所遺"①，民國間王國維《庫書樓記》謂
"其書多明文淵閣之遺"②，汪康年《雅言錄》謂之"大率皆元時由
宋都宮中運至北京者，自明以來，遞有增益，皆置架中"③，民國七
年京師圖書館目錄課識語謂"清內閣書即明代文淵閣藏書"④。方甦
生《清內閣庫貯舊檔輯刊敘錄》第一章《明文淵閣及清內閣》、徐
中舒《再述內閣大庫檔案之由來及其整理》中有《內閣所藏書籍及
其與文淵閣的關係》一章，皆對明文淵閣與清內閣大庫之關係作了
考證。

（一）明代內閣藏書

明代內閣藏書，有不少宋元之遺，保留了蝴蝶裝原貌。明萬曆
間人謝肇淛《五雜組》卷十三記其所見內閣藏書曰："內府秘閣所
藏書甚寥寥，然宋人諸集，十九皆宋板也。書皆倒折，四周外向，
故雖遭蟲鼠齧，而中未損。"⑤清末內閣大庫中發現了大量蝴蝶裝的
宋元本，使人聯想到明代內府藏書景象，因而認爲大庫藏書爲明代
文淵閣之遺。

明內閣藏書，先後有數次編目。今存最早爲明正統六年（1441）
楊士奇等人編《文淵閣書目》，著錄了正統年間文淵閣藏書情況，收
書約七千二百餘部，五千八百餘種，四萬三千餘冊。清嘉慶間鮑廷
博根據一個"家塾舊藏本"，將此目刊入《讀畫齋叢書》。這個"家
塾舊藏本"各書之下注明"完全"、"殘缺"、"闕"等情況，可能是
明正統六年以後用於清點的目錄原本或傳抄本。當時文淵閣藏書已
出現殘缺，故在目中記錄了各書完闕狀況，由此可知文淵閣藏書流
失嚴重。明正統年間在內閣任職的錢溥，曾抄錄閣中藏書目錄，題
爲《秘閣書目》。此目與《文淵閣書目》內容相近，但複本之書多

---

①　（清）汪啟淑：《水曹清暇錄》，北京古籍出版社 1998 年版，第 14 頁。

②　王國維：《庫書樓記》，《王國維全集》第八卷，第 630 頁。

③　汪康年：《汪穰卿筆記》，中華書局 2007 年版，第 260 頁。

④　《清內閣舊藏書目》不分卷，中國國家圖書館藏京師圖書館鈔本。

⑤　（明）謝肇淛：《五雜組》，上海書店出版社 2001 年版，第 266 頁。

僅錄一部，文字亦多節錄。閣中書籍管理不嚴，閣臣將書籍借出或者偷換，逐漸散失。謝肇淛《五雜組》卷十三曰："但文淵閣制既庫狹，而牖復暗黑。抽閱者必秉炬以登，內閣老臣無暇留心，及此徒付筦鑰於中翰涓人之手，漸以汩沒，良可歎也。"① 至明萬曆三十三年（1605），張萱等重編《內閣藏書目錄》，上距正統六年已歷一百六十餘年，目中收書僅有兩千五百餘種，一萬八千餘冊。明崇禎年間，盡取閣中書籍移置乾清宮，命梁維樞編目，仍名《內閣藏書目錄》，原有五卷，今存殘本一卷，僅著錄書籍六百六十餘部。萬曆間朱國禎《湧幢小品》卷二"秘書"條記當時內閣藏書總數："中秘書在文淵之署，約二萬餘部，近百萬卷。刻本十三，抄本十七。"② 今存明內閣藏書諸目無一能及此數，而愈往後存書愈少。

又明內閣藏書，前人認爲繼承了宋金元三朝內府藏書。朱彝尊《文淵閣書目跋》曰：

　　按宋靖康二年，金人索祕書監文籍，節次解發，見丁特起《孤臣泣血錄》。而洪容齋《隨筆》亦云，宣和殿、太清樓、龍圖閣所儲書籍，靖康蕩析之餘，盡歸于燕。元之平金也，楊中書惟中于軍前收伊洛諸書，載送燕都。及平宋，王承旨構首請輦送三館圖籍，至元中又徙平陽經籍所于京師，且括江西諸郡書板，又遣使杭州，悉取在官書籍板刻至大都。明永樂間勑翰林院，凡南內所儲書，各取一部。于時修撰陳循督舟十艘，載書百櫃送北京。又嘗命禮部尚書鄭賜擇通知典籍者，四出購求遺書，皆儲之文淵閣內。相傳雕本十三，抄本十七，蓋合宋金元之所儲而匯于一，縹緗之富，古未有也。③

① （明）謝肇淛：《五雜組》，上海書店出版社2001年版，第266頁。
② （明）朱國禎：《湧幢小品》卷二，明天啟二年刻本。
③ （清）朱彝尊：《曝書亭集》卷四十四，清康熙五十三年刻本。

朱氏歷數宋金元以來官藏圖籍之遷移，認爲明文淵閣所貯得宋金元三代之遺。清末羅振玉認同朱氏之說，認爲清内閣大庫藏書承文淵閣之餘緒，中有承自宋金元三代之遺者，"其中宋元槧及宋元寫本至多，但記寫本中有《仙源類譜》、《宗藩慶系圖》，乃宋之玉牒，元初由杭攜至北都，即宋季《三朝政要》弁言所謂國史載之過北者是也"①。朱氏謂文淵閣藏書後來逐漸散失殆盡，"祕省所藏，土苴視之，盜竊聽之，百年之後，無完書矣"②，並以張萱《内閣藏書目錄》與《文淵閣書目》對校，認爲"四部之書，十亡其九"③。清末王國維也曾將二目對勘，而認爲"正統藏書至萬曆時，尚存十分之五"④。内閣大庫藏書發現以後，民國時人重新對明代内府藏書目錄產生了興趣。民國二年，繆荃孫將從未刊行的張萱《内閣藏書目錄》刻入張鈞衡《適園叢書》。繆荃孫《藝風堂藏書續記》卷五著錄其書云：

　　明内閣爲藏書之所，而《文淵閣書目》爲楊士奇等所編，已同簿帳。至萬曆間，書多殘缺，復命萱等編纂，較前次已爲翔實。國朝七閣藏書，復有天禄琳瑯、宛委別藏以貯佳本。内閣所餘，棄同甌脱。宣統二年，全數移交京師圖書館。惜止存十之四五，然與此目頗相脗合云。⑤

―――――――――

① 顧廷龍輯：《藝風堂友朋書札》下，上海古籍出版社1980年版，第999—1000頁。
② （清）朱彝尊：《文淵閣書目跋》，《曝書亭集》卷四十四，清康熙五十三年刻本。
③ （清）朱彝尊《跋重編内閣書目》："今以正統六年目錄對勘，四部之書，十亡其九，惟地志差詳，然宋元圖經舊本並不登載著于錄者，悉成、弘以後所編。是則内閣藏書至萬曆年已不可問，重編之目殆取諸刑部行人司所儲錄之以塞責爾。"《曝書亭集》卷四十四，清康熙五十三年刻本。
④ 王國維《明内閣藏書目錄跋》："竹垞跋《文淵閣書目》謂以此目校之，十不一存，余以兩目比校一過，知正統藏書至萬曆時，尚存十分之五。"王國維：《觀堂別集》卷三，見《王國維遺書》第四冊，上海古籍出版社1983年版。
⑤ 繆荃孫：《藝風藏書記》，上海古籍出版社2007年版，第349頁。

繆氏認爲清末內閣大庫移交京師圖書館之書即繼自明內閣，"止存十之四五"，與張萱《內閣藏書目錄》"頗相脗合"。這種簡單地對比目中書名異同之方法，是否即能說明前後兩代藏書的繼承關係，民國時也有人提出異議①。但"內閣大庫藏書爲明文淵閣之遺，上承宋金元三代藏書"這樣的看法在當時仍占主流。

（二）清內閣大庫與明文淵閣之關係

內閣大庫藏書保存很多蝴蝶原裝宋元版，時人推測大庫所藏即爲明代文淵閣書。而這種猜測也不無根據，在清乾隆年間，即有人認爲內閣大庫係明文淵閣舊址。阮葵生《茶餘客話》卷一曰：

> 文淵閣無其地，徧質之先輩博雅諸公，皆無以答。王白齋司馬、申笏山光禄皆以爲在大內，亦臆度之詞。予意今之內閣大庫彷彿近之，當時楊廷和在閣，升菴挾父勢，屢至閣繙書，攘取甚多。又典籍劉偉、中書胡熙、主事李繼先奉命查對，而繼先即盜易其宋刻精本。觀此情形，必非內庭深嚴邃密之地。而沈景倩謂制度隘，牕牖昏暗，白晝列炬，當時俱屬之典籍云云，則與今日大庫形勢宛然如繪。且紫禁殿閣，綺牕藻井，罘罳玲瓏，惟皇史宬爲明季藏本之地，則石室磚篋，穴壁爲牕，蓋以本章要區，防火爲宜。今大庫之穴壁爲牕，磚篋暗室，較史宬尤爲晦悶，則爲當日藏書之所，正與史宬制度相合。②

阮氏清乾隆間任內閣中書，當時已不知明文淵閣之所在，只能猜測內閣大庫即明文淵閣舊址。據明代黃光昇《昭代典則》卷十七記載："文淵閣在午門內之東，文華殿南，諸學士所居以議政之所也。"③

---

① "我們論內閣藏書，總以《文淵閣書目》、《內閣書目》、《玉簡齋叢書》本《大庫檔冊》及《內閣大庫書檔舊目》內關於書籍之目，相互比勘。這實在是一個錯誤的觀念。"徐中舒：《再述內閣大庫檔案之由來及其整理》，第573頁。

② （清）阮葵生：《茶餘客話》，中華書局1959年版，第27頁。

③ （明）黃光昇：《昭代典則》卷十七，明萬曆二十八年周曰校萬卷樓刻本。

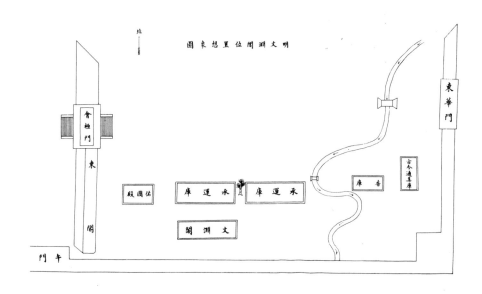

圖一：明文淵閣位置想象圖

(出自《清內閣庫貯舊檔輯刊》)

大致可知明文淵閣方位與清內閣大庫相仿。方甦生《清內閣庫貯舊檔輯刊敘錄》據孫承澤《春明夢餘錄》、呂毖《明朝宮史·金集》、王正功《中書典故彙紀》中載《可齋筆記》、《玉堂漫筆》等多處記載，繪出《明文淵閣位置想象圖》(參見圖一)。方氏基本否認了清內閣大庫即明文淵閣舊址這種說法，認為"承運庫似即今內閣兩庫地"①，而文淵閣地在兩庫之後。又曰："而大庫是否即明之內承運庫，為改建抑為創建，猶疑問也。"②

1、明末文淵閣毀於火說

文淵閣藏書在清初已難蹤跡，傳言毀於李闖王一炬。這種說法主要出自明末清初時人。錢謙益《黃氏千頃齋藏書記》曰："一旦

---

① 方甦生：《清內閣庫貯舊檔輯刊敘錄》，第 3 頁。
② 方甦生：《清內閣庫貯舊檔輯刊敘錄》，第 4 頁。

突如焚如，消沉於闖賊之一炬，內閣之書盡矣。"① 姜紹書《韻石齋
筆談》曰："至李自成入都，付之一炬，良可歎也。"② 傳聞當時宮
殿遭燬，僅有武英殿獨存。《朝鮮李朝實錄中的中國史料》引朝鮮
《仁祖大王實錄》："及山海關敗歸之後，盡括城中財寶而去，以火
藥燒殿宇諸門，但不害人命……宮殿悉皆燒燬，唯武英殿巋然獨存，
內外禁川玉石橋亦宛然無缺。……上曰：'宮室之燒燬者幾何。'對
曰：'皇極、文淵兩殿並皆灰燼，唯武英一殿巋然獨存。'"③ 論者謂
文淵殿即文淵閣，實則也可能爲文華殿之訛④。張怡《謏聞續筆》
也有類似說法："諸宮殿俱爲賊毀，惟武英獨存，清人來居其中。"⑤
張昇《明清宮廷藏書研究》書中採信這種說法，認爲文淵閣清初已
不存。⑥

2、清初文淵閣尚存說

一說文淵閣清初尚有其地。這種說法常見有兩條證據。其證據
之一，是清初曹貞吉曾檢閱文淵閣八部《歐集》宋本。此說出自四
庫館臣，《〈文淵閣書目〉提要》提及文淵閣藏書在清初散失殆盡之
情形：

王士禎《古夫于亭雜錄》亦載國初曹貞吉爲內閣典籍，文
淵閣書散失殆盡，貞吉檢閱，見宋槧歐陽修《居士集》八部，

---

① （清）錢謙益：《牧齋有學集》卷二十六，上海古籍出版社1996年版，第
995頁。
② （清）姜紹書：《韻石齋筆談》卷上，清《知不足齋叢書》本。
③ 吳晗：《朝鮮李朝實錄中的中國史料》第5冊，中華書局1980年版，第
3729頁。
④ 文華殿與武英殿是左右對稱的宮殿，皇極殿爲中間主殿，其言皆就宮殿而言，
似不當單舉文淵閣指代文華殿一帶位置。
⑤ （清）張怡：《謏聞續筆》卷一，民國上海進步書局《筆記小說大觀》石印本。
⑥ 張昇：《明清宮廷藏書研究》之"北京文淵閣"一節，第75頁。又見張昇：
《明文淵閣考》，《故宮博物院院刊》2002年第5期，第68—74頁。

無一完者。今閱百載，已散失無餘。①

此段文字常為學者引用，用作明代內府藏書散佚之證。然而查王士禎《古夫于亭雜錄》並無此內容，館臣殆誤記出處。此事載王士禎《香祖筆記》卷十二：

> 明仁宗賜禮侍金問歐陽《居士集》凡二十冊，遭回祿，失其八。後在文華殿從容言及賜書事，宣宗促命內侍補之，復完。余聞曹舍人貞吉云，官典籍日，料檢內府藏書，宋刻《歐陽集》凡有八部，竟無一全者。蓋鼎革之際散軼，不可勝道矣。②

曹貞吉康熙六年入內閣，文中所記曹氏所述當為康熙年間內府藏書情形。但是，曹氏並未明言"宋刻《歐陽集》凡有八部"即文淵閣藏書。因為館臣《提要》中有"文淵閣書散失殆盡"話頭，又引述王士禎說法時張冠李戴，失其所出，無從稽核，遂使後人以為曹氏檢閱之處即為文淵閣。民國《適園叢書》本《內閣藏書目錄》後跋，亦引館臣《提要》之說，並以清末大庫藏書與之相較：

> 宣統己酉，內閣修葺大庫，發出閣內舊藏二萬餘冊，書本完缺，與茲目尚堪印證，《歐集》宋本八部同，無一全者亦同（內兩部為明洪武本，頗似宋刻，似曹未細閱）。

《適園叢書》雖為張鈞衡出資刊刻，但實際由繆荃孫操辦，刻書序跋多出繆氏之手。《內閣藏書目錄跋》雖署張氏之名，實為繆荃孫

① （清）永瑢等撰：《四庫全書總目》卷八十五，中華書局1965年版，第731頁。
② （清）王士禎：《香祖筆記》卷十二，上海古籍出版社1982年版，第234—235頁。

代撰①。繆荃孫《雲自在龕隨筆》卷三也有此說，但記錄《歐集》版本與《內閣藏書目錄跋》略異：

> 漁洋聞曹舍人貞吉云："官典籍日，料檢內府藏書，宋刻《歐陽集》八部，竟無一部全者。"荃在圖書館，檢發內閣書，宋刻十行、行十六字三部，皆蝴蝶裝，《歐陽文忠集》一百五十三卷本。又有《廬陵歐陽文忠集》五十卷，明刊十二行、行二十一字本，臨川曾魯得之《考異》，有"昆柔兆攝提格縣人陳斐允章校刊"一行。又一明刊《考異》本，九行，行十八字。又有明刊一百五十三卷，十行，行二十字。又明刊《居士集》二部，十一行，行二十三字，分金、木、水、火、土，一字十卷，刊又在後，字跡古雅，亦無一部全者。曹君所見，殆即此歟。②

繆氏以清末京師圖書館所接收到內閣大庫藏書情形，與清初曹貞吉見聞對比。但繆氏一說宋刊六部、明刊兩部，一說宋刊三部、明刊五部，前後不同。清末清點內閣大庫藏書的《內閣庫存殘書目》著錄《歐集》刊本八部，宋刊六部，明刊兩部（另有舊鈔本《居士集》一部，《考異》一部），繆氏最初大概據此目爲說，故在民國二年所撰《內閣藏書目錄跋》稱"內兩部爲明洪武本，頗似宋刻，似曹未細閱"。而在繆氏宣統三年所編《清學部圖書館善本書目》中，著錄宋刻本三部，明刊本五部，即繆氏《雲自在龕隨筆》所本。但是，繆氏所稱"明刊《居士集》二部"，即《清學部圖書館善本書目》著錄的明刊本五部中最後兩部，其一爲歸安姚氏藏書（存三之二十五），並非全爲內閣大庫舊藏書。可見用清末京師圖書館的《歐集》八部，強

---

① 《藝風老人日記》民國二年九月十二日："李貽和寄《內閣書目》來。撰《內閣書目跋》。"《繆荃孫全集·日記3》，第277頁。

② 繆荃孫：《繆荃孫全集·筆記》，鳳凰出版社2013年版，第84頁。

湊作清初曹貞吉所見八部，並無道理。後出的《京師圖書館善本書目》，著錄了內閣大庫舊藏四部宋刊、五部明刊《歐集》，較繆荃孫著錄多出數部。兩百年間書籍分合無常，豈能以部數相同，即視爲所見同一物？繆氏《內閣藏書目錄跋》撰寫在《清學部圖書館善本書目》編成之後，而跋文反不據《善本書目》著錄，亦令人費解，只能解釋作跋文係代人捉刀，草率從事。清初曹貞吉所見八部宋版《歐集》清末尚存之說，只能作爲談資，不可據爲典要。

　　文淵閣清初尚存，證據之二是乾隆年間《收到書目檔》中有"文淵閣"之稱。方甦生《內閣大庫書檔舊目敘錄》中提到乾隆間三禮館收到各處送來書籍目錄《收到書目檔》①，中記"乾隆三年正月，取到文淵閣《三禮編繹》九本不全，《唐六典》四本不全，《禮書》十八本不全"，彼時還沒有庋藏《四庫全書》的文淵閣（《四庫》七閣的文淵閣建於乾隆三十九年），因此認爲乾隆初年猶有"文淵閣"之稱。這個《收到書目檔》記錄的格式一致，有某年某月某日"領到武英殿書目"、"領到翰林院"等名目，抬頭都爲機構名稱，因此目中提到的"文淵閣"，應該是當時實際存在的一個機構，而不是"文淵閣舊藏書"的意思。徐中舒也用到方甦生所舉此條證據，認爲內閣大庫的東庫即明代文淵閣②，李鵬年《內閣大庫——清代最重要的檔案庫》一文取信徐中舒之說③。但關於《四庫》七閣之前的文淵閣記載，目前只看到這一條記錄，沒有更多材料可以佐證，聊備一說。

3、對"明文淵閣之遺"質疑

　　清末民國時人對"內閣大庫藏書即文淵閣之遺"這種說法，人

---

① 見《清內閣庫貯舊檔輯刊》第四冊，民國二十四年（1935）鉛印本。

② "合此數條觀之，疑內閣大庫之東庫，當即明代之文淵閣。"徐中舒：《再述內閣大庫檔案之由來及其整理》，第 572 頁。

③ "但我個人比較傾向于徐中舒的看法。我覺得他的看法的根據更有說服力一些。徐中舒所引證的史料，均直接述及了文淵閣與內閣大庫的關係，而明崇禎進士孫承澤所記情形，當爲不誤；尤其是所引三禮館《收到書目檔》的記載，是爲第一手材料，更爲可信。"李鵬年：《內閣大庫——清代最重要的檔案庫》，《故宮博物院院刊》1980 年第 2 期，第 55 頁。

云亦云者居多，也有人對此表示懷疑。方甦生最初在《內閣大庫書檔舊目敘錄》(1933) 中沿用王國維《庫書樓記》"文淵閣之遺"說，其後改稱"不盡然"，在《清內閣庫貯舊檔輯刊敘錄》(1935) 中加以論證。雖然方甦生舉出清初文淵閣可能尚存的證據，但他對內閣大庫藏書即文淵閣遺書的說法提出了質疑，其理由即在於根據趙萬里的說法，認爲京師圖書館所接收大庫藏書無文淵閣藏印。

> 惟聞之趙萬里先生言："明文淵閣書，均鈐有'文淵閣'朱文方玉印，又如所見元本《夢溪筆談》，卷前有'萬曆三十三年查訖'朱記，可斷爲萬曆間孫傳能等清查編目時所鈐，其書紙甚長大，而版心甚小，印篆精，不疑僞託。而清內閣書，今存北平圖書館者，竟無一冊有上述兩印，可知全非文淵遺書。"①

徐中舒《再述內閣大庫檔案之由來及其整理》文中有"內閣所藏書籍及其與文淵閣的關係"一章。此文雖然發表在方甦生《清內閣庫貯舊檔輯刊敘錄》之前，但在撰寫時參考了方甦生原稿，所述大體相同。徐氏認爲過去大家利用內閣大庫藏書舊目與明代的《文淵閣書目》、《內閣藏書目錄》等對比，以此說明二者之繼承關係是錯誤的。其理由即方氏所介紹趙萬里對內閣大庫書無文淵閣藏印的懷疑。

> 從前我們認爲內閣藏書，即明代文淵閣所遺。我們論內閣藏書，總以《文淵閣書目》、《內閣書目》、《玉簡齋叢書》本《大庫檔冊》及《內閣大庫書檔舊目》內關於書籍之目，相互比勘。這實在是一個錯誤的觀念。……據趙萬里先生說，所見明文淵閣遺書，前有"文淵閣"朱印，後有"萬曆三十三年孫能傳校訖"朱闌直行楷書印，今北平圖書館所藏學部圖書館接

---

① 方甦生：《清內閣庫貯舊檔輯刊敘錄》，第30—31頁。

收內閣之書，均無此兩印，知已非明文淵閣物。此說證以《天
祿琳瑯題記》有"文淵閣"朱印語，知爲可信。①

此外，方甦生另據梁維樞《內閣藏書目錄》序，謂文淵閣所遺藏書
崇禎間已移至乾清宮，"愚意文淵之書，縱不盡毀於李闖一炬，亦先
已移置內廷。入清以來，閣已改觀，書何能在原地？即有明代遺書，
要當爲輾轉收入內閣者。《內閣大庫書檔舊目》目一、目二，爲內務
府送交明史館書目，即散在內廷書也。同書目八後半標有‘內發出
書目’字樣，亦即言其書爲內廷發出者。明文淵閣書再入內閣大庫，
亦屬可能，特非由直接遺留，而爲修書參考徵集所得耳"②。徐中舒
則認爲"至明末文淵閣藏書雖入大內，疑亦不能盡行取去。其殘編
零簡，留於閣中，亦意中事"。因此，徐氏認爲"內閣藏書雖以明文
淵閣殘餘書籍做底子，但此類殘餘，恐已無幾"③。

趙萬里認爲明文淵閣藏書皆有文淵閣印，且有萬曆年間查驗之
戳記。這涉及到明代文淵閣藏書用印問題。現存的宋元明版書籍中，
確留有帶文淵閣藏印者，這個"文淵閣印"是否爲真，又是否所有
文淵閣藏書都有藏印，需要研究清楚之後，才能進一步據此探討內
閣大庫藏書與文淵閣藏書之關係。如趙萬里提及的元刊《古迂陳氏
家藏夢溪筆談》，今藏中國國家圖書館，文物出版社④ (1975)、《中
華再造善本》(2005) 先後影印出版，卷端有"文淵閣印"朱文方印，
另有"雜部"楷書長方戳記，卷四末有"萬曆三十三年查訖"楷書
長方印⑤。書中另有清乾嘉間汪振勳及清末韓德均藏印，知此書散出
時間在清早中期。又如中國國家圖書館藏宋元遞修本《經典釋文》、
上海圖書館藏宋刻本《古靈先生文集》，前有"文淵閣印"朱文方

①　徐中舒：《再述內閣大庫檔案之由來及其整理》，第 573 頁。
②　方甦生：《清內閣庫貯舊檔輯刊敘錄》，第 31 頁。
③　徐中舒：《再述內閣大庫檔案之由來及其整理》，第 574 頁。
④　（宋）沈括：《元刊夢溪筆談》，文物出版社 1975 年版。
⑤　《中華再造善本》漏印此葉，未見此印，見於文物出版社影印本。

印，卷中有"萬曆三十"朱文楷書長方戳記、"經部"楷書長方戳記。劉薔先生《天祿琳瑯研究》中統計天祿琳瑯舊藏有文淵閣藏印者十一部，其中九部均有明末清初藏書家印記，乃自外間所得，並非一直深藏內廷。① 書上多用其他印章掩蓋"文淵閣印"，如有用"李先開印"覆蓋在"文淵閣印"之上者，可知大多是自內府竊出書籍。如果書上文淵閣藏印沒有問題的話，可以說明文淵閣藏書上蓋有閣中藏印，且在萬曆三十年至三十三年間張萱覆查內府藏書時，另加鈐查驗木戳。而撥歸京師圖書館的內閣大庫藏書，根據著錄藏印較詳的張宗祥、史錫永《京師圖書館善本書目》，並未見到文淵閣藏印，也難怪趙萬里對此產生懷疑。筆者認為就目前研究水平而言，一方面對文淵閣藏書用印情況了解無深，無法保證文淵閣內所有藏書皆加鈐印，因此無法單憑印章這一點否定內閣大庫內有文淵閣遺藏。另一方面，暫時也無法反駁這一質疑，證明內閣大庫藏書一定是文淵閣遺藏。

　　雖然暫時無法從文淵閣用印上說明其與內閣大庫藏書之關係。但根據內閣大庫藏書鈐印，也能推測出藏書的一些情況。內閣大庫藏書大多沒有藏印。其年代較早的宋元版保留了蝴蝶原裝，僅有宋元明三代官印，而無清代早中期公私藏印，可以斷定這些書籍從明代以後即封存在內廷或者庫中，未在外間流通，因而保存了蝴蝶原裝，且無外界藏印。而內閣大庫流失在外的藏書，其特點也是印章很少，形成了藏書史上的一個奇觀：宋元明官印以外，即接以清末民國藏書家印記。這與清初即流失在外的"文淵閣"藏書有很大的

---

　　① "《天祿琳瑯書目》上記載鈐有明代"文淵閣印"者有9部：《前編》之宋版《六經圖》、《唐宋名賢歷代確論》，明版《春秋經傳集解》；《後編》之宋版《春秋經傳集解》、《經典釋文》、《集韻》、《家語》、《增刊校正王狀元集注分類東坡先生詩》，明版《晉二俊文集》，加上書目失載實則亦有此印的《後編》宋版《孔氏六帖》、《無爲集》2部，共計11部書。其中除《經典釋文》、《無爲集》外，其餘9部均有明末清初的私人藏印。這些書歷經宋、元宮廷收藏，明末散出，清初由私家再入秘府。"劉薔：《天祿琳瑯研究》，北京大學出版社2012年版，第12頁。

不同。從藏印上判斷，可以說明內閣大庫藏書與外界隔絕了近三百年。無論大庫藏書是否明文淵閣之遺，但這批書籍出於明代內府，殆無可疑。

　　鄧珂《談談內閣大庫檔案》一文中，也認爲內閣大庫不是文淵閣，清代內閣大庫是順治初年所建。鄧氏所舉證據爲張萱《西園聞見錄》卷八所載高拱之言：“文皇帝定鼎燕京，益廣購求，設文淵於午門之東樓而藏之。”鄧氏認爲“明代藏書的文淵閣是在午門東樓上”①，大概對此段記載有所誤解。歷來記載文淵閣皆曰在午門之東，此處應讀作“設文淵於午門之東，樓而藏之”，意思是建藏書樓儲藏。可以參考的還有張萱同書卷八所引張應元之言“乃建文淵閣于午門城之東偏，樓其書而藏之”②。因此依據此條記載也無法完全否定大庫所在之地爲明文淵閣故址之可能。

二　清內府修書各館書檔

　　內閣大庫藏書，隨著清宮檔案進出，也有一些書籍存儲到其中，主要爲修書各館散館之後的書檔。如上文所述，大庫部分藏書可能爲明內府遺藏。但是，這些明內府舊藏書是否一直存貯在大庫內，還是後來才隨各館書檔存入大庫，尚存疑問。清代各館移交大庫的書檔，也是大庫內藏書之重要來源。大庫大多數情況下都是書籍、檔案同時進出，因此要討論大庫書籍來源，也不可能撇開大庫檔案單論書籍，必須同加討論。

　　有關內閣大庫書檔，方甦生《清內閣庫貯舊檔輯刊敍錄》總結有以下六類：

　　　　一、內閣承宣或進呈之官文書。二、帝王言動、國家庶政之當時記載。三、官修書籍及其文件。四、因修書而徵集之參

---

①　鄧珂：《談談內閣大庫檔案》，《文物》1959年第9期，第25頁。
②　（明）張萱：《西園聞見錄》卷八，民國哈佛燕京學社鉛印本。

考材料。五、內閣日行公事之檔案稿件。六、盛京移來舊檔。

徐中舒《再述內閣大庫檔案之由來及其整理》將之分爲五大類：

> 甲、內閣收存的各項檔案。（1）制詔誥敕等。（2）題奏表箋啟本副本揭帖史書錄書塘報等。（3）黃冊及其他隨本進呈及繳存之件。（4）朝貢諸國表章。　乙、內閣本身的各項檔案。丙、修書各館檔案。　丁、試題試卷及其相關的檔案。　戊、舊檔。

方甦生所稱"三、官修書籍及其文件"、"四、因修書而徵集之參考材料"與徐中舒所稱"丙、修書各館檔案"，都是內閣藏書的另一個重要來源，這類書籍大多係清代修書各館書稿及爲修書徵集之參考書籍。

（一）修書各館及相關書檔

清內府修書各館，依例在修書完稿之後，即將所修書稿及修書所徵集的書檔，移交內閣大庫收貯。修書期間亦可調用大庫所貯書檔，在修書結束之後再交還大庫。方甦生《清內閣庫貯舊檔輯刊敘錄》將清代修書各館分爲"例開之館"、"長開之館"、"特開之館"三類。徐中舒《再述內閣大庫檔案之由來及其整理》文中進一步引申，開列清代開設之修書各館有如下數種：

> 據光緒《會典事例》卷一千四十九至五十一"翰林院職掌"所記，以及見於內閣檔案中修書各館的名稱文件等，關於修書各館，可別爲三類：一曰例開之館，如實錄館、玉牒館。二曰長開之館，如內廷三館，即武英殿、國史館、方略館。三曰特開之館，如會典館、一統志館、明史館、明紀綱目館、三通館、三禮館、奏疏館、文穎館、四庫全書館、八旗志書館。以上修書各館，有些雖不屬於內閣，如玉牒館屬宗人府，方略

館屬軍機處，武英殿屬內務府。然各書修纂，內閣大學士例得派充監修總裁官。其餘的有些完全是內閣的附屬機關，如我們在內閣檔案中往往看見內閣實錄館、內閣三禮館、內閣三通館、內閣一統志館、內閣明紀綱目館、內閣八旗滿洲氏族通譜館等稱，這都是明白屬於內閣的。還有些修書館，雖未注明屬於內閣，如起居注館、國史館，也都與內閣有關。①

在方甦生整理的《內閣大庫書檔舊目》、《內閣大庫書檔舊目補》、《清內閣庫貯舊檔輯刊》中，部分書檔舊目著錄了由修書各館移來之書籍。最初尚標明何處移來，如《內閣大庫書檔舊目》目十一"東庫樓藏書目錄"中分別著錄"三禮館書籍"及"國史館交來亂書"、"會典館交來書籍"，亦有翰林院移來之書。方甦生在《清內閣庫貯舊檔輯刊敘錄》中對修書各館書檔舊目有詳盡考證。文中參照方氏所敘，並結合內閣大庫檔案中有關各館書檔入藏大庫之記錄，分述如下。

1、實錄館

清代皇帝更替，嗣位者必為先帝開館纂修實錄。實錄、聖訓，分藏大內乾清宮東西暖閣、皇史宬、內閣尊藏實錄庫、盛京。實錄分漢、蒙、滿文各一部，聖訓為漢、滿文各一部。實錄編成之後即閉館，將閣本及黃綾本送內閣交滿本堂，尊藏實錄庫。如乾隆帝《高宗實錄》修成之後，嘉慶十三年十月《聖訓校勘處為繳還冊檔由》檔曰：

> 聖訓校勘處為移會事：本處前恭修高宗純皇帝實錄全書告成，業於上年十一月封館，所有赴選事宜，茲已完竣。應將歷年辦過稿檔等件開具清冊，及前領過舊檔案，一併交還貴處大庫存貯。業經呈明中堂大人批准，相應移送貴廳查收存貯可也。

---

①　徐中舒：《再述內閣大庫檔案之由來及其整理》，第563頁。

須至移會者，計清冊一本。右移會，內閣典籍廳。嘉慶十三年
十月□日。①

每朝實錄纂修完畢，即將所修實錄及相關書檔存貯到內閣大庫。嘉
慶十一年十二月十七日《滿本堂爲派員丈量大庫地面安放大櫃等事》
檔曰："本堂前奉各位中堂諭，清查大庫，勻出空所，以備恭貯實錄
之用。"② 閣臣清理東大庫，爲存貯乾隆帝《高宗實錄》騰出空間。
又嘉慶帝《仁宗實錄》修成之時，因東大庫已滿，乃將樓上二間挪
空，以便存放新修實錄。道光三年九月廿二日《滿本堂爲隔斷東大
庫二間恭貯實錄由》曰："恭修仁宗睿皇帝實錄將次告成，業經行文
工部照例咨取大櫃拾伍座預備恭貯外，查得實錄大庫內安防大櫃已
滿，委無隙地安設，曾經回明中堂，准將東大庫樓上挪空貳間，以
備恭設實錄大櫃，移付典籍廳在案。"③

實錄定例每年春秋兩季晾曬，春季在四月，秋季在八月。如乾
隆五十八年八月二十三日《滿本堂爲移取黃案等項由》曰："滿本
堂爲移付事照得皇史宬及內閣大庫尊藏實錄，定例每年春秋二季曬
晾，需用黃案等項，照例移取在案。今本年秋季定於八月二十五日
曬晾。"④

《內閣大庫書檔舊目》中目二十爲《太祖實錄》、《太祖聖訓》、
《太宗實錄》正本、底本卷數頁數清單，亦實錄館物。《清內閣庫貯
舊檔輯刊》中《行取各衙門書籍交書庫總檔》，爲宣宗實錄館收書

目。《調查紅本史書送館檔》爲宣統二年移送實錄館之紅本目錄。民國故宮文獻館在清理東大庫檔案，在樓下東首發現乾隆硃批奏摺數箱，標有“實錄館案箱”字樣①。《實錄存佚卷數表》合編大庫所收實錄舊目九部，詳記存卷。清代歷朝實錄，在宣統元年維修大庫時移存內銀庫，並非在移交學部書籍之內，宣統二年八月重新移回大庫。清帝退位後，始被接受。因此，實錄不在移送京師圖書館藏書之列，而庫中纂修實錄相關書檔，部分成爲圖書館藏書。

2、玉牒館

清朝玉牒，依例每十年一修，修成後皇史宬、宗人府、盛京各存一部。其成稿雖不藏儲內閣大庫，但修書相關書檔，在書成之後移交大庫收貯。如嘉慶二十三年八月初十日《玉牒館內閣紅檔房爲移付事》檔曰：“本檔房于嘉慶二十二年承修玉牒，各旗佐領下報有底冊。今全書業經告竣，應將各該旗并盛京原續報本，一併移付貴廳檢收尊藏大庫備案。”②

3、國史館

清康熙二十九年奏請纂修三朝國史，開設國史館。乾隆元年下諭續修國史。乾隆十四年十二月五朝本紀成，國史館暫停。乾隆三十年下諭重修國史列傳，乃重開史館，設於東華門內稍北。從此爲常開之館，直至民國設清史館猶在此處。③ 乾隆二十九年六月會典館爲查閱國史館封館事宜之檔冊，至內閣大庫調閱其封館移交之檔案。《會典館爲查閱國史館封館事宜原摺事》：“國史館告成，一切書籍文冊奏摺，俱送內閣大庫存貯，所有封館事宜原摺及冊檔，希即檢發過館，以便查閱，事畢仍行送回收貯。”④ 可知乾隆十四年國史館

---

① 方甦生：《清內閣庫貯舊檔輯刊敘錄》，第35頁。
② 嘉慶二十三年八月初十日《玉牒館內閣紅檔房爲移付事》，臺灣“中央研究院歷史語言研究所”藏清內閣大庫檔案，檔203836。
③ 參見方甦生《清內閣庫貯舊檔輯刊敘錄》，第21頁。
④ 乾隆二十九年六月《會典館爲查閱國史館封館事宜原摺事》，臺灣“中央研究院歷史語言研究所”藏清內閣大庫檔案，檔158710。

閉館之後，其書檔亦移交大庫存貯。《內閣大庫書檔舊目》目十一（乾隆二十九年），有"國史館交來亂書（貯東庫樓下西第二間）"，大概即此次移交之書檔。《內閣大庫書檔舊目》中目十八《三朝書單》，爲國史館編書相關目錄。目十九《館內所貯書籍簿》，著錄多爲奏疏、賦役全書、錢糧冊等檔案史料，爲國史館修史所用書籍，皆乾隆三十年重開史館前之書檔。《清內閣庫貯舊檔輯刊》第五編《國史館調取史書檔》，爲道光六年國史館調閱之六科史書目錄。

京師圖書館藏朱絲欄稿本《清聖祖本紀》殘卷附《世宗本紀》十頁、《清名臣列傳》等，即國史館修書稿本。

4、方略館

清康熙二十一年，御史戴玉緝奏比年用兵，相關詔命密旨，應編輯成書。乃諭令編輯《平定三逆神武方略》，爲開館編纂方略之始。其後每逢有重大兵事、政事，皆編纂方略，紀其本末，相繼編纂《平定海寇方略》、《平定羅刹方略》、《平定察哈爾方略》。康熙三十六年纂修《平定朔方方略》。乾隆十四年，奏請纂修《平定金川方略》，始長設方略館。其後歷朝皆有編纂方略之書。京師圖書館藏《平定三逆方略》、《康熙治河方略》稿本，即康熙時撰進稿本。方略館爲長設之館後，其書檔即存本館，不復繳入大庫。《內閣大庫書檔舊目》目十七《平三逆方略卷數（附平海寇、羅刹、察哈爾方略卷數）》，爲康熙朝所撰方略目錄。

5、明史館

清順治二年敕撰《明史》，開設明史館，雍正十三年成書，乾隆四年《明史》刊印後始撤館。方甦生認爲大庫中所貯明檔及史籍，全爲清初明史館徵集而來。[1] 清初明史館因纂修《明史》徵集調閱檔案書籍，《內閣大庫書檔舊目》中目一至目四、補目一《禮部移送明朝事蹟文書掛號簿》，即爲當時清單。目五爲明史館藏書檔之目。又目十五著錄多爲有關纂修明史之載籍，爲明史館自編之目。

---

[1]　方甦生：《清內閣庫貯舊檔輯刊敘錄》，第29—32頁。

6、三禮館

乾隆元年六月敕纂《三禮義疏》，七月開設三禮館。《清內閣庫貯舊檔輯刊》第二編下所載乾隆元年十一月《收到書目檔》，即當時三禮館徵集之三禮著述書目。《三禮義疏》纂修完成之後，其書檔交內閣大庫收貯。《內閣大庫書檔舊目》目十一（乾隆二十九年）記"餘"字號櫃爲"三禮館書籍"，又"元"字櫃上層有《三禮義疏》等。京師圖書館藏《三禮義疏》三部（今藏中國國家圖書館），即大庫舊藏三禮館稿本，書中有校簽，又有題"某中堂閱過"、"纂修官某校完"等。有關三禮館相關情況，可參照張濤《乾隆三禮館史論》①。

7、會典館

康熙二十三年敕纂《大清會典》，開設會典館。雍正二年、乾隆十三年、嘉慶六年、光緒十二年均有續修，成書五部。乾隆十三年始分《會典》、《則例》各自爲部。嘉慶六年改《則例》爲《事例》。乾隆十三年續修《會典》之時，會典館曾至大庫取回雍正二年纂修《會典》之檔案。乾隆十二年五月"會典館爲移取本館檔案移會典籍廳事"檔曰："查得本館從前雍正二年開設會典館所有一切清漢檔案，告竣時俱交內閣大庫收貯，相應移會貴廳煩將從前清漢檔案逐一檢查，送館備查。"②《內閣大庫書檔舊目》目十一（乾隆二十九年）記有"會典館交來書籍（貯東庫樓下西第一間）"、"會典館交來書籍"，並有清字、漢字《會典》、《則例》正本等。可知《會典》纂修完成之後，其書檔亦存貯內閣大庫。

《清內閣庫貯舊檔輯刊》中《收各項書籍圖冊檔》（光緒十六年三月）、《存各項圖冊檔》（光緒十六年十月以前）、《存志書檔》（光緒二十五年四月以前）、《存各項則例案件檔》（光緒間）、《書庫存各處檔案簿》（光緒二十六年），皆會典館之書檔舊目。

---

① 張濤：《乾隆三禮館史論》，上海人民出版社 2015 年版。
② 乾隆十二年五月"會典館爲移取本館檔案移會典籍廳事"檔，臺灣"中央研究院歷史語言研究所"藏清內閣大庫檔案，檔 096695。

京師圖書館藏《大清會典》稿本多部，書中多有朱筆塗改及黃簽貼改之處。1915 年教育部敕令京師圖書館當把內閣舊藏《清實錄》、《大清會典》、《八旗通志》等書編入善本書目。但是 1916 年印行的夏曾佑《京師圖書館善本簡明書目》並未收入，至 1919 年張宗祥重編《京師圖書館善本書目》始一一列入。

8、一統志館

康熙二十四年敕纂《大清一統志》，開設一統志館，乾隆二十九年、嘉慶十六年、道光十六年三次重修。乾隆十四年六月十一日"一統志館爲本館舊書移會典籍廳事"檔曰："本館辦理各省志書輿圖，於乾隆十三年十二月底遵限告竣，移交武英殿在案。惟盛京志書，蒙大內取進增修，尚未發下。本館現今並無承辦事件。應將歷年存館殘廢一切舊書，先送內閣大庫收貯，至正本副本各省通志、輿圖，俟盛京志書辦完之日，再行收貯。"① 知一統志館之舊書曾移交大庫存貯，此次移交舊書"計送書四十二捆"。

京師圖書館藏《大清一統志》稿本十部，爲康熙、乾隆時纂修之稿，即出大庫舊藏。

（二）清內府刻書

清內府各館修書徵集之書籍檔案及修書所成書稿，休館後貯存大庫，前節已加敘明。而所修書稿頒刻之書籍，也有一部分存貯於大庫者。這部分清內府刻本來源，是依例交大庫保存，還是隨修書各館書檔存入大庫，需加闡明。清康熙間成立武英殿修書處，爲內府刻書主要承辦機構。清末清點大庫之《內閣庫存書目》，著錄有部分清內府刊本：

御纂周易折中　七部每部十本二十二卷　康熙五十四年李光地
　　等奉敕撰　殿本

---

① 乾隆十四年六月十一日"一統志館爲本館舊書移會典籍廳事"檔，臺灣"中央研究院歷史語言研究所"藏清內閣大庫檔案，檔 1019125。

欽定書經傳說彙纂　二部每部二十四本二十四卷　康熙六十年
　　王頊齡等奉敕撰　雍正八年御製序文刊行　殿本

欽定詩經傳說彙纂　一部二十四本二十四卷序一卷　康熙六十
　　年王鴻緒等奉敕撰　雍正五年御製序文刊行　殿本

欽定儀禮義疏　一部五十本四十八卷目二卷　乾隆十三年奉敕
　　撰　殿本

欽定日講禮記解義　二部每部二十本二十六卷　康熙年間講義
　　乾隆元年奉敕纂刊

欽定日講春秋解義　一部三十二本六十四卷　康熙年間講義
　　雍正年間奉敕纂刊

雍正上諭　四十四部每部二十四本　莊恪親王等奉敕校刊　自
　　雍正元年至七年每月別爲起訖

雍正上諭　三部每部十本校刊一本　和恭親王等奉敕校刊　自
　　雍正八年至十三年每月別爲起訖

三朝聖訓　二十部每部十六本十六卷　乾隆四年御製序文敕刊

仁廟聖訓　二十部每部六十本六十卷　乾隆六年御製序文敕刊

憲廟聖訓　十九部每部三十六本三十六卷　乾隆五年御製序文
　　敕刊

親征平定朔漠方略　一部五十本四十八卷　康熙四十七年溫達
　　等奉敕編　殿本

八旗滿洲氏族通譜　四部每部二十六本八十卷　乾隆九年敕撰
　　殿本

文獻通志　五部每部八十八本三百四十八卷　元馬端臨撰
　　殿本

大清會典　一部一百本二百五十卷　雍正十年莊恪親王等奉敕
　　編　殿本

八旗通志　一部八十四本二百五十三卷　雍正五年和恭親王等
　　奉敕編　乾隆四年告成　殿本

又　二部八十二本　同上

又　四部每部八十本二百五十三卷

又《內閣庫存殘書目》著錄有殿本一部：

日講書經解義十三卷　殿本　存七本（存卷七至卷十三）

由以上所引《內閣庫存書目》《殘書目》可見，內閣大庫貯存殿本書籍數種，如《御纂周易折中》、《欽定書經傳說彙纂》、《欽定詩經傳說彙纂》、《欽定儀禮義疏》、《欽定日講禮記解義》、《欽定日講春秋解義》、《文獻通考》、《大清會典》等。從數量上看，大庫所存內府刻書並不多，只占了清內府刻書的一小部分。清廷內府刻書，應無交繳大庫收貯之定例。內閣大庫所存少量內府刊本，可能原是修書各館用書，閉館後隨修書各館書檔入藏大庫，與上述來源並無不同。清內府刻書另有存貯之所，宮內所藏殿本，民國後大部分移交故宮博物院，陶湘編有《故宮所藏殿本書目》。

第三節　有關大庫"庫神"之記載

清末內閣大庫書檔清理過程中，庫中發現一猴形枯樹根，傳爲"庫神"。此本爲無關緊要之事，因清末民國人不時提及此物，傳爲怪談，附述於此。

清末民國傳言的大庫"庫神"，皆聞自曹元忠。1913年8月2日王國維在瀋陽《盛京時報》發表《東山雜記》有一條提及"庫神"一事，曰：

曹君直舍人言，內閣庫中，向有庫神，作一龕，奉之甚謹，外垂黃幔，無人敢揭視者。及清厘之役，君直揭觀之，則一物包裹甚嚴，開之則猴骨一具，諦視之則枯樹根也。其物想尚在庫中。①

在曹元忠之前，曾任內閣中書的翁曾翰（1837—1878），同治六年（1867）十月十六日即聽聞大庫藏有此物：

> 前數日聞內閣大庫檢出橫幅，其大尋丈，書"道德"二字，有吳從效等四人題跋，不知何時物也。今日又聞子年丈云大庫內有一肉身小人，高不盈尺，亦不知何代所存。②

光緒二年（1876）正月十九日，翁氏見到了這個"肉身小人"，記在日記中：

> 向聞內閣大庫儲有小人一具，今日開匣見之，形如枯魚，猴首鳥爪，長不滿尺。報傳爲國初由外國入貢，今略存皮骨，不辨其是人是獸也。其餘所藏明時書札甚多，皆載在檔籍，書分六庫，大抵不全者多耳。③

翁曾翰以爲匣中所藏爲動物屍骨。民國間聞宥所撰《野鶴零墨》，亦將曹元忠所見傳爲宮中屍骨。文中記時間爲宣統二年，實則宣統元年事。

> 蘇人曹君直元忠，嘗於宣統二年奉清旨校書內府，府中書自阮文達董理後，垂數十年，蕪雜不治。曹既掌是役，日夕挲摩，有冊頁粘合不解者，必爲之揭解始已。一日，發內室書架次，忽得一巨箱，上鑴蛟龍起伏，蒼勁可玩，貼有封條甚固。

---

①　王國維：《東山雜記》第三十一則，《王國維全集》第三卷，浙江古籍出版社2009年版，第342頁。

②　（清）翁曾翰：《翁曾翰日記》，鳳凰出版社2014年版，第107頁。

③　（清）翁曾翰：《翁曾翰日記》，第375頁。

意其爲秘書，遂揭之，迫啟，則所陳者赫然一屍骨也，亟覆之，戒勿外洩，知之遂稀。屍骨究爲何朝所遺，亦莫窮其竟。此事李君又來爲余言。[1]

實際上，曹元忠本人謂此物爲“樹木結成猴形”，其致繆荃孫札中提及此事。

> 內閣大庫相傳有庫神，除夕祀之。受業發視，乃是樹木結成猴形，曾以小詩紀其事，別紙寫呈。[2]

曹元忠爲此作《秘閣》一詩，後收入《箋經室遺集》卷十八。此詩與董理大庫藏書一事有關，不憚其煩，引錄如下：

> 朝上東華門，秘閣校經史。頗訝宋元槧，有損無蠹毀。庫吏爲予言，是有司書鬼。官若不見信，請自發篋視。繩窮匣忽開，闃然驚奇詭。千歲老髑髏，巉巉生牙齒。禿偈蒙供頭，拍張戚施體。鳧伸橫兩肱，雀躍拊雙髀。大類燋僥臘，小試傀儡技。爬搔耆透背，坼副洞是裏。譬諸龍叔立，自後望心矣。卻從肝膽藏，輪囷露根柢。造化弄狡獪，巧與棘猴比。吾謂形既肖，即有馮依理。汝南李君神，耒陽木居士。同處物魅間，何渠不若爾。爾乞簡冊靈，典守如籍氏。歲除祭長恩，亦歆酒脯祀。所惜石室藏，已告聖天子。行將中秘書，悉索事遷徙。神物雖護持，焉能抗詔旨。轉思祖宗朝，四庫館初啟。廣開獻書路，求遠反遺邇。得毋爾硜硜，銜媒引爲恥。遂令右文世，未博天顏喜。奈何百年後，露才復揚己。屋發河內書，壁出淹中

---

[1]　聞宥：《野鶴零墨》，清華書局 1918 年版，第 47—48 頁。（原刊於《民國日報》，題《如是吾聞居野乘》）

[2]　《藝風堂友朋書札》下，上海古籍出版社 1980 年版，第 986 頁。

禮。顯晦固隨時，用舍安足恃。昔云有司存，今非主宰是。芻狗棄若遺，桃梗泛靡止。失職委道旁，耶歈從此始。太息語庫吏，且復藏以俟。後有談掌故，持證吾詩耳。①

民國三年（1914），雷瑨（署名"涵秋"）在其主辦掃葉山房《文藝雜誌》第十期《娛萱室隨筆》中記有"內閣大庫之藤猴"述其事，並錄曹氏《秘閣》詩②。後爲民初徐珂所編《清稗類鈔》"內閣祭籐猴"一條所採③。

　　以上爲內閣大庫"庫神"傳說之原委。

---

　　①　曹元忠：《箋經室遺集》卷十八，民國三十年（1941）吳縣王氏學禮齋鉛印本。此詩附函寫呈繆荃孫，收入《藝風堂友朋書札》曹元忠第二十六通，末題"《秘閣》三百三十言，錄奉夫子大人鈞誨。受業元忠呈稿"。實乃曹元忠第十四通之附箋，當改置其後。

　　②　涵秋：《娛萱室隨筆》，見《文藝雜誌》1914 年第 10 期，第 67—68 頁。

　　③　"內閣大庫藏弄宋元書籍，且有珍祕罕見之物。宣統時，張文襄公之洞疏請開內閣大庫檢查藏書，曹舍人元忠司其事。瞥見最高處有一木匣，黃綢密裹，外加銜封。異而詢之庫吏，吏謂爲庫神，並言歲由閣長致祭，無敢啟視，違則大不利。閣長者，內閣侍讀也。曹不信，遂自取之。及啟觀，則一天然成形之籐，狀肖獼猴，長約五六寸，眉目悉具。曹把玩久之，加以封識，仍庋之原處。"徐珂：《清稗類鈔》第 8 冊，中華書局 1986 年版，第 3570 頁。

第二章

清代內閣大庫藏書之整理

　　內閣大庫藏書在清末發現被外界所知之前，也並非固封不爲人知，三百年間迭有"舍人、省吏循例編目"①，歷朝本有清點編冊制度。王正功《中書典故彙紀》卷四引《大清會典》曰："凡各項書籍收藏內閣大庫，典籍記冊，以備查考。"② 但由於內閣大庫並非專門藏書之所，故未有《天祿琳瑯書目》一類的專門官修書目。但清代歷朝在清點庫物之時，仍留存了一些清點大庫及書檔出入的清單賬目，其中一部分即是書籍清單。1923 年方甦生撰《內閣大庫書檔舊目敘錄》介紹此類目錄謂："民國國立中央研究院歷史語言研究所整理明清內閣大庫殘餘史料，發見書檔舊目二十種。此項舊目原爲清代內閣典籍廳收貯或清查內閣大庫的清單或檔冊。"③ 之所以稱爲"書檔舊目"，是因爲此類目錄不僅僅是書目，還有許多明清檔案的清單。羅振玉所刊《內閣大庫檔冊》及方甦生編《內閣大庫書檔舊目》、《內閣大庫書檔舊目補》、《清內閣庫貯舊檔輯刊》曾先後將之整理刊佈，此外還有一部分以稿抄本形式留存，未經刊行。此類"書檔舊目"，爲了解清代內閣大庫所藏書檔情況及探究其書檔來源之重要材料。

① 王國維：《庫書樓記》，《王國維全集》第八卷，第 630 頁。
② （清）王正功：《中書典故彙紀》卷四，民國《嘉業堂叢書》本。
③ 方甦生：《內閣大庫書檔舊目敘錄》，第 1 頁。

　　清末大庫藏書發現之後，擬撥歸學部籌建圖書館，由劉啟瑞、曹元忠整理。當時清點大庫所藏書書籍目錄，有劉啟瑞《內閣庫存書目》、曹元忠《文華殿檢書分檔》、《內閣大庫見存宋元槧書目》。曹、劉二人所編目錄，記錄了清末內閣大庫藏書發現時存書情況，上承清代大庫書檔舊目，下啟《京師圖書館善本書目》，爲研究內閣大庫藏書重要一環。①

第一節　清歷朝清點內閣大庫書檔舊目

　　在內閣大庫藏書、檔案爲世人所知之前，清代歷朝對庫中書檔也編有檔冊目錄，這類目錄在整理內閣大庫檔案中時有發現。早在宣統二年（1910），羅振玉即據流失外間的"大庫官鈔本"刊入《玉簡齋叢書》，題爲《內閣大庫檔冊》。目中著錄的是書籍表章庫收藏書檔，爲最早刊佈的大庫書檔舊目。其後國立中央研究院歷史語言研究所組織清理內閣大庫檔案，陸續發現舊清點檔冊二十部，方甦生彙編爲《內閣大庫書檔舊目》，民國二十二年（1933）九月中研院史語所刊行。北京大學研究院文史部又發現舊目《禮部移送明朝事蹟文書掛號簿》一冊、《書籍簿冊》一冊、《大庫書籍檔》一冊、《應銷燬書籍總檔》一冊、《西庫書檔》一冊，中研院史語所新發現舊目《各處奏銷黃冊收貯大庫目錄》及

---

　　① 盧雪燕《臺北故宮博物院現藏清內閣大庫藏書探源》一文曾對清末內閣大庫藏書整理情況提出疑問："1909 年 9 月 9 日，張之洞奏摺奉准依議，內閣大庫書籍之整理隨即展開，但如上所言，京圖既未有館舍，因此初期整理工作必然是在大庫內進行的。還有，奏摺裏明白說道，內閣書籍必須'移送學部'，學部指的是位在奉恩鎮國公全榮府（原敬謹親王府舊址，今北京市西城區教育街）的學部衙門嗎？還是另有他處？還有當時實際整理內閣書籍的人有哪些？而移出的時間、數量又如何？是一次移送？還是多批分送？爲何至今一直未見當年的移出目錄（或清單）？"（盧雪燕：《臺北故宮博物院現藏清內閣大庫藏書探源》，《版本目錄學研究》第五輯，北京大學出版社 2014 年版，第 651—652 頁）這些疑問大多可以在本章得到解答。

《清查東大庫分類目錄》各一冊，方氏輯刊爲《內閣大庫書檔舊目補》，民國二十五年（1936）六月中研院史語所鉛印刊行。方甦生將羅氏刊本《內閣大庫檔冊》與大庫中發現舊目《內閣書籍表章目錄》、《東大庫存貯各項書籍清檔》，合校爲《校勘本書籍表章目錄》，並其他書檔舊目，合編爲《清內閣庫貯舊檔輯刊》，民國二十四年（1935）一月故宮博物院文獻館鉛印刊行。此外，日本東京大學東洋文化研究所“大木文庫”藏有《內閣大庫儲藏舊檔書籍排架冊》，也是出自大庫的書檔舊目，與《內閣大庫檔冊》等同爲清代查勘東大庫目錄。

　　這些書檔舊目雖然著錄極爲簡略，卻是清代歷朝對內閣大庫書檔清查的記錄，爲我們了解大庫藏書檔情況必不可少之材料。通過對比這些目錄，可以了解內閣大庫所儲書檔位置以及總數常有變動。書檔舊目著錄對於現存內閣大庫檔案意義不是很大，因爲著錄檔案多以成捆爲單位，無法獲知內中細目。著錄書籍則以書名爲條目，可爲研究內閣大庫藏書來源提供一定線索。

一　《內閣大庫檔冊》等東庫目錄

　　清末內閣大庫發現藏書之處爲東大庫，即書籍表章庫。清末以來發現數部東大庫書檔目錄，皆分“禮樂射御書數”六庫，係清咸豐以降先後所編。今依照各書出版先後順序爲之介紹，再通過比勘各目異同，推定其先後次序。

1、《玉簡齋叢書》本《內閣大庫檔冊》

　　《內閣大庫檔冊》不分卷，宣統二年（1910）羅振玉將之與《內閣小志》一卷刊入《玉簡齋叢書》，書前總目稱爲“大庫官鈔本”①。《內閣大庫檔冊》爲大庫書檔清點舊目，目中以“禮樂射御書數”六藝編號各庫，各庫復以《千字文》編號各架或各箱，

---

　　① 羅福葆所編《雪堂校刊群書目錄》著錄同，見《雪堂類稿》第七冊，遼寧教育出版社 2003 年版，第 1425 頁。

著錄書檔名目及件數。其中"禮"字庫爲歷年殿試卷及黃冊、賀本、堂稿等件。"樂"字庫爲詔書、敕書等。"射"字庫爲歷年殿試卷、御筆、碑刻等。"御"字庫硃批、御製文集、詔書、奏折等。"書"字庫爲硃批諭旨、各省賦役全書、志書等。"數"字庫爲各類書籍,即大庫藏宋元舊本之所在。方甦生認爲此目所著錄"禮樂射御書數"六庫,爲内閣典籍廳大庫,即東庫樓下東偏之六間。如目中著錄"龍"、"師"二字兩箱"瑞穀草",即在東偏六間中發現。且在東起第三間庫的明柱上有"□字庫"三字,皆一一可與《檔冊》著錄對應。①

《内閣大庫檔冊》爲最早刊布之大庫舊目,常爲學者引述。然而羅氏刊本無序跋,學者在利用此書時,僅知其底本爲"大庫官鈔本",至於此本是否羅氏所藏、從何所得、下落何在,未曾深究。羅振玉致汪康年書札中,曾提及此書底本。此本底稿非羅氏所得,係從日人所得底稿傳抄付刻。羅氏札云:"叢書初集將印成,至快。振綺書目已寫出,尚未校也。近於日本人川速君處見《内閣大庫檔案》二冊,已借得傳鈔,弟意此書印入大刻中,至佳也。"其後又一札云:"川速君《大庫檔冊》即希賜下,渠索過兩次矣。若尊處未抄,弟已鈔一底稿也……初二日。"② 據羅氏之言,可知"大庫官鈔本"原屬日本"川速君"所藏,羅氏曾薦與汪康年刻入《振綺堂叢書》,並把原本呈送汪氏過目,最終未果。羅氏據此本傳抄一部,即札中所云"弟已鈔一底稿也",後來刊入自編《玉簡齋叢書》。羅福葆所編《雪堂秘藏古鈔善本書目》,著錄"《内閣大庫檔冊》一本"③,當即羅氏鈔本。羅氏鈔本今藏遼寧省圖書館,著錄爲"宣統三年羅振玉抄本(羅振玉校并跋)"。書上羅振玉跋文,見收於《大雲書庫藏

---

① 方甦生:《内閣大庫書檔舊目敘錄》,第 1 頁。
② 上海圖書館:《汪康年師友書札》第三冊,上海古籍出版社 1986 年版,第 3174—3175、3176 頁。
③ 《雪堂類稿》第七冊,遼寧教育出版社 2003 年版,第 1114 頁。

書題識拾遺》①。

內閣大庫檔冊　鈔本

此爲東友速水氏於庚子亂中得之都市。辛亥五月，托藤田學
士向速水氏借鈔。振玉記。

每庫另頁寫，書口寫"庫檔"。②

由羅氏識語可知，托藤田豐八向"速水"（前札稱"川速"，未詳何氏）借
鈔。羅氏指示鈔胥"每庫另頁寫，書口寫'庫檔'"，與刊本面貌一
致。日人所得"大庫官鈔本"原本現不詳所在，僅能據刊本及羅氏
傳抄本一睹其面貌。

又王國維《東山雜記》提到一部光緒十年"內閣舊有書目檔
冊"，謂"爲日本某君所得"，當即指羅氏鈔本之底本。

　　然內閣舊有書目檔冊，係光緒十年間所點存者。庚子之亂，
爲日本某君所得。余得見其傳寫本，凡《圖書館書目》所載之
書，雜見其中，尚有明末國初之重要公文書籍矣，有關史爭者
不勝枚舉，其可貴比之所藏宋元本書，或且過之。內閣既不重
視此物，學部圖書館亦未注意及此。今不知何在，即未焚毀，
亦恐在廢紙堆中矣。③

王國維謂所見"傳寫本"，當即羅氏鈔本《內閣大庫檔冊》。這部
"日本某君所得"的"內閣舊有書目檔冊"，即羅氏致汪康年札中提

---

① 《大雲書庫藏書題識拾遺》，末有編者案語："此卷拾遺都十一則，俱從遼寧圖
書館所藏大雲燼餘藏書上移錄，由遼圖韓錫鐸、王清原兩先生提供手跡影印件。"《雪
堂類稿》第七冊，第1236頁。

② 《雪堂類稿》第七冊，第1236頁。

③ 王國維：《東山雜記》第三十一則，《王國維全集》第三卷，浙江古籍出版社
2009年版，第341頁。

到日人所得的大庫官鈔本。王氏認爲此本"係光緒十年間所點存者"，以之爲光緒十年大庫清點時所編目錄，未知何據。此本實係清咸豐、同治年間清點東大庫書檔所編目錄，關於此抄本年代，詳後文分析。

2、《內閣書籍表章目錄》

原本今藏不詳。見《清內閣庫貯舊檔輯刊》第二編上《校勘本書籍表章目錄》"[①]，校勘本以此本爲底本。原本無題名及編定年份，著錄"禮樂射御書數"六庫，與《內閣大庫檔冊》內容相近，而時間較早。方甦生擬題爲《內閣書籍表章目錄》。禮字庫戾字架記"典籍廳南廳自道光十九年起至三十年止日記檔二十四捆"，可推定其編定年月最早亦在咸豐年間。此本較《內閣大庫檔冊》更早。方甦生《清內閣庫貯舊檔輯刊敘錄》著錄該本曰：

> 未著名稱及編定年月，內分"禮樂射御書數"六庫，計"禮、樂、射、御"四庫爲檔案及碑圖之目，"書、數"兩庫全爲書籍，與《玉簡齋叢書》《內閣大庫檔冊》內容大致相同。惟羅氏標名"大庫檔冊"，案內閣大庫應爲紅本、實錄及書籍表章之總稱，此目不著實錄紅本之屬，其專爲書籍表章庫之目明甚，故爲改題《內閣書籍表章目錄》。目中"禮"字庫"戾"字架著有"典籍廳南廳自道光十九年起至三十年止日記檔二十四捆"，可知其編訂年月最早亦在咸豐年間。玉簡齋本《大庫檔冊》，此條雖無"道光"等字樣，而日記檔捆數則與此相同，復經詳細校勘，知其更後於此目，而與目二年代爲較近也。[②]

---

　　① 《校勘本書籍表章目錄》，見《清內閣庫貯舊檔輯刊》第二編上。據其《略例》，謂以《內閣書籍表章目錄》（簡稱"庫本"）爲底本，對校《玉簡齋叢書》本《內閣大庫檔冊》（簡稱"玉本"）與光緒本《東大庫存貯各項書籍清檔》（簡稱"緒本"），分注其異同之處。

　　② 方甦生：《清內閣庫貯舊檔輯刊敘錄》，第54—55頁。

方氏推定此本編訂年月最早亦在咸豐年間。所言"目二"，即下文所介紹之《東大庫存貯各項書籍清檔》。

3、《東大庫存貯各項書籍清檔》

原本今藏不詳。《清內閣庫貯舊檔輯刊》第二編上《校勘本書籍表章目錄》校記引用。光緒二年三月編定。亦分"禮樂射御書數"六庫。此目與《內閣書籍表章目錄》差異較大，而與《內閣大庫檔冊》接近。方甦生《清內閣庫貯舊檔輯刊敘錄》著錄該本曰：

> 《東大庫存貯各項書籍清檔》，光緒二年三月編定，亦係"禮樂射御書數"六庫書檔之目，內容較簡單。與目一及玉簡齋本《大庫檔冊》均有出入。如霜字架上層地志，目一及《大庫檔冊》均分著《遂安志》、《膠州志》……等，都三百餘目。此目僅作"遂安等共府、州、縣三百四十二處，共計志書一千二百零一本"。此與目一相異之點甚多，與《大庫檔冊》則較多相同之處，因知《大庫檔冊》亦當同爲同光間所編。[①]

方氏所稱"目一"，即前目《內閣書籍表章目錄》，與此目時間相近。除了上述三種已刊東大庫目錄外，東京大學東洋文化研究所"大木文庫"藏有《內閣大庫儲藏舊檔書籍排架冊》一部，與上述三目面貌相近，雖然不是羅振玉當年據以傳抄的"大庫官鈔本"，但是根據書中墨筆圈點修改之痕跡，可認定爲清點大庫目錄稿本之一。

4、東洋文化研究所藏《內閣大庫儲藏舊檔書籍排架冊》

日本東京大學東洋文化所藏本，館方著錄爲"內閣大庫儲藏舊檔書籍排架冊不分卷　咸豐同治間鈔本　二冊"。無界欄竹紙鈔本。半葉十六行。卷端有"讀數卷殘書"白文方印，"大木文庫"朱文長方印、"東洋文化研究所圖書"朱文方印。卷首無題名，依內閣大庫各庫、架、箱號著錄，與前三目相近，亦分"禮樂射御書數"六

---

① 方甦生：《清內閣庫貯舊檔輯刊敘錄》，第 55 頁。

庫。各件題名天頭有墨點，似爲清點時所加。目中有墨筆修改之處
甚多，爲清點時據當時實存情況所改。

東洋文化研究所"大木文庫"藏書，主要爲法制契約文書方面
書籍文獻，原爲學者大木幹一舊藏，書上"讀數卷殘書"印即大木
氏藏印（此原爲明人印章，大木氏得此印，因號"讀數卷殘書堂"）。大木文庫
有稿抄本書目數種，筆者 2016 年在該館調查書目類文獻時發現此
本，當係大木氏早年在中國坊間購得者。

5、四目先後次序

在 1935 年刊行的《清內閣庫貯舊檔輯刊》中，方甦生曾將上述
目 1、目 2、目 3 對校，刊爲《校勘本書籍表章目錄》。據其《略
例》，以《內閣書籍表章目錄》（簡稱"庫本"）爲底本，對校《玉簡齋
叢書》本《內閣大庫檔冊》（簡稱"玉本"）與光緒本《東大庫存貯各
項書籍清檔》（簡稱"緒本"），分注其異同之處。方氏在《清內閣庫貯
舊檔輯刊敘錄》中認爲庫本最早，而緒本、玉本較爲接近，可推知
玉本亦同治、光緒間所編，並未考證緒本、玉本之先後順序。今結
合新發現的東洋文化研究所藏《內閣大庫儲藏舊檔書籍排架冊》（下
文簡稱"東本"），重新考定四本之次序如下。

首先，庫本、東本禮字庫昃字號末記"典籍廳南廳自道光十九
年起至三十年止日記檔二十四捆"，玉本、緒本未記"自道光十九
起至三十年止"之時間。大體可知東本與庫本相近，玉本與緒本相
近，如此可以分爲兩類，庫本、東本爲一類，玉本、緒本爲一類。

再細考目中著錄，方甦生《校勘本書籍表章目錄》中所校出庫
本與玉本、緒本之差異，大多即東本中清點時墨筆所改部分，可證
東本在庫本之後，而在玉本、緒本之前。如麗字架著錄各省《賦役
全書》，庫本、東本各省名下有"賦役全書"四字，玉本、緒本略
去四字，而於首行增題"各省賦役全書"六字。東本有墨筆批語
"歸捴摺照樣寫"。又如御字庫露字櫃，第六十八號"廣西圖　一
張"，庫本作"東西圖　一張"，東本墨筆改"東"字作"廣"，玉
本、緒本同東本所改。又第九十六號"山東登州洮縣圖 山西朔平等

處共七張”，“山西朔平等處共”七字爲東本所添，庫本原無，玉本、緒本同東本所改。海字箱“墨刻御題”，庫本作“一百四十九軸”，東本墨筆涂改作“一百五十三軸”，玉本脫，緒本同東本。又如書字庫李字號箱中《命書》，“壬辰”庫本作“十本”，東本改作“九本”，玉本、緒本同。“辛丑”庫本作“五本”，東本改作“四本”，玉本、緒本同。“庚寅”等。東本又刪去“己亥　一本”，而增“丙寅　九本”，玉本、緒本皆同。又如數字庫果字架上層“玉海大本二百五本”、“玉海小本百四十八本”，庫本、東本《玉海》各本分別著錄，東本在其大開本者上墨筆批“大”字。玉本、緒本合併著錄作“玉海大本二百五本”、“玉海小本百四十八本”等等，此類東本所改之處，玉本、緒本多與之相合。但是，東本所改之處，玉本、緒本亦有不依者。如御字庫騰字櫃七十四號，庫本作“後藏番表　一道”，東本改作“清字詔書　一道”，玉本、緒本未改。七十五號，庫本作“明臣史睿親王事書　一冊”，東本改作“明臣史可法致睿親王　一冊”，玉本、緒本未改。又鹹字箱“太陵（二字滿漢）　二張”，東本改作“福陵碑一張碑圖一張　二張”，玉本、緒本未改。但總體而言，東本所改玉本、緒本依照者居多。可以說明，東本在庫本之後，而早於玉本、緒本，其目中清庫時墨筆修改之處，爲玉本、緒本所依據。

至於玉本、緒本之先後次序，也可以通過對比二本著錄條目判斷。玉本、緒本著錄條目皆有合併簡省之處。如射字號東本無“歷代殿試卷”一行，庫本補寫，此下東本、庫本著錄“翔”、“潛”、“鱗”、“羽”、“河”、“淡”箱中各年殿試卷細目，而玉本、緒本僅記“歷代殿試卷”，不載細目。總體而言，緒本合併簡省之處較玉本更多，方志條目較多者或同名書籍，緒本多僅記其總數而略去細目。如數字庫夜字架，玉本“文選　五十三本”、“文選　二十八本”、“文選　三十九本”三部，緒本合作一條“共一百九十本”。又“朱晦庵文集”三部亦合作一條“一百三十四本”。大致可推知緒本在玉本之後。又緒本簡省之處皆統計條目總數，其條數與玉本相合，而異於庫本、東本，可證其源出於玉本。如書字庫霜字架上層，庫本、東本皆僅著錄"遂安志　二本"至"休寧志　四本"三百餘條，玉本後多著錄"岳州志　二本"等二十餘條，共 324 條，緒本則簡省作"遂安等共府州縣三百四十二處，共計志書一千二百零一本"，所言"三百四十二處"與玉本相合。又霜字架下層，庫本、東本始"蘭陽志　八本"至"湘鄉志　三本"，玉本"湘鄉志"以下尚多出兩百餘條，共 402 條。緒本則簡省作"蘭陽等共府州縣四百零二處，共計志書九百二十六本"，與玉本相合。可見緒本出於玉本，時間最晚。

綜上所述，四本東庫目錄之先後次序爲庫本、東本、玉本、緒本。庫本（《內閣書籍表章目錄》）最早，東本（《內閣大庫儲藏舊檔書籍排架冊》）與庫本相近而稍晚，玉本（《內閣大庫檔冊》）與緒本（《東大庫存貯各項書籍清檔》）爲時間相近的二目，源出於東本，故東本清點時修改痕跡體現在二本之上，而玉本又略早於緒本。根據庫本、東本禮字庫戾字號末記"典籍廳南廳自道光十九年起至三十年止日記檔二十四捆"，可以推知庫本之上限爲道光三十年（1850），即道光朝之末。而玉本、緒本未記"自道光十九年起至三十年止"之時間，或許是當時庫檔又有所增加，不止于道光三十年，故不著時間。編纂時間最晚的緒本，編於光緒二年（1876）三月，則可知庫本、東本、玉本皆爲咸豐、同治年間清點東大庫書檔所編目錄。東洋文化研究所著錄東本《內閣大庫儲藏舊檔書籍排架冊》爲"咸豐同治間鈔本"，可以依據。羅振玉《玉簡齋叢書》本《內閣大庫檔冊》，則在東本之後而緒本之前。王國維《東山雜記》認爲玉本爲"光緒十年間所點存"，不詳其緣由，似不可據。

東大庫目錄爲清代較晚的大庫清查目錄，與清末大庫發現時情形相近。各本著錄之字號櫃箱，前後次序亦不同。如"水"、"玉"字二架，庫本、東本在書字庫，玉本、緒本在數字庫，這可能是二十年餘間庫物移動所致。又由於玉本刊行較早，在內閣大庫書檔發現一年後即被羅振玉刊入《玉簡齋叢書》，成爲學者們討論大庫藏書情況之主要依據。如王國維《庫書樓記》"內爲大樓六間"，即據《內閣大庫檔冊》"禮樂射御書數"六庫爲言。新發現的東洋文化研究所藏本《內閣大庫儲藏舊檔書籍排架冊》，目中修改痕跡爲溝通前後三部舊目之重要線索，可爲我們了解清代咸豐、同治年間庫物變動情形提供了更詳細的記載。

二　內閣大庫書檔舊目

清代所編內閣大庫書檔舊目，除了著錄東大庫之目錄四種外，在大庫檔案整理過程中，還陸續發現有大庫書檔清點、移交舊目數十餘種，早至清朝初年，晚至民國以降。這些書檔舊目，先後由方甦生整理出版爲《內閣大庫書檔舊目》（1933）、《清內閣庫貯舊檔輯刊》（1935）、《內閣大庫書檔舊目補》（1936）三書。其中《清內閣庫貯舊檔輯刊》第二編上《校勘本書籍表章目錄》中所及《內閣書籍表章目錄》、《東大庫存貯各項書籍清檔》二目，介紹已見前文。本篇敘錄其他早期或者更晚的內閣大庫書檔舊目，其中早期目錄爲探究內閣大庫書檔來源之重要材料，晚期目錄則爲考證大庫書檔發現、整理史實之原始記載。

（一）《內閣大庫書檔舊目》

《內閣大庫書檔舊目》，書前有方甦生《敘錄》，末署"民國二十二年二月二十日寫完於北平北海疊翠樓上"。民國二十二年（1933）九月國立中央研究院歷史語言研究所鉛印刊行。目中整理了二十種內閣大庫檔案中舊編書檔目錄，其中部分底本尚存，如臺北"中研院"所藏內閣大庫檔案中即有數種，其餘底本則可能留存第一歷史檔案館等處，暫時難以一一稽考。現依據《內閣大庫書檔舊目》鉛印本，並結合今藏臺北"中央研究院歷史語言研究所"之部分底稿，參照方甦生《敘錄》一文，分敘其目如下。

目一、《送內務府書草單》

送書清單，按日著錄，著錄"二十日"至"二十五日"所送書十四條，其中書籍《嘉隆聞見紀》、《洪武正韻》、《三朝要典》等十一種，其他三件爲"史料　五本"、"明朝報　五十本"、"織染局(天啓奏本三十八件、崇禎奏本三十五件)"。

目二、無題名

無年月及標題。著錄"三朝典要"至"皇明奏疏類鈔"，末統計"共四百二十本，俱有套"。又"明朝遼□請告述"至"皇明捷錄"，末統計"共二百九十七本"。又"□□□天啓□□"、"崇禎奏□"以下缺。據方甦生《敘錄》考證，此目爲內務府項下之專門書單，在目三之前。

目三、《各衙門交收明天啓崇禎事蹟 (呈堂底稿)》(康熙四年　明史館)

據方甦生所考，民國北京大學研究所藏內閣大庫檔案有《各衙門交收明天啓崇禎事蹟清單》，與此目相近，末多"十二月十五日呈"侍讀學士、堂大學士等銜名。而此目標"呈堂底稿"，末無呈堂銜名，當係底稿。據朱希祖考證，該目爲康熙三年至五年間文件①。此目與《內閣大庫書檔舊目補》之補目一《禮部移送明朝事蹟文書掛號簿》卷首"康熙四年十一月十一日禮部送進"目錄內容相近，當爲同年所編。

目四、無題名

收錄天啓、崇禎年間奏檔。每類之末有"以上存"、"以上記"、"以上記，不用"、"以上去"字樣，當爲明史館調閱之奏檔清單。方甦生《敘錄》推定目四在前三目之後。

以上四目爲清初明史館因纂修《明史》徵集調閱檔案書籍之清單。

目五、無題名 (擬題"明史館藏書檔目錄")

依編號著錄書籍，前後闕，存五號末至八十六號初。內有《纂修明史實錄冊》，知爲明史館儲藏之書檔。多係奏疏、人物事蹟、傳

---

① 朱希祖：《清內閣所收明天啓崇禎檔案清摺跋》，《國學季刊》1929年第2卷第2期，第383—387頁。

記、碑文、行狀、墓誌、家乘，亦有別集等。方甦生引《明史稿史例議上》"明代野史、雜記小錄、郡書家史不下數百種"之言，認爲目中所載乃修《明史》之參考史料。

目六 目七、無題名書目

前後闕文。目六始"周易傳大全　十二本　全"，止"（古今韻會）又　二本　不全"。目七始"群英珠玉　一本　不全"，止"□議明疏　六本　不全"。方甦生據目六有"十五日"、"十六日"，目七有"十七日"等字樣，認爲二者爲前後相接的同一目錄。目中著錄當爲內閣藏書，與現存內閣大庫藏書多相合。方甦生以此目與明代藏書目比較，《文淵閣書目》著錄三萬冊以上，《內閣藏書目錄》著錄一萬八九千冊，此目首尾不全，著錄書籍僅六千餘冊。如《趙清獻文集》，《文淵閣書目》著錄二十二本，《內閣藏書目錄》著錄十九本，此目僅二本。清末劉啟瑞所編《內閣庫存殘書目》著錄"《趙清獻集》，抄本，存三本"。繆荃孫《清學部圖書館善本書目》著錄內閣大庫舊藏宋刊本《趙清獻文集》兩部"存七之十六　又重一本"。

方甦生以乾隆十年編製的清查東大庫目錄"目十"來校對此目，此目著錄書名爲目十所無者近四百種，目十著錄書名不見於此目者二三百種。目十中有康熙以來官刊書籍《周易折中》、《日講春秋解義》、《日講書經解義》、《授時通考》、《朱子全書》等，皆不見於此目。方氏又據目中有《四書解義》三本、《大學解義》一本，以這些書籍刊刻時間來推算，此目可能是康熙十六年校刊的《日講四書解義》以後、康熙十九年校刊的《日講書經解義》以前所編定。實際上根據清末劉啟瑞所編《內閣庫存書目》著錄，《日講四書解義》二十六卷，存十二本（存卷一至卷五　卷七　卷十五至卷十七　卷十九至卷二十　卷二十六），未標版本，而《日講禮記解義》爲舊鈔本，這些可能是三禮館藏稿鈔本，未必是刊本。方氏文中也認爲據書籍刊刻時間推定是孤證，且目中"弘"字不避諱，主張此目編於康熙年間。方氏另論證康熙間纂刊《易》《書》《詩》《春秋》四經，《三禮義疏》

則纂刊於乾隆年間。民國故宮文獻館有《收到書目檔》一冊，爲乾隆初三禮館收到各處送來書籍目錄，目中記："乾隆三年正月，取到文淵閣《三禮編繹》九本不全，《唐六典》四本不全，《禮書》十八本不全。"與此目著錄本數相同，方氏因謂此目亦可以稱爲"清初所編文淵閣書目"。(彼時清代庋藏《四庫全書》之文淵閣尚未設立。)

目八、無題名書目

原本今藏臺北"中央研究院歷史語言研究所"，編號166458，題爲《藏書目錄》，提要"清點藏書文心雕龍文談玉篇等數目登錄殘冊"。前後闕文。始"□□□箋對策機要一本（元朱禮）"，止"許渾丁卯集一本"，後爲《內發出書目》，始"程朱易傳一本"，止"□□部韻二本"。據方甦生所考，目中著錄百餘種書籍，無一清代書籍。並舉目中著錄之書，推斷此目編製年代與目六、七接近，而遠在目十、十一之前。《內發出書目》爲何意，不明待考。

目九、《奏議館收貯各省督撫送來奏議文集碑文志書等項目錄》
(乾隆四年九月　奏議館)

原本今藏臺北"中央研究院歷史語言研究所"，編號166456，題爲《奏議館收貯目錄》。外封題"乾隆肆年玖月□日立"、"奏議館收貯各省督撫送來奏議文集碑文志書等項目錄"。卷首題"乾隆肆年玖月拾叁日奏議館將各省督撫咨送到館奏議文集碑文志書等項查明開后"，目中依分省著錄所收書名、冊數。其後有"乾隆五年二月初二日浙江巡撫盧咨送"、"二月初八日山西巡撫石咨送"書檔。此目爲奏議館採收書檔，據方甦生所述，曾在故宮文獻館內閣大庫檔案中見目中"李嵩陽家傳奏議四本"，原本題爲"開封府封邱縣呈送通籍人員李嵩陽家傳奏疏冊"。知奏議館所藏書檔後移交內閣大庫收貯。

目十、無題名書目 (擬題"清查大庫書檔目錄"乾隆十年)

前有闕文，名稱無考。目中著錄書名、冊數。此目間有查庫人名單，所存殘目始八月十八日，止九月初七日，每日開列清庫之侍讀學士、侍讀、典籍、中書各人名單，另開列供事人數，不具名，

並記各書位置"以上在第三間北櫥內"等，知爲清查大庫所藏書檔
之目。方甦生據目中查庫人名，與當時故宮文獻館所藏乾隆十年吏
部稽俸廳《在京文職漢官春夏二季俸米冊》中內閣侍讀、中書等人
名單對照，考證此目爲乾隆十年八、九月間。目中"高麗表一百件"
及"□南國表十四件"下批"十二年十一月，查歸紅本庫大櫃內"，
"會試錄十七本"於乾隆十一年三月十六日查出雍正五年丁未科會試
錄一本，送中堂史大人"等，據方氏所述，此數條墨色很淡，字跡
潦草，當爲原目編成之後取出物品時所批注。此目與《內閣大庫書
檔舊目補》中補目二"書籍簿冊"內容相同。

目十一、無題名書目 （擬題"東庫樓藏書目錄"乾隆二十九年）

原本今藏臺北"中央研究院歷史語言研究所"，編號166454，
題爲《東庫樓藏書目錄》。封面已殘缺，不詳題名。此目爲清查東庫
所貯書籍，依各間書櫃著錄 （書櫃以《千字文》編號）。始"東庫樓下第
一間 天字號櫃上層"。此目與之前書目不同之處在於，書名之下間
有小字注"大板""小板""藍紬面""藍紙面""栗色面藍籤""黃
綾面""黃綾套"等字樣，根據版本之大小以及外封、函套顏色記
錄書籍之特徵，亦有標注版本者，如宙字號櫃上層"記事通鑑本末"
（即《通鑑紀事本末》）下標"不全，宋板"，且間注存闕之卷數，殆爲
日後清點方便。目中有"三禮館書籍"、"國史館交來亂書 （貯東庫樓
下西第二間）"、"會典館交來書籍 （貯東庫樓下西第一間）"、"會典館交來
書籍"等。方甦生據"會典館交來書籍"中有清字、漢字《會典》
《則例》條目，清代乾隆年間始分《會典》、《則例》各自爲部，此
前統稱《會典》，而嘉慶以後所修則改《則例》爲《事例》，因而推
知此目著錄之《會典》爲乾隆朝所修，知此目編於乾隆二十九年書
成之後。又全書之末所記"刑部續增律例"、"乾隆三十年十二月十
四日翰林院送來《昭忠祠列傳》貳拾套，共計壹百拾肆本 （貯東庫樓
下東第一間櫥內）"兩條字跡與前目不同，當爲後來所增補。又目中
"附《盛京通志》"下批"乾隆三十年正月二十八日查去一套計十
本，供事沈昂成領去"。其後《山東一統志》、《河南一統志》下分

別有同年正月十八日、二十四日，《貴州一統志》、《興京一統志》、《奉天一統志》下有二十八日供事官沈昂成領去”批注。“漢字會典正本三十九本”下批“三十年六月二十三日供事何安城取去”，下鈐畫押印。“漢字會典副部三十七本”、“則例副部一百四十六本”下有批“廿九年十一月初十日供事俞鋐、韋文領去所有來付一張黏後”。可以推知此目當編成於取書最早之乾隆二十九年十一月之前，可考定此目爲乾隆二十九年大庫所存書檔之目。

又此目最末原另有一葉，爲三十年六月二十三日供事何安城取去“漢字會典正本三十九本”之記錄，開列所缺卷數。方甦生《內閣大庫書檔舊目》整理本未錄此葉，茲據原本抄錄如下。

六月二十三日取去《會典》一部三十九本
計少
　　卷一　宗人府
　　卷二　內閣
　　卷七十六　屯田清吏司　山陵　墳塋　薪炭　匠役　節慎庫
　　卷七十七　製造庫
　　卷七十九　理藩院　敘官　典屬清吏司　王會清吏司
　　卷八十　旗籍清吏司　柔遠清吏司　理刑清吏司　銀庫

目十二、《大庫書檔》（乾隆五十三年以前）

原本今藏臺北“中央研究院歷史語言研究所”，編號166453，題爲《大庫所藏書檔》。原本外封題“大庫書檔”，卷首題“大庫書檔 樓下中庫”，目中著錄大櫃一，中櫃六，分編“禮樂射御書數”六號。大櫃所貯爲“御制書籍碑記”。中櫃“禮”字號所貯爲“開國文冊”。“樂”字號“朱批奏摺”，無細目。“射”字號“外藩表章”。“御”字號“龍邊香箋”。“書”字號“碑帖”，爲碑帖拓片。“數”字號“圖畫”，爲各類宮室圖繪及各地輿圖，“小輿圖十張”之後著錄奏折，疑爲“樂”字號“朱批奏摺”細目或“禮”字號

"開國文冊"。方甦生據"禮"字號年代最晚一條"上諭一道 乾隆四十一年十一月十五日舒中堂交來",且目中御製書籍中有聖祖、世宗聖訓而無高宗,有福、昭、景、泰各陵的碑文、碑式而無裕陵,有康熙時之《幸魯盛典》而無乾隆五十六年所輯的《南巡盛典》,推考此目最晚亦是乾隆末年所編。方氏又論此目著錄六櫃,與《內閣大庫檔冊》以六藝編號相似,但此目著錄之物甚少,所占不過當大庫之一間,因此認爲此目僅爲《大庫書檔》中之一冊。從卷首所題大字"大庫書檔 樓下中庫",亦可知其僅著錄樓下中庫之書檔。

目十三、《釋道書籍總檔》（乾隆四十八年）

原本今藏臺北"中央研究院歷史語言研究所",編號166455,題爲《釋道書籍總檔》。外封題"檢查紅本處辦""乾隆四十八年九月□日立""釋道書籍總檔"。目中著錄皆爲釋家、道家類書籍。共計"初辦第一次釋道書計二十二種""續辦第二次釋道書共二十九種""續辦第三次釋道書五種""續辦第四次釋道書共十四種""續辦第五次釋道書共十三種""續辦第六次釋道書共十四種"。著錄書名、部數、冊數,次行低一格書志,簡略著錄撰人、卷數、版本等。方甦生謂"檢查紅本處辦"之名官書無考,猜測爲內閣因檢查紅本等事務所取的臨時名稱,又目中有"交廳歸庫"之語,推知"檢查紅本處辦"爲典籍廳附屬機構。此目與補目四《應銷毀書籍總檔》著錄體例相近,爲同時所編。

目十四、無題名書目（擬題"檢查紅本處清查書籍目錄",與目十三同時）

據方甦生所敘,此本紙色開本皆與目十三相近,外封殘破,但依稀可辨"檢查紅本處"五字墨瀋透之痕跡,故斷與前目同時。卷首題"續辦第七次部冊俱全書目",皆史書。次"不全書目",著錄各書存卷,皆正史,末記"以上共六十九包,七月二十日俱歸東大庫樓上東首第二架上訖,本處無存書籍,七月二十日領來雜書二十小包。"次又題爲"續辦第七次部冊俱全書目",末記"十二月初九日現存所辦出之書五十三本未歸,其餘即日歸庫清訖,初九日又領七十二本又三小包。"次"續辦第八次書",末記"以上俱於五十一年三月十二日交廳歸庫"。此目似接前目續辦，而末有乾隆五十一年字樣，未見原本，不知爲編目時所題抑或後來所批。大致可推定與前目同時或稍後。目中著錄之書，提及移交"東大庫樓上"，即將紅本庫之書移交書籍表章庫，目中著錄正史甚多，或即清末大庫清理出正史殘本之一部分。

目十五、無題名書目 (擬題"明史館書檔目錄"，乾隆四年以前)

前有闕文。方甦生以目中著錄多爲有關纂修《明史》之載籍，推測爲明史館自編之目。目中稱"西庫靠西第二櫃存貯"、"西庫靠西第三櫃存貯"等，方氏認爲"西庫"爲內閣尊藏實錄庫，非指紅本庫。案目中"監生杜昌丁送杜氏兩世墓誌銘　一本"下有"存館"二小字，當謂此件在明史館未移來之意。此目與補目五內容相近，方氏最初考定此目在乾隆四十五年明史館散館之前所編，故置之乾隆朝諸目之後。其後在補目五重加考定爲雍正四年敕修《明史》以後，乾隆四年進書以前，當列乾隆朝諸目之前。

目十六、無題名書目 (擬題"清查東庫書檔目錄"，嘉慶十一年)

無題名。卷首有查庫人員銜名"清查東大庫委署典籍中書桂齡、楊書紹、法克精額、聚寧、常慶　覆查東大庫滿本堂侍讀哈豐額　漢本堂侍讀景昌"。方甦生據民國故宮文獻館所藏嘉慶十一年《雜項事件檔》形制字體與此目相近，又《順治康熙雍正乾隆庫貯史書檔》首葉有堂諭："嘉慶十一年奉各位中堂諭：清查大庫，勻出空所，以備尊藏實錄。"推知此目爲嘉慶年間清查東大庫之目錄，當在嘉慶十一年所編製。

目十七、《平三逆方略卷數 (附平海寇、羅剎、察哈爾方略卷數)**》**

目中著錄《平定三逆方略》《平海寇方略》《平羅剎方略》《平定察哈爾方略》四書之卷數。

目十八、《三朝書單》 (康熙三十年以降　國史館)

目中著錄《太祖本紀》《太祖實錄》《太宗本紀》《太宗實錄》《世祖本紀》《世祖實錄》各書之目，下皆注"稿完"。其後記"天文""五行""律曆"等志目，下有人名，當爲編纂人，且有某某

"補""頂補"，末記"以上俱未纂修"。知此目爲國史館纂修史書之史料清單及纂修各志列目。方甦生據三朝《實錄》成書時間推定此目之年代上限。《世祖實錄》成於康熙十一年五月，《太宗實錄》康熙十二年重修，二十一年九月書成，《太祖實錄》二十一年十月重修，二十五年書成①，而目中著錄三朝實錄均注"稿完"，方氏認爲"稿完"非謂《實錄》纂修完稿，乃謂國史館據《實錄》編纂國史稿完畢之意，所說甚是。又《東華錄》康熙二十九年三月載"禮部等衙門議准御史徐樹穀奏請纂修三朝國史，得旨……依議即行編纂"，自此成立國史館，因而推定此目爲康熙三十年以後所編。

目十九、《館內所貯書籍簿》（康熙五十一、二年　國史館）

卷首題"館內所貯書籍簿"，下小字注"康熙五十一年七月十六日例檔"，僅列八條，其下爲"康熙五十二年三月初六日查書檔"。目中著錄多爲奏疏、賦役全書、錢糧冊等檔案史料，當爲國史館修史所用書籍。

目二十、無題名（擬題"《太祖實錄》《太祖聖訓》《太宗實錄》正本、底本卷數頁數清單"　乾隆年間　實錄館）

此目著錄《太祖實錄》、《太祖聖訓》、《太宗實錄》各書各卷，下開具正本、底本之頁數。方甦生據《太祖實錄》卷數作首套三卷，正書十卷，推斷爲乾隆時重修之本（《清太祖實錄》崇德元年修成之本僅有四卷，康熙重修改爲十卷，加上目表序例共爲十二卷，雍正十二年又修，乾隆四年書成，又加一卷序、表、銜名，共十三卷）。並推斷此目著錄者爲實錄館之物。

（二）《內閣大庫書檔舊目補》

在刊行《內閣大庫書檔舊目》同時，故宮文獻館方面也在編《清內閣庫貯舊檔輯刊》，方甦生也參與了編纂工作。其後方甦生又在北京大學研究院文史部所藏內閣大庫檔案中發見《禮部移送明朝事蹟文書掛號簿》一冊、《書籍簿冊》一冊、《大庫書籍檔》一冊、

---

①　方甦生另有《清太祖實錄纂修考》一文，見《輔仁學志》1938 第 7 卷第 1—2 期，第 67—101 頁。

《應銷燬書籍總檔》一冊、《西庫書檔》一冊，並加入歷史語言研究所新發見的《各處奏銷黃冊收貯大庫目錄》及《清查東大庫分類目錄》各一冊，輯刊爲《內閣大庫書檔舊目補》，民國二十五年（1936）六月國立中央研究院歷史語言研究所鉛印刊行。書前有方甦生《敍錄》，末署"民國二十三年五月寫於北平，二十四年六月改定訖"。方氏謂《清內閣庫貯舊檔輯刊》所刊各目年代較晚，而《內閣大庫書檔舊目補》與《內閣大庫書檔舊目》相近，都是較早的目錄，可以作爲其前編。今結合方氏《敍錄》，介紹如下。

補目一、《禮部移送明朝事蹟文書掛號簿》（康熙四、五年　明史館）

卷首題"禮部移送明朝事蹟文書掛號簿"，目中著錄康熙四年十一月十一日至康熙五年十一月初三日禮部送進、各部院各省督撫送來的明朝事蹟書檔目錄。方甦生推定爲明史館修史所需之件。其中卷首"康熙四年十一月十一日禮部送進"目錄與《內閣大庫書檔舊目》之目三《各衙門交收明天啟崇禎事蹟》（呈堂底稿）、民國北京大學研究所藏《各衙門交收明天啟崇禎事蹟清單》相近。末多《各衙門交收明天啟崇禎事蹟清單》，末署"十二月十五日呈"，或同爲康熙四年呈堂，較此簿錄晚一月餘。

補目二、"書籍簿冊"（乾隆十年）

首尾殘缺，原名已佚，題名爲民國北京大學明清史料整理會所擬。此目爲清查大庫目錄，依日記錄查庫人員銜名，始八月十三日末，止九月初七日。此目與目十內容相同，而多出八月十四至十七日"西洋新法曆書"，可補其闕。目十之九月初七日"順治十三年揭帖一箱"以後五十四行又爲此目所闕。原北京大學研究員所編《明清史料整理會要件目錄》著錄此目年代爲乾隆九年，前目十方甦生據查庫人員銜名考定在乾隆十年，爲是。

補目三、《大庫書籍檔》（乾隆五十三年以前）

卷首題"大庫書籍檔"。據方甦生所述，原本與目十二《大庫書檔》紙色、形制、字體皆接近，當爲同時之目。目十二著錄"樓下中庫"，此本著錄"第三庫"，下記"不全書"，其後分"大櫃"、

"第一號櫃"、"第二號櫃"、"第三號櫃"、"第三號櫃" 及 "第一大架"、"第二大架"、"小木架二"，與目十二著錄著錄大櫃一、中櫃六形式相近。當亦清點東大庫書籍之目。方氏據東大庫樓上樓下各五間計，推測此目全本共有十冊。前目十二方氏推定爲乾隆末年之物，此冊中末記 "五十三年八月初三奉嵇中堂交翰林院送來征勦緬甸金川並勦滅烏什臨清逆匪陣亡官兵汗傳十二函共十五本" 等，此條似後來追加，因而推定此目編定在此之前。

補目四、《應銷燬書籍總檔》（乾隆四十八年）

卷首題 "《應銷燬書籍總檔》，檢查紅本處辦，乾隆四十八年九月立"，當爲底稿外封題字。目中記初辦第一次至續辦第七次檢出的違礙應毀書籍，共計七十六種。每種著錄時代、著者、應毀的理由。此目與目十三《釋道書籍總檔》相近，同爲檢查紅本處所辦。

補目五、"西庫書檔"（乾隆四年以前）

無題名。目中著錄 "西庫靠西第一櫃" 至 "第三櫃" 及 "西庫靠西第一櫃" 至 "第二櫃" 收貯書籍。此目與目十五相近，而著錄總數增加，方甦生將此目與目十五比勘，故排印本有案語，說明目中著錄之書名、位置與目十五之異同。又此目中原有案語多提及 "原檔無"，疑目十五即原檔。方氏復據目中著錄之本有 "在朱佩蓮處" 等人名，重加考定此目爲雍正四年敕修《明史》以後，乾隆四年進書以前。

補目六、《各處奏銷黃冊收貯大庫目錄》（乾隆十年至乾隆十二年）

原本今藏臺北 "中央研究院歷史語言研究所"，編號166459，題爲《各處奏銷黃冊收貯大庫事》，提要 "乾隆十、十一、十二年各處奏銷黃冊收貯大庫登錄冊"。據方甦生所述，原冊首尾已殘。現存卷首題 "乾隆十年各處奏銷黃冊收貯大庫"。方氏引《康熙會典》卷二："凡部院衙門及直省督撫等奏銷冊籍奉旨留覽者，俱於年終自內發出付典籍貯庫。" 知此目著錄爲乾隆十年、十一年陸續移來黃冊交大庫收貯者。目中另著錄乾隆十一、十二年理藩院繳進外藩敕書，禮部繳進的各固山格格、夫人、貝勒、貝子、縣君、郡主紙冊、誥命、敕命，鄉試題名，滿票簽送來之上諭、副摺等件。

補目七、《清查東大庫分類目錄》(嘉慶十一年以前)

原本今藏臺北"中央研究院歷史語言研究所",編號166457,題爲《清查東大庫分類目錄》,提要:"清查東大庫分太上皇表文類徽號類元旦類長至類萬壽類三節表底類平定慶賀類諭旨類詔書類敕書類冊封類等項目錄。"前有總目,分二十五類:1、太上皇帝表文類。2、徽號類。3、元旦類。4、長至類。5、萬壽類。6、三節表底類。7、平定慶賀類。8、諭旨類。9、詔書類。10、敕書類。11、冊封類。12、封號美名類。13、大行類。14、祭告類。15、謚號類。16、摺奏類。17、散館類。18、文殿試類。19、武殿試類。20、考試類。21、稿案類。22、檔冊類。23、來文類。24、雜項類。25、外藩表文類。案東大庫即書籍表章庫,此目著錄皆大庫檔案,幾乎沒有書籍,方甦生據目中著錄之物推定此目爲嘉慶十一年以前所編。

(三)《清內閣庫貯舊檔輯刊》

《清內閣庫貯舊檔輯刊》六編六冊,方甦生主編,金震、方紹烈、張國瑞、曹宗儒助理,民國二十四年(1935)一月國立北平故宮博物院文獻館鉛印本。前有民國二十四年一月三十日沈兼士序。據方甦生民國二十三年《編輯後記》,此書編纂始於民國二十一年冬,後因故宮文物運滬而中輟。民國二十四年始刊行。方氏謂係受到沈兼士之鼓勵而搜集編刊內閣書檔舊目。沈氏序言"內閣庫貯舊檔,爲研究庫物來源、存佚及舊有分類度藏情形之重要參考材料"①,指出了這些大庫書檔舊目的特殊價值。首冊爲方甦生《敘錄》,係探究內閣大庫書檔來源重要論文,其大略已見介紹於本書第一章"內閣大庫藏書概述"。茲據方氏《敘錄》,介紹所收各目如下:

第一編　1、《殘存六科繳本冊中著錄紅本件數表》

六科繳送紅本冊。民國時存一千六百一十六冊(故宮文獻館八十三冊,中央研究院一千五百三十二冊,北京大學一冊)。自順治至光緒朝紅本繳送大庫時所附目錄。

---

① 方甦生:《編輯後記》,《清內閣庫貯舊檔輯刊》第六冊末。

2、《北廳清查光緒年紅本檔》（光緒二十五年三月）

原件今藏中國第一歷史檔案館，《內閣各房各館簿冊》房 18 號。此爲光緒二十五年奏請焚毀檔案目錄。光緒二十五年二月初六日，奏請將閣中潮濕霉爛之副本檢出焚毀。"庫內恭存硃批紅本，歷年存積木格已滿，即使再行添置而限於地勢，日久仍不敷用。其庫樓上本章實係有礙工作，非全行挪出開工不易，臣等謹擬通盤詳查，將所有經過多年潮濕霉爛之副本撿出，派員運往空閒之處置爐焚化，以清庫儲，而昭慎重。"三月二十五日奉中堂諭："除自光緒元年起至廿四年正副各本，無論已未霉爛，概行分別存儲，用備將來查考外，其遠年正副各本及新舊記事檔簿，仍著原派各員等水（將）實在殘缺暨雨淋蟲蝕者，一併運出焚化，以免堆積，而便開工。"目中開列光緒元年至光緒二十四年擬焚毀之紅本，共四千五百餘捆。

3、《擬焚紅本各件總數》（宣統元年八月）

爲宣統元年奏請焚毀檔案目錄。自宣統元年八月初一日開始，至九月初一日，共檢出乾隆至同治朝紅本一萬零六百六十二捆。此件與內閣大庫藏書之發現有關。方甦生《敘錄》謂："案宣統元年繕修實錄、紅本兩庫，將庫貯實錄、聖訓等件移存內銀庫，當時認爲重要之檔案，移存文華殿兩廡，書籍則移送學部，設京師圖書館，餘則概以舊檔無用，奏准焚燬。"當時書檔先移到文華殿兩廡分揀，從中揀出書籍，宣統元年九月移送學部。並奏請將剩下無用廢檔焚毀，此目即所擬焚毀大庫檔案件數清單。

4、《調查紅本史書送館檔》（宣統二年五月）

此爲移送實錄館之紅本目錄，所移送者爲光緒元年至光緒六年之檔冊。

第二編上《校勘本書籍表章目錄》

此目係方甦生、曹宗儒據《內閣書籍表章目錄》（擬題。校勘本中簡稱"庫本"）、《東大庫存貯各項書籍清檔》（校勘本中簡稱"緒本"）及《玉簡齋叢書》本《內閣大庫檔冊》（校勘本中簡稱"玉本"）三目合校而成。《內閣書籍表章目錄》、《東大庫存貯各項書籍清檔》二目簡介，見本章第一節。

第二編下　1、《滿文書籍檔》（宣統元年四月立）

此爲宣統元年清查大庫所藏滿文書籍所編之目。

2、《收到書目檔》（乾隆元年十一月立　三禮館）

乾隆元年十一月初四日至乾隆四年六月二十九日，由各部院、各省督撫送到及武英殿、翰林院領到書籍之目。方甦生據目中著錄以三禮著述爲主，並據乾隆元年六月諭纂《三禮義疏》，推知此目爲三禮館徵集書目。

3、《行取各衙門書籍交書庫總檔》（道光三十年六月立　實錄館）

外封題"道光三十年立，附咸豐元年分，附國史館大庫存藏各件"。目中所著爲道光三十年至咸豐二年領到武英殿、內閣、起居注、國史館、方略館、軍機處、懋勤殿、戶部、兵部、工部、理藩院之書檔。方甦生據道光三十年二月纂修《宣宗成皇帝實錄》，推測此本爲實錄館承發房收書交庫之檔冊。

4、《收各項書籍圖冊檔》（光緒十六年三月　會典館畫圖處）

前半部不載收到年月，後半部載光緒十七年正月至二十五年五月收到部院、各省咨送及總纂管等所存圖書。目中有"抄錄咨送機器圖原文"曰"光緒十六年五月十六日，准回檔咨開：照得本館奏開畫圖處，已於四月二十七日開辦"云云，知此爲會典館畫圖處之收到書目。

5、《存各項圖冊檔》（光緒十六年十月以前　會典館）

不著年月。著錄各部院、各省送到輿圖與機器圖、會典圖等。當中"直隸總督送到電線機器圖九張"一條有黏簽"十六年十月二十七日，圖總纂劀光典全調去"。方氏據之推斷爲會典館之物，編定時間在光緒十六年十月以前。

6、《存志書檔》（光緒二十五年四月以前　會典館）

不著年月，著錄《大清一統志》、《國子監志》及各省府州縣志書。方甦生據此目著錄形式與《存各項圖冊檔》、《存各項則例案件檔》相同，推知同爲會典館之物。目中"順天府志書八函"

上有黏簽"光緒二十五年四月二十五日抖晾書時，查《順天府志》第二函內欠卷十九、二十，計一本"。知編定在光緒二十五年四月之前。

7、《存各項則例案件檔》（光緒間　會典館）

不著年月。著錄嘉慶至光緒各朝擬入會典等項案件，及各部院則例等目。與前兩目開本格式相近，方甦生推測此本亦爲光緒間會典館物。

8、《書庫存各處檔案簿》（光緒二十六年二月初一日　會典館）

著錄光緒二十六年二月初一日至初九日收內閣大堂滿漢總纂、總校、謄錄、畫圖等處之書檔。方甦生推測爲會典館結束時，書庫收入書檔之隨時記錄。

第三編《實錄存佚卷數表》

大庫所存實錄之目，共有九部：《七朝實錄聖訓庫貯檔》（約在嘉慶十二年）、《蒙古堂實錄檔》（嘉慶二十二年八月立）、《六朝實錄聖訓記注六科史書庫貯總檔》（約在道光三年至四年八月間）、《蒙古堂大庫尊藏仁宗實錄檔》（道光四年八月二十四日立）、《滿本堂內閣大庫尊藏一切細檔》（同治六年十月）、《聖訓實錄總檔》（約在光緒五年十一月之後）、《文華殿收實錄編號簿》（光緒二十五年）、《聖訓實錄各櫃卷套次序》（疑與前目同時）、《列朝實錄聖訓函數檔》（宣統二年八月）[1] 各目。方甦生以最後之宣統二年八月《列朝實錄聖訓函數檔》爲底本，校其他各目，注其異同。

第四編《起居注存佚冊數表》

滿本堂典藏之起居注目錄，存有五部：《嘉慶收記注檔》（嘉慶十二年十二月立，著錄嘉慶十二年至道光二年所收記注）、《六朝實錄聖訓記注六科史書庫貯總檔》（著錄康熙十年至道光二年箱數）、《道光收記注檔》（道光十七年十二月立，著錄道光十七年至二十七年所收記注）、《恭查起居注記注箱隻清冊》（民國三年五月。封面題"宣統六年五月□日立"，此冊爲溥儀退位，內

---

① 各目所標時間，皆據方甦生《清內閣庫貯舊檔輯刊敘錄》，第57—59頁。

務府接收大庫後所編）、《檢查起居注記注清漢包數草檔》（民國三年六月，封面題“宣統六年六月立”）。方甦生以文獻館自編之現存目輔之，合編爲《起居注存佚冊數表》，分注其異同。

第五編《六科史書存佚對照表》《國史館調取史書檔》

“史書”爲吏、戶、禮、兵、刑、工六科將分歸本科之紅本擇要摘錄，並錄硃批而成。每月一冊，年終匯總交內閣滿本堂收貯大庫。滿本堂典藏之六科史書目錄，有七部：《順治康熙雍正乾隆庫貯史書檔》（約在嘉慶十一、二年間）、《嘉慶元年起所收六科史書庫貯檔》（約在嘉慶十一、二年間）、《滿本堂六科史書檔》（道光四年三月立）、《六朝實錄聖訓記注六科史書庫貯總檔》（載嘉慶至道光十年史書）、《文穎館調取康熙三十一年起至六十一年止吏戶禮兵工史書》、《文穎館調取史書檔》、《國史館調取史書檔》（道光六年九月□日立）。方甦生據以上前六目合編爲《六科史書存佚對照表》，而《國史館調取史書檔》與前六目內容有異，單獨刊於後。

第六編《校勘本四櫃庫貯目錄》《滿本堂各項存貯檔》

《校勘本四櫃庫貯目錄》。內閣大庫中“元亨利貞”四櫃所貯雜件，有滿文老檔、舊存實錄、本紀、太上皇記注、王公表傳、世襲檔冊、寶譜、印譜、皇史宬圖、朔漠方略、歷朝帝王名臣畫像冊頁、銅木印記、鐵券、緞疋包袱等等。目錄前後有四部：《雜項事件檔》（嘉慶十一年立）、《元亨利貞四櫃書籍物件庫貯檔》（約在嘉慶十二年）、《元亨利貞四櫃庫貯總檔》（道光二十八年照舊檔抄錄）、《滿本堂內閣大庫尊藏一切細檔》（同治六年）。方甦生將之合編爲《校勘本四櫃庫貯目錄》。

《滿本堂各項存貯檔》（道光四年三月立）。著錄東庫樓上東頭第一間後簽記注箱上存貯紀傳誌譜等。

以上爲《清內閣庫貯舊檔輯刊》所收各目，多爲內閣大庫所貯紅本檔案之目。其中與移交圖書館之內閣大庫藏書有關者，爲《校勘本書籍表章目錄》，當中“書”、“數”兩庫著錄書籍，即清末內閣大庫藏書發現者。其次爲三禮館《收到書目檔》、會典館《收各項書籍圖冊檔》、《存各項圖冊檔》、《存志書檔》、《存各項則例案件檔》，可爲探究內閣大庫藏書來源之助。《滿文書籍檔》爲宣統元年清查庫內滿文書籍之目，《擬焚紅本各件總數》爲宣統元年大庫中書籍部分被挑選出來之後擬焚毀檔案，皆爲了解清末清理大庫情況之史料。而實錄、起居注等目，宣統元年大庫書檔移出時，並不在移交學部書籍之列，在宣統二年六月大庫修理完畢之後，再度移回大庫。此部分書檔清帝退位後始被接收。民國三年《恭查起居注記注箱隻清冊》、《檢查起居注記注清漢包數草檔》二目，即內務府接收大庫後所編。

小結

以上著錄清代以來內閣大庫書檔舊目，多爲內閣大庫書檔進出之清單，在探究內閣大庫書檔來源上有重要作用，相關問題之考述已具前章"內閣大庫藏書之來源"一節。而針對大庫個別書籍利用這些書檔舊目進行追蹤，實際操作中尚有相當難度，因爲這類目錄著錄皆較爲簡單，僅列舉書名、冊數。在將來內閣大庫藏書個案研究逐漸深化，相信這些書檔舊目也會發揮其重要作用。對於研究清代修書各館之沿革，這些書檔舊目不失爲可供參考之史料，可爲研究者所資用。

第二節　清末內閣大庫藏書之整理

宣統即位之時，閣臣以內閣大庫無用舊檔太多，奏請焚燬。幸爲羅振玉、張之洞等人有識，奏請將書籍移交學部，建立圖書館儲之。宣統元年因大庫塌壞，書檔移至文華殿清理，由劉啟瑞、曹元忠二人檢點藏書。據羅振玉《集蓼編》回憶，這些藏書"因委吳縣曹舍人元忠、寶應劉舍人啟瑞司整理，面令予時至內閣相助。"①

---

① 　羅振玉：《集蓼編》，《羅振玉學術論著集》第 11 集，第 54 頁。

曹、劉二人整理內閣大庫的藏書，所編藏書目有《內閣庫存書目》，一般認爲係劉啟瑞所編，今尚存稿本及鈔本數部。而藏書志則由曹元忠撰寫，現存《內閣大庫見存宋元槧書目》、《文華殿檢書分檔》稿本兩種，藏復旦大學圖書館。

　　曹、劉二人所編之目，皆未刊行，以稿抄本傳世，流傳不廣。劉氏所編《內閣庫存書目》，民國時京師圖書館有一傳抄本，尚易獲見，民國學者如顧頡剛、謝國楨、徐中舒等皆曾引用。此目近年又經日本高橋智先生介紹並整理刊布①，漸爲學者所熟知。而曹元忠《內閣大庫見存宋元槧書目》、《文華殿檢書分檔》二稿，因民國以後曹氏攜稿南歸，外間鮮有流傳。雖然有部分篇目在曹氏生前曾以《箋經室所見宋元書題跋》之名刊載於《文藝雜誌》，但文中並未明言所題跋之書來源，且非完整全稿。曹氏遺稿身後由族弟曹元弼弟子王欣夫整理，後隨王氏蛾術軒藏書入藏復旦大學圖書館，而此二稿並未著錄入王氏所著《蛾術軒篋存善本書錄》，故未爲學者所重視。今就劉、曹所編目錄現存稿抄本，並結合清末整理大庫藏書過程相關史料，考述如次。

一　劉啟瑞《內閣庫存書目》

　　劉啟瑞（1878—1960），字翰臣，號韓齋，江蘇寶應人。劉台拱族裔，劉嶽雲之子。光緒二十九年舉人，翌年連捷成進士，任內閣中書、侍讀，辛亥後去官，民國間曾參與東方文化委員會《續修四庫提要》撰稿。藏書之處號食舊德齋、抱殘守缺齋，藏印有“寶應劉啟瑞秘笈之記”、“寶應劉氏藏書”、“食舊德齋藏書”等。劉氏所得內閣大庫藏書甚富，後多讓歸傅增湘。

　　內閣大庫藏書發現之時，劉氏任內閣侍讀，整理庫書一事即由

---

　　①　［日］高橋智：《內閣庫存書目について》，《斯道文庫》第 46 輯，2011 年，第 269—318 頁。此文後由杜軼文翻譯，譯名《關於〈內閣庫存書目〉》，刊載《中國典籍與文化論叢》第十五輯，鳳凰出版社 2013 年版，第 315—412 頁。附蘇揚劍整理《北京大學藏〈內閣庫存書目〉三種》。

其主持。今存數部稿抄本《內閣庫存書目》，即當時整理庫書所編之目錄。其中北京大學圖書館藏李盛鐸舊藏稿本，因書中夾有劉氏署名拜帖，論者認爲此目是劉啟瑞主持編纂①。民初學者也提到劉氏編有內閣藏書目錄。如民國二年莫繩孫欲重新校刊其父莫友芝《邵亭知見書目》，即致函莫棠，請他向劉氏借閱此目，用以校訂《邵亭知見書目》："兄當致書寶應劉翰臣，屬其將所查《內閣書目》鈔來一校。"②札中所稱"內閣書目"，即這部著錄內閣大庫藏書的《內閣庫存書目》。

（一）《內閣庫存書目》之內容

《內閣庫存書目》，實際包括《內閣庫存藏書目》、《內閣庫存殘書目》、《殘複書目》、《內閣庫存詔諭碑版輿圖目》四者。爲方便計，一般以《內閣庫存書目》統名之。四種書目傳抄各本順序偶有不同，各處館藏著錄多取其首冊題名入錄，以致書名著錄各異。

《內閣庫存書目》，著錄大庫藏書中完整書籍，前有總目，分經史子集四類，各部下又分小類。其中**經類**：正經正注列朝經注經說。**史類**：詔令、正史、編年、紀事本末、傳記、載記、史鈔、奏議、地理、政書。**子類**：儒家、天文算法、雜家、釋道家。**集類**：別集、總集。書目分三欄，上欄著錄書名，中欄大字著錄部數，小字注每部本數、卷數，下欄著錄撰人、版本，有標有不標者。每類之末各統計總數。全目之末記總數"都一千二百二十一種、二千六百四十五部、三萬二千一百五十本"。

《內閣庫存殘書目》，著錄大庫藏書中殘書。前有總目，分經

---

① "相傳，李氏舊藏本是由清朝劉啟瑞（1878—?）編寫而成。因書中夾有劉氏自署的紙片，使得傳聞可信度大增。"［日］高橋智撰，杜軼文譯：《關於〈內閣庫存書目〉》，《中國典籍與文化論叢》第十五輯，鳳凰出版社 2013 年版，第 322 頁。

② 民國二年三月十九日莫繩孫致莫棠札："《知見書目》京中只一部，而非十六金重價不可得，其風行可知。請弟速將校本索回，早爲補附，以謀刊行，兄當致書寶應劉翰臣，屬其將所查《內閣書目》鈔來一校，然不識其在家否？遲則董某必謀二次印行或刊板也。"張劍：《莫繩孫年譜簡編》，見《莫友芝年譜長編》譜後所附，中華書局 2008 年版，第 573 頁。

史子集四類，各部分小類。**經類**：易、詩、書、禮樂、春秋、四書、諸經總解、小學、韻書。**史類**：正史、編年、紀事本末、別史、譜牒、詔令奏議、傳記、史鈔、地理、職官、政書。**子類**：儒家、兵家、法家、農家、醫家、術數、雜家、類書、釋道家。**集類**：別集、總集。書目凡四欄，上欄著錄書名卷數，旁注存卷。第二欄著錄撰人。第三欄著錄版本，間注行款。第四欄著錄本數"存幾本"。間有案語，注明其存疑之處。內閣大庫宋元舊槧殘書居多，主要著錄於此目之中。末統計總數"經史子集缺卷書統共一萬八千一百十六本"。

《殘複書目》，著錄庫中殘書複本，多爲三禮館稿本、各部則例、方志、賦役全書等，以捆扎束數、總冊數計算。卷首題"謹將殘複各書數目繕冊恭呈鈞閱"，末統計"以上約計壹萬伍仟捌佰陸十陸本捌包"。卷中著錄分三欄，分別著錄書名、束數、本數。末統計"以上約計共壹萬伍仟捌佰陸拾陸本捌包"。

《內閣庫存詔諭碑版輿圖目》，著錄大庫藏書中諭旨敕書、碑版、輿圖。前有總目，分詔諭類、御筆類、碑版類、圖繪類、輿圖類、輿圖總類、雜存類七類。

其中《內閣庫存殘書目》間有案語，冠以"謹案"二字。如鈔本《書經義》有案語："謹案《四庫書目》有《書義矜式》六卷，元王充耘撰，不知即此書否。"原刻本《詩傳通釋》有案語云："謹案此書已爲《大全》所采錄，惟原刻稀如麟鳳，甚足寶貴。"宋本《文苑英華》曰："謹案此書裝池後有'景定三年某月某日背後臣某人'一行，其月日每本不同，有宋內府印章，確爲宋本無疑，是內閣藏書之冠。"這些案語被認爲是劉啟瑞所加。實際上《殘書目》所收多爲宋元舊本，此部分編目工作主要是由曹元忠負責，且此目另加案語的體例與其他各目都不同，案語極可能出於曹元忠之手。

（二）《內閣庫存書目》之版本

《內閣庫存書目》流傳各本抄寫有先後，題名著錄也不一，現所知有六本。《國立北平圖書館書目·目錄類》著錄當時館內所藏鈔本兩部"內閣庫存殘書目　不著編者名氏　鈔本　六冊"、"清內閣舊藏書目　清學部錄存　民國七年京師圖書館重抄教育部藏本 六冊"①，今皆藏中國國家圖書館。其中《內閣庫存殘書目》六冊，藏善本書庫，張昇《明清宮廷藏書研究》著錄②，蘇揚劍整理北大藏稿本《內閣庫存書目》曾據此本對校。《清內閣舊藏書目》六冊，藏普通書庫，係民國七年京師圖書館據學部所藏《內閣庫存書目》鈔錄，已影印入《明清以來公藏書目彙刊》③。此外，中國科學院圖書館藏鈔本一部，係據民國七年京師圖書館鈔本《清內閣舊藏書目》傳抄。以上四種版本，蘇揚劍《〈內閣庫存書目〉三種研究》一文皆已敘及，並指出北京大學圖書館藏稿本最早，而中國國家圖書館善本書庫、普本書庫及中國科學院圖書館藏民國鈔本內容基本相同，善本書庫藏本爲其餘兩部民國鈔本之源。④

　　除上述四本以外，筆者還調查到兩種版本。上海圖書館藏有鈔本一部，係宣統元年內閣大庫藏書清點移交學部之清單底賬，目中多有勾選、擇存等批注，爲了解大庫藏書移交學部之重要記載。此外，華東師範大學圖書館藏有鈔本殘本一部，所用稿紙與北大本相同，字跡亦相近，爲此目早期流傳版本。各本之中，以上圖本最爲重要，該本批改最詳。國圖藏二本、中科院藏本，皆源出此本。茲

　　①　蕭璋：《國立北平圖書館書目·目錄類》，民國二十三年（1934）鉛印本。《明清以來公藏書目彙刊》第16冊影印本，北京圖書館出版社2008年版，第202頁。
　　②　張昇：《明清宮廷藏書研究》，商務印書館2006年版，第201頁。
　　③　《明清以來公藏書目彙刊》第7冊，北京圖書館出版社2008年版。
　　④　"綜上所述，北大藏本應爲最接近編輯之初的稿本，字跡潦草，多空缺錯亂。國圖善本、國圖普抄本及科學院本的分冊、內容基本相同，後二者卷首有'京師圖書館目錄課識'。國圖善本應爲後二者繕錄之源，後歸北平圖書館收藏；據國圖普抄本卷首識語，此本抄於民國七年（1918），科學院本可能與國圖普抄本同源或同抄，後售予當時的東方文化事業總委員會，此委員會原名爲'中日協商總委員會'，於1926年更名，購得此書時間應晚於是年。"蘇揚劍：《〈內閣庫存書目〉三種研究》，《北京大學中國古文獻研究中心集刊》第14輯，2015年，第241—259頁。案中國科學院圖書館藏本書前鈔有民國七年京師圖書館目錄課識語，行款亦與京師圖書館民國七年鈔本《清內閣舊藏書目》相同，可知此本乃據彼傳抄。

將以上各本大況，著錄如下：

(1) 內閣庫存書目不分卷 劉啟瑞編　北京大學圖書館藏稿本一冊

青絲欄稿本。毛裝。半葉十行。"李印盛鐸"白文方印（大小兩印）、"木齋"朱文方印（大小兩印）、"李滂"白文方印、"少微"朱文方印、"北京大學藏"朱文方印。目中共《內閣庫存書目》一冊、《內閣庫存殘書目》一冊、《內閣庫存圖籍》（即《內閣庫存詔諭碑版輿圖目》），無《殘複書目》。該本爲早期版本，如《內閣庫存殘書目》每類之末統計總數，多空白未填。書中夾有劉氏紅紙拜帖，上署"年愚侄劉啟瑞"，因此被認爲是劉啟瑞稿本。日本高橋智先生《內閣庫存書目について》一文有介紹並摘錄了書目部分內容①，後有中譯本②，並由蘇揚劍整理《內閣庫存書目》全文③。

(2) 內閣庫存詔諭碑版輿圖目一卷內閣庫存書目一卷殘書目一卷殘複書目一卷 中國國家圖書館藏鈔本　六冊

《國立北平圖書館書目・目錄類》著錄"內閣庫存殘書目　不著編者名氏　鈔本　六冊"④。無界欄鈔本。半葉八行。卷首有"國立北平圖書館收藏"朱文方印。第一冊《內閣庫存詔諭碑版輿圖目》。第二、三冊《內閣庫存書目》。第四、五冊《內閣庫存殘書目》，第六冊《殘複書目》。通過比勘可知，此本係據清末移送學部時批改底本（目5）謄清後的鈔本。此本或即民國七年教育部視學趙憲曾來任圖書館主任，從教育部攜來用於傳抄的底本（見目3跋）。民

---

①　［日］高橋智：《內閣庫存書目について——中國版本學資料研究》，《斯道文庫論集》第46輯，2011年，第269—318頁。

②　［日］高橋智撰，杜軼文譯：《關於〈內閣庫存書目〉》，《中國典籍與文化論叢》第十五輯，鳳凰出版社2013年版，第315—323頁。

③　蘇揚劍整理：《北京大學藏〈內閣庫存書目〉三種》，《中國典籍與文化論叢》第十五輯，第324—412頁。

④　蕭璋：《國立北平圖書館書目・目錄類》，民國二十三年（1934）北平圖書館鉛印本。《明清以來公藏書目彙刊》第16冊影印本，北京圖書館出版社2008年版，第202頁。

國四年《教育部圖書目錄》著錄有"內閣庫存殘書目　鈔本　六本"①，或即此部。京師圖書館目錄課據此本傳抄一部（目3）。

（3）清內閣舊藏書目不分卷　中國國家圖書館藏民國七年京師圖書館鈔本　六冊

《國立北平圖書館書目·目錄類》著錄"清內閣舊藏書目　清學部錄存　民國七年京師圖書館重抄教育部藏本 六冊"②。"京師圖書館"綠絲欄鈔本。半葉十一行。分"禮樂射御書數"六冊。此本係民國七年（1918）京師圖書館目錄課從教育部藏書中傳抄目錄之一，當時一同傳抄的另有《壬子本館善本書目》。此本與前目（目2）內容相同，而抄寫時爲節省篇幅，行款有所變易。書前有民國七年京師圖書館目錄課識語：

> 清內閣書即明代文淵閣藏書，楊士奇等所編置也。閣中大庫有內閣典籍掌管，清初曹貞吉爲典籍時，宋槧已散失殆盡，曹氏檢閱宋本，見歐陽公《居士集》八部，無一完者。嗣後典籍一官多以滿員充之，更不珍惜，甚至失火幾付一炬。今館中所藏內閣之書均前清季年由學部發來，除殘缺外，有水濕者，有燻焦者，有霉爛者，大約失火時之受損耳。至清內閣書目，館中人均未嘗見也，茲由趙次原先生由部中攜來，悉照原訂六冊，計分四種（《庫存書目》叁冊、《庫存殘書目》壹冊、《殘複書目》壹冊、《碑圖總目》壹冊），繕錄一通，庋藏書庫。雖與館中所藏，間有不同，存此一編，尚得略見秘閣藏書之名，亦考古者所不廢也。中華民國七年五月八日京師圖書館目錄課識。

---

① 教育部總務廳文書科：《教育部圖書目錄》，民國四年（1915）鉛印本。見《明清以來公藏書目彙刊》第8冊，第567頁。

② 蕭璋：《國立北平圖書館書目·目錄類》，民國二十三年（1934）北平圖書館鉛印本。《明清以來公藏書目彙刊》第16冊影印本，北京圖書館出版社2008年版，第202頁。

據民國七年京師圖書館目錄課跋文"兹由趙次原先生由部中攜來，悉照原訂六冊，計分四種，繕錄一通，庋藏書庫"，稱趙憲曾從教育部攜來《內閣庫存書目》原本，據之傳錄一部。傳抄本即此部，惟不詳"攜來"原本在鈔完之後是否歸還教育部，還是留存京師圖書館。如果原本留存圖書館，則很可能即前目（目2）。

此本常見民國時人引用，如謝國楨《晚明史籍考》"天聰名臣存二冊"條①、徐中舒《內閣檔案之由來及其整理》一文曾引用。單士元《清內閣大庫檔案流散記》一文亦提及此目並錄有京師圖書館目錄課識語②。顧頡剛謂："用此本目錄及《文淵》、《京館》兩目合觀，可知明清秘閣藏書嬗遞之跡。"③

(4)　內閣庫存殘書目不分卷 中國科學院圖書館藏民國東方文化事業總委員會鈔本　六冊。

半葉十一行。每冊卷端鈐"東方文化事業總委員會所藏圖書印"朱文方印、卷末鈐"東方文化事業總委員會所藏圖書印"白文方印。全書卷端有民國七年五月八日京師圖書館目錄科識語，同前本，知此本爲東方文化事業委員會據京師圖書館民國七年傳鈔本《清內閣舊藏書目》鈔錄，行款亦同。第一、二冊《內閣庫存書目》（分冊在史部《汝寧府志》處，同國圖本），第三、四冊《內閣存殘書目》，第五冊《內閣庫存詔諭碑版輿圖目》，第六冊《內閣殘複書目》，與國圖藏《清內閣舊藏書目》（目3）全同。

(5)　內閣庫存書目不分卷　上海圖書館藏清宣統間鈔本　六冊

無界欄白紙鈔本。半葉八行。《內閣庫存書目》首葉目錄下批有"副本"二字。卷中書名之上有墨筆批"交"、"已送"，又有紅戳"擇存"字樣，間有墨筆批"交幾部，留幾部"等批語，另有紅戳

---

① 謝國楨：《晚明史籍考》，見《謝國楨全集》第二冊，北京出版社2013年版，第446頁。

② 單士元：《清內閣大庫檔案流散記》，中國人民政治協商會議北京市委員會文史資料委員會編《文史資料選編》第12輯，北京出版社1982年版，第76—77頁。

③ 顧頡剛：《顧頡剛讀書筆記》卷一，中華書局2011年版，第131頁。

"〇"、"檢訖"等，殆查書所蓋。書中又多有貼紙修改之處，另有墨筆圈去、補入之條目。此書圖書館放置冊序有誤，第一、三冊爲《內閣庫存書目》，卷末墨筆批"以上擇存各書均遵奉中堂面諭，概交學部。九月廿日恭記"。第二、四冊爲《內閣庫存殘書目》，卷末有墨筆批"所有擇存殘書均遵奉堂諭，概交學部。九月廿日恭記"。第五冊爲《內閣庫存詔諭碑版輿圖目》，卷末墨筆批"以上各件除詔諭外，均經遵奉中堂面諭，概交學部。九月廿日恭記"。第六冊爲《內閣殘複書目》，卷末墨筆批"均經送學部"。此本爲宣統元年內閣大庫藏書移交學部之清單。清點大約在九月二十日左右結束。此書封底有"北京市中國書店定價簽"，標價三十元，不詳何時從北京購歸。

（6）內閣庫存書目（存下冊）　華東師範大學圖書館藏鈔本一冊

青絲欄鈔本。半葉十行。所用稿紙與北大本相同，字跡亦相近。外封簽題"內閣庫存書目"，另題"下冊完書"。僅存《內閣庫存書目》之下半冊，即史類地理（不全）、政書類，子類儒家、天文算法、雜家、釋道家，集類別集、總集。始史類地理"洵陽縣志　一部二本　國朝渠陽葉修　雍正辛亥年刊本"，止集類總集"文章類選　一部二十一本四十卷　明慶靖王編輯　刊本"。每類末統計總數。葉碼始"四十二"，止"七十三"。封底有"古籍書店"價簽，標價一點五元，另有日期章"壹玖伍陸年拾月貳拾柒日"，知係1956年自古籍書店購得。此本與北京大學圖書館藏劉啟瑞稿本相近，而與上海圖書館、國家圖書館藏鈔本略異。如史類地理"連江縣志　一部十二本　國朝戚饒言修　乾隆五年刊本"條下上圖本、國圖本有"連江縣志　一部二本　明謝肇淛修　萬曆壬子刊本"一條，此本無之，同北大本。又"永福縣志　一部二本　明謝肇淛修　萬歷壬子刊本"一條，同北大本，上圖本、國圖本無，僅有"乾隆十三年刊本"一條。又"石城縣志　一部四本　國朝李琰修　康熙十一年刊本"條下有"又　二部　每部二本"、"又　一部六本　國朝劉飛熊修　乾隆十年刊本”兩條，北大本同，上圖本、國圖本將之改作“寧都縣志　二部　每部二本　”、“寧都縣志　一部六本　國朝劉飛熊修乾隆十年刊本”，且移到“寧都縣志”之末（即“石城縣志”條前）。子類雜家有“龍舒淨土文　一部四本”條，同北大本，上圖本、國圖本此條移至子類釋道家之末。集類別集“憲廟御製文集　二部　十六本卅卷”條，同北大本，上圖本、國圖本作“二部　每部十六本三十卷”。又此條之下有“憲廟御製文二集　二部　每部二十四本”條，同北大本，上圖本、國圖本無此條。又上圖本、國圖本“御製盛京賦”條下有“分類杜律註　一部一本　唐杜甫撰　元虞集註”條，此本無之，同北大本。每類之末計數，如集類“右別集五十三種一百七十二部八百五十九本”，同北大本，上圖本、國圖本作“七十一部八百一十三本”。全目之末統計總數“都一千二百二十一種二千六百四十四部三萬二千一百六十七本”，同北大本，上圖本、國圖本作“四十四部三萬二千一百五十本”。以上種種，可知此鈔本源出劉啟瑞稿本，乃此目早期版本。

此本亦有與北大本略異者。如子類“新苑”、“説苑”、“近思錄”、“張子全書”不標版本，國圖本、上圖本同，北大本標“經廠本”，與北大本略有不同。“九谿衛志”一條在“慈利縣志”條下，同上圖本、國圖本，北大本在“平谿衛志”條下。“辰谿縣志　一部二本　國朝陳承虞修　雍正九年刊本”條下有“又　一部一本　抄本”、“又　一部一本”兩條，北大本作“又　二部二本　鈔本”，上圖本、國圖本作“辰谿縣志　一部一本　刊本”、“辰谿縣志　一部一本　鈔本”。“連山縣志”至“歸德縣志”各條順序同上圖本、國圖本，而與北大本略異。可知此目雖然稿紙字跡與北大本相同，但又稍晚于北大本，略經訂改，介於北大本、上圖本之間。

以上各本題名各異，大多據首冊題名著錄，而內容則大致相同。惟有京師圖書館傳抄本改稱《清內閣舊藏書目》，大概是京師圖書館目錄課所擬題名。今爲簡便計，統稱爲《內閣庫存書目》。

　　除了上述現存《內閣庫存書目》之外，京師圖書館檔案中也有記載清末傳鈔"內閣大庫書冊"之事。宣統三年（1911）九月十三日，京師圖書館處分寫官張祖蘭，其緣由即因未按期完成抄寫"內閣大庫書冊"①。所稱"內閣大庫書冊"，或即《內閣庫存書目》，當時京師圖書館也應鈔藏有《內閣庫存書目》。而民國七年京師圖書館目錄課鈔本，謂此目由主任趙憲曾從教育部攜來，則當時館中已無存本。趙氏帶來之本，很可能是今藏中國國家圖書館善本書庫的《內閣庫存詔諭碑版輿圖目》（目2）。京師圖書館目錄課據之錄副一部，即民國時人所引用之《清內閣舊藏書目》（目3），今藏國圖普通書庫。東方文化事業委員會又據京師圖書館目錄課鈔本傳錄一部，今藏中科院圖書館（目4）。因此，國圖所藏兩本（目2、目3）、中科院藏本（目4）爲同源。下文討論，僅舉國圖善本書庫藏本（目2）爲例，簡稱"國圖本"。北大藏劉啟瑞稿本（目1），簡稱"北大本"。上海圖書館藏鈔本《內閣庫存書目》（目5），簡稱"上圖本"。

　　各本之中，以上圖本最爲重要。上圖本卷端題"副本"，知係當時據正本錄副，用作移運庫書清點單據。目中有大量墨筆批改，並有勾去、增入條目。因此，上圖本實際可以看做兩個版本，其謄清本文字（未經批改前文本）即原來據正本錄副內容，其批改文字爲經辦人據大庫藏書實際情況批註，可視爲修改後之新目。

　　從時間上看，北大本（目1）最早②，其內容與上圖本（目5）修改前謄清本面貌接近。國圖本（目2）最後，已經包含上圖本在移交書籍過程中批改增刪的內容，可知係據上圖本謄清。如《內閣

___

①　"九月十三日奉監督諭：查本館寫官張祖蘭，經飭令繕寫傳抄本《內閣大庫書冊》，遲（五）[誤] 日久，並未抄訖，本應立即剔退，嗣經查明，該寫官實係患咯血之症，勢甚沉重，不無可原。惟該員並未預先聲明患病情形，究有不合，著記大過一次，以示薄懲。嗣後凡本館寫官如有久不到館及抄寫遲誤者，一經查出，均行立即開除，決不姑寬。此諭。"（國家圖書館檔案，檔年錄 1.1）《中國國家圖書館館史資料長編 1909—2008》，第 32 頁。

②　指其著錄之內容版本最早，非謂這個鈔本抄寫時間最早。

庫存書目》史類地理，北大本有"皇朝輿地略　一部一本"一條，上圖本將此條墨筆改爲"太和山紀聖實錄"，國圖本同上圖本所改。《殘書目》子類類書，北大本有"藝文類聚一百卷　唐歐陽詢奉敕撰　存□本"，上圖本原抄有此條，已用墨筆勾去，國圖本同上圖本所改，無此條。《事文類聚》北大本作者作"朱謨"，上圖本原抄作"朱謨"，後墨筆改作"祝穆"，國圖本同上圖本所改。上圖本每類之末統計總數爲交書時所批，其數字多有修改，國圖本皆同上圖本。如《庫存目》經類統計總數"右正經正注列朝經注經說四十種九十部一千二百六十本"，北大本作"八十九部一千二百五十本"，上圖本原同北大本，後黏簽改作"九十部一千二百六十本"，國圖本同上圖本最後改定之數。集部別集類"右別集五十三種一百七十一部八百一十三本"，北大本作"一百七十二部八百五十九本"，上圖本原作"五十四種一百七十三部八百九十七本"，後黏簽改"五十三種一百七十一部八百一十三本"，國圖本同最後改定之數。最末統計《庫存書目》總數"都一千二百二十一種二千六百四十五部三萬二千一百五十本"，北大本作"二千六百四十四部三萬二千一百六十七本"，上圖本原作"二千六百四十四部三萬二千一百三十四本"，後又改部數"四"爲"七"，最後黏簽改作"五"。本數之"四"改作"七"，後又改作"九"，最後黏簽改作"五十"，國圖本同最後改定之數。像這樣的例子還有很多，可以說明北大本與上圖本修改前之面貌接近，而國圖本爲上圖本修改後之謄清本。

　　但是，上圖本增補的一部分內容，也已見於北大本。這需要重新考量上圖本批改的內容是否全部都是運書時根據實際情況增補批改。如《內閣庫存殘書目》子部，上圖本《說苑》增"又存二本"、"又存二本"兩條，《大學衍義》元刊小字本增"又存七本"、"又存四本"、"又　存三本"、"又存八本"、"又存十一本"五條，又《五倫書》增"存四十六本"、"存五十八本"，又改"存四十九本"爲"存五十三本"，下另增"黃氏日抄　宋黃震撰　不計本"等，皆同見於北大、國圖鈔本。北大本是個謄清本，書中無批改痕跡。已經看不出其謄清之前底本這些內容是後來根據實際情況或他目批改上去的，還是原來編目時即已編入。由此而言，上圖本批改的內容可能也對校了北大本或其他早期版本。

國圖本雖源出上圖本，但上圖本批改內容實際上也並未全部被採入。如《內閣庫存殘書目》經類"易經殘缺雜本　存十六本"，上圖本補寫細目"《周易本義附錄》一本、《漢上易傳》二本、有《周易集說》三本、《大易粹言》一本、《周易參義》一本"，國圖本未鈔入。"書經殘缺雜本　存十六本"條上圖本批"內有《書集傳》二本"，"詩經殘缺雜本　存十六本"條上圖本批"有《詩義矜式》一本"，"春秋殘缺雜本　存十六本"條上圖本批"有《春秋本義》三本，《穀梁注疏》一本"等，國圖本皆未鈔入。又《五音集韻》前上圖本加批"《四聲韻編》一本　元刻"，國圖本未見。《性理大全》七十卷，原抄作"四十八本"，上圖本改作"二十八本"，國圖本並未依改，仍作"四十八本"。不知是抄寫時漏掉，還是所據底本差異。

大體就時間而言，北大本（目1）最早，華師大藏殘鈔本（目6）源出北大本，其次上圖本（目5），爲移交時批點清單，最晚的是國圖本（目2）。上圖本天頭多批有"接寫"、"接寫不空"等指示鈔胥謄鈔注意事項，可知當時曾據此本謄清。國圖本可能即是上圖本的謄清本或謄清本的傳抄副本。而京師圖書館鈔本（目3）、東方文化事業委員會鈔本（目4），則是國圖本的傳抄及再傳抄本。根據現存鈔本的情況看，《內閣庫存書目》並未有廣泛流傳，這些鈔本的產生大多還是與大庫藏書相關之人物、機構有關。

（三）《內閣庫存書目》所見內閣大庫藏書移交學部概況

上海圖書館藏《內閣庫存書目》爲當時移交大庫藏書與學部之清點底賬，從中可以解讀出當時藏書移交的細節。據羅振玉《集蓼編》中所記，其時羅氏到內閣看到庫書整理過程中主事者隨意遺棄認爲無用之書檔，乃電告張之洞，請急將庫書運到學部，以免有失。

"乃亟返部，以電話告文襄。文襄立派員往運至部"①。據中國第一歷史檔案館藏《內閣各房各館簿冊》房40號檔案，載內閣"自八月十六日起，逐日開單運赴貴部"②。可知原計劃從宣統元年（1909）八月十六日開始，逐漸將大庫藏書清點，移交學部。而根據上圖藏本所記，實際中運書可能愆期，至九月底始運去。

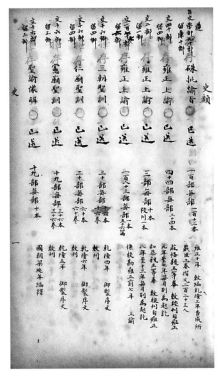

圖二：《內閣庫存書目》之"擇存"

上圖藏本《內閣庫存書目》卷末有九月二十日所批"遵奉中堂面諭，概交學部"云云，即上文所述羅振玉電請張之洞運書歸部③，因下令將大庫藏書全部移交學部，該目即是用作移運大庫藏書時查核的書單。目中有紅戳"○"、"檢訖"、"擇存"等字樣，間有墨筆批"交"、"已送"、"交幾部，留幾部"、"暫留"等批語，書名上有墨筆圈點，皆為移交庫書時對照書目所批或鈐印。墨筆批"交"者，表示全交。一書有數部者，則有批"已交幾部"或"交幾部，留幾部"者，表示已移交其中部分。此外尚有"擇存"、"留"、"暫留"等語，其含義略釋如下。

目中多見"擇存"硃色無邊

---

①　羅振玉：《集蓼編》，《羅振玉學術論著集》第11集，第54頁。

②　《內閣各房各館簿冊》房40號，中國第一歷史檔案館藏。轉引自王道瑞《簡述清代中央國家機關檔案的損壞與流失》，見《明清檔案與歷史研究：中國第一歷史檔案館六十週年紀念論文集》上冊，中華書局1988年版，第126頁。

③　張之洞宣統元年八月廿一日去世，九月底運書時已不在人世。此處所稱"中堂面諭"，未詳是否即張之洞生前面諭抑或其繼任者面諭。

框楷書戳記，其上另墨筆批“留”字或“交幾部，留幾部”，主要見於《內閣庫存書目》、《內閣庫存殘書目》(參見圖二)。目中“擇存”第一部書，爲《內閣庫存書目》史類《硃批諭旨》一百部，書名上鈐“擇存”戳記，另墨筆批“遵旨交學部九十部，留庫十部”。由批語可知，所謂“擇存”者，爲當時從目中選擇一些書籍，留藏在內閣大庫，不移交學部。其“擇存”之書有多部複本者，或批“交幾部，留幾部”，即移交部分複本。其單批“留”字者，即全部留存大庫。今核批註“擇存”者，多爲御製文集、詔令奏議一類書籍，其擇存標準大約是選擇與內廷有關或有助於治道的書籍，留存清宮作爲從政參考。但是，這些“擇存”、“留”之書，最後還是全部移交給學部了。據《內閣庫存書目》末批語“以上擇存各書均遵奉中堂面諭，概交學部。九月廿日恭記”，《內閣庫存殘書目》批語“所有擇存殘書均遵奉堂諭，概交學部。九月廿日恭記”，可知最終仍全部移交學部存貯於圖書館。《內閣庫存殘書目》著錄之殘書存卷特殊，較易追蹤，以此目中鈐“擇存”戳記之書覆核，如《普濟方》十六本 (舊抄本)、《纂圖類方馬經》一本 (明刊本)、《大統通占》八冊 (明鈔本)、《黃文獻公集》二本 (元刊本　存一之三、十二之十五)、《大明太祖皇帝御製集》十九本 (畫朱絲欄寫本) 等，確已移交學部，入藏京師圖書館，著錄於《京師圖書館善本書目》。

　　目中又有“暫留”墨筆批注，多見於《內閣庫存殘書目》。所謂“暫留”，與批“留”單字者意義不同。“留”與“擇存”之書皆原本預計留存大庫，雖然最後也都移交學部了，但其原始意圖是不準備移交學部。“暫留”則是原需移交學部，但因爲暫時需要留下，留待以後再移交學部。而“暫留”的原因，即在當時編目需要，這從目中批語可以得到佐證，《殘書目》“經類·四書”元至正刊本《四書章句或問》上批有“暫留編目”四字。所謂“編目”，自然不是指《內閣庫存書目》《殘書目》等目，這些目錄此前已編好，被用作移送時核對的清單。那所謂“編目”應另有所指，既非劉啟瑞《內閣庫存書目》，則只能是當時清理大庫藏書的另一位執事者曹元忠所編書目。當時曹元忠在文華殿檢點大庫藏書，曾致繆荃孫函，提及當時正編纂《大庫見存書目》："刻下由定興派受業重檢，始議編目，以繼張萱。受事以來，辰入酉出，僅止月餘，得宋元槧百餘種，未及筆記尚有數十種。榮相催迫不已，亟於要書。閣中同事於斯道本自茫然，遂爾送去，致宋金元舊槧尚未記全，何論舊鈔。半途而廢，不無可惜。"① 曹氏此札作於宣統元年九月十九日，謂編目未完而庫書已移送學部。前文述及內閣大庫藏書八月十六日開始清點，準備移交學部，可知曹氏在此期間"暫留"下了一部分書籍繼續編目著錄。另據上圖本《內閣庫存書目》所記，"擇存"等書準備移交學部完成清點時間在九月二十日，與曹氏此札僅差一日。據此可知九月十九日，曹氏編目工作已停止。二十日，所有大庫藏書已清點完畢。又據恩光日記，"九月廿五日至月底，五日連赴內閣文華殿，會同督運舊書、答卷等，均送學部，以備圖書館藏。數百年不動之物，尚有變遷，時事慨可知也"。② 可知九月底，大庫藏書已全數移交學部。

曹氏所編大庫書目與劉啟瑞不同，主要著錄宋元舊槧。而此目中墨筆批"暫留"者，多爲《內閣庫存殘書目》中刊本年代較早的版本，《內閣庫存書目》中明清刊本則極少批"暫留"。可知這些被選中"暫留"之書，正是曹氏編目所需的宋元舊槧，希望留下待其完成著錄。但最後並未等到曹氏編目完成，即已將大庫藏書全行移交學部。故曹氏札中有"宋金元舊槧尚未記全，何論舊鈔，半途而廢，不無可惜"之歎 (有關曹氏編目情形，詳見後文介紹)。

除了書籍以外，《內閣庫存詔諭碑版輿圖目》還著錄了"詔諭類"，主要爲紅本詔諭、敕書、恩詔、制誥。這部分與內閣大庫檔案相近，當時並未移交學部。目中"睿親王諭唐通馬科書稿四件"批

---

① 《藝風堂友朋書札》下，第 985—986 頁。
② 恩光：《潛雲堂日記》，《歷代日記叢鈔》第 160 冊，學苑出版社 2006 年版，第 26 頁。

"呈堂交典籍廳"、"雍正上諭硃筆點定一包"、"硃批王公大臣賀本"批"呈堂"，"諭旨（二道清漢字黃封）一匣"、"御製書明臣史可法復睿親王事"批"呈堂交廳"。卷末墨筆批"以上各件除'詔諭'外，均經遵奉中堂面諭概交學部。九月廿日恭記"。可知詔諭類各件，一部分呈中堂轉交內閣典籍廳，其餘部分也留下，未移交學部。又《內閣殘複書目》著錄爲殘書之複本，僅記多少束多少本，卷末墨筆批"均經送學部"，知此目所載已全部移交學部。

因此，大庫藏書從宣統元年七月開始整理，原計劃八月十六日開始清點，逐日開單移交學部，但實際上是到九月二十日才清點完畢，九月廿五日開始運書，至九月底全部交付學部。[①] 移交學部之後，一直封存部中。直到宣統二年十二月十七日才正式移交京師圖書館，運到當時位於廣化寺的館址，由繆荃孫主持再度開箱編目。

二　曹元忠《文華殿檢書分檔》《內閣大庫見存宋元槧書目》

曹元忠（1864—1923），字夔一，號君直，晚號凌波居士，齋號箋經室、凌波榭。早年受業於管禮耕、南菁書院黃以周。光緒二十年

---

① 　盧雪燕根據曹元忠致繆荃孫函（九月十九日，《藝風堂友朋書札》曹元忠第十三通），認爲"曹元忠寫給繆荃孫的信是 1910 年 11 月 1 日，因此可判定，在此之前，內閣大庫古籍早就已經大量移送到學部"（盧雪燕：《臺北故宮博物院現藏清內閣大庫藏書探源》，第 653 頁）。此說與事實不符。盧文該札繫年有誤，此札作於宣統元年九月十九日（1909 年 11 月 1 日），非宣統二年（1910）。若是作於宣統二年，此年陰曆九月十九日應是 1910 年 10 月 21 日，顯然與盧文所稱"1910 年 11 月 1 日"相違。之所以出現陽曆月日正確、而年份錯誤的情況，可能是轉述陳宗仁《1665 年臺灣圖與"內閣大庫輿圖"的形成與流傳》一文說法過程中產生的錯誤，陳文繫年應不誤，所以月日正確。除了年份有誤以外，大庫藏書移交學部的具體月日，是在宣統元年九月十九日（1909 年 11 月 1 日）之後，不是在此之前。又盧文認爲曹、劉二人整理內閣大庫藏書持續了一年多時間："至於實際入庫整理書籍的人，按羅振玉的說法，應該包含曹元忠和劉啟瑞兩人，時間大約在 1909 年 9 月至 1910 年年底左右。"（第 652 頁）這也是因爲前面書札繫年導致的誤解，實際曹、劉二人在文華殿理書時間不過是從宣統元年七月至九月。此後大庫藏書即移交學部，之後的一年間都封存在學部，不復整理。

舉人，充內閣中書，次年充玉牒館漢校對官，歷官禮學館編修、資政院議員。清末派檢閱內閣大庫書籍，考訂宋元舊槧。大庫藏書收歸學部後，任學部圖書館纂修。民國後辭官歸里，不復問事。撰有《蒙韃備錄校注》、《司馬法古注》、《禮議》、《凌波讀曲記》、《凌波詞》、《雲瓿詞》、《箋經室所見宋元書題跋》等。其遺稿身後由族弟曹元弼交付王欣夫整理，欣夫先生爲編《箋經室遺集》（1941）行世。

曹氏參與內閣大庫整理，所見異書之多，爲其平生難得奇遇，常在人前提起。如葉昌熾民國四年九月廿七日即記曹氏談大庫理書見聞："廿七日，益庵偕曹夔一內翰同來，談簿錄板本之學，在都門所見內閣大庫及學部圖書館藏書、雲間韓氏、封氏兩家所藏舊槧舊鈔，校勘異同，娓娓不倦。"[1] 曹氏去世後，其族弟曹元弼所撰《誥授通議大夫內閣侍讀學士君直從兄家傳》，也將此段經歷寫入傳中。

　　乙巳，入京供職，充玉牒館漢校對官，並派檢閱內閣大庫書籍，考訂宋元舊槧。尋大庫書歸學部，寶瑞臣侍郎聘爲學部圖書館纂修，竟其事……又有《錫福堂詩詞稿》、《箋經室文集》、《宋元本古書考證》、《學志》等書，未及寫定編簡，叢殘塗改，或難識別。[2]

而據《徐兆瑋日記》引錄曹氏訃聞哀啟，所記人物、著作卷數略詳：

　　故紙堆中得曹雲瓿訃聞及哀啟，摘錄數條：……乙巳，王夔石相國派檢閱內閣大庫書籍，考訂宋元舊槧，尋大庫書歸學部，寶瑞臣侍郎聘爲學部圖書館纂修，竟其事……所著有《錫福堂詩詞稿》若干卷、《箋經室文集》二卷、《宋元本古書考

---

[1]　葉昌熾：《緣督廬日記抄》卷十五，民國蟬隱廬石印本。
[2]　曹元弼：《誥授通議大夫內閣侍讀學士君直從兄家傳》，見曹元忠《箋經室遺集》卷首，民國三十年（1941）吳縣王氏學禮齋鉛印本。

證》四卷、《學志》二卷，皆待刊。①

據上述曹氏哀啟、家傳記載，光緒三十一年乙巳（1905），曹氏充玉
牒館漢校對官，王文韶（夔石）委派曹氏整理內閣大庫藏書。其後大
庫藏書撥歸學部籌建圖書館，寶熙（瑞臣）復聘之爲學部圖書館纂
修，繼續整理大庫藏書。事實上內閣大庫藏書移至文華殿整理在宣
統元年。據前文所敘，光緒三十四年冬，宣統帝即位，載灃攝政，
令內閣於大庫中檢清初多爾袞攝政典禮舊檔，閣臣檢之不得，因奏
焚燬無用舊檔，其後乃有藏書移交學部籌建圖書館之事。又據《徐
兆瑋日記》，宣統元年七月十九日嘗記曹氏言，其時正在文華殿
理書。

　　　雲瓿言，內閣大庫書現俱庋置文華殿。吳蔚若約雲瓿每三
　　日一往整理，編成書目。其中宋元孤本極多，有爲諸家藏書目
　　所未見者。此書十月中諒可告成。②

宣統元年七月，內閣大庫書移到庫前的文華殿董理。吳郁生（蔚若）
約其三日一往，整理編目，曹氏預計書目在當年十月能完成。曹氏
所編書目，在致友朋書札中曾提及，稱之爲《大庫見存書目》。如宣
統元年九月十八日曹氏致徐兆瑋札云："《大庫見存書目》十月內總
可藏事，董君授經願任剞劂之貲，明年或可告成。"③ 所言董康願爲
之刊行，其後未果。又九月十九日致函繆荃孫，催其赴任京師圖書
館監督，且云 "受業所編《大庫見存書目》，亦可以告成矣"④。曹
氏所稱 "大庫見存書目"，前人鮮有提及。徐兆瑋所引曹氏訃聞載其
著述有《宋元本古書考證》四卷，未刊。民國間橋川時雄主持編纂

_____

① 《徐兆瑋日記5》民國二十年十一月二十日，第3458頁。
② 《徐兆瑋日記2》宣統元年七月十九日，第1016頁。
③ 《徐兆瑋日記2》宣統元年九月三十日錄曹元忠函，第1035頁。
④ 《藝風堂友朋書札》下，第986頁。

之《中國文化界人物總鑑》"曹元忠"條載其著有《宋元本古書考》①，而曹氏生前僅有《箋經室所見宋元書題跋》六十六篇行世，與《大庫見存書目》之名皆不盡相符。其書最終果完成否，其稿是否還存藏於世，與劉啟瑞《內閣庫存書目》是否爲同一書？這些問題過去學者甚少論及，以上數者是同一書，還是不同著述，需加考察始可斷言。

所幸曹氏身後，遺稿由曹元弼託付王欣夫整理，隨王氏蛾術軒藏書入藏復旦大學圖書館。檢點曹氏遺稿，有《文華殿檢書分檔》、《內閣大庫見存宋元槧書目》稿本兩種，爲曹元忠檢閱內閣大庫藏書之記錄。

（一）《文華殿檢書分檔》與《內閣大庫見存宋元槧書目》

《文華殿檢書分檔》 稿本兩冊，謄清稿本一冊，皆無界欄竹紙寫本，內府黃紙外封。稿本兩冊，外封題"曹老爺"、"宣統元年七月

圖三：《文華殿檢書分檔》稿本

□日立"、"文華殿檢書分檔"（參見圖三）。又謄清稿本一冊，黃紙外封天頭破損，題字與稿本相近，"□老爺"（"老爺"二字墨筆圈涂）、"□□元年七月□日立"、"□華殿檢書分檔"。二稿爲宣統元年曹氏在內閣大庫檢書之記錄，書志體例，記錄各本行格內容，並作考證。其中兩冊爲曹氏親筆原稿，另一冊爲鈔胥據原稿第一冊謄清者，前四種易類書籍次序略有調換，且少《魯齋箋注批點四書》一篇。二稿外封所題

"宣統元年七月"時日，可印證前文所考曹氏在文華殿檢理內閣大庫藏書的時間。

《內閣大庫見存宋元槧書目》與《檢書檔》相近，亦書志體例。《檢書檔》修改之處，《書目》已爲改定後之內容，知《書目》較《檢書檔》成書晚。大概《檢書檔》爲內廷存檔，而《書目》爲曹氏自留書稿。《檢書檔》著錄宋元本 89 種，《書目》著錄 120 種。《檢書檔》爲內廷檔案，本不當私攜而歸。因此，曹氏所言《大庫見存書目》，應該指的是自撰稿本《內閣大庫見存宋元槧書目》。(參見圖四)

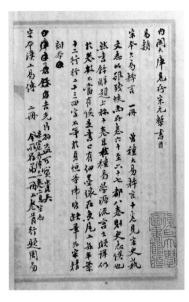

圖四：《內閣大庫見存宋元槧書目》稿本

實際上，曹氏生平對於編目一道，多漫不經心，並無嚴例。與其說編目，更似舊時藏書家題寫題跋，所纂諸目，罕有成書。曹氏除整理內閣大庫藏書，也曾坐館蔣汝藻傳書堂、韓氏讀有用書齋，爲其藏書編目，無一克成。蔣氏後來延王國維編成《傳書堂藏書志》，韓氏則延封文權編成《韓氏讀有用書齋書目》。因此，《大庫見存書目》雖然曹氏在書信中稱將於十月完成，實際未果。不過《大庫見存書目》未能完成，也不盡是曹氏漫不經心所致。在這期間，大庫藏書被封箱移交學部，客觀上導致了曹氏無法繼續其工作。曹氏在宣統元年 (1909) 九月十九日勸繆荃孫前來赴圖書館監督之任札中云：

惟聞學部圖書館業已卻聘，未能安車北上，殊爲悵惘。受業竊謂圖書館一事，亦文襄師未竟之志，天下學子咸翹首望吾師成之。即如內閣大庫見存書籍，內多宋金元舊槧舊鈔，太半

胡蝶裝者，沉霾歲久，已爛脫散絕，亟宜收拾。而當事諸公，
頗有子夏之慟。刻下由定興派受業重檢，始議編目，以繼張萱。
受事以來，辰入酉出，僅止月餘，得宋元槧百餘種，未及筆記
尚有數十種。榮相催迫不已，亟於要書。閣中同事於斯道本自
茫然，遂爾送去，致宋金元舊槧尚未記全，何論舊鈔。半途而
廢，不無可惜。其中鈔寫本若南宋《仙源類譜》、《宗藩慶系
錄》，元《回回藥方》之類，尤自來藏書家所目未一覩者。而
《冊府元龜》、《太平御覽》、《景祐太一福應經》諸珍祕尚不與
焉。梧生監丞雖講收藏，未必能主張成此。受業嘗與劉聚卿同
年談及此事，均謂非吾師北來必不能無毫髮之憾。前聞子綬兄
說，未免願乖氣結。雖蒙吾師薦受業於學部，無論學部未必能
知受業，即能知之，如受業者又何足以代吾師。不獲已，爲宋
金元舊槧舊鈔請命，求吾師勉爲一行，居時學部來招受業，自
當日侍几杖，有所遵循。即或南中事冗，群待吾師理董，可否
求函丈暫來數月，手訂條例，然後言旋，則圖書館可以就緒，
文襄師之靈可以默慰。受業所編《大庫見存書目》，亦可以告成
矣。(九月十九日。第十三通)①

札中云"刻下由定興派受業重檢，始議編目，以繼張萱"，"定興"
即鹿傳霖 (直隸定興人)，當時負責勘修大庫工程。曹氏在文華殿檢
書，自比於明代張萱編纂《內閣藏書目錄》。"受事以來，辰入酉
出，僅止月餘"，檢書工作僅進行了一月餘。當時榮慶催促將大庫藏
書移交學部，乃急急裝箱送去。結合羅振玉回憶，當時倉促裝箱運
至學部之原因，與羅氏在文華殿看到的整理情況後向學部匯報有關。
羅氏《集蓼編》曰：

---

① 《藝風堂友朋書札》下，第 985—986 頁。此札繫年在過去發表的《繆荃孫
〈清學部圖書館善本書目〉編纂考》文中誤繫在宣統二年，特此更正。

因委吳縣曹舍人（元忠）、寶應劉舍人（啟瑞）司整理，而令予時至內閣相助。一日予往，見曹舍人方整理各書，別有人引導至西頭屋曰："此選存者。"指東頭屋曰："此無用者，當廢棄。"予私意原奏言"片紙隻字，不得遺棄"，何以有廢棄者如此之多？知不可究詰。又觀架上有地圖數十大軸，詢以此亦廢棄者乎？對以舊圖無用，亦應焚毀。隨手取一幅觀之，乃國初時所繪。乃亟返部，以電話告文襄，文襄立派員往運至部。於是所指爲無用者，幸得保存。然已私運外出者，實不知凡幾。今庫書自南北人家流出者甚多，皆當日稱無用廢棄者也。①

羅振玉前往文華殿檢視庫書整理工作，發現主事者草率將事，隨意遺棄，且有偷運至外者。羅氏急急電告張之洞，派員過來接收，暫停整理。八月十六日起，逐日開單運往學部。如前文介紹，曹氏在當時還暫留了一批舊槧舊鈔，繼續編目著錄，但未等其完成全部著錄，這部分暫留的書籍也被移送到了學部。上海圖書館藏《內閣庫存書目》爲當時移交清點之底賬，目中有九月二十日批語，可知運書清點大約在九月二十日已結束。曹元忠致函繆荃孫在九月十九日，此時書已清點封箱，曹元忠整理著錄工作也因此中輟，曹氏札中謂宋金元刻本僅記錄了百餘種，尚未及記全，更無暇顧及舊鈔本之類。上圖藏《內閣庫存殘書目》中所標"暫留"者，即當時曹氏選留作編目之書，多爲宋元舊槧及舊鈔本。曹氏稿本《內閣大庫見存宋元槧書目》，著錄書一百二十種，皆宋元刻本，與曹氏札中所言《大庫見存書目》情形相合。此年八月底，繆荃孫因爲張之洞去世，推辭圖書館監督一職②。曹氏大概得知繆氏辭函，寫信力勸繆氏來京赴任，以便繼續檢閱大庫藏書，完成《大庫見存書目》。

---

① 羅振玉：《集蓼編》，《羅振玉學術論著集》第 11 集，上海古籍出版社 2013 年版，第 54 頁。

② 《藝風老人年譜》："八月，學部函電交催，正擬北行，而聞張文襄公薨，一慟而病，兩月方癒。"繆荃孫：《繆荃孫全集·雜著》，鳳凰出版社 2014 年版，第 193 頁。

　　曹氏札中所稱《大庫見存書目》，與復旦大學圖書館藏曹氏稿本《內閣大庫見存宋元槧書目》情形相合，可知此稿即其所稱《大庫見存書目》。而《文華殿檢書分檔》是內廷存檔之目，本應上交作為檢書工作之憑證，因為檢書突然中輟，也由曹氏私攜而歸。

　　（二）《文華殿檢書分檔》與《箋經室所見宋元書題跋》

　　曹氏遺稿中，除了內閣大庫藏書檢書手稿外，另有《雲瓿題跋》稿本一卷，係零篇題跋手稿合訂本，又有《箋經室遺集》、《箋經室文稿》、《箋經室學術文稿》等稿抄本，亦收錄題跋若干卷，各稿之間篇目多數重合，今皆藏復旦大學圖書館。曹氏所撰題跋未系統整理刊佈，僅以《箋經室所見宋元書題跋》為名在《文藝雜誌》刊登過部分，生前未結集成書，身後合印入《江蘇省立蘇州圖書館館刊》及《吳中文獻小叢書》。與曹氏稿本對比可知，《箋經室所見宋元書題跋》書中部分內容即曹氏內閣大庫檢書手稿。因曹氏內閣大庫檢書手稿尚存於世，《箋經室所見宋元書題跋》於內閣大庫藏書研究而言，實則並非十分重要。但曹氏此書在近世版本目錄學史上有一席之地，前人多論及其書。而曹氏手稿未曾刊布，不易獲睹，有關《箋經室所見宋元書題跋》刊行原委，所述多有未洽之處，在此略為述考如次。

1、《箋經室所見宋元書題跋》刊行本

　　清末滬上掃葉山房延請雷瑨主持編刊書籍。雷氏於民國三年(1914) 創辦《文藝雜誌》，邀請曹元忠將其所撰題跋，以《箋經室所見宋元書題跋》為名，每月一期在雜誌刊載。雜誌 1914 至 1915 年間發行了十二期，共登出題跋 55 篇（實 54 篇，《元大德殘本南海志跋》一篇重複發表於第二、第四期），1918 年改鉛印為石印又續出了一期，登載題跋 12 篇。66 篇有 40 篇出於內閣大庫藏書，文字與《文華殿檢書分檔》、《內閣大庫見存宋元槧書目》大體相近（僅《宋槧東坡先生和陶淵明詩跋》一篇為後來改寫）。此 40 篇為曹氏內閣大庫檢書手稿流傳最廣之部分，然而尚不及其全部之半數。

　　《箋經室所見宋元書題跋》，題名"宋元"，而書中題跋多有明

刊、舊鈔諸本，並不全符"宋元書"之實，則與其成書過程有關。
《箋經室所見宋元書題跋》一書，本非精心編纂之著述，曹氏不過應
雷氏之邀爲雜誌供稿，身後始有人將雜誌分期所刊合爲一本。最初
擬名《箋經室所見宋元書題跋》，大概是曹氏本意以所見內閣大庫宋
元本爲主，而中途又旁及其所跋明刊本、舊鈔本等等，可見其選目
之隨意。如前文介紹，題跋中僅有 40 篇爲大庫藏書跋文，故不可將
書中所跋各書皆視爲出自大庫秘藏之本，也不可以將此書等同曹氏
所稱《大庫見存書目》。

　　《箋經室所見宋元書題跋》在《文藝雜誌》第一期發表時有雷
瑨識語：

　　　　吳縣曹君直先生元忠，學問淹博，文章爾雅，海內通人久
　　矣奉爲山斗。先生又精於鑒別古籍，家藏宋元本書籍極多，四
　　方名人又時以善本請先生鑒定，先生乃考其源流，別其支派，
　　爬梳剔抉，撰爲題跋。每一篇出，士林爭傳鈔之。清光緒、宣
　　統間，南皮張文襄及那相國桐奏請出內閣大庫所藏書，天家祕
　　錄，均外間不易之本，由先生主持其事，就文華殿逐一清理。
　　飽大官之饌，校天祿之書，漁洋、竹垞諸君所未得見者，先生
　　一一手校而心識之，亦可謂稽古之榮矣。其中尤珍貴罕見之書，
　　均撰有提要。二年以來，積稿盈數寸。頃從先生處假觀，滿目
　　琳琅，愛不忍釋，因急攫以實我雜誌。惟稿係先生隨手所錄，
　　並無詮次。他日先生刊書時，當別有精審之本，以垂示後
　　世也。①

如雷氏所言，曹氏應邀隨手選鈔一些篇目刊載雜誌。從篇目上看，
其第一期所刊前三篇《刻宋史岳飛傳附武王廟名賢詩》、《宋本禮
書》、《宋本樂書》3 篇即出《文華殿檢書分檔》。《宋槧東坡先生和

---

　　① 《箋經室所見宋元書題跋》，《文藝雜誌》，掃葉山房，1914 年第 1 期。

陶淵明詩跋》1篇，雖爲大庫藏書，但跋文經改寫。其後中間九期所刊，皆非大庫檢書手稿。至第十一期《宋大字本漢書》至第十三期末《宋本樂書》36篇，皆出大庫檢書手稿。

《文藝雜誌》第十三期出版時間相隔較久，所刊《箋經室所見宋元書題跋》最末12篇常爲人遺漏。1929年《江蘇省立蘇州圖書館館刊》將《文藝雜誌》前十二期上發表之單篇合刊，刪去重複一篇，共54篇，篇次依《雜誌》發表先後之序，而漏載最後一期12篇。1940年復編入《吳中文獻小叢書》單行，仍爲合刊本54篇，此本最爲人知。1941年王欣夫爲曹氏編刊《箋經室遺集》，收題跋四卷，86篇，實則並未收入曹氏大庫檢書記，故《箋經室所見宋元書題跋》中出於內閣大庫藏書而與《箋經室遺集》重合者，僅《宋槧東坡先生和陶淵明詩跋》一篇，此篇雖爲大庫舊藏，但跋文經曹氏後來改寫，文中有"元忠於己酉歲在文華殿檢勘內閣庫書見之"云云。王欣夫先生大概有意將曹氏大庫檢書記另編一書單行，故皆不收入《遺集》①。1944年，龐士龍以《文藝雜誌》第十三期極爲罕覯，前合刊各本皆漏收，乃將該期所登題跋十二篇，以《箋經室所見宋元書題跋補佚》爲名，重新發表於《江蘇文獻》續編1卷第5、6期。由此，可總結出《箋經室所見宋元書題跋》刊行者有如下各本：

表1 　　　　　　《箋經室所見宋元書題跋》刊行版本一覽

時間	版本	篇目
1914—1915	《文藝雜誌》第1—12期	55篇（除去重複一篇實54篇）
1918	《文藝雜誌》第13期	12篇
1929	《江蘇省立蘇州圖書館館刊》合刊本	54篇（漏載《文藝雜誌》第13期12篇）

① 王欣夫《學禮齋日記》（稿本）1939年12月28日："校理曹文，擬將《大庫宋元本題跋》別編成二卷。"1939年12月31日："從鳳起借華陽王氏抄《學部圖書館善本書目》，中載內閣宋元本提要，悉君直丈稿，擬別錄爲《內閣大庫檢書記》附印集後。"

續表

時間	版本	篇目
1940	《吳中文獻小叢書》合刊本	54 篇（漏載《文藝雜誌》第 13 期 12 篇）
1944	《箋經室所見宋元書題跋補佚》	12 篇（龐士龍將合刊本漏載之《文藝雜誌》第 13 期 12 篇重刊）

正如雷瑨跋中所言，"惟稿係先生隨手所錄，並無詮次"。這些隨意發表在《文藝雜誌》的題跋，並非體例精嚴之著述，雷氏也稱"他日先生刊書時，當別有精審之本，以垂示後世也"。然而曹氏生前最終未能刊行其內閣大庫檢書手稿等題跋，後人根據雜誌各期發表篇目編成合刊本，即今天我們所熟知的《箋經室所見宋元書題跋》一書。

2、《箋經室所見宋元書題跋》鈔本

除雜誌刊載並合刊各本外，《箋經室所見宋元書題跋》尚有鈔本流傳。前文云合刊本並非佳本，那這些傳抄本是否源自曹氏稿本，版本更爲精良？經過考察可知，這些外間流傳的《箋經室所見宋元書題跋》鈔本，大多與合刊本無異，源出《文藝雜誌》發表者。今據所知，臚列其鈔本如下：

（1）箋經室所見宋元書題跋不分卷 曹元忠撰　柏克萊加州大學東亞圖書館藏韓氏讀有用書齋鈔本　二冊（《柏克萊加州大學東亞圖書館藏稿鈔校本叢刊》影印本①）

烏絲欄鈔本。半葉九行。稿紙版心有"讀有用書齋"字樣。卷首有"韓繩大一名熙字价藩讀書印"白文長方印、"熙"白文方印、"穀孫"白文長方印、"烏程蔣氏書籍之記"無框朱文印。卷首題"箋經室所見宋元書題跋"，標題低兩格，正文另行頂格寫。始"元刻宋史岳飛傳附武王廟名賢詩一冊"，止"宋本樂書六冊"。外封另有題記。

---

① 周欣平、魯德修：《柏克萊加州大學東亞圖書館藏稿鈔校本叢刊》，上海古籍出版社 2013 年版。

　　君直先生詩文題跋皆未刊行，此二冊乃其弟子雲間韓子穀從手稿傳錄者，余得諸其家，未知曹氏家藏稿亂後尚存否。壬午春峴山堂記。（案：1942 年）

　　辛巳秋，吳縣王氏集資印《箋經室遺集》二十卷，此冊內自“宋大字本《漢書》”以下諸跋皆未收入，則《遺集》仍非足本也，韓氏手錄本殊爲可貴。《遺集》印本不多，亦頗難得。子穀爲淥卿先生□孫，家富藏書，十餘年前，所藏盡散矣。然自道光年迄今藏之將百餘載，亦近世所罕見也。辛卯二月識於城南寓齋。（案：1951 年）

　　《宋本禮書》、《樂書》，《元刻宋史岳飛傳附武王廟名賢詩》三跋《遺集》亦未錄入。

此冊與《箋經室文錄》合爲一書。《柏克萊加州大學東亞圖書館中文古籍善本書志》著錄爲“箋經室所見宋元書題跋一卷箋經室文錄一卷　民國曹元忠撰　韓繩大抄本　二冊”①。外封題跋不留名款，《書志》未考出其人。此書外封有“烏程蔣氏書籍之記”無框朱印，當爲蔣祖詒所跋。承王亮先生出示 2007 年在柏克萊加州大學東亞圖書館觀書所攝書影，該館所藏和刻本《二十七松堂文集》一書外封也有筆跡相近題跋，署“辛卯年七月既望城南老屋書”，下鈐“穀孫”白文圓印。穀孫爲蔣祖詒之字，則二書封面題跋皆出蔣氏之手。二者署款也相近，當是蔣祖詒入臺後，在城南寓所把玩篋中所存書籍時補題。所號“峴山堂”，或與湖州故里峴山有關。

　　《叢刊》與《書志》著錄此本爲“韓繩大抄本”。案韓繩大爲韓應陛（淥卿）曾孫，讀有用書齋第四代傳人，又名熙，字价藩。蔣氏跋中所稱“其弟子雲間韓子穀”者，則爲韓繩大之父韓德均，字子

<hr>

① 　［美］柏克萊加州大學東亞圖書館：《柏克萊加州大學東亞圖書館中文古籍善本書志》，上海古籍出版社 2005 年版，第 115 頁。

縠，爲曹元忠館於韓家所教授者①。《書志》誤以蔣跋所稱"韓子
縠"與藏印"韓繩大"父子爲一人。

蔣祖詒跋謂此鈔本"乃其弟子雲間韓子縠從手稿傳錄者"。但據
該鈔本面貌所見，此鈔本與雜誌發表的《箋經室所見宋元書題跋》
全同，未必出自曹氏稿本。從篇目上看，鈔本篇次與《吳中文獻小
叢書》本相同，而多出《元刻范文正公政府奏議》以下十二篇，所
以會被誤認爲是別有來源②。鈔本之所以會多出這十二篇，原因即上
文所介紹，合刊時漏掉了最後一期十二篇。由於鈔本是從雜誌上鈔
錄，所以比合刊本多出了十二篇。此外，《文藝雜誌》發表時，《元
大德殘本南海志跋》一篇重複發表於第二期及第四期，鈔本此篇也
重複鈔了兩遍，分見於《宋巾箱本五代史平話跋》及《唐吳彩鸞寫
本切韻跋》後，與雜誌發表之次序一致。合刊本之《館刊》和《叢
書》則已經剔除了重複一篇。再對比文本上之異文，雜誌排印手民
之誤，爲其所獨有文本特徵，但這些低級錯誤也都出現在鈔本上，
可證其自雜誌抄錄。如《宋大字本詩朱氏傳》，"朱熹詩集〔傳〕二
十卷"，雜誌漏排了"傳"字，印成"朱熹詩集"，鈔本原封不動地
將這錯誤鈔了下來。又如《明刊六書本義跋》，文末"鮑恂，《明
史》附《吳宗伯傳》"，"吳宗伯"原稿作"吳伯宗"，雜誌誤排作
"吳宗伯"，《館刊》又輾轉誤作"吳宋伯"，《叢書》亦同。鈔本作
"吳宗伯"，同雜誌，而與《館刊》、《叢書》本不同。又《金本尚書
注疏》篇末"以編校平陽府所刻書，塙有可信"前原有"然則董浦
爲高平人而稱長平，猶劉敏仲爲臨汾人而稱平水"一句，雜誌發表
時不誤，而《館刊》合刊時排印時整句漏掉了，《叢書》本也沿襲
其誤。鈔本有此句，同雜誌發表者。如此種種，可證其係據雜誌發

① 曹元忠致繆荃孫札云："受業臥病一載，貧困無聊，經張門生錫恭介紹，就松
江繡野橋韓氏館，韓生爲綠卿前輩應陛之孫。"見《藝風堂友朋書札》下，第989頁。
② 《柏克萊加州大學東亞圖書館中文古籍善本書志》稱其與《吳中文獻小叢書》
本"文字篇帙或相出入"。又對比上海圖書館所藏葉景葵從王欣夫先生所藏殘稿借鈔的
《曹君直舍人殘稿附箋經室羣書題跋》，謂與此本亦有異同。

表之單篇鈔錄，而非合刊本。

民國二年①至四年間，曹元忠館於韓應陛讀有用書齋，爲其理董藏書而未竟。曹氏致繆荃孫札云："受業臥病一載，貧困無聊，經張門生錫恭介紹，就松江繡野橋韓氏館，韓生爲綠卿前董應陛之孫。綠翁與張歃山、顧尚之及受業外王父馬燕郊先生，均以收藏校勘爲事，復得士禮居、藝芸書舍所散善本。……現在課暇，即爲《韓氏讀有用書齋書目》，體例擬略仿瞿氏《鐵琴銅劍樓書目》。恨去年出京倉猝，所有目錄均委棄寓中，案頭所存，不殼繙帑。又滬上相隔帶水，而受業不能剪髮，視若畏途，未克趨叩函丈請業，祗得草稿成後以寫本求誨耳。"② 曹氏札中提到離京倉促，所有目錄皆放在寓所，未攜帶南歸。韓氏書目案頭所存僅有零稿，未能夠成書。曹氏爲韓家編目未成，其後華亭封文權續成《讀有用書齋書目》，從曹氏遺稿中錄出題跋十一篇。但是《文藝雜誌》刊載之題跋，沒有一篇是跋讀有用書齋藏書的。所以這個鈔本《篋經室所見宋元書題跋》，與韓家藏書也無關。此鈔本著錄爲"韓繩大鈔本"，只是因爲用了讀有用書齋稿紙，且有韓繩大藏印，但這也不能排除此爲其祖上藏書。蔣祖詒跋所謂"韓子穀從手稿傳錄"，也不過是根據稿紙、藏印臆測，並沒有什麼根據。③ 如前文所論，《篋經室所見宋元書題跋》不過是應雜誌主編雷瑨之邀爲其供稿，每次選若干篇目寄上，選目較爲隨意，所題跋各書來源也各不相同，實際可能不存在一個篇次同雜誌所發表的稿本。因此，鈔本"從手稿傳錄"云云也就無從談起。至於蔣氏跋謂"此冊內自'宋大字本《漢書》'以下諸跋皆未收入，則《遺集》仍非足本也，韓氏手錄本殊爲可貴"，亦非確論。蔣氏所謂《篋經室遺集》未收者皆爲內閣大庫藏書之題跋，如前文所述，

---

① 上海圖書館藏《沈荃集》封文權跋云："宣統五年，吳縣曹君直閣讀元忠館郡城韓氏。"

② 《藝風堂友朋書札》下，第 989 頁。

③ 著錄爲"韓繩大鈔本"或"韓德均鈔本"，皆不如著錄爲"韓氏讀有用書齋鈔本"更爲妥當。

曹氏所撰內閣大庫檢書手記，王欣夫先生殆有意另編一書，故全不收入《遺集》。

(2) 篋經室所見宋元書題跋不分卷 曹元忠撰　民國繆氏藕香簃鈔本　一冊

烏絲欄鈔本。半葉十行，行二十一字。稿紙左欄下有"藕香簃鈔"字樣，知爲繆荃孫鈔本。卷首題"篋經室所見宋元書題跋"，書名標題頂格，題跋正文接標題寫，次行低一格。始"元刻宋史岳飛傳附武王廟名賢詩一冊"，止"宋京本春秋左傳四冊"。全書卷端數頁破損缺字。上海博古齋 2015 年秋拍預展寓目。

此本亦傳抄自《文藝雜誌》發表者，而少第十三期題跋十二篇。其中《元大德殘本南海志跋》重複抄錄兩篇，同雜誌，其他文字誤處亦同。《金本尚書注疏》篇上有墨筆批語"《史記》中統本有董浦序，疑即一人"。與曹氏《內閣大庫見存宋元槧書目》此篇云"游明本《史記》首有董浦序云'平陽道參蕃段子成喜儲書，懇求到《索隱》舊本，募工刊行'，末題'中統二年孟春望日校理董浦題'，此董溥或即董浦歟"持論相合。繆荃孫曾致函問曹氏："掃葉之《文藝雜誌》今年不出書，何故?"[1] 又函請曹氏將《文藝雜誌》發表以外題跋考證文字錄副寄上："目錄考略文字見《雜誌》外，想尚有多篇，乞代荃鈔一份，鈔貲示知即寄。"[2] 可知繆氏對曹氏在《文藝雜誌》發表題跋一直知情，此本即係據《文藝雜誌》抄錄。

(3) 篋經室所見宋元書題跋不分卷 曹元忠撰　中國國家圖書館藏民國鈔本 一冊（《國家圖書館藏古籍題跋叢刊》[3]、《宋版書考錄》[4] 影印本）

無界欄竹紙鈔本。半葉九行，行十八字。卷中有"長樂鄭振鐸

① 《藝風堂書札》致曹元忠第三十六，《繆荃孫全集·詩文2》，第 528 頁。

② 《藝風堂書札》致曹元忠第三十八，《繆荃孫全集·詩文2》，第 529 頁。

③ 北京圖書館：《國家圖書館藏古籍題跋叢刊》第 23 冊，北京圖書館出版社 2002 年版。

④ 北京圖書館：《宋版書考錄》，北京圖書館出版社 2003 年版。書中著錄版本誤作"民國刻《吳中文獻小叢書》本"。

西諦藏本"朱文方印、"長樂鄭氏藏書之印"朱文方印、"北京圖書館藏"朱文長方印。前有總目，題"箋經室所見宋元書題跋目錄"，錄目十一篇。卷首題"箋經室所見宋元書題跋"，次行下署"吳縣曹元忠"。次題跋，標題頂格寫，題跋正文另行低一格寫。始"後漢書殘本十八卷　宋刻本"，止"淮海居士長短句三卷　舊鈔本"。

　　此本原爲鄭振鐸舊藏，《西諦書目》著錄①，乃陳乃乾轉售與鄭振鐸目錄類書籍之一。此本面貌與刊本及其他傳抄本《箋經室所見宋元書題跋》不同，篇目亦異。考其所出，此曹氏題跋十一篇即民國石印本《讀有用書齋古籍目錄》末"附吳縣曹君直先生所著藏書記得十一篇"，皆已收入《箋經室遺集》。民國二十三年（1934）封文權編《讀有用書齋書目》，亦將曹氏題跋十一篇收入，而序謂："甲寅、乙卯間，吳門曹君直閣讀元忠館其家，曾爲之董理而未竟也。舊存目錄一冊，譌脫凌雜，鈔胥所爲，閣讀校語，僅於遺集中錄出數則，爰重加編訂。原書不獲見，遺漏尚多，前賢題識亦付闕如，以待續補。"② 封氏謂從"遺集"錄出數則，當指此題跋十一篇，而石印本《讀有用書齋書目》在此前已先印出。封氏所稱的"遺集"，當指曹氏遺稿或王欣夫編刊的《遺集》謄清本，鉛印本《箋經室遺集》（1941）彼時尚未刊行。此本實與《箋經室所見宋元書題跋》書名無關，爲好事者鈔出，冠以此名。鄭振鐸所藏書目類古籍，多得自陳乃乾，曾見其售書之目，此鈔本即在其中，題爲《箋經室宋元本題跋》。

　　以上《箋經室所見宋元書題跋》鈔本三種，兩種鈔自《文藝雜誌》發表之單篇，一種出自《讀有用書齋古籍目錄》或《讀有用書齋書目》所附曹氏題跋十一篇，大多为輾轉傳錄之文本，皆非源自曹氏手稿。可知這些外間傳鈔本，與合刊本相差無幾，並無特別版本價值。

---

①　北京圖書館：《西諦書目》，文物出版社 1963 年版，第 50 頁。
②　封文權：《讀有用書齋書目》，民國二十三年（1934）瑞安陳氏排印本。

　　曹氏所撰內閣大庫宋元本檢書記，非如《內閣庫存書目》草草編目以供清點冊數者，每篇皆詳加考證。《吳中文獻小叢書》本書前《箋經室所見宋元書題跋序》，舉其特點云："是編所載題跋，凡五十四則，皆爲就所見宋元孤本精審詳核之心得。其校讎工作，於每書之行款版式、刊刻時期、刊工姓名，以及紙張裝潢、藏書印鑒等，靡不詳勘，遇可疑及缺頁處，則又復旁證博引，必索得其真相而後已。"[1] 曹氏所撰檢書書志，著錄行款、諱字、刊工，並引《愛日精廬藏書志》、《鐵琴銅劍樓藏書目錄》等書目詳爲考證，爲首次對內閣大庫所藏宋元版鑒定研究，對後人版本著錄判斷影響甚大。

　　然而，曹氏所編內閣大庫檢書記，生前並未作爲個人著述單行，除了條件所限的原因外，也與此部分檢書記錄最後編入繆荃孫《清學部圖書館善本書目》中有關。雖然曹氏《文華殿檢書分檔》、《內閣大庫見存宋元槧書目》未正式完整刊行，但是其版本著錄之意見，已悉數爲《清學部圖書館善本書目》吸收，影響了日後京師圖書館對內閣大庫藏書的著錄。

本章小結

　　內閣大庫並非專門藏書之所，所貯藏書籍原無專門徵集意圖。如前章第二節"內閣大庫藏書來源"中介紹，大庫所貯多爲修書各館閉館後移交的書檔。此前各館徵集之書檔是與其所修書稿相關之資料，有明確目的。但是閉館後移交到大庫，不過是將大庫作爲庋藏文書雜物的倉庫，這個過程並無選擇性。清末編纂的《內閣庫存書目》，也難以媲美《天祿琳瑯書目》一類官修書目。大庫藏書本來是偶然留存，依庫物編纂之書目，不過是清單簿錄，以方便清點

---

　　① 曹元忠：《箋經室所見宋元書題跋》，民國二十九年（1940）《吳中文獻小叢書》本。

核對實用爲主。

由《內閣庫存書目》可知，當時文華殿清點出來的內閣大庫書籍，除去"詔諭碑版輿圖目"不計，單論書籍冊數，約有 66132 冊（不包括成捆不計冊之書）。清末人謂大庫藏書有"九萬冊"①、"計得書十餘萬冊"②，大概是其約數。這裏面包括過去認爲是"明文淵閣之遺"的宋元版、清各館所修書稿、明清刊本、方志以及輿圖等物，其中宋元刻本大約僅占五千冊，其他大量爲明清刊本，當中又以方志最多，近一萬冊。

---

① "九萬冊"之說見於繆荃孫與丁國鈞。繆荃孫《藝風堂書札》致徐乃昌札（第一百三十三）云："內閣挖出九萬本。"（見《繆荃孫全集·詩文 2》，第 416 頁）丁國鈞跋《靖康稗史·甕中人語》云："余抄《甕語》甫竟，適得辰兒都中書，言近日修理內閣大庫，檢出書約九萬冊，不全者十之四"。（見李興盛主編：《東遊日記》上冊，黑龍江人民出版社 2009 年版，第 641 頁）此語又見謝興堯《內閣大庫藏書源流考》："嘗聞故宮友人云：曩年清理清宮書目，修理內閣大庫，檢出書約九萬冊，中不全者十之四。"（謝興堯：《堪隱齋隨筆》，遼寧教育出版社 1995 年版，第 63 頁）謝氏雖謂聞諸故宮友人，而其所述文字實則全同丁氏跋文。

② 汪康年：《汪穰卿筆記》，中華書局 2007 年版，第 260 頁。

第三章

京師圖書館創立與《善本書目》之編纂

近世中西文明交匯，西方公共圖書館觀念傳入，國內漸興創辦圖書館之議。兼之清末時局飄搖，舊家藏書，難獲保全，乃議由官家購藏，化私爲公。光緒三十二年（1906）陸氏皕宋樓藏書爲日人岩崎氏購去，建作靜嘉堂文庫，一時朝野上下，扼腕痛惜，且憂故家藏書重蹈陸氏覆轍，流落外邦，遂議建南北圖書館。光緒三十三年，兩江總督端方奏辦江南圖書館，以七萬金全購丁氏八千卷樓所藏，益以捐購之本，儲之江南官庫，奏派繆荃孫主江南圖書館事。宣統元年，學部復奏建京師圖書館，以內閣大庫藏書爲主，兼以端方在江南收購歸安姚氏、南陵徐氏藏書，同送京師度藏。端方並欲收購海虞瞿氏鐵琴銅劍樓藏書，最終未果，而改鈔書百部進呈。後僅鈔成三十七種，加舊刊本十三種，湊足五十種送京。

宣統元年（1909）七月二十五日，學部上《奏籌建京師圖書館摺》，將籌建京師圖書館一事正式提上議程。其時圖書館藏書主要來源，即清末發現之內閣大庫藏書。

又查內閣所藏書籍甚夥，近因重修大庫，經閣臣派員檢查，除近代書籍之外，完帙蓋希。而其斷爛叢殘、不能成冊、難於編目者，亦間有宋元舊刻，擬請飭下內閣、翰林院將前項書籍，無論完闕破碎，一併移送臣部，發交圖書館妥慎儲藏。其零篇斷帙，即令該監督等率同館員，逐頁檢查，詳細著錄，尚可考見版刻源流，未始非讀書考古之一助。①

其時曹元忠正在文華殿檢點庫書，大約一個多月後，内閣大庫藏書
被陸續裝箱準備移交學部②。九月十九日，曹元忠致函繆荃孫，稱書
移送學部，因封箱無法繼續檢錄。至宣統二年八月，京師圖書館定
址什刹海北岸廣化寺。十月，繆荃孫赴京到任。十一月十八日，將
内閣大庫藏書運至廣化寺館内，繆荃孫在曹元忠等人協助下，開箱
整理，重新編目。至此，移交京師圖書館的内閣大庫藏書之整理工
作，主要記錄在歷任主事繆荃孫、江瀚、夏曾佑、張宗祥等人所編
《京師圖書館善本書目》。

　　有關京師圖書館期間《善本書目》編纂情況，未見完整檔案留
存。京師圖書館時期編過多少部《善本書目》，目前的研究還不是很
充分。在利用《京師圖書館善本書目》討論内閣大庫藏書整理情況
之前，須先釐清《京師圖書館善本書目》編纂情況。

第一節　京師圖書館時期善本書目編纂情況

　　京師圖書館時期編纂的善本書目，公開刊行者有三。一爲繆荃
孫《清學部圖書館善本書目》，民國元年 (1912) 《古學彙刊》鉛印
本。一爲江瀚時期所編《京師圖書館善本簡明書目》，民國二年
(1913) 連載於《教育部編纂處月刊》，僅刊行經、史兩部。一爲夏曾
佑時期《京師圖書館善本簡明書目》，民國五年 (1916) 鉛印本。夏
目書前有《詳爲呈送本館善本書目懇請鑒定事案》一文，提及此前
編目情況："《善本書目》前此編纂者，共有三本。一爲前館長繆荃

---

① 《學部官報》第 100 期。見《北京圖書館館史資料匯編（1909—1949）》上，
第 6 頁。
② 前文著錄上海圖書館藏《内閣庫存書目》，即當時移交學部之書籍清單。

孫所定，現印於《古學彙刊》內。一爲前館長江瀚所定，現存鈞部
社會教育司及本館內。一爲前館員王懋鎔所編，現存鈞部圖書室內。
三者之中，以繆本爲最詳，而草創成書，不能無誤。江本、王本，
蓋即就繆本蒐錄而成，所不同者，僅增刪書目十數種耳。"① 所稱
"繆本"，即繆荃孫《清學部圖書館善本書目》。"江本" 爲江瀚時期
所編《京師圖書館善本簡明書目》，而 "王本" 則不詳具體所指。

　　由於此前夏曾佑以教育部社會司司長兼領館務，所編書目，大
概也存儲在教育部社會司。到了 1918 年，即便是在京師圖書館工作
的職員，對此前編纂的善本書目情況也不甚清楚。據此年 "京師圖
書館目錄課" 重抄《壬子本館善本書目》識語，教育部視學趙憲曾
來任圖書館主任，見到夏曾佑《京師圖書館善本簡明書目》中引用
到繆目、江目、王目等書，不明所指，詢問館員，無一知者。可知
當時館中存放善本書目已不完備，館員對於此前編纂之《善本書目》
情況也不甚了了。在這一年，京師圖書館從教育部社會司重新鈔出
《內閣庫存書目》、《壬子本館善本書目》等書目。

　　1933 年出版的趙萬里《國立北平圖書館善本書目》，書前傅增
湘序提及此前編纂之善目："溯自辟館以來，編目之役，凡經數舉。
繆君藝風，以宿彥耆儒，首膺館職，手自屬草，排比粗定。會經鼎
革，不及付雕，坊肆流行，僅存初稿。嗣則江君叔海、王君懋鎔，
續加葺錄。已而夏、彭二君，重事修正，於舊目訛奪，頗肆抨彈，
然第工於糾人，而所撰未爲賅備。"② 傅氏所敘與夏曾佑所述相差無
幾，惟對夏曾佑、彭清鵬（時任圖書館主任）所編善目也作了評價，謂
之 "工於糾人，而所撰未爲賅備"。

　　1934 年《國立北平圖書館館刊》第八卷第 1 至第 4 號連載《本
館善本書目新舊二目異同表》，其序提及此前編纂之善本書目情況：

---

① 夏曾佑：《京師圖書館善本簡明目錄》，民國五年（1916）鉛印本。
② 傅增湘序，見趙萬里《國立北平圖書館善本書目》，民國二十二年（1933）
刻本。

"本館善本書目，最早出版者，當推繆荃孫編之《學部圖書館善本書目》，印在《古學叢刻》中。民國五年夏曾佑重加修訂，成《京師圖書館善本書目》四冊，即世所行鉛印本是也。其後張宗祥氏就任京師圖書館主任，又據夏目重編，改正夏目繆誤不少。其時午門歷史博物館整理內閣大庫遺藏，送來宋元以下舊槧舊抄可補館藏之缺者，為數甚多。故以張氏草目與夏目較，實有增無減。顧張目迄未出版，只憑稿本存館備案。"① 提到了張宗祥所編善本書目，該目未曾刊行，長久以來存本下落不明。

　　1987 年出版的《北京圖書館古籍善本書目》，《前言》中提及該館在京師圖書館時期編製並正式出版善本書目兩部，分別為繆荃孫《清學部圖書館善本書目》（1912）和夏曾佑《京師圖書館善本簡明書目》（1916），另合趙萬里《國立北平圖書館善本書目》（1931）、趙錄綽《國立北平圖書館善本書目乙編》《續目》（1937）、《北京圖書館善本書目》（1959），總稱該館此前一共編製並正式出版五部善本書目。1989年寒冬虹《北京圖書館歷年所編的古籍目錄》② 一文著錄該館善本書目，與《前言》大意相同。文中另提及《廣化寺圖書館檢書草目》稿本、繆荃孫《清學部圖書館善本書目》稿本及民國二年（1913）《教育部編纂處月刊》登載的《京師圖書館善本簡明書目》。2013 年全根先、王秀青《國家圖書館民國時期所編各類書目概述》③ 一文，敘錄了京師圖書館時期繆目、江目、夏目三者，所述並無異同。

　　以上為過去記錄的《京師圖書館善本書目》編纂情況。京師圖書館時期編纂的善本書目，廣為人知者只有正式刊行的繆目、夏目。在此期間編纂的其他善本書目多未刊行，僅以稿抄本傳世，留存甚罕。因此，有關此時期編目的具體情形，前人囿於信息不通等客觀

　　① 《本館善本書目新舊二目異同表》，《國立北平圖書館館刊》1934 年第 8 卷第 1期，第 92 頁。
　　② 寒冬虹：《北京圖書館歷年所編的古籍目錄》，《文獻》1989 年第 2 期。
　　③ 全根先、王秀青：《國家圖書館民國時期所編各類書目概述》，《文津學志》第 6 輯，國家圖書館出版社 2013 年版，第 305 頁。

條件，所述皆未能反映實情。隨著海內外學者對存世稿抄本書目的調查深入，逐漸新發現一些新的《京師圖書館善本書目》稿抄本，對整個京師圖書館時期編纂的善本書目系列認識日趨完整。2013 年日本學者高橋智先生撰文介紹斯道文庫所藏《京師圖書館善本簡明書目》①，爲江瀚重編稿本。筆者在中國國家圖書館調查到《壬子本館善本書目》，爲斯道文庫藏江氏稿本之謄清本。過去我們認爲《月刊》發表的《京師圖書館善本簡明書目》即江氏所編善本書目，但根據新發現的江瀚稿抄本可知，江氏是在舊編《京師圖書館善本簡明書目》上批注重編。實際上江瀚時期的《簡明書目》有兩部，一是舊編簡目，一是江瀚重編簡目。又近年喬秀岩先生調查北平圖書館舊藏宋元版，編纂《舊京書影詳注稿》，利用日本藏兩部鈔本《京師圖書館善本書目錄》，並初步判斷爲《本館善本書目新舊二目異同表》所稱的張宗祥“張氏草目”。筆者在上海圖書館調查到一部京師圖書館鈔本《國立京師圖書館善本書目》，將此情況與喬秀岩先生聯繫，推定上海圖書館藏鈔本爲張宗祥所編，而日藏兩鈔本爲張目之後館員改編本。後來又進一步考實爲史錫永所改編。此外，在 2017 年東京古典會大入札會上，出現《京師圖書館善本書目》經部謄清殘本一冊，與張宗祥目相近，筆者初步判斷爲張宗祥目定本前的一個草目。又張濤先生在中國科學院圖書館發現一部 1919 年 1 月 29 日所編《善本書目補遺》稿本②，此稿爲張宗祥重編善本書目前期準備工作記錄，有助於了解張宗祥時期前後編纂的兩部善本草目詳情並殘書配補之情況。

　　就目前調查所見，京師圖書館時期前後主持編目者有繆荃孫、江瀚、王懋鎔、夏曾佑、張宗祥、史錫永六人，編過六部善本書目。但由於王懋鎔所編書目未能確證，保守言之，以主事者任期分爲五小節，

---

　　① ［日］高橋智：《京師圖書館善本簡明書目・稿本について》，《斯道文庫論集》第 47 輯，2013 年，第 1—87 頁。

　　② 張濤：《〈京師圖書館善本書目補遺〉與國家圖書館早期善本目錄的編製》（未刊稿）。

分別爲繆荃孫《清學部圖書館善本書目》、江瀚時期舊編《京師圖書館善本簡明書目》及江瀚重編本《京師圖書館善本簡明書目》、夏曾佑《京師圖書館善本簡明書目》、張宗祥《京師圖書館善本書目》、史錫永《京師圖書館善本書目錄》。下文依次加以述考。

第二節　《京師圖書館善本書目》研究

一　繆荃孫《清學部圖書館善本書目》

　　宣統元年（1909），學部奏請籌建京師圖書館，委任繆荃孫主持館務，徐坊（梧生）爲副，以內閣大庫藏書及國子監南學舊藏爲基礎，兼合端方在江南陸續購入的歸安姚氏咫進齋、南陵徐氏藏書、海虞瞿氏鐵琴銅劍樓進呈書，開設京師圖書館。繆荃孫（1844—1919），字炎之，號筱珊，晚號藝風，江陰人。光緒二年（1876）舉進士，改庶吉士。次年散館，授翰林院編修，八年充國史館協修。先後主講南菁書院、濼源書院、鍾山書院、龍城書院、存古學堂等。宣統元年八月被任命爲京師圖書館監督，因張之洞逝世而卻聘，次年九月始到任，宣統三年九月卸任。在任期間，編纂《清學部圖書館善本書目》八卷、《方志目》四卷，並集宋元舊本書影，刻爲《宋元書景》。繆目係京師圖書館編成第一部善本書目，爲後來繼任者編修善本書目之藍本。

　　有關繆氏接任京師圖書館監督之情形，可藉助《藝風老人日記》、《藝風堂友朋書札》等材料，考見其大概。宣統元年（1909）五月初七日，奏請繆荃孫調學部丞參廳上行走[1]，繆氏十七日得訊，在《日記》中記道：“接學部照會在丞參廳上行走。”七月二十五日，奏派繆荃孫爲京師圖書館正監督。繆氏八月三日得訊，《日記》：

---

① “奏請將編修繆荃孫候選道嚴復調在本部丞參上行走片”，《學部官報》，宣統元年（1909）第91期，第2—3頁。

"閱報得圖書館監督之信。"① 是年八月廿一日張之洞逝世，繆荃孫大爲傷悼，因而卻聘。其自訂《藝風老人年譜》曰："八月，學部函電交催，正擬北行，而聞張文襄公薨，一慟而病，兩月方癒。"② 九月十九日，曹元忠致函繆荃孫，催促來京任職："惟聞學部圖書館業已卻聘，未能安車北上，殊爲悵惘。受業竊謂圖書館一事，亦文襄師未竟之志，天下學子咸翹首望吾師成之。"③ 繆氏接信後並未動身。宣統二年 (1910) 三月，羅振玉再函促繆赴京就任，談及大庫藏書移交學部之狀況，並議及薪酬諸事。

筱珊姻伯大人賜鑒：昨拜賜教，敬悉道履佳勝，至慰至慰。承詢內閣大庫之書，現已一律移至學部，其中秘籍，未得窺其十一。但在內閣整理，曹君直實任之，玉曾往一觀。其中宋元槧及宋元寫本至多，但記寫本中有《仙源類譜》、《宗藩慶系圖》，乃宋之玉牒，元初由杭攜至北都，即宋季《三朝政要》弁言所謂國史載之過北者是也。宋槧中如焦氏《易林》等，並爲藏書家所未睹。且宋元本書一種中不止一部，且不止一板。曾見《金陵新志》寫本、刻本不下四五種。宋元本史書則尤多不可計。當整理時，君直一人照料不及，故頗有盜出者。玉急告寶侍郎，以大庫之書乃宋、元、明三代之菁華，即零縑斷葉，亦非海內藏書家所得見，請不待整理，速移部中。故現在書已至部，而整理甚須時日。長者早到一日，則整理可早一日就緒，此刻皆未啟封也。又敦煌之書，尚餘六千卷，未爲西人購去。玉不揣冒昧，再四請于部長，通電毛方伯悉數購買。現已六千金購得，大約二月內當可到都。尤盼杖履之早臨也。伯希和攜去之書，與商代爲影照，昨有信來，言已代照千紙，亦於三月

① 《繆荃孫全集·日記3》，第31、43頁。
② 繆荃孫：《繆荃孫全集·雜著》，鳳凰出版社2014年版，第193頁。
③ 《藝風堂友朋書札》下，第985頁。

內當可寄到。榮相及寶侍郎等盼長者甚殷，薪水必足敷旅用。嚴幾道在此，月三百六十金，以此比例，有贏無絀，求早日決意爲叩。南中有願報效圖書館工程，聞之至快，如是則此館觀成有日，不至如往者之夜長夢多矣。壽丈承推轂，感同身受。渠趨前面謝，因便寄呈《晨風閣叢書》一部，求檢入。《蒼潤軒碑跋》二種，千祈飭寫，玉願刊行也。諸煩清聽，惶悚惶悚。肅叩道安。姻愚侄羅振玉叩上。①

羅氏此札無年月，札中提及贈書一事，查《藝風老人日記》宣統二年三月初六日"接羅叔蘊信並《晨風閣叢書》"，知羅氏此札作於此前。札中稱"故現在書已至部，而整理甚須時日。長者早到一日，則整理可早一日就緒，此刻皆未啟封也"，知此時大庫藏書封存學部，未繼續進行整理工作。

四月三日，羅振玉再致函繆荃孫，催促入京。然而繆氏仍未有動身之意。

　　筱珊姻伯大人賜鑒：前聞聚卿言，長者取道中州，不日至都，翹盼正殷，忽於丞參堂見寧電，知又不克來，爲之悵然若失。蓋長者一日不至，則圖書館一日無觀成之望，不僅以得侍杖履爲喜也。②

七月，曹元忠親自從京師赴南京，敦請繆氏入京就任。《藝風老人年譜》："曹揆一元忠來江寧，言學部囑視荃孫老病何如，揆一代促入都，允之。"③《藝風老人日記》記其時間在宣統二年七月初二日："曹揆一自京師來，長談。"④ 七月廿九日，曹元忠致函繆荃孫，爲

---

① 《藝風堂友朋書札》下，第999—1000頁。
② 《藝風堂友朋書札》下，第1000頁。
③ 《繆荃孫全集·雜著》，第193頁。
④ 《繆荃孫全集·日記3》，第96頁。

之覓在京住宅。

> 昨見學部友人，述及敦煌石室唐寫卷子本書已至，與內庫宋元槧同付嚴扃。日銷月鑠，便是無形焚坑。未識吾師杖履何日來都，爲書請命，望切雲霓矣。承命相宅，已得一二處（皆在順治門內）。當於日內函告子壽兄往視，再行奉聞。（七月廿九日）①

繆荃孫八月十九日《日記》：“接曹揆一信、傅苕生信。”② 十月初四日，繆氏即動身至京。《日記》：“四日壬戌，晴。卯刻上車，辰初開行，戌刻到京，入西便門，到前門火車站下車，端五爺仲綱、劉蘧六、殷楠、子香、君直均來接，並約飲萬福居。住長發棧。書箱均庋置如法。”③《年譜》則記時間在九月：“九月，由漢京火車入都，僧保隨侍，賃居西城太僕寺街。”④ 當以日記時間爲準。

　　其時京師圖書館設址於廣化寺。繆氏在京安置下來不久，在十月初七日即前往至廣化寺看圖書館辦事處。《日記》宣統二年十月初七日：“到廣化寺看圖書館辦事處。房屋尚寬，委員一王雨翁、一恩翁，寫官二人，已經在內，惟路太遙耳。”⑤ 其後即開始圖書館工作，開箱清點圖書，編纂書目。繆氏十一月十一日致徐乃昌札曰：“弟初四到京，十一銷假，十五到學部，十六到圖書館。館中職事人員均由堂派，濟濟多士，均未見書者。續請羅、蔣、董、柯、嚴、陳、張（君立），爲名譽經理員，再請曹君直、章式之、王扞鄭、震

---

① 《藝風堂友朋書札》下，第 985 頁。
② 《繆荃孫全集·日記 3》，第 103 頁。
③ 《繆荃孫全集·日記 3》，第 109 頁。
④ 《繆荃孫全集·雜著》，第 194 頁。
⑤ 《繆荃孫全集·日記 3》，第 110 頁。“恩翁”即恩光，恩光《潛雲堂日記》宣統二年十月初七日：“監督繆翰林荃孫到館，晤談。”《歷代日記叢鈔》第 160 冊，學苑出版社 2006 年版，第 81 頁。

在亭（晤在亭，問其何時來）、陳立夫爲纂修官，有薪水。堂官允准先開姚、徐兩家書，分類歸架，近又開敦煌石室經卷歸架，內閣之書俟下月去領，文津閣之書須明年四月運到。"① 知當時首先開箱的是歸安姚氏、南陵徐氏兩家之書，內閣大庫書尚未送來。據繆氏日記，十月廿五日，"到圖書館開箱"。廿七日，"到圖書館。……開箱已過二十，人手尚未整齊，亦冗員太多之故"。廿八日，"到圖書館開書十箱"。這些都是姚、徐二家之書。至十一月八日，"到館，開量經卷"。則開始整理敦煌寫卷。

內閣大庫藏書自宣統元年九月底移交學部後至宣統二年繆氏到任之前，此一年間情形應是一直封箱未拆，不復派人整理。羅振玉宣統二年三月致繆荃孫札云 "此刻皆未啟封也"②。七月廿九日曹元忠致繆荃孫札云 "昨見學部友人，述及敦煌石室唐寫卷子本書已至，與內庫宋元槧同付嚴局"③。同時來華考察的日本學者報告中也提到了內閣大庫藏書封箱情形。宣統二年（1910）陽曆9、10月間，日本京都大學派遣小川琢治、狩野直喜、內藤湖南三位教授及富岡謙藏、濱田耕作兩位講師，赴北京調查學部的敦煌古書及內閣大庫的古書。回國後內藤湖南作《京都大學教授赴清國學術考察報告》，記錄了當時所見內閣大庫藏書保存情形："內閣的古書也是沒有整理過的。我們去看的情形是，把允許我們閱覽的部分，連箱子一起搬出，向我們打開。這時，包括給我們看的人和我們這些要看的人，誰都不知道將打開的箱子裏面是什麼內容。"④ 據恩光日記，內藤等人到學部

① 《藝風堂書札》致徐乃昌（第三百八），《繆荃孫全集·詩文2》，第466頁。
② 《藝風堂友朋書札》下，第999頁。
③ 《藝風堂友朋書札》下，第985頁。
④ ［日］內藤湖南：《京都大學教授赴清國學術考察報告》，中譯本見《日本學人中國訪書記》，中華書局2006年版，第7頁。盧雪燕也引用此材料，而文中卻認爲："從1909年9月，內閣大庫書籍開始真正爲移往學部而整理以來，到1910年年底，整理似乎持續進行著。"（盧雪燕：《臺北故宮博物院現藏清內閣大庫藏書探源》，第652—653頁）根據本書所引三月、七月、八月三個時間段的書札、考察報告，都提到大庫藏書封箱的情況，可知移交學部後一年間都是封箱不再整理。又，大庫藏書移交學部，應該是宣統元年九月廿五日始（1909年11月7日），非1909年9月。

觀書的時間在陰曆八月底、九月初。八月廿三日（1910 年 9 月 26 日），
"午後在署接待日本人查經"。九月初三日（10 月 5 日），"上學部，七
鐘多接待倭人影照圖經"。①當時學部正在清點敦煌寫經，尚未拆箱
清點內閣大庫藏書。內藤等人至北京查閱大庫藏書在繆氏到任之前，
可知此時大庫藏書仍封存學部。直至宣統二年十月繆氏到任以後，
先移交姚、徐兩家藏書，大庫藏書十二月份才移交圖書館，拆箱
編目。

　　宣統二年十二月始將內閣大庫藏書移送至廣化寺館舍。據恩光
日記，十二月十七日，"午後到館，運部存內閣書八十箱"。十八日，
"申初到館，運部存內閣書百二十八箱"。十九日，"運部存書九十
六箱"。②同時藝風日記也有記錄，十二月十八日，"到館，正運內閣
書籍"。廿日，"到館，內閣書籍運完"。可知十二月十七至二十日
間，將封存在學部的內閣大庫藏書運至京師圖書館廣化寺館舍。③ 隨
後即開箱清點，藝風日記十二月廿三日，"到館，曹揆一來，開內閣
書四箱，宋版《通志》缺，宋版《大學衍義》零本，元版《書集
傳》全，《藝文類聚》、《山堂考索》均缺，明本《神僧傳》、《列女
傳》全，餘皆殿本，全者甚少"。

　　與此同時，繆氏也開始編纂善本書目。宣統三年正月十四日，

---

①　恩光：《潛雲堂日記》，《歷代日記叢鈔》第 160 冊，第 26、73 頁。
②　恩光：《潛雲堂日記》，《歷代日記叢鈔》第 160 冊，第 96 頁。
③　盧雪燕認爲大庫藏書運到廣化寺的時間是 1910 年 10 月以前："但晚至 1910 年
10 月以後，都應該已經轉送到廣化寺。"（盧雪燕：《臺北故宮博物院現藏清內閣大庫
藏書探源》，第 652 頁）"京圖正式在'地安門外廣化寺開辦儲存'的時間是 1910 年
10 月 16 日，是以推知至少此時大庫移出書籍已經轉存到廣化寺。"（第 653 頁）盧文
10 月 16 日的說法是根據檔案 "1910 年 10 月 17 日呈學部廣化寺已開辦儲藏並請羅振
玉等任名譽經理員"（《北京圖書館館史資料匯編（1909—1949）》上，第 10—11 頁）。
此說法與事實不符，盧文混淆了陽曆、陰曆時間，檔案所言 "本館已於本月十六日在
地安門外廣化寺開辦儲存"，十月十六日是陰曆，即陽曆 1910 年 11 月 17 日。其次，
大庫藏書運到廣化寺的時間也不能依據廣化寺開館的時間考定，最先移交的是姚、徐
兩家藏書，大庫藏書移運的時間是十二月十七至二十日，即陽曆 1911 年 1 月 17 日至 1
月 20 日。

"寫善本目"。十五日，"寫善本目"。二十日，"到館。曹揆一到，還彼《瀛奎律髓》。看書兩架，內閣書兩箱"。廿二日，"到館，閱陳仁先昨所理書，至以《癸巳存稿》歸集部，《古文觀瀾》七十卷爲二十卷，林少穎爲呂東萊，其學問可知"。繆氏所言《古文觀瀾》，即《東萊集注類編觀瀾文集》七十卷，歸安姚氏書。而繆目並未載此書，舊編《京師圖書館善本簡明書目》始著錄。館中職員陳仁先（曾壽）誤卷數作二十卷，且將作者林之奇誤作呂祖謙，爲繆氏所譏。二月十四日，"編善本目錄"。十六日，"到館，善本書挑畢"。十七日，"編目錄經部小學類"。十九日，"編史部金石類、目錄類，子部類書類"。廿一日，"編集部目"。廿二日，"到館，史部目成"。廿三日，"梧生來，編子部目"。廿四日，"校經部畢，發子部目與熙之"。廿九日，"校集部目與熙之重寫副本"。三月二日，"校集部"。

　　三月中旬大庫舊藏方志等書運至圖書館①，繆氏在此期間編纂了《清學部圖書館方志目》。三月十一日，"到館，檢新運到志書"。十三日，"到館，檢志書"。繆氏略作檢閱，即被派回江南，催瞿氏鐵琴銅劍樓進呈書。② 三月廿日南歸，五月十六日返京，其後開始編纂《方志目》。十七日，"到館，聞箱已全開。……纂修亦未見，不知爲何"。廿日，"到館，理志書"。廿一日，"到館，理志書"。六月十日，"到館，寫定江蘇省志書六十種"。十一日，"到館，寫安徽省志八十種"。十七日，"到館。……寫山東省志書"。二十日，"到館，理江西志書"。廿二日，"寫江西書目"。廿三日，"校定四省輿地志目"。廿四日，"到館，寫河南志書"。廿五日，"改江蘇、安徽、山東、河南志目"。廿六日，"到館，寫山西志目"。廿八日，

---

① 恩光《潛雲堂日記》宣統三年三月十三日："部存書運迄。"《歷代日記叢鈔》第 160 冊，第 116 頁。

② 《藝風老人年譜》（宣統三年）："三月，派回江南催瞿氏進呈書。""五月，旋京，並解瞿氏書五十種。六月，編呈各省志書目四卷。"見《繆荃孫全集·雜著》，第194—195 頁。

"到館，理浙江志"。卅日，"到館，理直隸志"。閏六月三日，"到館，閱直隸、福建志。館中送不全《常州府志》、《武進志》來"。六日，"到館，閱兩廣、四川志"。八日，"到館，理湖南志"。十日，"到館，理湖北、奉天書"。十二日，"到館，理陝西、雲南、貴州書"。十三日，"到館，理甘肅志書"。十四日，"結各直省志書帳"。至此《方志目》大致編成。

閏六月十八日開始，繆氏重新回到《善本書目》編纂工作中，期間也覆校《方志目》。十八日，"早到館，初閱宋板書，至《北齊書》爲止"。十九日，"到館，閱宋板書至《五代史》爲止"。二十日，"到館，閱宋元板書，至《明史》爲止。送《天學初函》與館"。二十一日，"校各省志"。廿二日，"上學部書。……送各省志書交裝"。廿三日，"到館，理《歐陽集》、《通鑑》"。廿五日，"到館，理《綱目》畢"。廿六日，"到館，補志例"。廿七日，"整補志目"。廿八日，"到館，理經部易、書、詩、禮四類。見《四外戚傳》，極佳。……重定善本書目"。七月三日，"到館，理左傳、四書、小學"。五日，"到館。理史部書"。六日，"重編善本書目，送一集兩目於毓少岑，送《禮書》、《樂書》兩跋交寫官"。八日，"到館，理瞿氏書。校小學目、禮、樂書目。送《漢書》、《後漢書》與寫官"。九日，"校春秋目"。十日，"到館，理書。……送志目與梧生，並派季錫庚事"。十一日，"校天祿宋元板書目"。十二日，"校善本目。……校鈔瞿氏書目"。至此大約經部已編校完畢，開始編纂史部目錄。十四日，"到館，理史部書"。十五日，"校史類目"。十六日，"到館，晤曹君直"。十七日，"定史部全目"。二十九日，"補史部目"。廿一日，"補經史兩部"。廿七日，"補子史兩類書目"。廿八日，"到館，編釋家目"。八月一日，"閱補集部舊目，徐梧生來"。二日，"到館，理集部"。五日，"到館，理類書"。六日，"理集部"。七日，"到館，理集部"。十一日，"校史部目錄"。十二日，"定總集目"。十三日，"到館，定《蘇子由集》"。十八日，"理書目"。《善本書目》至此已大致完成。

宣統三年八月十九日，武昌起義，革命爆發，繆氏匆匆編校完《善本書目》，告假南歸。二十一日繆荃孫在圖書館聽到武昌事變消息，次日又聞南京失守，因家眷在南，心神難定，急急編校完《善本書目》，即交館南歸。廿八日，“到館看欽定書，校子部卷一”。廿九日，“校子部卷三、集部卷二。……寫欽定書目畢”。卅日，“校子部二卷、集部一卷”。九月一日，“再定清文書目，並校子集兩部”。二日，“到館，借江陰志回。……王扞鄭忽將未編書目送歸，殊不可解”。三日，“到館。知扞鄭全家回南矣”。四日，“送史部與館……通計四部書卷數”。五日，“到館，查圖，取交通四百元”。八日，“到館，約老夏裝書五箱”。重九日，“裝十四箱”。十日，“到館，館中人倔強，令人髮指”。十一日，“到館，一人不見，可恨萬分”。十二日，“赴學部交書目，乞假。又到圖書館取書目，話別，收拾書箱”。① 十四日即啟程南歸。廿八日至滬，與家眷相聚。自此作海上寓公，不復任事。

以上為京師圖書館創立之初，繆荃孫擔任監督，整理內閣大庫藏書並編纂《清學部圖書館善本書目》之大況。

（一）繆目之版本

繆荃孫《清學部圖書館善本書目》編成之後，遭遇辛亥鼎革，倉促南旋，避居上海。其時革命方熾，圖書事業，無暇顧及，故書目並未由京師圖書館印行。繆氏南歸後，曾有一札與京師圖書館副監督徐坊詢問京師圖書館情況：“滄桑一度，兵火大半……聞館中無領款，並預備交卸，有人接手否，兄行止有定見否。”② 並提及當時江南圖書館情況：“南圖書館大致無恙，管理之人業已四易，全憑運動，不問其認字不認字也。”③ 南方如此，北方情況推想可知。民國

---

① 前所引繆荃孫《藝風老人日記》，分見《繆荃孫全集·日記3》，第113—165頁。

② 《藝風堂書札》致徐坊（第二），《繆荃孫全集·詩文2》，第381頁。

③ 《藝風堂書札》致徐坊（第二），《繆荃孫全集·詩文2》，第381頁。

後繆氏以遺老自居，不復任事，暫作海上寓公。"南中舊雨，雲集上海，倚外人保生命"①。當時繆氏爲國粹學報社編刊《古學彙刊》，以爲易米之資，並藉機編印其未刊書稿。繆氏致曹元忠札云："民賊固無與彼辦事之理，彼亦不用我輩。現與國粹學報館辦《古學彙刊》。荃之書未刻稿尚多，然與近來學人均不合式。小叫天到上海銃了，並非唱戲人退化，實看戲人不能知叫天好處（所謂程度不敷），但見派頭與上海不合耳。荃止藉此將應刻者擺印出來，總比錮蔽者不同，將來書必散，而流轉已徧，則所願也。"②《清學部圖書館善本書目》、《清學部圖書館方志目》也在此年收入《古學彙刊》中刊布。需要注意的是，《清學部圖書館善本書目》並非京師圖書館官方頒布的書目，係繆氏個人辛亥以後藉助編書之便刊行。大概出於此因，招致物議，如曾任圖書館副監督的徐坊謂："現今內閣藏書發交圖書館，余與繆小山任其事，而編輯目錄等事多余所爲，繆竟攘爲己功。"③繆氏宣統三年九月底南歸，至此目正式刊行之前，當時寓居滬上的名流，紛紛從繆氏處借鈔，故留存有部分傳抄本。此外，繆氏當時編纂的稿本，後散失於坊肆，今陸續發現一二。茲分敘其版本如下。

《清學部圖書館善本書目》不分卷，繆荃孫編，民國元年（1912）上海國粹學報社《古學彙刊》排印本。《古學彙刊》書目提要著錄："《清學部圖書館善本書目》稿本，繆荃孫編。清宣統己酉學部奏請在京師建設圖書館，以內閣新出古籍、江南購呈歸安姚氏、南陵徐氏之書，常熟瞿氏鈔進之書，敦煌石室之經，全數發館，並派繆荃孫任監督，率司員分類編目，提出宋元舊板、名家鈔校爲善本，仍分經史子集，紀載行字尺寸，另成一編。"半葉十二行，行三十二字。卷首題"清學部圖書館善本書目"，次行低一格"經部"，三行

---

① 《藝風堂書札》致徐坊（第二），《繆荃孫全集·詩文2》，第381頁。
② 《藝風堂書札》致曹元忠（第二十六），《繆荃孫全集·詩文2》，第524頁。
③ 《收愚齋日記》民國二年（1913）九月二十二日記徐坊之言。見賀葆真《賀葆真日記》，鳳凰出版社2014年版，第233頁。

低兩格"易類"，次正文。頂格著錄書名、卷數，次行低一格書志，著錄版本、行格、藏印。宋元珍本則著錄版框大小。各書不著錄舊藏來源。此目雖不標卷數，史部分上下，實爲五卷。

　　據繆氏日記，民國元年四月十日，"《國粹報》館送五月脩來。以《蜀石經校記》、《學部圖書館善本經部書目》代桂氏兩種"。十一日，"改定史部書目"。十二日，改定"史部書目第二冊"。十三日，"改定史部目錄第三、第四兩冊"。五月十五日，"送《古學彙刊》序於鄧秋枚。校《學部圖書館善本書目》史部二之上，定書目"。十六日，"送《古學彙刊》第一期兩緣起、第二期全書及緣起"①。六月份正式收入《古學彙刊》第一編出版②。

　　此外，繆氏編纂善本書目之稿本，尚有兩種留存。

　　一爲中國國家圖書館藏稿本兩冊。原爲莊尚嚴在坊肆購得，1932 年捐贈北平圖書。1934 年《國立北平圖書館書目・目錄類》著錄"清學部圖書館善本書目稿本　繆荃孫撰　清宣統間京師圖書館鈔　繆荃孫親筆增校本　殘存二冊"，並有案語："按此書原無書名，因與《古學彙刊》中《清學部圖書館善本書目目錄》相同，解題稍異，故增補此名，且内中多有繆氏親筆增補及校改。"③ 稿本所用爲京師圖書館稿紙，版框右欄上書耳有"京師圖書館"字樣，左欄下書耳有"校對官"、"寫官"字樣。半葉十一行，行二十二字。卷首有"北平莊氏藏書"朱文方印、"國立北平圖書館珍藏"朱文方印。卷首無題名，著錄各書，略依經史子集之序，當有錯葉。此本爲《清學部圖書館善本書目》初稿，稿已殘缺，僅存兩冊，條目編排亦不規整。稿中筆跡分爲兩種，一爲工楷膳寫者，爲鈔胥所鈔供繆氏

　　① 《繆荃孫全集・日記 3》，第 194—195、200 頁。

　　② 《古學彙刊》每兩個月出一編，全年六編合爲一集。《清學部圖書館善本書目》收在第一編，單行本版權頁有"中華民國元年六月印成"字樣。

　　③ 蕭璋：《國立北平圖書館書目・目錄類》，民國二十三年（1934）北平圖書館鉛印本。《明清以來公藏書目彙刊》第 16 冊影印本，北京圖書館出版社 2008 年版，第 212 頁。

編輯之底本，内容多出自圖書館善本來源的舊家書目。一爲潦草批語或新加條目，出於繆氏親筆。批語爲對工楷底本之修改，而新加條目則簡略記錄書名、著者、版本、行格等基本信息。繆氏對底本修改，主要有兩方面。一是加上了版框、版心的著錄。一是對行格、藏印的著錄重加覆核，補正了舊家書目的疏誤。書前有莊尚嚴1932年題識："數年前在護國寺街一小書店購得此目兩本，查係前教育部京師圖書館編目稿本，雖叢殘，亦可留，況有繆藝風手跡。今謹贈國立北平圖書館。莊尚嚴記，廿一年雙十節。"（下鈐"莊嚴"白文方印）莊嚴，字尚嚴，故宫館員，後押運文物南渡入臺，任臺北故宫博物院副院長。莊氏跋謂此稿數年前得自書肆，1932捐贈北平圖書館。張廷銀先生《繆荃孫與京師圖書館藏書目錄》一文有介紹①，《明清以來公藏書目彙刊》已將之影印出版②。

　　一爲集部稿本一冊，集部謄清稿本一冊。見於2017年東京古典會"平成29年度古典籍展觀大入札會"。原爲大阪小林氏金合文庫舊藏，有"金合文庫"朱文方印、"小林藏書"朱文方印，與謄清本《京師圖書館善本書目》經部殘本一冊同時出現（參見第三章第二節"四、張宗祥《京師圖書館善本書目》"）。

　　稿本一冊，朱絲欄稿紙剪貼本。半葉十二行。朱絲欄稿紙原爲《湖北通志》目錄（案光緒二十年張之洞招繆荃孫至湖北，修《湖北通志》），《善本書目》各條以京師圖書館綠絲欄稿紙各條剪貼於其上。首葉爲京師圖書館綠格稿紙，始集部別集類"賈長沙集十卷　明刊本"，止"滄江虹月詞一卷　錢塘江初問樵撰　稿本"。此本當爲繆氏《清學部圖書館善本書目》之初稿（工作底本）。

　　又**謄清稿本**一冊，京師圖書館綠絲欄稿紙，版框右上書耳有"京師圖書館"字樣。半葉十行，行二十二字。卷首題"學部圖書

　　①　張廷銀：《繆荃孫與京師圖書館藏書目錄》，《文獻》2008年第4期。文中並介紹《清學部圖書館方志目》稿本四冊，亦藏國圖。

　　②　《明清以來公藏書目彙刊》第7冊，北京圖書館出版社2008年版。

館善本書目”，次行低一格題“集部”，三行低兩格題“別集類”。始集部別集類“賈長沙集十卷　明刊本”，止“滄江虹月詞一卷　錢塘江初問樵撰　稿本”。爲謄清稿本。①

　　除了鉛印本、稿本之外，民國元年繆氏避居滬上期間，在書目正式刊行之前，先在友朋之間傳抄流傳，故留下了不少鈔本。繆氏日記中即記有友朋借鈔此目，如宣統三年十月廿八日：“拜張菊生、孫莘如、沈子培、徐積餘、金鞏伯。莘如借《京師圖書館善本書目》經史兩冊。”② 提及孫毓修借鈔此目。孫毓修小綠天鈔本現存，書上有民國元年十一月跋語：“此本從繆小山秘監借錄及半，滬上有擺印本，遂不復鈔完矣。壬子冬月，留菴。”③ 其鈔本係從繆荃孫處借鈔，鈔寫及半而《國學彙刊》排印本印出，遂中輟不復鈔完。孫氏鈔本爲烏絲欄稿紙，版心有“小綠天鈔藏”字樣。半葉十行，行二十四字。後數葉改用“涵芬樓鈔藏本”烏絲欄稿紙。卷端有“孫印毓修”朱文方印、“小綠天藏書”朱文方印、“海隅文庫珍藏”朱文方印。卷首題“學部圖書館善本書目”，次行低一格“經部”，三行低兩格“易類”，次正文。頂格著錄書名、卷數，次行低一格書志，著錄撰人、版本等。始經部易類“漢上易集傳十一卷”，止史部政書類，未抄完。卷首與刊本略異。④ 當時沈曾植等人亦在滬上，現存有其季弟沈曾樾鈔本，書末有跋：“壬子春正暫居滬上，閒暇無事，見培兄案頭有《學部圖書館善本書目》四冊，從繆君小山處借閱，遂爲之鈔錄一份。信筆鈔寫，未計工拙，歷二十餘日完竣。莐磏識。”⑤ 沈曾樾在其兄沈曾植案頭見此書目，係從繆荃孫處借閱，因

---

① “平成29年度古典籍展觀大入札會”出現繆目稿抄本二冊，承蒙劉斯倫兄代檢，謹致謝忱。

② 《繆荃孫全集·日記3》，第170頁。

③ 韋力：《芷蘭齋書跋三集》，國家圖書館出版社2014年版，第200—205頁。

④ 此本今藏私人藏書家“韋力”先生處，據《芷蘭齋書跋三集》書影及文字著錄。韋力：《芷蘭齋書跋三集》，國家圖書館出版社2014年版，第200—205頁。

⑤ 許全勝：《沈曾植年譜長編》，中華書局2007年版，第362—363頁。

鈔錄一過。此外，北京大學圖書館藏有稿本七冊①。

又鄧之誠謂見過繆氏所編《京師圖書館善本目錄》，體例與《清學部圖書館善本書目》略異，著錄各書舊藏來源。鄧氏 1949 年 11 月 7 日記：

> 閱繆小翁《京師圖書館善本目錄》稿，內閣書最多，歸安姚氏書次之，次常熟瞿氏，次本館購進書，最少。依四庫分類，每書各分寫、刻，詳謂行格、收藏印記、刻書牌子、跋語及小翁所跋，體例似私人撰述。後來某傖即以此爲藍本，只記板本，增圖書館新購書籍，編刊《北平圖書館善本書目》，不知宋元板書有缺佚否。相傳江瀚爲館長時，嘗以古籍私贈達官貴人。若以稿本與刻本對勘，必可得其究竟。內閣原存明本地方志數百種，小翁別有《圖書善本方志目（錄）》，未入此編，似爲非是。歸安姚氏咫進齋藏書頗多佳籍，不知何緣歸入圖書館，當訪之知此事者。小翁此書似可別行，暇當爲一序以張之。②

學部圖書館與京師圖書館爲同一機構不同稱法，該館《善本書目》繆氏日記中亦有稱之爲《京師圖書館善本書目》，與《清學部圖書館善本書目》當爲同書而異名。鄧之誠所見繆編《京師圖書館善本目錄》稿本，與《清學部圖書館善本書目》體例相近，而多著錄藏書來源，或許繆氏定稿亦著錄舊藏來源③。其繼任者所編《京師圖書館善本簡明書目》，應即以帶著錄舊藏來源的繆氏《善本目錄》

---

① 本書寫作期間因北京大學圖書館書庫搬遷，未能檢閱。2019 年曾至該館調閱，告知書上貼籤較多，出庫恐有缺失，需電子化以後提供閱覽。其後因 2020 年新冠疫情相阻，直至修訂出版前尚未能看到。

② 鄧之誠：《鄧之誠文史札記》，鳳凰出版社 2012 年版，第 490—491 頁。

③ 如傅增湘即稱坊間印行的《清學部圖書館善本書目》是"初稿"："會經鼎革，不及付雕，坊肆流行，僅存初稿。"傅增湘：《國立北平圖書館善本書目序》，見《國立北平圖書館善本書目》，民國二十二年（1933）刻本。

稿本爲藍本，刪繁就簡，刪去考證文字及原書序跋，僅保留條目基本的信息。

以上爲繆荃孫《清學部圖書館善本書目》現存版本情況。本書中所稱"繆目"及引文，以民國元年（1912）《古學彙刊》本《清學部圖書館善本書目》爲準。

（二）繆目編纂考

《清學部圖書館善本書目》爲"圖書館善本書目之濫觴"，因其在記錄版框尺寸等方面的創舉①，在近世版本目錄學史上有一席之地，常被當作公藏書目之典範。實際上中國近代圖書館早期公藏書目編纂，與私家藏書目一脈相承，較多地參考、借鑒了藏書來源的舊家目錄。如果對繆目稍爲留意，即會發現目中著錄，體例歧異，其著錄或僅簡單著錄基本信息，或詳加考證，或詳錄原書題跋，種種不同，前人歸之草創之初，體例未賅。事實上，該目著錄方式不一的原因，並非編者體例不嚴，而與其編纂方式有關。《清學部圖書館善本書目》利用了多種舊藏書目合編而成，因而保留了舊目的不同體例。

要釐清繆荃孫《清學部圖書館善本書目》編纂時所根據的書目底本，需先瞭解京師圖書館藏書來源。由於繆目並不著明每書的來源，現只能藉助後出的《京師圖書館善本簡明書目》回溯。以民國五年（1916）鉛印本夏曾佑《京師圖書館善本簡明書目》對校繆目，可知繆目著錄藏書來源，有"清內閣書"、"歸安姚氏"、"南陵徐氏"、"海虞瞿氏"、"本館購進書"五項②。其中清內閣大庫書，即宣統年間清理內閣大庫藏書，後移交學部籌建圖書館，爲其最基礎館藏。歸安姚氏咫進齋藏書、南陵徐氏藏書，係端方在江南收購，

---

① 繆氏致徐乃昌札云："記行字自何小山始，兼記尺寸則亦自繆小山始矣，《藏書續記》、《京師圖書館目》如此辦，記板心自島田始，總不如留真譜爲愈。"見《藝風堂書札》致徐乃昌（第三百四十四），《繆荃孫全集·詩文2》，第475—476頁。

② 夏曾佑《簡目》多兩項來源，一爲"清國子監南學書"，即國子監南學交付之書。一爲"清翰林院書"，即後來交付之《永樂大典》。

送京師以充館藏者。海虞瞿氏鐵琴銅劍樓藏書，乃端方收購不果，改爲鈔書百部進呈。後僅鈔成三十七種，加舊刊本十三種，湊足五十種送京。另有少量本館購進書，爲圖書館自行購入者。繆氏所編《清學部圖書館善本書目》，參考了以上各家藏書原有書目，主要爲曹元忠《文華殿檢書分檔》、瞿鏞《鐵琴銅劍樓藏書目錄》。

從今存繆目稿本中，也可以看到繆氏對舊藏書目底本的編輯情況。稿中筆跡分爲兩種，一爲工楷謄寫者，係鈔胥所鈔供繆氏編輯之底本，內容多出自曹、瞿諸目。一爲潦草之批語或新加條目，出於繆氏親筆。批語是對工楷底本的修改，而新加條目則簡略記錄書名、著者、版本、行格等基本信息。下文即據藏書來源分敘，以見繆目編纂中參考曹、瞿二目之情況。

1. 曹元忠《文華殿檢書分檔》與《清學部圖書館善本書目》

內閣大庫移交學部之前，已委派曹元忠董理其中宋元本，編有《文華殿檢書分檔》等。據上章所引曹氏《家傳》可知，大庫藏書移交學部之後，曹氏被繼續聘爲圖書館纂修。繆荃孫掌教南菁書院時，曹元忠受業其門下。繆氏任京師圖書館監督，也是曹元忠一再催促，才來京赴任。因此，曹氏前期的內閣大庫檢書舊檔，自然成爲了編纂《清學部圖書館善本書目》的基礎。曹元忠遺稿後來由王欣夫先生整理，欣夫先生《〈箋經室餘稿〉書錄》謂："君直先生曾編《清學部圖書館善本書目》，今以繆荃孫名，印入《古學彙刊》。"[1] 此語稍嫌過之，其日記所述更近實情："從鳳起借華陽王氏抄《學部圖書館善本書目》，中載內閣宋元本提要，悉君直丈稿，擬別錄爲《內閣大庫檢書記》附印集後。"[2]

今以曹氏《檢書檔》對讀繆目，目中著錄內閣大庫書，其文長有考者，皆出曹氏所撰。若曹稿無可供採摭者，則僅簡單記錄行款序跋，並無詳考。可知繆氏所編《清學部圖書館善本書目》，曹居功

---

① 王欣夫：《蛾術軒篋存善本書錄》下，上海古籍出版社 2002 年版，第 1395 頁。
② 王欣夫：《學禮齋日記》（稿本），1939 年 12 月 31 日。

過半。

如經部金刻本《尚書注疏》，曹元忠《文華殿檢書分檔》著錄：

金本尚書注疏　二冊

　　每半葉十三行，行大字約二十八，小字三十五。存《禹貢》至《微子》，《多士》至《秦誓》，都十卷。《禹貢》首題“尚書注疏卷第六”，次行低四格題“國子祭酒上護軍曲阜縣開國子臣孔穎達奉敕撰正義”，三行“禹貢第一”、“夏書”、“孔氏傳”，以後各卷篇題下均有“夏書”、“商書”、“周書”、“孔氏傳”等字，而《湯誓》以後“孔氏傳”下均有“孔穎達疏”四字，又每篇前列《書序》，每卷後附《釋文》，均與瞿鏞《鐵琴銅劍樓書目》載金刊本《尚書注疏》合。此書雖無首冊，不能證《地理圖》“平水劉敏仲編”云云。然殷、敬、匡、慎諸字皆不缺筆，而末卷《釋文》後有“長平董溥校正”六字。考《金史・地理志》河東南路平陽府注云“有書籍”，臨汾縣注云“有平水”，又澤州高平縣注云“有丹水”。據《太平寰宇記》云：“丹水一名長平水，水出長平故地。”然則董溥爲高平人而稱長平，猶劉敏仲爲臨汾人而稱平水，以編校平陽府所刊書籍，墢有可信，固《鐵琴銅劍樓藏書目錄》所未及者也。

此稿曹氏後發表於《文藝雜誌》1915 年第十二期《箋經室所見宋元書題跋》。繆目著錄此書與曹稿基本相同，題名改爲“尚書正義二十卷　金刊本”，內容多著錄“高七寸一分，廣四寸一分。白口，單邊，蝶裝”版框尺寸等信息，而刪去文末“固《鐵琴銅劍樓藏書目錄》所未及者也”一句。

　　參照國圖藏繆稿兩冊，可見繆氏對曹稿編輯之情況。稿本中工楷膳寫者，係鈔胥所錄以供繆氏編輯的底本。其中篇幅較長、有所敘考者，皆自曹氏《檢書檔》鈔錄。如張廷銀先生文中指出，繆氏對原稿的修改主要有以下兩方面。一是曹稿不著版框尺寸者，繆氏在統稿時增加了版框、版心的著録。二是對行格、藏印的著録重加覆核，補正了曹稿中的疏誤。①此外，繆氏對曹稿文字有所刪裁潤色，如宋大字本《後漢書》一篇，繆氏刪去了“今存列傳六十二卷”下的細目文字“爲劉元至耿純、馬援至丁鴻、班固至徐璆、虞詡至張衡、皇甫規至鮮卑”一句。元修宋本《漢書》，文末“前後相應”下刪去“惜前本無首冊，此又敓末頁，乃於《敘傳》‘述《外戚傳》第六十七’後挖補寸許，以揜其迹，無從互證耳”，而改作“中有缺葉，以墨匡空格補，恐印在正統前矣”（參見圖 五）。刊行本繆目文字，已爲修改後之貌。

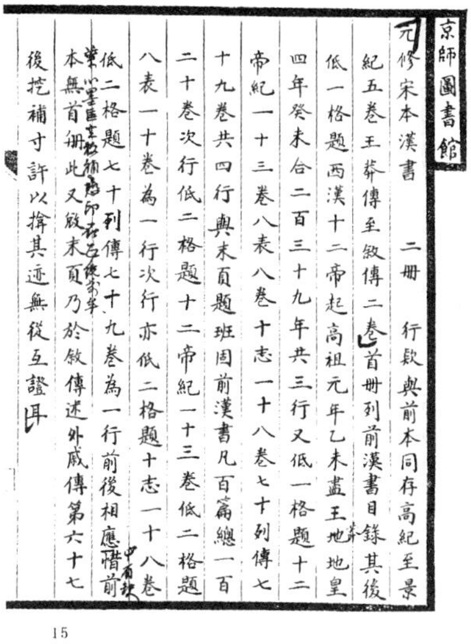
京師圖書館

元修宋本漢書　二冊　行款與前本同存高紀至景
紀五卷王莽傳至敘傳二卷首冊列前漢書目錄其後
低一格題西漢十二帝起高祖元年乙未盡王地地皇
四年癸未合二百三十九年共三行又低一格題十二
帝紀一十三卷八表八卷十志一十八卷七十列傳七
十九卷共四行與末頁題班固前漢書凡百篇總一百
二十卷次行低二格題十二帝紀一十三卷低二格題
八表一十卷為一行次行亦低二格題十志一十八卷
低二格題七十列傳七十九卷為一行前後相應惜前
本無首冊此又敓末頁乃於敘傳述外戚傳第六十七
後挖補寸許以揜其迹無從互證耳

15

圖 五：繆荃孫《清學部圖書館善本書目》稿本修改痕跡

繆目因沿用曹稿，也造成了著録體例上的不統一。如經部“元刻《春秋本義》三十卷”，按照繆目的體例，本應是書名、著者、版本分列，而此條書名帶上了版本“元刻”二字，顯然是沿用曹稿

① 張廷銀《繆荃孫與京師圖書館藏書目録》：“該稿本中原抄寫的書目，多處原無版框説明，繆荃孫在校改時則基本都予以補充，如元刊《周易集説》，定稿中有‘高六寸廣四寸四分黑線口’，而這一條在稿本中是繆荃孫在頁眉處親筆所加，元刊《詩傳通釋》中‘高六寸九分廣四寸二分黑口’，也是繆荃孫後來校改所補。稿本中繆荃孫補充版框的情況還有很多，其中有些是寫在頁眉處，有些則旁批在行間。除了版框大小，繆荃孫還十分注意大小字數及藏書印等，在宋大字本《後漢書》的頁眉處，他就很鄭重地標注‘查大小字同不同’，顯然是提醒自己或他人再去核實有關問題。而且原抄寫作‘行大小十六字’，繆荃孫則改作‘行大十六字小二十字’，可見他確實親自或請人對原書進行了認真的核對。宋大字本《漢書》，原來的抄寫中無‘首頁有晉府圖書之印’的藏書記録，是繆荃孫後補的。”（《文獻》2008 年第 4 期，第 110 頁）

的遺痕。

　　內閣大庫藏書爲京師圖書館早期館藏之主要構成部分，而曹元忠《文華殿檢書分檔》爲《清學部圖書館善本書目》編纂主要依據的底本，故欣夫先生謂此目出自曹氏之手。曹氏在內閣大庫藏書移交圖書館之後，是否也參與了開箱整理編目的工作？據曹氏家傳、哀啟，皆載其曾任圖書館纂修，“尋大庫書歸學部，寶瑞臣侍郎聘爲學部圖書館纂修，竟其事”①。又繆氏致徐乃昌書札云“再請曹君直、章式之、王扞鄭、震在亭（晤在亭，問其何時來）、陳立夫爲纂修官”②，可相驗證。繆氏日記也記載曹氏在館中助理開箱編目。宣統二年（1910）十二月十八至二十日，內閣大庫書籍運送至館。二十三日，“到館，曹揆一來，開內閣書四箱，宋板《通志》缺，宋板《大學衍義》零本，元板《書集傳》全，《藝文類聚》、《山堂考索》均缺，明本《神僧傳》、《列女傳》全，餘皆殿本，全者甚少”③。可見曹元忠應也參與了京師圖書館的內閣大庫藏書開箱整理工作。

2. 瞿鏞《鐵琴銅劍樓藏書目錄》與《清學部圖書館善本書目》

　　關於瞿氏進呈本，宣統三年“學部爲送瞿氏書籍抄本五十種咨京師圖書館文”④ 有詳述。瞿氏進呈本也與端方在江南收書有關，端方收購瞿氏藏書不果，而改爲鈔書進呈以調和。王欣夫先生《石梅載筆》有一條記及此事：“端方買丁氏書後，思并得瞿氏書，事未及成，而爲張文襄所知，即以學部具名電促端。張又單名電端，謂若得瞿書，當另建屋以藏之，士大夫聞之，群相慶賀，想此事惟吾匋齋尚書足以成之，洞謹先爲九頓首以謝云云。端時在蘇，得電後

---

　　① 曹元弼：《誥授通議大夫內閣侍讀學士君直從兄家傳》，見曹元忠《篆經室遺集》卷首，民國三十年（1941）吳縣王氏學禮齋鉛印本。又見《徐兆瑋日記5》民國二十年十一月二十日所引哀啟，第3458頁。

　　② 《藝風堂書札》致徐乃昌（第三百八），《繆荃孫全集·詩文2》，第466頁。

　　③ 《繆荃孫全集·日記3》，第122頁。

　　④ 李希泌、張椒華：《中國古代藏書與近代圖書館史料（春秋至五四前後）》，中華書局1982年版，第138頁。

即密招秉丈謀之，秉丈不允，乃出張電示之，謂事出騎虎，必想法
以答張。乃由秉丈商於良士，允鈔書百部進呈以調和之。清例進書
百部者有欽賞官職，故瞿因以兩便也。"① 此事可驗諸胡鈞《張文襄
公年譜》② 及葉昌熾《緣督廬日記》③。欣夫先生此言聞自當事者丁
國鈞（字秉衡，即文中所稱秉丈者，曾任江南圖書館典守編纂），當爲可信。端
方軟硬兼施不果，惟有以鈔書進呈調和，挽回顏面。按照清廷之例，
進書百部者賞官，故瞿氏也樂得兩便。但是不久武昌事起，清帝退
位，賞官一事落空，此事亦不了了之。據 "咨文"，僅進呈了半數。
其中鈔本三十七種，元、明及汲古閣等舊刊本十三種。

　　瞿氏進呈書一事亦繆荃孫經手。《藝風老人年譜》記宣統元年
"五月，奏派京師圖書館正監督，赴常熟，與瞿氏商量進書事"④，
宣統三年 "三月，派回江南，催瞿氏進呈書"⑤。據 "咨文"，瞿氏
進呈本書目是繆荃孫擬定，選外間鮮流傳者七十一種鈔副，另選舊
刊本湊足百種之數。宣統三年進呈了五十種而輟事，部份書編入
《清學部圖書館善本書目》。

　　瞿氏鐵琴銅劍樓藏書著錄，有瞿鏞編《鐵琴銅劍樓藏書目錄》
（以下簡稱 "瞿目"）⑥。繆目中對於瞿氏進呈書的著錄比較詳細，即是
利用瞿氏原有的藏書志加以修訂。如瞿目著錄《紫山大全集》曰：
"《紫山大全集》二十六卷。鈔本。元胡祇遹撰。原書六十七卷，
其子太常博士持所編，今已散佚不存。此館臣從《永樂大典》中
錄出，重加編次。凡賦、詩、詩餘七卷，文十二卷，雜著四卷，

　　① 　王欣夫：《石梅載筆》，復旦大學圖書館藏鈔稿本。
　　② 　胡鈞：《張文襄公年譜》卷六，光緒三十四年二月 "學部議購書設備圖書館"
條。見王雲五《新編中國名人年譜集成》第三輯，臺灣商務印書館 1978 年版，第 261 頁。
　　③ 　葉昌熾：《緣督廬日記抄》卷十三，光緒三十四年十二月廿一日日記，民國蟫
隱廬石印本。
　　④ 　《繆荃孫全集·雜著》，第 193 頁。
　　⑤ 　《繆荃孫全集·雜著》，第 734 頁。
　　⑥ 　瞿鏞：《鐵琴銅劍樓藏書目錄》二十四卷，清光緒二十四年（1898）常熟瞿氏
家刻本。

語錄二卷。有延祐二年門生劉賡原序。案《元史》本傳第詳政績，而未及詩文。劉序謂潛心伊洛之學，然以斯文爲己任。今讀其雜著，經濟學術，悉可考見。又嘗著《易解》三卷，《老子解》一卷，其非無本之學可知矣。"① 繆目全用此文，僅改版本項"舊鈔本"爲"傳抄本"。

　　從國圖藏繆稿也可以看出其參考瞿目之痕跡。稿中著錄瞿氏鈔進本《郿王劉公家傳》、《程氏續考古篇》、《續墨客揮犀》三書，原皆工楷抄寫，係據瞿目鈔錄。② 繆氏在原稿上作修改。如《程氏續考古篇》刪去了"舊題新安程大昌"七字，《續墨客揮犀》改易"傳寫本""宋彭乘撰"兩項位置，可見繆氏利用瞿目編訂之貌。實際上，在繆氏編纂《善本書目》期間，日記中也記載曾鈔校瞿目，如宣統三年七月十二日，"校善本目。……校鈔瞿氏書目"③。

　　由於繆目著錄海虞瞿氏書沿用《鐵琴銅劍樓藏書目錄》原文，使得後人誤以爲瞿氏進呈者即鐵琴銅劍樓藏原本。如顧頡剛記："京師圖書館書，除內閣書外，以歸安姚氏書、海虞瞿氏書爲最多。予怪瞿良士誓守，何以藏之京師。孟槐曰：'清代末葉創圖書館，令瞿氏出其藏書，瞿君因倩鈔胥，擇若干種書，抄成副本，而供其原本於京師也。'"④ 此說法與事實相違。實則進呈之本爲重抄新本，已無原本之藏印、題記。繆目沿用瞿目著錄，此類藏印等著錄文字也照抄不誤，而致此誤解。後來張宗祥重編《京師圖書館善本書目》，覆驗繆目所著錄瞿氏傳鈔本，已發現其著錄與原書種種不合。張氏在案語中指出其舛謬，並指出其原因即在於沿用瞿目原文。如史部《通曆》十五卷，"是書宋諱均不缺筆，而紙有'鐵琴銅劍樓影鈔本'字樣，故繆目襲瞿目之說，以爲'殷'、'敬'等字皆減筆，猶

---

① 《古學彙刊》本繆目刊行時文字間有疏誤，"重加編次"脫去"重"字，"慨然以斯文爲己任"誤"斯文"爲"詩文"。
② 《明清以來公藏書目彙刊》第 7 冊，北京圖書館出版社 2008 年版，第 111 頁。
③ 《繆荃孫全集·日記3》，第 156 頁。
④ 顧頡剛：《顧頡剛讀書筆記》卷十五，中華書局 2011 年版，第 267 頁。

依宋刻殘本所影寫，其實爲傳抄本"。《稗史集傳》一卷，"案是書係海虞瞿氏鈔本，並無汲古印記。繆目有'舊爲毛子晉藏書'一語，殊嫌無據"。子部《新纂香譜》四卷，"案此書係鐵琴銅劍樓傳鈔者，非原本也。繆目載首有'文瑞樓藏書記'朱記，乃全錄瞿氏《藏書目錄》之言，實非此本"。《程氏續考古編》十卷，"繆目所記乃瞿氏原本，故有何焯之印章等語，非此本也"。集部《西漢文類》四十卷，"繆目有'紙面鈐"請遠堂"三字朱記'并'舊藏愛日精廬'等語，蓋鈔瞿氏藏書志，而忘本館所藏書係瞿氏影鈔之本也"。① 可知瞿氏所供京師者是重抄的副本，稿紙版心有"海虞瞿氏鐵琴銅劍樓影鈔本"字樣，並非瞿目著錄的鐵琴銅劍樓藏原本。只不過是因爲繆目著錄沿用瞿目舊文，遂使後人誤以爲將鐵琴銅劍樓藏原本進呈。

3. 南陵徐氏藏書及本館購進書之著錄

南陵徐氏藏書，也是端方在江南所購運送京師以作館藏者。建國後北京圖書館介紹館藏來源之時，都把"南陵徐氏書"認爲是徐乃昌積學齋藏書，實則不然。"南陵徐氏"是徐文達、徐乃光父子②舊藏，清末爲抵債售予端方，其中書畫部分收儲於江南圖書館，而書籍部分則送京師籌建圖書館。徐氏藏書多爲普通日用書籍，不如姚氏藏書精要，故選入善本者不多。

繆目著錄南陵徐氏藏書僅一種，"《讀禮通考》一百二十卷　國朝徐乾學撰　稿本"，內容也很簡單。後出的夏目略爲增加了一兩種，但數量還是十分稀少。

---

① 張宗祥：《國立京師圖書館善本書目》，上海圖書館藏京師圖書館鈔本。

② 徐文達（1830–1890，字仁山）爲徐乃昌伯父，售書經手者爲文達之子徐乃光（1859–1922，字厚餘），是徐乃昌（1869–1943，字積餘）從兄。徐乃光拖欠了官款，故以家中藏品抵債。而徐乃昌積學齋藏書直至抗戰時期才逐漸散出，清末民國時人無有稱"南陵徐氏書"爲徐乃昌積學齋藏書者，這種說法可能出於 1957 年《北京圖書館》一書："其中包括'南學'的藏書，內閣大庫藏書、南陵徐氏（乃昌）積學齋和歸安姚氏（覲元）咫進齋的部分藏書。"（李希泌，王樹偉：《北京圖書館》，北京圖書館出版社，1957 年，第 1 頁）

另一類較少的藏書是"本館購進書"。繆目史部下著錄兩種："《大明清類天文分野之書》二十四卷。明洪武十七年官修官版大字本。係府州縣於星分野，名爲天文，實則地志，於元明間分并割隸最爲詳備。""《地理沿革表》三十卷。全。國朝陳芳績撰。舊鈔本。以歷代地理志排比沿革作爲此表。"子部兩種："《天學初函》。明徐光啟等編，明崇禎間刊本。""《意林注》五卷。唐馬總撰，國朝周廣業附注。前有例言八則，錄略十一則。首序撰人諱字、爵里、著述大意，而諸史所記卷帙，現今完闕存佚附焉。篇中涉有疑義，重采舊注及他書補之，先有注者加'本注'二字，下別以按語。偶有所論，亦附篇末。"著錄內容也較爲簡單。

小結

繆荃孫《清學部圖書館善本書目》一書，主要是根據曹元忠《文華殿檢書分檔》、瞿鏞《鐵琴銅劍樓藏書目錄》諸目改編而成。《清學部圖書館善本書目》爲私家藏目向圖書館公藏書目過渡的產物，繆氏利用舊目合編，加以統稿，又加上了著錄的新規範。陳乃乾《海上書林》謂："筱珊晚年以代人編藏書目錄爲生財之道，人亦以專家目之，造成一時風氣。……然筱珊對於此事，實未經心，僅規定一種格式，屬子侄輩依樣填寫而已。"① 此語稍嫌過之。繆氏晚年寓居滬上爲盛宣懷愚齋藏書編目，曾有一札談到編目之實際情況："荃孫自同治甲戌爲張文襄《書目答問》一手經理，近南洋、學部兩圖書館均有同志幫忙，荃孫止總大綱，專注善本。現在無一書不過目，無一字不自撰，直與辦《書目答問》一樣，先交家內寫官（舊用兩人，相隨多年）錄清本，取其熟而能快，改補後再交館中人寫定本。"② 繆氏所言學部圖書館編目"有同志幫忙，荃孫止總大

---

① 陳乃乾：《海上書林》，見虞坤林整理《陳乃乾文集》（上），國家圖書館出版社 2009 年版，第 9 頁。

② 繆荃孫：《與盛杏蓀書》，見《學術集林》卷七，上海遠東出版社 1996 年版，第 8 頁。

綱"，與今所見繆目編纂情況相合。

　　繆氏出於公務，臨期倉促，合編舊目，亦情理之中。但後人若據此目研究繆氏"目錄學"，則大相徑庭。且《清學部圖書館善本書目》爲後出京師圖書館、北平圖書館善本書目祖本，目中說法往往被誤認爲繆氏之說。如前所舉金本《尚書注疏》，張宗祥所編《京師圖書館善本書目》亦沿用繆目之說，其案語曰："案是書舊缺一之五、十一之十五十卷。繆筱珊曰：'每篇前列《書序》，後附《釋文》，均與瞿鏞《鐵琴銅劍樓書目》載金刊本《尚書注疏》合……確有可信。'"據前文所引，可知"金刻本"之說實出曹元忠。而此所謂金刻本《尚書注疏》，實則爲蒙古時期平陽所刊①，可知曹氏董理內閣大庫藏書所撰檢書舊檔，爲京師圖書館、北平圖書館藏宋元版最早之研究成果，對後人關於館藏宋元本版本判斷影響甚大，不可因曹稿爲繆目採入而掩蓋了曹氏之功勞。

二　江瀚時期兩部《京師圖書館善本簡明書目》

　　民國元年（1912）五月，北京政府成立，蔡元培任教育部長，改聘江瀚任館長。江瀚（1857—1935），字叔海，號石翁，室名慎所立齋，福建長汀人，光緒三十年（1904）赴日本考察教育，三十一年任江蘇高等學堂監督兼總教習，三十二年四月任學部普通司行走，七月任京師大學堂師範館監督兼教務提調，三十四年升學部參事官。民國元年任京師圖書館館長，次年改調四川鹽運使。民國二十一年任故宮博物院圖書館館長，編有《故宮普通書目》（1934）。

　　江瀚 1912 年 5 月 23 日被教育部任命爲京師圖書館館長，至

────────────

　　①　顧永新先生《金元平水注疏合刻本研究——兼論注疏合刻的時間問題》（《文史》2011 年第 3 期，第 189—216 頁）對此書有詳考，此書爲蒙古刻本當無可疑。曹元忠與顧永新先生都注意到了此"長平董溥"與中統二年段子成本《史記》"校理董浦"可能是同一人，曹元忠《內閣大庫見存宋元槧書目》曰："游明本《史記》首有董浦序云'平陽道參蓄段子成喜儲書，懇求到《索隱》舊本，募工刊行'，末題'中統二年孟春望日校理董浦題'，此董溥或即董浦歟？"可見曹氏版本見識之廣。

1913 年 2 月調四川鹽運使，在職不到一年。在任期間，圖書館編纂了《京師圖書館善本簡明書目》。江氏去任後不久，1913 年 6 月至 11 月在《教育部編纂處月刊》第一卷第五、六、八、九、十、十一冊登載《京師圖書館善本簡明書目》經、史兩部，不題撰人，《月刊》至第十一冊停刊，子、集兩部未曾刊行，僅見鈔本，此即過去我們所認爲"江目"。《簡明書目》係據繆荃孫《清學部圖書館善本書目》刪繁就簡，早期刪裁工作應出館員之手。實際上江氏任期內的《簡明書目》前後有兩本，一爲《月刊》刊行過經、史兩部的《簡明書目》，今稱之爲"舊編簡目"。一爲江瀚重編本，江瀚以"舊編簡目"爲底本，另行批改，加入了行格、藏印等著錄，其批改之原稿今藏日本慶應義塾大學附屬研究所斯道文庫，另有謄清本藏於中國國家圖書館。

1、舊編簡目之版本

（1）京師圖書館善本簡明書目經部史部　民國二年 (1913) 《教育部編纂處月刊》連載本

舊編《京師圖書館善本簡明書目》，民國二年 (1913) 作爲《教育部編纂處月刊》附錄連載。僅刊載完經、史兩部。其各期刊載情況如下：

民國二年六月，《教育部編纂處月刊》第一卷第五冊刊載《京師圖書館善本簡明書目》經部易類至春秋類。

七月，《教育部編纂處月刊》第一卷第六冊刊載《京師圖書館善本簡明書目》（續第五冊）經部總經類至史部編年類。

九月，《教育部編纂處月刊》第一卷第八冊刊載《京師圖書館善本簡明書目》（續第六冊）史部紀事本末類至史部譜牒類。

九月，《教育部編纂處月刊》第一卷第九冊刊載《京師圖書館善本簡明書目》（續第八冊）史部傳記類至史部輿地類。

九月，《教育部編纂處月刊》第一卷第十冊刊載《京師圖書館善本簡明書目》（續第九冊）史部傳記類至史部輿地類。

十一月，《教育部編纂處月刊》第一卷第十一冊刊載《京師圖書館善本簡明書目》（續第十冊）史部政書類至史部史評類（史部畢）。（第十一冊停刊）

民國二年十一月，《教育部編纂處月刊》停刊，《簡明書目》子、集部分未及刊行。此書中國國家圖書館藏有兩部，一部經、史兩部爲《教育部編纂處月刊》鉛印本，子、集兩部爲抄配。鈔本卷首題"京師圖書館善本書目"，下有小字"此下擇其罕見者抄之"，可知子、集兩部條目爲節錄。摘抄本著錄內容亦較爲簡省，僅錄書名、卷數、作者，偶注版本。子部始"分類近思錄十四卷　宋葉采"，止"靈寶聚玄經三卷　抄"，集部始"賈長沙集十卷"，止"滄江虹月詞一卷　清汪初"。寒冬虹《北京圖書館歷年所編的古籍目錄》[①]　一文著錄的江目，提到子、集兩部係鈔配的情況，即是中國國家圖書館藏此本。《明清以來公藏書目彙刊》亦據此本影印[②]，實則此配本子、集兩部條目是摘抄，並非完本。中國國家圖書館另藏有一部內容完整的鈔本。

（2）京師圖書館善本簡明書目　中國國家圖書館藏民國京師圖書館鈔本　四冊

"京師圖書館"綠絲欄稿紙，半葉十一行。不題撰人，經史子集各一冊，毛裝。卷首題"京師圖書館善本簡明書目"，次行低一格"經部"，三行低兩格"易類"。經部始"周易正義十卷略例一卷釋文一卷"，止"金石韻府五卷"，末題"以上共計宋本十五部，全者七部。金本二部，元本二十八部，全者七部"。史部始"史記一百三

①　"《京師圖書館善本簡明書目》是 1912 年 5 月，江叔海（江瀚）調任京師圖書館長後主持編纂的，未正式刊行。此目按經、史、子、集四部分類，子部、集部爲擇其罕見者抄配。"寒冬虹：《北京圖書館歷年所編的古籍目錄》，《文獻》1989 年第 2 期。

②　《明清以來公藏書目彙刊》第 12 冊，北京圖書館出版社 2008 年版，第 1—95 頁。

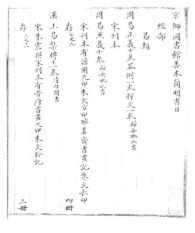

圖六：舊編《京師圖書館善本簡明書目》鈔本

十卷"，止"史鉞二十卷"，末題"以上共計宋本二十二部，全者五部。元本四十五部，全者九部。"子部始"荀子二十卷"，止"靈寶聚玄經三卷"，末題："以上共計宋本十八部，全者七部。元本二十一部，全者十二部。"集部始"嵇康集十卷"，止"滄江虹月詞一卷"，末題："以上共計宋本二十四部，全者六部。元本二十二部，全者十部。"書中凡同名同卷數者皆簡稱"又一部"。共著錄書籍865種。（參見圖六）

此本子、集兩部內容完整，但書中也有兩處漏鈔，一爲"趙清獻文集十六卷　宋趙抃撰宋刊本"下漏抄"范忠宣集二十五卷"一條，而誤將後者存卷接前者。一爲"止齋文集五十二卷附錄一卷"下漏鈔"梅溪先生前集二十卷後集三十卷奏議四卷"一條，誤將後者作者、存卷等內容接前者之下。又鈔本天頭有兩處墨筆批語。"大元海運記□卷（海虞瞿氏書）"條原著錄作"元胡書農撰傳鈔本"，墨筆將撰人改爲"清胡敬自《永樂大典》輯出"，並於天頭批曰："《大元海運記》，清胡敬自《永樂大典》輯出，敬字書農，浙江人，此云元胡書農，大誤。此書□藏有一部，鈔自杭州丁氏八千卷樓。"1916年刊行的夏曾佑《京師圖書館善本簡明書目》已遵改。"秘書省續編二卷（歸安姚氏書）"，天頭有批語："□止有鈔有鈔本，近杭州丁氏有刊本。"未辨名款，不詳何氏所批。

舊編簡目藏書來源，較繆目多"清翰林院書"。"清翰林院書"只有一條記錄，即民國元年教育部所交付《永樂大典》六十冊，且注明"尚有四冊留教育部"，據民國元年七月十六日"教育部函告翰林院所藏《永樂大典》殘本送京師圖書館收藏"①件，知《永樂大典》移交圖書館在七月，舊編《京師圖書館善本簡明書目》已收入此六十冊《永樂大典》，則其編纂完成時間當在 1912年 7 月以後。

過去我們所稱"江目"，即是指這部舊編《京師圖書館善本簡明書目》。實際上江瀚另有重編本《京師圖書館善本簡明書目》，是以舊編《京師圖書館善本簡明書目》爲底本，重加批改而成。其稿本藏日本斯道文庫，另有謄清本題《壬子本館善本書目》，今藏中國國家圖書館普通書庫。

2、江瀚重編本簡目之版本

(1) 京師圖書館善本簡明書目五卷　江瀚編　日本慶應義塾大學附屬研究所斯道文庫藏稿本　五冊

"京師圖書館"綠絲欄稿本。版框右欄上書耳有"京師圖書館"字樣。半葉十一行。卷端有"江都薄氏鑒藏書畫記"白文方印、"慶應義塾大學斯道文庫藏書"朱文長方印。這是一個以鈔本作爲底本批改的稿本，批改前的鈔本底本工楷抄寫，即前文所介紹舊編《京師圖書館善本簡明書目》，江瀚在舊編簡目鈔本上墨筆批改。卷端原題"京師圖書館善本簡明書目"，江氏墨筆添加"卷第一"，下加署"長汀江瀚重編"，並在舊編簡目行間批入行款、藏印，部分書籍分類有所移易，舊編簡目中"又一部"皆改作"又"。分經史子集四部，史部分上下，共五卷，著錄書 866 部。日本高橋智先生《京師圖書館善本簡明書目・稿本について》②（中譯本《關於〈京師圖書

---

① "翰林院所存《永樂大典》殘本，前經本部茲請國務院交由貴館儲藏。昨准國務院函，稱此項書籍僅餘六十四本，在陸鳳石先生處。當即派員往取到部。茲由本部酌留四本，庋置本部圖書館，以資展覽，藉留紀念，其六十本專差送上，即請貴館妥爲整理儲藏。"《北京圖書館館史資料匯編（1909—1949）》上，書目文獻出版社 1992年版，第 30 頁。

② ［日］高橋智：《京師圖書館善本簡明書目・稿本について》，《斯道文庫論集》第 47 輯，2013 年，第 1—87 頁。

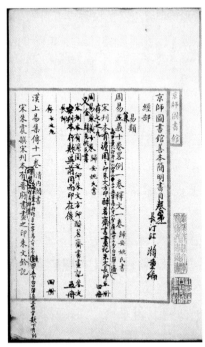

圖七：江瀚《京師圖書館善本簡明
書目》稿本

館善本簡明書目〉及其稿本》①）有詳細介紹，並揭載書目全文（集部別集類《嵇康集》至《傳家集》僅載書名、卷數、舊藏，未錄書志）。此書舊爲日本薄井恭一舊藏，據高橋先生介紹，薄井恭一爲日本書誌學家長澤規矩也弟子，喜藏書目。此書八十年代末爲斯道文庫購藏。（參見圖七）

江氏批注補充內容甚詳。細審江氏所批，實則以繆荃孫《清學部圖書館善本書目》對校，批注行款、藏印等信息，非盡出目驗原書。下文以內閣大庫舊藏宋刊本《漢上易集傳》爲例，分列繆目、舊編簡目、江目三者著錄，以見其異同。

【繆0003】【庫】漢上易集傳十一卷

宋朱震撰。宋刊本。每半葉十行，行二十一字。高六寸七分，寬四寸六分。白口。單邊。上有字數，下有刻工姓名。蝶裝。首二卷均缺，三卷首行題"周易上經噬嗑傳第三"，次行"翰林學士左朝奉大夫知制誥兼侍讀兼資善堂翊善長林縣開國男食邑三百戶賜紫金魚袋朱震集傳"。《郡齋讀書志》作"集解"，誤。下卷首行題"周易下經咸傳第四"、"周易下經夬傳第五"。第二冊上卷首葉殘脫，中下卷首行題"周易繫辭上卷第七"、"周易繫辭下傳第八"、"周易說卦傳第九"，次行結銜皆同，惟末卷題"周易序卦傳第十"、"周易雜卦傳第十一"，皆無結銜。《書錄解題》謂序稱九傳，蓋合

---

① ［日］高橋智撰，杜軼文譯：《關於〈京師圖書館善本簡明書目〉及其稿本》，《中國典籍與文化論叢》第十五輯，鳳凰出版社 2013 年版，第 413—498 頁。

《說》、《序》、《雜卦》爲一，於此可得其故。"貞"、"恒"等諱皆缺筆。有"晉府書畫之印"朱文鈐記。

存三之十一

【簡 0003】【庫】漢上易集傳十一卷（清內閣書）

宋朱震撰。宋刊本。有"晉府書畫之印"朱文鈐記。

存三之十一　二冊

【江 0003】【庫】漢上易集傳十一卷（清內閣書）

宋朱震撰。宋刊本。[每半葉十行，行二十一字。高六寸七分，寬四寸五分。白口。單邊。上有字數，下有刻工姓名。蝶裝。] 有"晉府書畫之印"朱文鈐記。

存三之十一　二冊

（案：方括號內爲江瀚稿本中批改加入內容）

由繆目、舊編簡目、江目三者對比，可以看到，江瀚以舊編簡目爲底本，據繆目批校，將舊編簡目刪去的行款等信息重新補入。此外，江氏多遵繆目分類，凡舊編簡目與繆目分類不同之條目，多遵繆目移易位置。包括全目分五卷，史部分上下卷，皆係暗襲繆目。不過，江瀚批註也有少量文字不見於繆目，如集部別集類明鈔本《長江集》批入"係柳大中家宋本重錄，爲馮班所點"，似係據原書內容所批。

除了江瀚稿本以外，江氏重編本簡目另有京師圖書館謄清本，留藏中國國家圖書館普通書庫。

（2）京師圖書館善本簡明書目五卷　江瀚編　中國國家圖書館藏民國七年（1918）京師圖書館鈔本　五冊

民國二十三年《國立北平圖書館書目·目錄類》著錄"壬子本館善本書目　江瀚重編　民國七年京師圖書館重鈔教育部藏鈔本五冊"。[①] "京師圖書館"綠絲欄稿紙鈔本，五冊。外封題"壬子本

館善本書目""長汀江氏重編""共五冊",書名下以"金木水火土"
五字編號各冊。書前有民國七年京師圖書館目錄課識語。卷端題
"京師圖書館善本簡明書目卷第一",次行"長汀江瀚重編",三行
低一格"經部",四行低兩格"易類",次正文。始經部易類"周易
兼義十卷略例一卷釋文一卷",止"滄江虹月詞一卷"。史部分上下
卷,共計五卷五冊。

此本爲京師圖書館目錄課據學部社會司藏本傳抄,書前有 1918
年京師圖書館目錄課識語:

> 今年南宮趙次原先生來任館事,注重歷年籌備未完事宜,
> 於善本尤加之意焉。見前年排印之《善本書目》所引繆目、江
> 目、王目等書,徧詢館員,未有知者。旋於《古學彙刊》中獲
> 見繆目印本,又於本館文書室內得殘本江目兩冊,均簡單殊甚,
> 不過大輅椎輪而已。最後至教育部社會司查檔,始知江前館長
> 瀚曾編善本書目兩次,排印本所據之江目,乃第一次所編者,
> 無怪其多疏略也。乃以江氏第二次重編五冊繕鈔存庫,以垂永
> 久而備考查云。中華民國七年五月八日京師圖書館目錄課識。

案識語所謂"本館文書室內得殘本江目兩冊",大概是指 1913 年
《教育部編纂處月刊》刊行經史兩部者。而"排印本",當係指 1916
年夏曾佑《京師圖書館善本簡明書目》。京師圖書館目錄課發現了江
瀚重編本,但稱之爲"江氏第二次重編",實際並未有太多根據,只
是因爲一直以來都把舊編簡目稱爲"江目",所以新發現的江氏重編
本只好認爲"江氏第二次重編",而外封署名題作"壬子本館善本
書目",以區別前者。

本書中所稱"舊編簡目",爲江瀚重編本以前的館員舊編《京
師圖書館善本簡明書目》,以中國國家圖書館藏鈔本四冊爲底本,此
即過去被稱爲"江目"者。而本書所稱"江目",指江瀚重編本
《京師圖書館善本簡明書目》,以中國國家圖書館藏謄清本《壬子本

館善本書目》爲底本，並參考斯道文庫藏江瀚稿本。

【2021 年補記】2019 年徐蜀先生發表《承先啟後的江瀚〈京師圖書館善本簡明書目〉》① 一文，也注意到了江瀚時期有兩部《京師圖書館善本簡明書目》。但是徐蜀先生認爲江瀚改編本在前，而舊編簡目編纂是在江瀚改編本基礎上刪繁就簡，編纂時間在後②。就一般情形而言，這樣的推斷是比較符合情理的。但是徐蜀先生未見日本慶應義塾大學斯道文庫所藏江瀚稿本面貌，因此被江瀚以繆目批改舊編簡目的行爲所誤導。事實上，舊編簡目編纂在前，其編纂人很可能是館員王懋鎔。而江瀚以舊編簡目爲底本，依據繆目内容加以批註修訂，即江瀚重編本簡目，完成時間在後。有關舊編簡目編纂人之考證，詳見下文"有關王目、江目之考證"一節。

三 夏曾佑《京師圖書館善本簡明書目》

1913 年 2 月，江瀚出任四川鹽運使，改聘夏曾佑以教育部社會教育司長兼職館務③。夏曾佑（1863—1924），字穗卿，一作遂卿，號

---

① 徐蜀：《承先啟後的江瀚〈京師圖書館善本簡明書目〉》，《圖書館報·文獻保護專刊》2019 年 11 月 8 日第 16 版。

② "爲此江瀚刪去繆目的解題和過錄文字，使篇幅縮減過半，故此書目的名稱中出現了'簡明'二字，這就是五冊本江目。然而，上繳教育部待審後，不知是教育部還是江瀚本人，仍嫌書目不夠簡明、體例尚未統一，故再作精簡，刪除了宋、元、金本的行款和版框尺寸，這便是江目殘本。"徐蜀：《承先啟後的江瀚〈京師圖書館善本簡明書目〉》，《圖書館報·文獻保護專刊》，2019 年 11 月 8 日第 16 版。案文中所稱"五冊本江目"即國家圖書館藏鈔本《壬子本館善本書目》，爲江瀚改編本。"江目殘本"爲在《教育部編纂處月刊》刊載經史兩部的舊編簡目，實則此本亦非殘本，另有完整的鈔本。

③ 見"1913 年 2 月 21 日教育部訓令社會教育司在館長江瀚調離後由司長直接管理館務（抄件）（檔采藏 1.9）"，《北京圖書館館史資料匯編（1909—1949）》上，書目文獻出版社 1992 年版，第 48 頁。

別士、碎佛，杭縣人。1913 年至 1917 年主持京師圖書館館務。1913
年以廣化寺地處偏遠，另在宣南前青色廠設立分館，6 月開館。12
月，教育部令圖書館暫行停辦，派部員接收，以圖改組擴充。1915
年，議以國子監南學舊址爲京師圖書館籌備處。8 月夏曾佑正式免
去司長職務，專任館長。11 月，教育部以自繆荃孫《清學部圖書館
善本書目》以來，未有以《京師圖書館善本書目》爲名刊行的書
目，敕令京師圖書館編輯善本書目。① 據王祖彝《京師圖書館回顧
錄》，1916 年"六月，館藏書目編成，善本釐爲四卷，普通本則分
經史子集及新刊五編，請部審定，先以善本書目印行。"② 知書目編
成於六月。8 月 21 日，教育部檢收書目，並敕令印行③。1917 年 1
月，京師圖書館遷至國子監南學重新開館。1918 年夏曾佑改任總編
輯員，因而去任。

傅增湘《國立北平圖書館善本書目序》稱"已而夏、彭二君，
重事修正"④，日本學者長澤規矩也《中國版本目錄學書籍解題》中
著錄此目編者爲"夏曾佑、彭清鵬編"，且注明"夏氏爲館長……
彭氏爲主任"⑤。據 1916 年 8 月 21 日教育總長范源廉簽署的教育部
指令第 22 號"同意送呈《京師圖書館善本書目》稿并印行流播"

---

① "一、目錄當重編付印也。查掌理圖書，全憑目錄。該館現有書目，均係寫
本。又所歸門類，亦間有未妥者，應逐冊查對，送部釐定付印，以資考覈。其內閣舊
藏清文《實錄》、《會典》、《八旗通志》以及精寫本《會典》諸書，均爲有清一代文物
所關，應一併列入書目，從事保存。"見"1915 年 11 月 29 日教育部敕令第 426 號令京
師圖書館編輯善本書目並確保藏書安全（原件）（檔編印 1.1）"，《北京圖書館館史資
料匯編（1909—1949）》上，書目文獻出版社 1992 年版，第 71 頁。
② 王祖彝：《京師圖書館回顧錄》，《中華圖書館協會會報》1931 年第 7 卷
第 2 期。
③ 教育部指令第 32 號"同意送呈《京師圖書館善本書目》稿并印行流播"件，
《北京圖書館館史資料匯編（1909—1949）》上，第 78—79 頁。
④ 傅增湘序，見趙萬里《國立北平圖書館善本書目》，民國二十二年（1933）
刻本。
⑤ ［日］長澤規矩也編著，梅憲華、郭寶林譯：《中國版本目錄學書籍解題》，
書目文獻出版社 1990 年版，第 63 頁。

件，上款題 "京師圖書館館長夏曾佑、主任彭清鵬呈送該館善本書
目四冊"①，書目當是夏、彭二人合力而成。今爲方便，仍簡稱爲
"夏目"。

1、夏目之版本

**(1) 京師圖書館善本簡明書目四卷 夏曾佑、彭清鵬編　民國五
年 (1916) 鉛印本　四冊**

半葉十三行，行二十三字。外封題 "京師圖書館善本書目"。前
有 "詳爲呈送本館善本書目懇請鑒定事案" 並民國五年八月二十一日
教育部指令第 22 號 "同意送呈《京師圖書館善本書目》稿并印行流
播" 原文。次《京師圖書館善本書目例言》六條。卷首題 "京師圖書
館善本簡明書目"，次行低一格 "經部"，三行空兩格 "易類"，次正
文。始經部易類 "周易鄭注 (清內閣書)"，止集部詞曲類 "滄江虹月詞
一卷 (歸安姚氏書)"。著錄書籍 968 種 (其中互著 3 條，實則 965 種)。

**(2) 京師圖書館善本簡明書目不分卷　中國國家圖書館藏油印
本　二冊**

外封題 "張菊翁交還，24/2/9。" 內有 "商務印書館編審部藏
書" 朱文方印，則此書曾爲張元濟商務印書館使用。此油印本館方
著錄爲 "京師圖書館編"，前有《京師圖書館善本書目例言》五條，
與民國五年鉛印本夏目同，當爲此前先行油印本。卷端題 "京師圖
書館善本簡明書目"，始 "周易鄭注一卷 (清內閣書)"，止 "滄江虹
月詞一卷 (歸安姚氏書)"，同夏目。惟夏目鉛印本多有案語注明與繆
目之差異，注語更多，則係在此油印本基礎上再加詳注。此本有朱
墨批校，史部正史及編年兩類尤多，當爲商務館爲景印《百衲本廿
四史》時所批以便商借，不知是否即張菊老親筆。正史幾部批注甚
詳，批語標明存卷，多標識 "可補"，謂可用幾部殘本補配爲一本。
如《後漢書》"又一部 (清內閣書) 宋刊大字本" (存傳四之六，十五之十

九……志十一之二十二）下墨筆批"四部搭印尚缺紀九之十　志三之五、傳十二之十四、五十二"。又如"宋史四百九十六卷（清內閣書）"（首條），批有"涵芬樓本缺一百七之百十三，共七卷，此可補"。《魏書》"又一部（歸安姚氏書），批有"此部似所缺有限，但係陸氏書，恐不可用"等等。

本書所引"夏目"，以民國五年（1916）鉛印本爲底本。

2、有關王目、江目之考證

夏曾佑所編《京師圖書館善本簡明書目》，是在江瀚時期兩部《簡明書目》基礎上修訂而成。書中有許多案語，主要說明新目與之前繆目、江目之異同。其《例言》第五條曰："繆氏所編書目，刻入《古學彙刊》，海內多有其書。凡本編與繆目互殊之處，均分疏於各條下，庶幾長短異同，瞭然可見。"所言"繆目"，即繆荃孫《清學部圖書館善本書目》。而其所稱"江目"則存疑義，究竟是"舊編簡目"，還是"江瀚重編本簡目"？（爲方便討論夏曾佑所言"江目"，因與本書前所稱江瀚重編本"江目"有歧義，在本章中暫時稱之爲"江瀚重編本簡目"。）

通過對比夏目與"舊編簡目"、"江瀚重編本簡目"可知，夏曾佑重編善本書目所據底本是"舊編簡目"。江瀚據繆目批改之內容，基本沒有被採入夏氏新編善本書目。那麼夏目案語所稱"江目"，是否即"舊編簡目"？夏目案語中提到"江目"七十九處，通過覆核其所言"江目"差異，大部分情況下與"舊編簡目"、"江瀚重編本簡目"都相同。因爲"江瀚重編本簡目"與"舊編簡目"原本就是一脈相承的書目，二者差異甚少。但是在夏目中還可以發現數處，已遵照"江瀚重編本簡目"修改的例子。如宋刊《四子纂圖互注》本《荀子》、《揚子法言》、《文中子》、《南華真經》，繆目、舊編簡目將四部合併著錄，江瀚重編本簡目始拆分爲四，分別著錄，夏目同。又如舊編簡目中子部類書類《古今事文類聚》僅著錄一部，江瀚重編本簡目據繆目補入六部，共七部。夏目則著錄五部，但是存卷與繆目、江瀚重編本簡目並不一致。又如《六經三注粹鈔》，夏目案語謂："按繆目作《四經三注鈔》,茲據《四庫提要》更正。"舊編簡目沿襲繆目書名,作《四經三注鈔》。江瀚重編本改作《六經三注粹鈔》,且據繆目批注存卷"存《書經》《左傳》《周禮》《禮記》。二十冊",夏目同。又如《周禮正義》,舊編簡目著錄作"明應檟刊本",繆目著錄作"明聞人詮刊本",江瀚綜合二者,改作"明應檟刊本。聞人詮校正",夏目同江瀚重編本,易作"明聞人詮校,應檟刊本"。又如《金石韻府》,夏目案語謂:"繆目未載,江目入音韻之屬,茲移置於此。"舊編簡目小學類無分屬,江瀚據繆目體例補入"音韻之屬"的二級小類（實際《古學彙刊》本繆目漏排最末"以上音韻"四字,但小學類中有"以上字書"、"以上訓詁"二級小類）。就此而言,夏目雖然是以"舊編簡目"爲底本,但應該是參考過"江瀚重編本簡目"。

但是與此同時,根據夏目案語也能舉出反例,即案語所言"江目"情況與"舊編簡目"相同,而異於"江瀚重編本簡目"。如"唐律疏議三十卷 又一部（清內閣書）"條,夏目案語:"按繆目不記重卷,江目有之。"今江瀚重編本不載重卷,與夏氏案語不合。覆核斯道文庫藏江瀚稿本,江瀚稿本批改前的舊編簡目底本有著錄"重十三之十五",此條原在史部政書類,江瀚在稿本中刪去史部政書類此條,而移至子部法家類時,補鈔到法家類中時不復記存卷中重卷,大概是據繆目所改。"福建鹺政全書二卷（清內閣書）"條,夏目案語:"按繆目作存一、三,江目作存一、二。"江瀚重編本著錄存卷"存一、三",與繆目相同,而不合於夏氏案語。覆核江瀚稿本,江氏以墨筆改存卷爲"存一、三",當係據繆目所改,而在書志中又補批"二卷,分四冊"。僅根據夏目的零星案語,可能無法確證其所稱"江目"究竟是舊編簡目,還是江瀚重編本簡目,又或是籠統言之。

夏目書前《詳爲呈送本館善本書目懇請鑒定事案》一文,介紹此前善本書目編纂情況,提到此前編纂善本書目有三,除了繆目、江目以外,還有一個王懋鎔編善目"王目"。

　　　《善本書目》前此編纂者，共有三本。一爲前館長繆荃孫所
　　定，現印於《古學彙刊》內。一爲前館長江瀚所定，現存鈞部社
　　會教育司及本館內。一爲前館員王懋鎔所編，現存鈞部圖書室內。
　　三者之中，以繆本爲最詳，而草創成書，不能無誤。江本、王本，
　　蓋即就繆本蕆錄而成，所不同者，僅增刪書目十數種耳。①

此段文字常爲學者引述，用於說明京師圖書館善本書目編纂情況，
如傅增湘《國立北平圖書館善本書目序》謂之“嗣則江君叔海、王
君懋鎔，續加葺錄”，中國國家圖書館館史相關研究敘及此段編目歷
史，都是源本夏氏所述，但是從來沒有人指出過夏氏所稱的“王本
(王目)”究竟是哪部書目。“王懋鎔”其人生平也不詳，通過查核時
人日記等史料，可以勾勒王氏生平如下。

　　王佐昌 (？—1913)，字懋鎔，湖南善化人，監生，京師圖書館職
員。陳慶年弟子。生年不詳。據當時同在教育部工作的魯迅 (周樹人)
日記所載，1913 年 12 月 31 日：“雷志潛來部言王佐昌病卒於寶禪寺，
部與恤金百元。”1914 年 2 月 9 日：“午後奠王佐昌三元，寄參謀部第
五局盧彤代收”② 知其卒於民國二年末。清末曾東渡日本③，擅日文，
民國二年翻譯日文《圖書館管理法》，連載於《教育雜誌》。光緒三十
三年曾任江南圖書館檢繕，編校《江南圖書館善本書目》④。

---

①　夏曾佑：《京師圖書館善本簡明目錄》，民國五年（1916）鉛印本。
②　魯迅：《魯迅日記》第 1 冊，人民文學出版社 1976 年版，第 74、85 頁。
③　《繆荃孫全集·日記 2》光緒三十四年十月廿八日：“發日本淞濱館王佐昌。
發永賢信。”第 531 頁。
④　繆荃孫《盋山檢書錄序》：“辛亥革命後，湖南王君懋鎔（問）［主其］事，
又出善本書目一冊，（後歸）汪君振之（管理）［繼其任］，再編范氏書目兩冊。”（案
圓括號內爲繆氏原稿謄清文字，方括號內爲梁公約修改文字）見梁公約：《盋山檢書
錄》四卷《拾遺》一卷，東京大學東洋文化研究所藏稿本。又據《本館創辦及成立時
先後在職人員表》（前清光緒三十三年十一月起至宣統三年九月止），載王懋鎔出任檢
繕在光緒三十三年十一月二十日。見《國立中央大學國學圖書館小史》，民國十七年
（1928）鉛印本。

民國二年 (1913)，王懋鎔尚在京師圖書館工作。《魯迅日記》10
月 1 日：“午後往圖書館尋王佐昌還《易林》，借《嵇康集》一冊，
是明吳匏庵叢書堂寫本。”11 月 11 日：“晚王佐昌來。”12 月 26 日：
“下午雷志潛來函，責不爲王佐昌請發旅費，其言甚苛而奇。”① 10
月 29 日，教育部訓令社會教育司轉飭京師圖書館暫停閱覽，派周樹
人等會同該館館員查點封存藏書，所列舉館員當中有 “王懋鎔”②。
王氏似是年末突然而卒。

依據夏曾佑介紹過去所編善本書目的順序來看，王目在江目之
後。且江目、王目應該是體例極爲接近的書目，都是刪減繆目而成，
二者不同 “僅增刪書目十數種”。但就目前留存下來的京師圖書館善
本書目而言，並沒有一部對應江瀚之後、夏曾佑之前的書目。而與
江瀚重編本簡目體例接近的，現存僅有舊編簡目，即是過去被我們
認爲是 “江目” 者。那麼有沒有可能夏曾佑所言江目、王目的次序
顛倒了？

江瀚 1913 年 2 月份去職，今藏斯道文庫的 “江瀚重編本簡目”
稿本應在此之前完成。然而夏目並沒有採用 “江瀚重編本簡目” 作
爲底本，而是在 “舊編簡目” 基礎上編輯新的善本書目。且夏目中
案語常舉言繆目、江目與新編善本書目之異同，而從未舉言王懋鎔
的 “王目”，正可以說明其重編之底本即爲王目。若是如此，那
“王目” 即 “舊編簡目”。因爲 “舊編簡目” 發表時間在江瀚離職之
後的六月，這可能給了夏曾佑一個錯誤的印象，即認爲 “舊編簡目”
是江瀚離任之後所編。

---

① 魯迅：《魯迅日記》第 1 冊，人民文學出版社 1976 年版，第 64、68、73 頁。
② “今國家粗定，不能不謀所以進行，仰社會教育司轉飭北京圖書館暫行停止閱
書。並派本部僉事周樹人、沈彭年、齊宗政，主事胡朝梁、戴克讓前往，會同該館館
員王懋鎔、喬曾劬、秦錫純、雷渝、孫遯、王憙醇、楊承煦，迅將所有收藏圖書，按
照目錄檢查，裝箱封鎖。其存款、帳冊，亦應逐一清理，悉交周樹人等接收報部。該
館人員務宜交代清楚，以便遷移，聽候改組。”《北京圖書館館史資料匯編 (1909—
1949)》上，第 54—55 頁。

　　之所以讓夏曾佑產生誤判的原因，除了發表時間的原因，還可能在於"江瀚重編本簡目"是利用繆目批改"舊編簡目"而成，這種有違常理的行爲造成了一種錯覺：明明是在"舊編簡目"之後的"江瀚重編本簡目"，內容上卻更接近繆目。我們今天能夠知道"江瀚重編本簡目"是利用"舊編簡目"批改而成，是因爲有江瀚稿本存世，從而能一目了然。江瀚根據繆目，把舊編簡目分類、複本分併的情況等，全部恢復到了繆目原來的樣子。假設夏曾佑看到的不是江瀚稿本，而是根據江瀚稿本謄清的鈔本（當然，不可能爲京師圖書館所藏民國七年重抄《壬子本館善本書目》，社會司當另有謄清本），已經看不出其修改痕跡了，那麼毫無疑問會認爲其內容更接近繆目，從而認定"江瀚重編本簡目"在前，而"舊編簡目"在後。

　　"舊編簡目"編定的時間，可以推定爲 1912 年 7 月《永樂大典》移交後，1913 年 6 月《教育編纂處月刊》發表之前。江瀚任期很短，從 1912 年 5 月底至 1913 年 2 月，不過短短八九個月時間，江氏對於圖書館編目一事，並不用心。如傅增湘致繆荃孫札云："江叔海充圖書館長，前日曾來津館參觀。此公於此道不求甚解，安能任此。湘再啟。"[1] 又民國元年十月十八日吳昌綬致繆荃孫札云："圖書館歸江叔海接管，今日往一看，舊物不缺，增出《大典》六十本，此後當可再去檢閱。……江叔海似于公舊政不甚改動，極稱公原存之件，一物不差。"[2] 知江瀚推重繆荃孫舊制，因此用《學部圖書館善本書目》批改舊編簡目，大概也是對繆荃孫"舊政不甚改動"之舉。

　　夏曾佑重編善本書目，相隔已有數年之久，未必能了解當時實情。夏目所稱的王懋鎔所編善本書目"王目"，很有可能即"舊編簡目"，編定時間在"江瀚重編本簡目"之前。直至民國七年，京師圖書館目錄課重鈔舊目，才稱江瀚重編本簡目爲"江氏第二次重

---

① 《藝風堂友朋書札》下，第 577 頁。
② 《藝風堂友朋書札》下，第 869 頁。

編"，而此時館中已經沒有人知道夏氏所稱的"王本（王目）"究竟是什麽了。然而這總歸是推測，目前還沒有直接證據可以證實現存"舊編簡目"即王懋鎔所編。如果真如夏曾佑所言，存在一部在"江目"之後的"王目"，那只能是在1916年2月江瀚去任之後至12月王懋鎔去世之前，也不排除在這期間王懋鎔確是又編過一部書目而尚未被我們發現之可能。但目前爲止，我們還沒見到有這樣一部書目存在的絲毫痕跡，這種可能性應該比較低。本書還是傾向"舊編簡目"是王懋鎔所編，即夏曾佑所稱的"王本（王目）"這一觀點。但爲審慎起見，在未有直接證據可以說明王懋鎔即"舊編簡目"的編纂者，本書仍將此目簡稱爲"舊編簡目"，暫不使用"王目"的稱法。

四　張宗祥《京師圖書館善本書目》

1918年1月，夏曾佑改任總編輯員，因而去任。爲節省經費，圖書館館長一職由教育部次長袁希濤（觀瀾）兼攝，教育部視學趙憲曾（次原）擔任圖書館主任。趙氏在任時間甚短，期間組織館員從教育部社會司重抄了《壬子本館善本書目》、《內閣庫存書目》等館內所闕書目，書上有京師圖書館目錄課識語"今年南宮趙次原先生來任館事，注重歷年籌備未完事宜，於善本尤加之意焉"云云。該年末，教育部議將京師圖書館遷至午門，爲教育部總長傅增湘否決，後在午門建設歷史博物館。1918年12月20日，張宗祥以教育部視學兼領京師圖書館主任。

張宗祥（1882—1965），原名思曾，後慕文天祥爲人，改名宗祥，字閬聲，號冷僧，別號鐵如意館，浙江海寧人。光緒二十八年舉人。先後任桐鄉桐溪學堂、嘉興府中學堂、秀水學堂、浙江高等學堂、浙江兩級師範學堂、杭州府中學教員。民國間任教育部視學，爲傅增湘調任京師圖書館主任，主持編纂《京師圖書館善本書目》。其後歷任浙江省教育廳廳長等，建國後任浙江圖書館館長。張氏畢生鈔書校書不倦，刻有一印自號"手鈔六千卷樓"。

據張氏回憶，1913 年末赴京，入教育部工作，其自述調往圖書館重編善本書目之緣起如下。

　　一九一三年冬我也入教育部，又得相見。有一次祭孔，我和魯迅都是執事官，祭畢照例去京師圖書館參觀。（那時京師圖書館在大方家胡同，屬教育部管理。因爲與教育部相距太遠，平時不便去，而國子監則就在大方家胡同附近。魯迅是社會教育司第一科科長，主管圖書館，又與我同是喜歡古書的，所以每年祭孔二次，就是我們到圖書館的最好機會。）魯迅和我正在指著排印的《善本書目》發議論，當時任教育部長的傅增湘悄悄的進來了，我們也沒有留意，不知他聽了多少時候，忽然轉了出來，大家招呼了一下就散了。隔了兩天，傅增湘召我去見，說明要我去辦京師圖書館，一切人事可以商量調動，尤須將善本書目編好。①

張氏所述此事在祭孔之後，時間可能爲 1918 年 9 月，不久就被調去圖書館。故張氏與魯迅議論之排印本《善本書目》，當指 1916 年鉛印本夏曾佑《京師圖書館善本簡明書目》。二人議論舊目之不足，爲當時教育部長傅增湘聽到，因而委託張氏重編《善本書目》。

1918 年 12 月 20 日，教育部第 89 號、90 號令，調趙憲曾回部，派視學張宗祥兼任京師圖書館主任。次年重編《京師圖書館善本書目》。據張氏自編年譜自述，民國八年"任京師圖書館主任。圖書館集（外）［內］閣殘遺、文津《四庫》、敦煌經卷諸珍品及普通書籍而成，隸於教部。以次長任名譽館長，派一人坐鎮之。傅沅叔先生（增湘）長教部，鑒於善本書目之不善，命予董之。遂請與趙君慰蒼偕。日拂拭灰土中，以求遺逸，檢查舊目，修整殘編，檢校繆誤，知繆藝風先生之目不可信。窮兩年之力，成目四卷。目成，沅叔先

---

①　張宗祥：《我所知道的魯迅》，《圖書館》1961 年第 4 期。

生辭職，故未印"①。傅增湘辭職在"五四運動"之後，因拒絕解散北大、罷免校長蔡元培而請辭。張氏 1921 年 2 月辭職，且又謂編目耗費兩年時間，可知此張目編纂始於 1919 年初，完成於 1921 年 2 月離任之前。

張宗祥主持編纂之《京師圖書館善本書目》，在《鐵如意館隨筆》及《冷僧自編年譜》中皆曾提及，而國內館藏未見著錄。即便繼承了京師圖書館藏書的中國國家圖書館，館中也未見其稿。而據 1934 年連載於《國立北平圖書館館刊》第八卷第 1、2、4 期《本館善本書目新舊二目異同表》，序中提及張目之情況："其後張宗祥氏就任京師圖書館主任，又據夏目重編，改正夏目繆誤不少。其時午門歷史博物館整理內閣大庫遺藏，送來宋元以下舊槧舊抄可補館藏之缺者，爲數甚多。故以張氏草目與夏目較，實有增無減。顧張目迄未出版，只憑稿本存館備案。"② 至少在這一年，還有一部被稱爲"張氏草目"的善本書目存藏在北平圖書館中。

又據張氏回憶，書目編纂完成之後，曾聽從魯迅之建議，錄一副本攜帶南歸，後捐贈浙江圖書館。

> 《善本書目》告成已在"五四"之後，傅增湘辭職，魯迅知道我向來寫作不留付稿，他屢次對我說："此目必須錄付，私人存一部，因爲付印無時，世事變遷不定，必須另錄一份，他時方有依據。"我聽了他說的話，抄了一份，現在果然屢有變遷，我們當時所撫摩的大內內閣遺留古籍，多被偷盜出國了。這一善本書目的付本，我也送入浙江圖書館保藏起來了。③

---

① 張宗祥：《冷僧自編年譜》，見《張宗祥文集》第 3 冊附錄，上海古籍出版社 2013 年版，第 469 頁。
② 《本館善本書目新舊二目異同表》，《國立北平圖書館館刊》1934 年第 8 卷第 1 期，第 92 頁。
③ 張宗祥：《我所知道的魯迅》，《圖書館》1961 年第 4 期。

這部被送入浙江圖書館收藏之副本，該館館員何槐昌先生稱曾在古籍部見過，而今亦已無法蹤跡①。近年喬秀岩先生調查北平圖書館早期入藏宋元善本，在日本發現源出張目的《京師圖書館善本書目錄》鈔本兩部，一爲東京大學東洋文化研究所藏，喬秀岩先生推定爲倉石武四郎等人在拍攝《舊京書影》時借鈔。另一爲京都大學人文科學研究所藏鈔本。兩本內容源出張目，而著錄體例與張目略有不同，經過後來京師圖書館館員改編。筆者在上海圖書館調查到《國立京師圖書館善本書目》鈔本一部，館方著錄爲"夏曾佑輯"，實則與民國五年刊行之夏目非同一書，且與系出繆目的《京師圖書館善本簡明書目》數種等面貌不同。在喬秀岩先生幫助下，與日本藏鈔本加以對比，審定爲張宗祥所編善本書目。此外，張濤先生在中國科學院圖書館發現 1919 年 1 月京師圖書館《善本書目補遺》一冊，爲張氏重編善本書目前的一個工作底稿。又 2017 年東京古典會"平成 29 年度古典籍展觀大入札會"中出現小林金合文庫舊藏鈔本《京師圖書館善本書目》經部殘本一冊，較上圖藏鈔本更早，應爲張氏定本前之初稿。茲據所見，分述如下。

1、張目之版本

(1) 國立京師圖書館善本書目不分卷　張宗祥編　上海圖書館藏京師圖書館鈔本　六冊

"國立京師圖書館"綠絲欄稿紙。半葉十一行，行二十字。卷端有"中華教育文化基金董事會珍藏圖書印"朱文楷書方印。前有凡例八條，末署"編者識"。卷首題"國立京師圖書館善本書目"，次

---

① 浙江圖書館徐曉軍先生回憶："2008 年，我履職古籍部。……李先生（致忠）問起張宗祥先生主編的《京師圖書館善本書目》的下落。這是魯迅建議張先生錄的副本，據記載帶回南方，藏在浙圖。何先生（槐昌）答曰曾在古籍部見過。李先生返京後，我在古籍部查了半天，未見此書蹤影，沒能提供給國家圖書館在次年舉辦的百年館慶活動中展出，成爲一件憾事。"徐曉軍：《張宗祥先生紀念畫冊·序》，見浙江圖書館編《張宗祥先生紀念畫冊 紀念張宗祥先生逝世五十週年》，國家圖書館出版社 2015 年版，序第 1 頁。

行低一格"經部"，三行低兩格"易類"。次正文。頂格著錄書名、卷數，下著冊數，次行低一格著撰人，三行低兩格爲書志，著錄版本、版框尺寸、行款、刻工、藏印等，末記出處"舊爲某某藏書"，次記存卷，低兩格同前。次錄題跋，低兩格同前。末間加案語，低三格。四部分類，子、史兩部各分上下，共六冊。每類之末統計部數、卷數、實存卷數、冊數。類末間有案語，頂格寫。共著錄書籍 1512 部。（參見圖八）

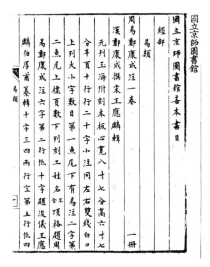

圖八：張宗祥《國立京師圖書館善本書目》鈔本

《凡例》八條錄如下：

凡例

一、本書分類悉從《四庫》，其有變易之處，于案語中說明之。

一、館中善本書目，向有繆氏、江氏、王氏、夏氏四種。繆目刊入《（國）［古］學彙刊》，夏目本館曾經排印，最後成，故本目所載諸書，皆以夏目爲據。其有夏目未載者，或當時脫漏，或由普通書中檢出，或民國八年後所續購。總之，夏目所載之書，本目中無不備載。

一、宋元刊載板心板口，明刊罕見或刊印精緻者亦載之，鈔本載行數字數。

一、板心尺寸皆據第一卷第一頁分寸爲準（原書缺者即以所存卷在先之第一頁爲準），尺用農商部所造者。

一、凡板本、書名、卷數及鈔寫時代等有與前目不符者，皆根據本書中可以證明之處，或歷來目錄所載可以引證之處，附入案語，以示確定。

一、收藏圖書書中重見者皆不重敘。

一、鈔本清以上皆標時代，清以下概標爲舊鈔。

一、書中有跋者皆全載之，庶閱者可得書之原委。

編者識

上海圖書館著錄此本爲"夏曾佑輯"，而據《凡例》所言"夏目"云云，可知此爲夏曾佑繼任者所編善本書目。此目書志體例，著錄較詳。間有案語，爲撰人所加。所錄原書題跋，亦較他目爲多。如《爾雅新義》，繆荃孫《清學部圖書館善本書目》僅錄陳詩庭跋，此目則多錄錢儀吉、余卤兩跋，係據原書重錄。所加案語，多訂正夏目錯謬。

此目雖不題撰人，目中案語多與張宗祥《鐵如意館隨筆》相合。如《隨筆》卷一"茶陵本《文選》"條記："茶陵本《文選》，槧精印良，刀鋒秀挺，墨色光潤，在宋刊中亦屬上乘，故各家書目多標宋刊，其實元槧也。陳仁子，元人，前有大德二年陳序。書賈射利，多抽去此序，以冒宋名。今明刊《文選》有自此本出者，陳序尚存，可以爲證。"[1] 此目著錄茶陵本《文選》所加案語曰："茶陵本世皆以爲宋刻，其實前有大德己亥冬陳仁子序，是陳氏實元人也。惟刊印精絕，宋槧中亦稱上品，故原書此序多爲坊賈撤去，遂相沿以爲宋刻。明翻本則此序故在也。"其說相同。又《隨筆》卷一"北宋刻《文選》"條曰："予所見北宋刻李善注《文選》，字勢古拙，疏密隨意，北紙，此真可寶，惜僅存數卷。前主京師圖書館者，竟置之雜書堆中，不加裝訂，屏不錄入善本，可笑也。予至，即熏沐出之塵垢之中，登之選部之首。蓋凡書所目爲北宋者，十九紹興，惟此本當北宋

---

① 張宗祥：《鐵如意館隨筆》卷一，《張宗祥文集》第 1 冊，上海古籍出版社 2013 年版，第 21 頁。

之名無慚耳(詳見《善本書目》)。"① 與此目著錄北宋本《文選》爲選部之首同。此北宋本《文選》殘本爲內閣大庫舊藏，混在雜書之中，此前各家所編《京師圖書館善本書目》皆未著錄，張氏從亂紙堆中檢出，登於選集之首，尤可證此目即其所編《京師圖書館善本書目》。

　　此外，書目中案語有兩處自稱"宗祥"，可證實案語爲張宗祥所加。《書目》子部《易林注》案語："戊午夏吳興蔣孟蘋氏復傳影一部，宗祥乃託錢念劬先生假至京廂，影寫一部。趙君慰蒼亦影一部，且告之部，爲館中影補八卷。"趙慰蒼，名用霖，貴陽人，即張氏《自訂年譜》就任京師圖書館主任"遂請與趙君慰蒼偕"者。案語又與張氏《鐵如意館隨筆》中"《易林注》"條相合："予主館時，曾借毛本影鈔，配成全書(其時毛本在蔣君孟蘋處，攜之北上者，錢念劬先生也)。"② 又《書目》子部《永樂大典》案語："清學部所得者，僅此六十四冊而已。除四冊仍貯教育部外，本館所存者六十冊。己未宗祥來任館事，又借得傅沅叔先生所藏四冊錄副收存。所冀海內外藏書家，倘收得此書，各發宏願，錄副贈館，或通知館中僱人錄寫，則庶乎涓涓之水匯爲江河，或有一日可以仍還清翰林院庫所存卷乎。"《鐵如意館隨筆》"《永樂大典》"條也提到"《大典》修輯及卷數、冊數，予前所編《京師圖書館善本書目》中詳記之"③。二處案語均自稱"宗祥"，可爲此目出於張氏之手確證。在中國國家圖書館與浙江圖書館都已找不到張宗祥編善本書目原本的情況下，上海圖書館所藏這部鈔本，是目前所見唯一一部完整的張宗祥編《京師圖書館善本書目》。

　　關於這部鈔本抄寫的時間，也可以根據書上的藏印略作推斷。鈔本卷端有"中華教育文化基金董事會珍藏圖書印"藏印，此董事會爲庚子賠款退還所設立基金會。1924 年 9 月，民國政府設立

---

① 張宗祥：《鐵如意館隨筆》卷一，《張宗祥文集》第 1 冊，第 22 頁。
② 張宗祥：《鐵如意館隨筆》卷一，《張宗祥文集》第 1 冊，第 26 頁。
③ 張宗祥：《鐵如意館隨筆》卷一，《張宗祥文集》第 1 冊，第 12 頁。

中華教育文化基金董事會，管理美國第二次退還庚子賠款。基金會以發展文化事業應從圖書館著手，乃與教育部協商合辦"國立京師圖書館"。1925 年 10 月教育部擬與中華教育文化基金董事會重組國立京師圖書館，後教育部未能履約，基金會另建北京圖書館於北海，1926 年更名北海圖書館。1928 年 6 月，北京改稱北平。7 月，京師圖書館改名北平圖書館。1929 年 9 月，與北海圖書館合併，改組爲國立北平圖書館。上圖藏《國立京師圖書館善本書目》抄本，應即基金會與教育部籌劃合辦"國立京師圖書館"這一時期所抄或入藏。而在 1928 年 6 月圖書館寄給基金會的報告函中，曾提到當年 3 月份的工作有"重抄善本書目"[①]，上圖藏鈔本可能即是 1928 年或此前抄寫的善本書目其中一部，抄寫的時間應在1925—1928 年間。

需要注意的是，上圖藏鈔本目中著錄冊數可能已經不是張目原貌。目中有部分書籍冊數增加是因爲 1921 年配入歷史博物館移來殘本所造成的，而上圖藏鈔本著錄之冊數已經加入這部分配補殘書的冊數，與配補後史錫永重新編的《京師圖書館善本書目錄》相同。如南宋刊本《詩集傳》，上圖藏鈔本著錄爲"五冊"，而張宗祥案語謂"此書原裝兩冊，中華民國八年改裝四冊。"史錫永目著錄配入了一部分歷史博物館移來殘卷，增爲五冊，但是上圖藏鈔本已著錄爲五冊。造成這樣的原因，可能是上圖藏鈔本所根據的底本，經過館員批改，而鈔本鈔錄了批改後的冊數。

而在此前 1919 年 1 月 29 日，京師圖書館爲重編善本書目作準備，先行編有一部《善本書目補遺》，稿本藏中國科學院圖書館，張濤先生《〈京師圖書館善本書目補遺〉與國家圖書館早期善本目錄的編製》[②] 文中有詳細論考。

---

① 1928 年 6 月 2 日函中基會送 1 至 4 月報告表冊，《北京圖書館館史資料匯編（1909—1949）》上，第 217 頁。

② 張濤：《〈京師圖書館善本書目補遺〉與國家圖書館早期善本目錄的編製》（未刊稿）。

(2) 善本書目補遺不分卷　稿本　中國科學院圖書館藏　一冊

"京師圖書館"綠絲欄稿紙。半葉十一行。內封題"善本書目補遺"，下署"八年一月廿九日"。卷首題"善本書目補遺"，次行低一格題"經部"，三行低兩格"易類"，次正文。頂格著錄書名、卷數、舊藏，下記編號，次行低一格著錄撰人、版本、冊數。始經部易類"周易會通十四卷　清內閣書　申二之一"，止集部別集類"皇華集(又一部)清內閣書　卯六"。據目中著錄舊藏來源，大多爲"清內閣書"，另有少量"歸安姚氏書"、"本館購進書"、"國子監書"、"湖州陸氏書"(即陸心源捐送國子監書)。目中塗改、勾選、批語甚多。正如張濤先生指出，此目係針對夏曾佑《京師圖書善本簡明書目》進行補遺。《補遺》著錄體例與夏目相近，當爲 1919 年 1 月張宗祥到館以後，組織人手以舊目覆核原書，將原目未載而可列入善本者，編作《補遺》。《補遺》著錄之書，大多被增補入張宗祥新編善本書目①。但也有部分未最終選入新編的善本書目，如《補遺》中部分書批"歸普通"，即最後退還普通書庫，未入選善本書目(詳下文介紹)。

張宗祥重編善本書目，除了上海圖書館藏的《國立京師圖書館善本書目》鈔本外，2017 年 11 月東京古典會"平成 29 年度古典籍展觀大入札會"出現《京師圖書館善本書目》經部殘本一冊，筆者初步判斷爲較上圖藏張目更早的一個善本草目。

(3) 京師圖書館善本書目(存經部)殘本　烏絲欄鈔本　一冊

半葉十行，行二十二字。經部前有《凡例》。卷首題"京師圖書館善本書目"，次行低一格"經部"，三行低兩格"易類"。次正文。頂格著錄書名卷數，下著冊數，次行低一格著撰人，三行低兩

---

① 如張濤《〈京師圖書館善本書目補遺〉與國家圖書館早期善本目錄的編製》(未刊稿)文中指出："《善目補遺》並不是準備出版的謄清稿本，而是館中整理古籍以擇出善本的工作記錄，因此滿紙塗乙，批校頗多，著錄也不無錯亂之處。如寫本《禮記集說》不分卷 12 冊，作者張養被誤題爲'張養浩'，並誤導了張宗祥，直到京大本張目才改正過來。"

格爲書志，著錄版本、版框尺寸、行款、刻工、藏印等，末記出處
"舊爲某某藏書"，有題跋者則全文過錄。始經部易類"周易鄭康成
注一卷　一冊　漢鄭康成撰　宋王應麟輯　元刊《玉海》附刻本"，
止經部小學類"諧聲補遺十四卷　四冊　清宋保撰　傳鈔本"。原爲
大阪小林氏舊藏，卷端有"金合文庫"朱文方印、"小林藏書"朱
文方印。與此同時出現者，另有繆荃孫《學部圖書館善本書目》集
部稿本及謄清稿本各一冊①（參見第三章第二節"一、繆荃孫《清學部圖書館
善本書目》"）。

此本與上圖藏鈔本《國立京師圖書館善本書目》內容相近，而
著錄條目略有差異，總體而言，上圖藏鈔本著錄條目有所增加。此
本卷端《凡例》與上圖藏張目內容相同，而有修改痕跡，如上圖藏
張目鈔本《凡例》第三、四條，此本原作一條，"一、宋元刊載板
心板口，明刊罕見或刊印精緻者亦載之，鈔本載行數字數"，其下接
書第四條小字"原書缺者即以所存卷在先之第一頁爲準"，後補入
"板心尺寸皆據第一卷第一頁分寸爲準，尺用農商部所造者"一行，
上圖藏鈔本則分作兩條。二本著錄格式亦相近，不同之處在於此本
每類之末無結語統計，經部著錄條目，亦間有異同。上圖藏張目鈔
本著錄條目有所增加，此本較之少《周易傳義》（南陵徐氏書）、《學
易》、《周易本義》、《書經講貫》（內閣大庫書）、《韓詩遺說》、《詩考
補》、《讀禮疑圖》、《讀儀禮畧說》、《禮記注疏》（本館新購書）、《禮
記集說》、《四禮便覽》（朝鮮本，高麗金達河先生捐）、《樂經元義》、《樂
律全書》、《左傳注疏》、《讀左一隅》、《經學識餘》、《孟子古義》、
《古今韻會舉要》（歸安姚氏書）等書，以上條目皆爲前繆、江、夏諸
目未載，而張宗祥編目時新補入者。

根據著錄條目的差異，可以大致推斷這部鈔本的編纂時間。此
目較上圖藏張目鈔本多《說文繫傳》一部，繆目無此書，舊編簡目、
江目、夏目著錄。上圖藏張目案語謂："案原目尚有祁刻《說文繫

①　三書皆承蒙劉斯倫兄代檢，謹致謝忱。

傳》四十卷，計八冊，今退入普通庋藏。"可知《說文繫傳》一書後來被退入普通書庫，而此目仍然著錄此條，知在張氏定本之前。但根據這一點，還是不能斷言此目是張氏到任之前館員所編，還是張氏到任後所編。根據 1919 年 1 月圖書館重編善本書目前所作《善本書目補遺》，《補遺》著錄各書係此前善本書目未載而補入者，而間有見於此本，可推知此本爲 1919 年 1 月以後所編。如《書經詳說》明刊本二冊、《禮記集說》舊鈔本十八冊（《補遺》著錄十二冊），此前繆目、舊編簡目、夏目皆未載，見於《補遺》，而此目已收入，同上圖藏張目鈔本。因此，這部僅存經部殘本的《京師圖書館善本書目》，應爲張宗祥到任後所編初稿。上圖藏張目鈔本，較此本補入更多舊目未著錄之書，可知係以此本爲基礎的增訂本。

此外，上文所提及見於上圖藏鈔本而不見於東京經部殘本的十八條，無一見於 1919 年 1 月的《善本書目補遺》。這可以說明，上圖藏鈔本《國立京師圖書館善本書目》較東京經部殘本所增加條目是更晚的時候增訂補入。因此，在張氏任期內（1919 年初至 1921 年 2 月之間），可能前後修訂過兩次《善本書目》。以上介紹到的三部書目的先後順序是，先是 1919 年 1 月編成《善本書目補遺》，作爲重編善本書目之準備工作。其後編成第一部草目，即東京所見這部經部殘本書目之原本，從《補遺》中選取部分書籍編入善目。其後又以第一部草目爲基礎，編成修訂本，即上海圖書館藏張目鈔本之原本，較第一部草目增補入更多條目，編定時間更晚。當然，上圖藏鈔本題爲"國立京師圖書館善本書目"，是 1925 年籌建"國立京師圖書館"時期謄抄的副本，目中內容也不排除經張氏任後館員修訂之可能。

由於東京所見經部殘本僅存一部，倉促粗核條目，未有更多信息可供稽考，只能暫時推考張目情形如上。本書所稱"張目"，仍以上海圖書館藏京師圖書館鈔本《國立京師圖書館善本書目》爲底本，"國立"二字應爲該鈔本重抄時所加，故書名仍稱爲《京師圖書館善本書目》。期待中國國家圖書館及浙江圖書館能找到記載中存藏的張目，提供更多信息，以對這一時期善本書目編纂情況有更深入的了解。

2、張目之特點

　　江瀚、夏曾佑所編《京師圖書館善本簡明書目》皆爲繼承繆荃孫所編《清學部圖書館善本書目》之簡目，著錄書名、卷數、作者、版本、存卷等主要項目。而張宗祥主持編纂之《京師圖書館善本書目》爲書志體例，詳細著錄行款、藏印等，有題跋者則全文過錄。其書志格式大致如下：

> [書名] [卷數]　　　[冊數]
> 　[撰人]
> 　　[版本]。版心寬幾寸幾分 [半/弱/強]，高幾寸幾分 [半/弱/強]。[左右/四周] [單/雙] 線。黑 [線] 口/白口。第一魚尾下標 [某某卷幾] [不等]，第二魚尾下標 [字數、頁數]，下標刻工姓名。首 [某某] 序，次 [進書表等]，次 [某某]。本書首行題 [某某卷之一]，次行低 [幾] 字題 [某某]，三行低 [幾] 字題 [某某]，[幾] 行正文，頂格。半葉 [幾] 行，行 [幾] 字，小字雙行 [幾字/等]。書中 [避諱字某] 均缺筆。[卷首/卷末] 有 [某某藏印]……舊爲 [某氏] 藏書。
> 　　　存卷 [幾]　　卷 [幾]
> 　　　[案語]
> 　　　[題跋全文過錄]

以經部《精選東萊先生博議句解》爲例：

精選東萊先生博議句解十六卷　　四冊

> 宋呂祖謙撰
> 　　元刊本。板心寬八寸一分弱，高六寸三分。四周雙綫。黑口。第一魚尾下標 "東萊博議某卷"，第二魚尾下標頁數。第一行題 "精選東萊先生左氏博議句解卷之一"，每篇目下列 "出處" 二字，即傳文；"主意" 二字，即議之綱領。半頁十行，行二十一字，小字雙行同。第一頁有 "熙徵私印" 朱文、"誠齋居士" 白文二方印。舊爲歸安姚氏藏書。

存一之八。

　　按此書原目作二十五卷，係詳注本卷數，非本書卷數。今據
　　瞿氏藏書志更正。又按此書有元刊本、明覆元本，此書
　　"桓"皆作"威"，雖承宋刊之遺，但既無序文，字體又不見
　　佳，元明之間，殊難得證。

張目之前的京師圖書館善本書目，如繆荃孫《清學部圖書館善本書目》
著錄內閣大庫藏書，也類似書志格式，但繆目不過是因襲曹元忠《文
華殿檢書分檔》文字，僅限於著錄內閣大庫藏書，非其編目時手定體
例。故張氏《京師圖書館善本書目》，可謂京師圖書館第一部系統的善
本書志。張氏編纂書志，體例得法。其書志主體爲客觀著錄，記錄書
本版框尺寸、版心、行款、藏印、題跋等，欲有所考證或說明，則以
案語低一格附後，以示區別。過錄之題跋，單獨列後，分體清晰。今
人不明書志與提要之別，往往獨抒己見，在書志客觀著錄中加入大量
考證文字。《京師圖書館善本書目》將個人見解以案語附後的做法，爲
前人成例，足爲今日編纂館藏書志者借鑒。當然，張目最具學術價值
部分，也就是張氏所加案語。下面茲摘取數例，以見其價值。

（1）改正舊目書名著錄

張目對舊目書名著錄作了改訂，並在案語加以說明。如史部明
翻宋大字本《晉書》一百三十卷："案原目作《晉書載記》十一卷，
查載記單行本各家皆未著錄，今更正之。"子部《纂輯地理造福至
祕》五卷："又案此書原有目錄，分總論、龍、穴、砂、水五類，前
目以《龍法》一卷標爲全書之名，大誤。"又舊時書目，著錄書名
不甚規範，多見常用名或簡稱，張目則統一以卷端題名爲書名著錄
項，較爲接近當下書目著錄規範。如史部《東萊呂太史別集》十六
卷《坿錄》三卷《坿錄拾遺》一卷："案此書原作《東萊先生別
集》，今依本書標題將'先生'二字改作'太史'。《坿錄》後尚有
《坿錄拾遺》四頁，并鈔補一頁，原漏，今增入。"集部《水心先生
文集》二十九卷，張氏案語謂："案此書原作《葉水心集》，茲照原

書標題改正。"《劉文敏先生詩集》四卷："案此書原作《桂隱詩集》，今據書中標題改。"

（2）改正舊目卷數著錄

如經部姚文田稿本《說文解字攷異》十五卷，案語謂："案此書係照《說文》原卷，每卷又分子卷，應作十五卷。原目作三十卷，誤。"景鈔本《龍龕手鑑》四卷，案語謂："案前目作存一、二、三三卷，其實四卷全。"史部《三事忠告》三卷，案語謂："按此書原目誤作四卷。"子部明刊本《書學會編》四卷，案語謂："案此書所集第一卷爲劉次莊《法帖釋文》十卷，第二卷爲米芾《書譜》一卷，第三卷爲黃伯思《法帖刊誤》二卷，第四卷爲曹士冕《法帖譜系》一卷，故前目誤爲十四卷。"皆對舊目卷數之訂正。

（3）改正舊目作者著錄

如史部綠格抄本《江蘇采輯遺書總目》案語："經部雖未注撰人姓名，史部以下首行均有'上海縣學廩生臣黃烈編'一條，當定爲黃烈編。原目作清高晉等編，係照總裁領銜之例。書內既有編者姓名，應改定。"子部《神僧傳》九卷，案語謂："案此書《四庫》入存目，標元人撰。今案序稱'間繙閱采輯其傳，總爲九卷'云云，則爲成祖所纂無疑。"皆對舊目作者之修訂。

（4）改正舊目版本著錄

版本著錄，爲書目中最易出錯之項。張目利用避諱等方法，並與《四庫總目》、丁丙《善本書室藏書志》、瞿鏞《鐵琴銅劍樓藏書目錄》、莫友芝《邵亭知見傳本書目》等清代書目詳加比較，對繆目、夏目版本著錄多有是正。尤其是對歸安姚氏藏書著錄，如經部元刊本《爾雅注疏》十一卷，舊目著錄爲宋刊本，張氏改爲元刊，其案語謂："案此書因楊聽臚跋中謂爲宋本，前目遂未細審其誤，今細檢其書，實無宋刊確證，'殷'、'匡'、'徵'、'胤'等字均未缺筆，補刊之頁極多（補刊均係白口，間有墨塗之痕），丁、瞿兩家所言元刊之本與此正同，今據之更正。"又鈔本《說文校議》十五卷，舊目因書中多批改校語，定爲稿本，張目細核校語，審定爲張穆批校，而非作者姚文田、嚴可均所加。案語謂：“案此書因有朱筆校語，前目均定爲稿本。細查校語，上多有冠以‘穆案’二字者，當是石洲先生手校。惟已校者僅五卷，近角處校語多爲蟲蝕，殊可惜耳。”史部明覆元本《南史》四部，“案以上四部前目皆作元刊本，板式既不相同，字體亦分優劣，且以《謝灌傳》證之，誤處尤多，今故特爲更正。”宋刊本《增入名儒集議資治通鑑詳節》，“案此書原目作《增修陸狀元集百家注資治通鑑詳節》一百二十卷，元張晉亨撰，元刊本。今案標題分卷皆不同，且宋諱‘匡’、‘貞’等字皆減筆，字體精整，係宋坊刻之佳者，當爲宋人節本，故列于此。”皆對舊目版本之訂正。

趙萬里重編《國立北平圖書館善本書目》，即大量借鑒了張目之意見。如目首兩部《周易正義》，繆目、夏目著錄作宋刊，張目改作“明永樂刊本”，並加案語：“案以上二書原目作宋刊，歷來宋刊皆九行，無八行者，原目誤。”1934 年《本館善本書目新舊二目異同表》曰：“此部書面有‘清學部之印’，乃歸安姚氏故物。繆荃孫編《學部書目》作宋刻本，夏目因之未改。前京師圖書館張主任宗祥重編，見書尾近欄處有‘永樂甲申歲刊’小字一行，遂改爲永樂刻本。下部亦同。”又巾箱本《左傳》一百九十八葉，舊目著錄作宋刊本，張目定此本爲明巾箱本，其案語謂：“又按宋刊巾箱本上闌不作兩層，此爲明嘉靖間覆刊本，何屺瞻曾言之。”《異同表》曰：“此部書之上闌格式分爲兩層，前京師圖書館張主任宗祥依據何屺瞻之言，以宋刊無此式，改爲明刻本，新目遵之。”所言“新目”，即趙萬里《國立北平圖書館善本書目》。趙目向稱精審，實際其版本著錄很大一部分建立在張宗祥《京師圖書館善本書目》基礎之上，只是因爲張目傳本罕覯，一直脫離在學界視野之外，故趙目對其借鑒之情況未爲外界所知。

（5）改正舊目類目及“互著”之例

張氏《鐵如意館隨筆》中有一章專論“圖書分目”之難①，在京師圖書館善本編目中，也常有分類不當或兩難的情況。夏目已有

---

①　張宗祥：《鐵如意館隨筆》卷二，《張宗祥文集》第 1 冊，第 45 頁。

互著之例，張目對舊目分類不當者加以糾正，而類目兩可的情況則沿用"互著"之例。如史部舊鈔本《紀年鴻史》十卷，案語謂："又按此書亦編年類，夏目誤入政書。"史部明官刊大字本《歷代臣鑒》三十七卷，張目列入傳記類，列於《相鑑》、《宗藩昭鑒錄》之後，並加案語謂："案此書係採集史傳而成，與上二書相類，夏目依《四庫》入雜家，今改列於此。"對於分類兩可之書，則沿用前面夏目已有的"互著"之例，兩處互見，不避重複。夏目史部興地類《山海經圖讚》、《大明清類天文分野之書》互著於子部小說類、天文算法類。張目沿用其法，如《天文秘書》列於子部術數類，又互見於子部算學類，而著明"見下術數類"。《漢唐祕史》列於史部雜史類，又互見於編年類，而著明"見下雜史類"，並於雜史類加案語說明："案此書《四庫》入雜史類存目，其實書中體例編年繫皆仿《通鑑》，今故列於此，而重見其名於編年類中。"

(6) 提入善本

《書目》凡例云："其有夏目未載者，或當時脫漏，或普通書中檢出，或民國八年後所續購。總之，夏目所載之書，本目無不備載。"京師圖書館創始之初，不斷收入書籍及清理庫存，尤其是內閣大庫舊藏書籍之清理工作，一直持續不斷。張氏到任後，將置於破紙堆中之舊籍選出，提入善本。如前所舉北宋刻李善注《文選》，"前主京師圖書館者，竟置之雜書堆中，不加裝訂，屏不錄入善本，可笑也。予至，即熏沐出之塵垢之中，登之選部之首。"[①] 又如經部天蓋樓刊本呂留良《四書語錄》四十六卷，案語謂："案此為清禁書，不多見，故提入善本。"明刊本《明倫大典》二十四卷，案語："案此書二十一卷，夏目未載，今補入。"殿版開花紙印本《御纂朱子全書》十九卷，案語："案此書前無序目，本文與李光地等奉勅編之書多不同，流傳甚少，故列入善本。"

1915 年 11 月 29 日教育部敕令第 426 號令京師圖書館編輯善本

---

① 張宗祥：《鐵如意館隨筆》卷二，《張宗祥文集》第 1 冊，第 22 頁。

書目，謂："其內閣舊藏清文《實錄》、《會典》、《八旗通志》以及
精寫本《會典》諸書，均爲有清一代文物所關，應一併列入書目，
從事保存。"① 令圖書館將清代之《實錄》、《通志》、《會典》等書
編入善本書目，但是這些書並未編入 1916 年的夏目，直到張目始見
提入善本，加以著錄。

（7）指出繆荃孫《清學部圖書館善本書目》之因襲

張氏《自編年譜》中有一段提及繆荃孫所編《清學部圖書館善
本書目》，"檢查舊目，修整殘編，檢校繆誤，知繆藝風先生之目不
可信"②。繆目因襲舊藏書目成書，並非每書都出於目驗，故其著錄
頗有與事實不符之處，尤其是對"海虞瞿氏"鐵琴銅劍樓進呈本的
著錄。張氏在案語中指出其舛謬，並言明其原因即在於繆氏沿襲了
瞿氏《鐵琴銅劍樓藏書目錄》原文。詳前"繆荃孫《清學部圖書館
善本書目》"一節。

五　史錫永《京師圖書館善本書目錄》

民國十年（1921）一月，京師圖書館主任張宗祥辭職，教育部派
主事劉同倍兼任。6 月 9 日，歷史博物館移交內閣大庫殘書，交付京
師圖書館整理。這批殘書是移交歷史博物館內閣大庫檔案中混入的
書籍，博物館方面在清理檔案的時候發現了不少書籍殘本，故將之
提出移交給圖書館。王祖彝《京師圖書館回顧錄》曰：

　　舊內閣存有明清兩朝提本若干，世所謂紅本是也，而內閣
　　大庫書，亦多屬入。又朝章簡牘，凡未交部者，皆萃其內。先
　　由內閣移存國子監，再改存館，以館中未有餘室，暫存於歷史
　　博物館，於是部有清理紅本之議。當是時，高等普通各居文官

① 《北京圖書館館史資料匯編（1909—1949）》上，書目文獻出版社 1992 年版，第 71 頁。
② 張宗祥：《冷僧自編年譜》，見《張宗祥文集》第 3 冊附錄，第 469 頁。

考試及第者，皆分曹任職，而實閒散，部遂分派至館，任清理之責。其人皆少年英雋，勤于任事，而疏於鑒賞，檢點一通，不逾年而畢事，清出珍品甚多，而珠遺滄海，猶可計斛而量。所得內閣庫書殘帙，與館藏可相配補者，且數十本。惜未能盡以交館庋藏，俾仍有散于賈肆者，可慨也。猶憶前年館購宋本一帙，與舊藏者相配補，識者謂即當時之物云。[①]

王祖彝謂寄存在歷史博物館的內閣大庫檔案中羼入有不少藏書，而當時擔任清理之責的多爲政府文官新人，于此道一竅不通，以致內閣大庫殘書混同在檔案之中未曾檢出。這些殘本，多可與收歸京師圖書館的內閣大庫藏書配補，當中一部分還從歷史博物館流散到了廠肆。後來歷史博物館清點內閣大庫檔案，將這些藏書單獨歸類，與京師圖書館交換藏品。1919 年 5 月，歷史博物館曾有清點移交雜件五箱之議，因圖書館未派員來，故未大規模移交。至 1921 年 6 月，始將整理出的殘書整體移交京師圖書館。1921 年 6 月 9 日 "教育部指令第 678 號呈準京師圖書館與歷史博物館交換圖書唐經等" 件，提及了交換藏書之事。

　　呈爲兩館交換書籍、唐經等物，繕具清冊，懇請備案事。案查京師圖書館舊存書籍，大半自清內閣交出，卷帙缺略甚多。現在歷史博物館檢查清代紅本，所有其中各種散佚之書，有可以補圖書館舊有各書之殘缺者，亦有圖書館所未備者。而圖書館所藏唐人寫經及碑碣等重複之件，有爲歷史博物館陳列所必需者。自不得不略爲變通，由兩館交換保存，俾臻完善。查民國八年五月，歷史博物館奉到鈞部函內開：奉次長囑，雜件五箱發還，由京師圖書館派員會同清理，各按性質分存，開單報部，以便稽考

---

① 王祖彝：《京師圖書館回顧錄》，《中華圖書館協會會報》1931 年第 7 卷第 2 期，第 2 頁。

等因。當時因圖書館未奉部令，故未派員。現經兩館議訂交換辦法，歷史博物館所檢查各書，除宋刊《柳柳州集》一本 (三十五頁又三半頁)、《韓詩外傳》一本 (十一頁)、《韋蘇州集》一本 (九頁)、《論衡》一本 (七十三頁，殘)、《孟子注疏》五本 (卷一、二，共八十八頁，前後缺頁。卷三、四，共七十二頁。卷五、六，共六十五頁。卷十一、十二，共六十六頁。卷十三、十四，共六十九頁)、《六韜·三略·孫子》一本 (共八十頁，殘缺)、《唐六典》一本 (卷七至卷十一，共六十四頁半，殘補)、《論語注疏》一本 (卷十一之卷十九，一百三十五頁半，前後頁殘)，已由歷史博物館保存外，其餘書籍十一箱，移送圖書館。當經兩館派員會同清理，計書八百七十一種。嗣由圖書館檢去唐人寫經、各種碑碣及鹿皮簽，移送歷史博物館，計六十二種，均已清理就緒，分別庋藏在案。所有交換書籍、唐經等物情形，理合備文聲敘緣由，並由圖書館繕具收到書籍清冊一本，由歷史博物館繕具收到唐經等物清冊一本，呈請鈞部鑒核備案。再歷史博物館爲板本上之關係，此次所送各種書籍內宋元明清刊本，有與圖書館所藏篇頁重複無可配補者，曾經議定裝潢四冊，送歷史博物館陳列。應俟旅送時，另行開單呈報，合併聲明。謹呈。①

歷史博物館整理出的圖書，除了留下 8 種以外 (有關歷史博物館留下的内閣大庫殘書下落，詳後文第五章第四節"其他公藏内閣大庫藏書"介紹)，其他書籍一共清點出 11 箱 871 種，移交圖書館。京師圖書館則將清點出的唐人寫經、各種碑碣及鹿皮簽 62 種，移交歷史博物館。(案：鹿皮簽，清末《内閣庫存詔諭碑版輿圖目》著錄"鹿皮簽四十四條"，1918 年譚新嘉在京師圖書館檢查館中舊藏清内閣舊物，即提到"鹿皮簽四十四條"②)。並且要求雙方都謄抄了收到書籍、物品的目錄清冊。遺憾的是，目前還沒發現這部

---

① 《北京圖書館館史資料匯編 (1909—1949)》上，第 99—100 頁。
② 譚新嘉：《夢懷錄》，《北京圖書館藏珍本年譜叢刊》(第 196 冊) 影印中國國家圖書館藏稿本，北京圖書館出版社 1999 年版，第 729 頁。

"收到書籍清冊"，無法確知 1921 年 6 月歷史博物館移交京師圖書館 871 種書籍的詳目。這批殘書移交到圖書館以後，館員以張宗祥目爲藍本，重編善本書目，書目中著錄存卷大量標注 "此部從歷史博物館移來" 字樣，可以略爲窺見當時移交殘書之情況。這部源出張目而經館員改編的《京師圖書館善本書目》，國內未見有藏本，僅有鈔本兩部存藏於日本東京大學東洋文化研究所、京都大學人文科學研究所，題爲《京師圖書館善本書目錄》。此改編本不署撰者，據方甦生《清內閣庫貯舊檔輯刊敘錄》、《內閣大庫書檔舊目補敘錄》引用史錫永《京師圖書館善本書目》情況，本書推定這兩部鈔本即史錫永所編《京師圖書館善本書目》。

1、史目之版本

(1) 京師圖書館善本書目錄不分卷 東京大學東洋文化研究所藏倉石武四郎鈔本　十冊

不題撰人。"清祕閣" 紅格稿紙鈔本。半葉八行，行二十字。卷端無題名，有 "東洋文化研究所圖書" 朱文大方印。此目著錄體例與張宗祥目相近，書志格式。頂格著錄書名、卷數，下標冊數。次行低一格爲書志，著錄撰人、版本、行款、藏印等，略作考證。另行著錄存卷。該目著錄文字內容則與張目多有不同，與京都大學人文科學研究所藏鈔本一致，爲張宗祥任後館員改編。書中另過錄有民國十一年八、九月間館方重校批語。此本筆跡潦草，每篇單獨爲葉，首尾不相連。喬秀岩先生論證此部書目係倉石武四郎等人在拍攝《舊京書影》時借出抄寫，爲編纂《舊京書影提要》之參考。[1] 倉石抄錄篇目爲選抄，主要挑一些準備選入《舊京書影》的重要版本。如經部全本有

---

[1] "當年倉石他們抄寫的《京師圖書館善本書目》，現收藏于東京大學東洋文化研究所。持此目與《舊京書影提要》相對照，不難看出《舊京書影》的選目大致與《京師圖書館善本書目》一致，《舊京書影提要》中對各版本的簡短介紹，也包含不少雷同于《京師圖書館善本書目》的詞句。換言之，《舊京書影》及《提要》是在《京師圖書館善本書目》的基礎上編撰完成的。"［日］喬秀岩、宋紅：《〈舊京書影、北平圖書館善本書目〉出版說明》，《文獻學讀書記》，第 150 頁。

220 篇，此本僅抄了 56 篇。史部僅摘抄至卷六雜史類 "政治典訓"
條，其後卷七至卷十未抄錄。抄寫時每條單獨爲葉，首尾不相連。其
原因大概有二，一是預備日後有機會再補抄完整，按條目插入排葉，
以成完本。二是各人分工散葉抄寫，最後合訂，以求其速。抄寫倉
促，書成衆手。如舊鈔本《素問六氣玄珠密語》，所錄書題跋僅抄首
尾，而中間空出相同字格，大概是留待日後從容補寫。鈔本在行邊、
書眉墨筆批改補入批語，存卷中補注由歷史博物館移來配入之殘本卷
數，補入筆跡墨色有所不同，似非抄寫所漏。其中史部第二冊補入内
容用朱筆抄寫，足見是爲了區別原稿謄抄文字和批改文字。但因臨時
倉促，大部分還是用墨筆批改。這些批改補入内容，應該是倉石所見
《京師圖書館善本書目》原本如此，爲了保存原貌，故另筆補寫，以
作區別。① 因此，倉石鈔本雖非全本，卻保留了其當時所見《京師圖
書館善本書目》原本修訂原貌。

　　據倉石武四郎回憶，這部書目是在留學期間，得到徐森玉的幫
助從京師圖書館借出抄錄。

　　　　京師圖書館的徐鴻寶先生始終給予了我們很大的關照。尤其
　　是當我提出想就圖書館的善本作一個留真譜的時候，他爲我提供
　　了極大的方便。當我們借到了原則上不可外借的善本書目稿本
　　時，由於兩個人人手不夠，我們便發動其他的同道諸君一起抄寫
　　到很晚。那時正值嚴冬，次日清晨我又起得很早，和吉川君一起
　　急急忙忙地趕往圖書館。這樣的日子持續了一段時間。②

----

　　① "倉石舊藏本有很多天頭地腳補寫的内容，應該反映京師圖書館内部工作稿本
的原貌，京都藏本已將這些補充内容納入正文中。"［日］喬秀岩、宋紅：《〈舊京書影、
北平圖書館善本書目〉出版說明》修訂稿之《補二、北平善本的各種書目》，《文獻學
讀書記》，第 176 頁。案文中所言 "京都藏本"，即本書所稱 "人文研藏鈔本"。
　　② 原題：《延英舍のこと》，見《吉川幸次郎全集》第三卷附刊《月報》，筑摩
書房，1969 年。引文引自中文譯本倉石武四郎《留學回憶錄》之《關於延英舍》，見
榮新江、朱玉麒輯注《倉石武四郎中國留學記》，中華書局 2002 年版，第 212 頁。

倉石武四郎1928年3月23日到中國留學，大概在該年即開始著手調查京師圖書館藏善本，彼時圖書部主任仍由徐森玉擔任，因此可以將圖書館“原則上不可外借的善本書目稿本”借予倉石。倉石與當時同在中國留學的吉川幸次郎一起抄錄，二人都住在留學生寮延英舍，後來覺得人手不足，便發動寮內其他日本留學生一起抄寫，也就是我們現在看到鈔本筆跡不一的原因。倉石回憶抄寫書目在冬天，應即1928年末。（有關倉石調查京師圖書館善本拍攝《舊京書影》之詳情，參見後文第六章“倉石武四郎《舊京書影》”。）

（2）京師圖書館善本書目錄二十一卷 京都大學人文科學研究所藏鈔本　八冊

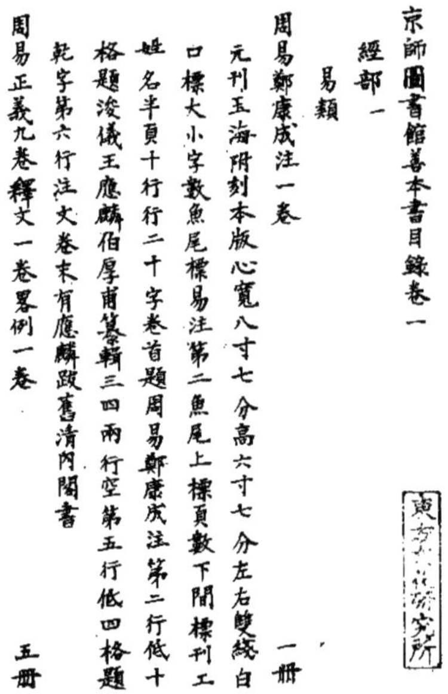
京師圖書館善本書目錄卷一
經部一
易類
周易鄭康成注一卷　一冊
元刊玉海附刻本版心寬八寸七分高六寸七分左右雙綫白口標大小字數魚尾標易注第二魚尾上標頁數下間標刊工姓名半頁十行行二十字卷首題周易鄭康成注第二行低十格題浚儀王應麟伯厚甫纂輯三四兩行空第五行低四格題乾字第六行注文卷末有應麟跋舊清內閣書
周易正義九卷釋文一卷畧例一卷　五冊

圖九：史錫永《京師圖書館善本書目錄》

不題撰人。無界欄竹紙鈔本。分裝八冊。半葉十行，行二十五字。卷端題“京師圖書館善本書目錄卷一”，卷首有“東方文化研究所”朱文楷書長方印。此目與东文研藏鈔本同係張宗祥任後改編。全本鈔錄，前後完整。目中著錄內容、體例、類目順序與張目相近，而具體著錄內容又有差異。如經部易類即較張目多出《周易舉正》、《乾坤鑿度》、《周易乾鑿度》等書，皆著明爲“本館新購書”。書前無序例，書志著錄內容以張目文字爲基礎，張氏案語多被混編入書志文字之中。張目過錄原書題跋，原附錄在書志之後，此本則錄入書志正文。並加入了歷史博物館移交之內閣大庫遺藏殘本，補配到原目，注明“由歷史博物館移來”。（參見圖九）

參照上圖藏張目，民國八年（1919）年歷史博物館清理內閣大庫遺藏殘本，並未大量載入目中。張氏《鐵如意館隨筆》“清內閣書”

條云：“內閣歸圖書館者，尚爲成冊之書，其不成冊者，堆積一室中，高與梁齊。民國八年，歷史博物館請而清理之。塵土尺餘，紙不可揭，所得者《孟子》數卷，其餘皆殘篇也。”[①] 當時張氏應主要著力於重編《善本書目》，未暇清理配補移交之殘本。且前所舉帶“宗祥”自稱之案語兩條，在後出本《書目》中，已泯去張氏之名。可推斷後出本非張氏親定，乃後來館員利用張目重新編定。

人文研藏鈔本目中有多處提及“新目稿本”或“原稿”，即指張宗祥所編舊目。[②] 目中所舉“新目稿本”、“原稿”各處，與上圖藏張目鈔本相合。如元刊本《至正金陵新志》，張目著錄“前後亦有‘朱氏伯京’等鈐記”，人文研藏鈔本著錄曰：“新目稿本謂亦有‘朱氏伯京’印文云云，此本無此印，查舊目亦無是說。”影汪氏鈔宋本《說文繫傳》，張目案語謂“案此書較祁刻本頗有不同處，繆氏謂爲祁刻所從出，恐不盡然”，人文研藏鈔本案語曰：“謹按：舊目以此書‘（如）［爲］祁刻所從出’，原稿謂‘較祁刻本頗有不同’，攷《鐵琴銅劍樓目錄》：‘祁氏所刻《繫傳》，《部敘》以下即據是本，故大致符合。’前人已顯然判決矣。”又明刊本《靜修先生集》，張目著錄“存十九之三十”，謂之“總卷在下，分卷在上”，人文研藏鈔本案語曰：“謹按：原稿‘存十九之三十’及篇中‘總卷在下，分卷在上’云云，查附錄不在本集，當云集十九至二十八。”《迂齋先生標注崇古文訣》，張目著錄作“明刊本”，人文研藏鈔本改作“元刊巾箱本”，並謂：“原稿又稱爲明本，核其字體，即元麻沙本也。”又張目著錄的元刊本《音注資治通鑑》，人文研藏鈔

---

① 張宗祥：《鐵如意館隨筆》卷一，《張宗祥文集》第 1 冊，第 12 頁。

② 喬秀岩、葉純芳先生在利用日藏兩鈔本時，注意到該目中有“舊目”、“新目稿本”的稱法。“後來葉純芳留意到倉石所抄有‘舊目’‘新目稿本’並稱之處，所稱‘新目稿本’內容與上海圖書館藏本符合，愈可證倉石所抄即在張宗祥原稿（如上海圖書館所藏）的基礎上繼續補充並且經過修訂重新編輯的草稿。”［日］喬秀岩、宋紅：《〈舊京書影、北平圖書館善本書目〉出版說明》修訂稿之《補二、北平善本的各種書目》，《文獻學讀書記》，第 176—177 頁。

本改書名爲《資治通鑑》，並加案語："謹按：書賸題'音注資治通鑑'，原稿因之。查天祿琳瑯、邵亭、丁氏、瞿氏、張氏諸目錄，均有此本，無冠首二字，減之。"所稱"新目稿本"、"原稿"種種，皆與張目相合。可知此目是在張目基礎上進行改編。

　　有關此目改編之時間，也可以藉助目中相關信息大致考定。民國十年 (1921)，京師圖書館整理歷史博物館移來書籍。後出本改編之時間，大約也就在此時。日藏兩鈔本過錄了當時京師圖書館藏原本的天頭批語，記錄這部《善本書目》重校時間爲民國十一年。如史部元刊明修本《隋書》條有批語曰"十一年九月十三日重校，明日曬書，暫停校"，並說明"右十七字在此條眉上"。又鈔本《遼史拾遺》條有批語曰"十一年九月十六日雨，不克曬書，仍重校至此"，並說明"右十八字在此條眉上"。明萬曆十三年刊本《元史》條有批語曰"十一年九月十七日曬書日，因昨兩地有餘濕，不能曬，重校至此"，並說明"右二十五字在此條眉"。子部高麗覆刊本《正百將傳》末有批語"十一年八月廿九日又重校"，並且說明"右十一字在此條眉上"。宋刊本《外臺秘要》有批語"八月三十日又重校正"，並且說明"右十字在此條眉"。舊鈔本《素問六氣玄珠密語》有批語"十一年九月一日又重校"，並且說明"右十字在此條眉上"。這是京師圖書館重校時所加校語。人文研藏鈔本抄錄時所見原本有此批語，故亦移鈔在此本上，而加以說明其位置所在。由此可知，改編本在民國十一年已完成，當時在進行覆核重校。據此可以推測，這部源出張目的重編善本書目，應即在 1922 年前後所編，可以推定其編纂時間爲 1921 年 2 月張氏去任之後，至 1922 年 8、9 月曬書重校之前。又 1922 年 7 月《浙江公立圖書館年報》刊載《本學年考察京津濟寧蘇滬各圖書館事項表》介紹京師圖書館之"目錄編纂法"爲"分經、史、子、集、叢書五部"①，此前京師圖書館善

---

① 《本學年考察京津濟寧蘇滬各圖書館事項表》，《浙江公立圖書館年報》1922 年第 7 期，第 1 頁。

本書目皆不設叢部，此目始立叢部，可知表中介紹的京師圖書館書目即此目。又表中載京師圖書館"善本書二萬一千三百九十八冊又十七件"，張目著錄善本 20100 餘冊，此目著錄善本書約 22500 餘冊（冊數應後來又有增入），與記錄情況較爲接近。可佐證此目在 1922 年 8 月之前已成稿。

上述批語，人文研藏鈔本是以貼簽形式黏貼在原目眉上，而東文研藏倉石鈔本鈔在該條之末。二者批語內容相同，連說明批語位置之文字如"右十一字在此條眉上"等都相同。這會給我們帶來一絲困惑，如果人文研藏鈔本據京師圖書館原本謄抄時過錄這些批語，那爲何倉石鈔本也有一模一樣的內容，尤其是說明位置文字也完全一致，日藏二本之間有無相互傳抄關係？筆者認爲這種可能性比較低，人文研藏鈔本不是據東文研倉石武四郎鈔本傳抄。因爲倉石鈔本爲摘抄本，並非完本，條目較人文研藏鈔本少很多。倉石鈔本中部分空白未補完文字，人文研藏鈔本則完整無缺，若是據倉石鈔本傳抄，不可能憑空補全。此外，人文研藏鈔本是中國竹紙鈔本，書衣、裝訂也是中國裝，書手不似日人字跡。可能是倉石武四郎因爲早年倉促鈔了一個摘錄本，猶以爲憾，後又托人重新據京師圖書館藏原本謄錄了一個完整的副本，送當時"東方文化學院京都研究所"庋藏，即現京都大學人文科學研究所。而倉石早年的摘抄本，則隨"倉石文庫"入藏東京大學東洋文化研究所。二本都是直接根據當時京師圖書館藏稿本傳抄。倉石鈔本之所以會有與人文研藏鈔本一樣的批語內容，可能是倉石後來據人文研藏鈔本過錄到自己的早年摘抄本上，因此連說明批語位置的案語也完全一致。東文研藏倉石武四郎摘鈔本，除了因爲摘抄而內容不完整外，所據底本與人文研藏鈔本一致，故下文若無特殊情況，僅舉人文研藏鈔本爲例。

人文研藏鈔本也有後來所加批語。如史部地理類"《地理沿革表》一部十四冊"條著錄爲："見《簡明目錄》（淡字二號）。此目未載。十六年九月十三日識。"另有抄手所加批語："按右一條貼簽上寫。"知此條原本失收，民國十六年（1927）九月館員據此前《京師圖書館善本簡明書目》補入。此條批語也可以證明人文研藏鈔本抄寫的時間不會早於民國十六年（1927）九月，是在倉石鈔本之後所傳抄。

2、史目之編纂人

這部張宗祥任後改編本《京師圖書館善本書目》，究竟出於何人之手？《〈舊京書影、北平圖書館善本書目〉出版說明》文中推斷爲"張氏草目"，這個方向是正確的，改編本《善本書目》確係以張目爲底本改編。隨著對《京師圖書館善本書目》系列認識逐漸細化，在發現了張目原本之後，這個改編本的編纂者則需要重加考察。[1]

有關這部善本書目的相關情況，館史檔案中未見有記載，但在方志及前人引用文獻中留有一些痕跡。方甦生《清內閣庫貯舊檔輯刊敘錄》（1935）文末引用書目，有"史錫永《京師圖書館善本書目》"，並在文中大量引用其著錄文字，《內閣大庫書檔舊目補敘錄》（1936）文中亦有引用。又民國《萬縣誌‧人物》載史錫永生平，謂之"編《京師圖書館善本書目》，臚敘源流，言約旨賅"[2]。這部史編《善本書目》，名不經傳，也未聞有存本。按照現在發現的京師圖書館善本書目系列，日藏兩部源出張目的改編本是最末一部，時間上最接近方甦生1935、1936年所引的"史錫永《京師圖書館善本書目》"。因此，這部最晚的《京師圖書館善本書目》很可能即史錫永所改編。

方甦生《清內閣庫貯舊檔輯刊敘錄》（1935）引用"史錫永編《京師圖書館善本書目》"多處，與京大人文研藏鈔本接近，而與上圖藏張宗祥目鈔本不同，可以證實人文研藏鈔本即方氏所稱"史錫

① 喬秀岩先生在《出版說明》修訂稿末附加"2016年補述"，也認爲"倉石所抄不能直接視爲張宗祥所編"。見［日］喬秀岩、宋紅：《〈舊京書影、北平圖書館善本書目〉出版說明》修訂稿之《補二、北平善本的各種書目》，《文獻學讀書記》，第176頁。

② 熊特生纂修：（民國）《萬縣志》，民國活字本。見《重慶歷代方志集成》第12冊，國家圖書館出版社2020年版，第177頁。

永《京師圖書館善本書目》"。如方甦生《敍錄》引史錫永《京師圖書館善本書目》曰"禮記詳說不分卷，存五十七冊，清冉覲祖撰，舊抄本"①，京大人文研藏鈔本同，張目作"禮記詳說不分卷，五十六冊，清冉覲祖撰，舊鈔本"，冊數不同。又如"明史三百三十二卷，一百二十冊，擬進呈黑格寫本"，張目作"進呈寫本。黑格。"人文研藏鈔本作"擬進呈寫本，黑格"，版本項多一"擬"字。"又一部，存一百零三冊，寫本，黃綾冊面，朱圈句讀"，張目作"鈔本……黃綾面"，人文研藏鈔本作"寫本……黃綾冊面"，版本項"寫本"、"鈔本"不同。"又一部，存二冊，稿本"，張目作"寫本同前"，人文研藏鈔本作"稿本同前"，版本項"寫本"、"稿本"不同。"又一部，存八冊改訂九冊，草稿本"，張目作"八冊，稿本"，人文研藏鈔本作"存八冊改訂九冊，後（'後'當爲'稿'字之誤）本如前，後兩冊繕寫潦草，當係初修"，修復後冊數有增加。"又一部，存十二冊，初修稿本"，張目作"十二冊，稿本"，人文研藏鈔本作"存十二冊，初修稿本"，版本項多"初修"二字。"又一部，存十冊，初修稿本，冊面題'草本'"，張目作"十冊，稿本"，人文研藏鈔本作"存十冊，初修稿本，冊面題'草本'"，版本項多"初修"二字，且著錄封面題字。"又一部，存三冊，稿本，批有'題照副總裁王大人所改重錄'"，張目作"三冊，稿本"，人文研藏鈔本作"存三冊，稿本……另紅箋'題照副總裁王大人所改重錄副本呈閱'"，較張目多著錄紅箋題字等細節②。又方甦生《內閣大庫書檔舊目補敍錄》（1936）中引用史錫永編《京師圖書館善本書目》，"掌銓題稿二十八卷，存三冊（歷史博物館移來一冊，共四冊），明高拱撰，明刊本"，張目作"三冊"，人文研藏鈔本作"存三冊改配四冊……二十一之二十二（此二卷由歷史博物館移來）"，加入了歷史博物館移來殘卷，冊數增加。又引"三事忠告三卷，一冊，元張養浩撰，明初刻

---

① 方甦生：《清內閣庫貯舊檔輯刊敍錄》，民國二十四年（1935）鉛印本，第38頁。
② 方甦生：《清內閣庫貯舊檔輯刊敍錄》，第25—26頁。

本”，張目作“明刊本”，人文研藏鈔本作“明初刊本”等等，版本著錄更爲細化。① 以上種種著錄細節，方甦生所引皆與人文研藏鈔本相合，而不同於張目。可以證明，人文研藏鈔本《京師圖書館善本書目錄》，即方甦生所稱“史錫永《京師圖書館善本書目》”一書。倉石武四郎借出抄錄的善本書目，也正是史錫永重編的這部善本書目。

史錫永在圖書館史上聲名不彰，茲考其生平如下。史錫永，字子年，萬縣人。史氏民國十三年任《萬縣志》總纂，編纂及半而逝，卒於民國十六年（1927）②。民國《萬縣志》卷十五《人物三》載史氏小傳：

> 史錫永，字子年。少孤，謹遵母教。年十五，叔良晅沒，無子，祖母以錫永子之。時值生日，終其身居之，哀甚不與宴樂。……由歲貢舉於順天鄉試，復入仕學館。精研法政，獲獎，直隸州知州、黑龍江巡撫、學部尚書爭羅致，卒以主事留學部，歷任五年。京察以辦事樸實、守正不阿，保知府。國變後，修《黑龍江省志》，成《地理沿革志》數卷，撰《川江灘險志》、浙江《新登縣志》，均簡潔有馬、班筆意。編《京師圖書館善本書目》，臚敘源流，言約旨賅。復輯《續蜀鑑長編》，舉有關政本者，一一掊摭，惜僅成二十卷而卒。縣志續修，任總纂，亦未成。③

傳中載其“編《京師圖書館善本書目》，臚敘源流，言約旨賅”。

---

① 方甦生：《內閣大庫書檔舊目補敘錄》，《內閣大庫書檔舊目補》，民國二十五年（1936）鉛印本，第4頁。
② “民國十三年（1924），萬縣圖志局局長劉乙青聘請同學史子年爲總纂，負責纂修本縣縣志。民國十六年（1927），史子年去世，但志書並未完成，於是劉乙青聘請熊特生繼任總纂。”熊茂松：《巴渝舊志研究》，四川大學出版社2019年版，第236頁。
③ 熊特生纂修：（民國）《萬縣志》，民國活字本。見《重慶歷代方志集成》第12冊，國家圖書館出版社2020年版，第177頁。

《教育公報》載 1923 年 1 月 13 日聘任史氏爲京師圖書館編輯員①。前文推測日藏的兩部《京師圖書館善本書目錄》應是編纂於 1921 年至 1922 年 8 月曬書前，似與史氏聘任時間不符。但據張元濟日記，1921 年 9 月 22 日 "圖書館晤史子年、金任甫、袁少修、譚志賢"②，或許 1921 年史氏已在京師圖書館任職，是年 2 月張宗祥去任，同年 9 月 30 日《教育公報》載派何人璧往京師圖書館幫同編輯書目③。有關史氏任職京師圖書館時間及此目編纂其他館員參與情況等，可待進一步考察。

綜上所考，基本可以將日藏兩部《京師圖書館善本書目錄》認定爲史錫永所改編。故本書引述人文研藏《京師圖書館善本書目錄》鈔本，簡稱爲 "史目"。又 1928 年出版的《書目長編》著錄有 "京師圖書館重訂善本書目十一冊（稿本）"④，不署撰人，或即此本。

3、史目之特點

張宗祥《京師圖書館善本書目》著錄善本 1512 條，史錫永《京師圖書館善本書目錄》著錄善本 1514 條，二者著錄條目數量大體相近⑤，史目主要是利用張目改編。張目是京師圖書館所編的第一部善本書志，分行著錄書名卷數冊數、作者、書志、題跋。所錄原書題跋皆另行低一格附後，末偶有張宗祥案語。而史錫永利用張目重編時，仍採用書志格式，但略有調整。史目將張目條目後單獨所錄的題跋、案語，混入書志之中。張目原來著錄較爲簡略的條目，史目著錄都加以詳細著錄，增加行格、藏印等信息，故文字篇幅約較

---

① "逕啟者：奉總長囑史錫永應聘任京師圖書館編輯員等因，特此通知。"《通知京師圖書館史錫永聘充圖書館編輯員》（十二年一月十三日），《教育公報》1923 年第 10 卷第 1 期，第 31 頁。

② 張元濟：《張元濟日記》，商務印書館 1981 年版，第 800 頁。

③ "啟者：奉次長諭，派何人璧在京師圖書館幫同編輯書目等因，特此通知。教育部秘書處啟。"《通知派何人璧幫同編輯京師圖書館書目》（十年九月三十日），《教育公報》1921 年第 8 卷第 10 期，第 28 頁。

④ 邵瑞彭：《書目長編》，民國十七年（1928）鉛印本。

⑤ 數目相近，但具體條目是有增減刪訂，不只是表面上看多了 2 條這麼簡單。

張目多出三分之一。

　　史錫永《京師圖書館善本書目錄》源出張目，但對張目著錄有所修訂。如經部舊鈔本《禮記集說》不分卷，張目著錄爲"明張養浩撰"，而史目作"明張養撰"。如張濤文中指出，張目是因爲沿襲了 1919 年 1 月《善本書目補遺》的錯誤著錄。① 原書題"魏榆張養浩庵著"，史目糾正張目錯誤，對此有所考證："查山西省志，養榆次縣人，萬曆進士，著有《禮記獨解》、《禮記纂言》等書，字云浩庵。"故改定撰者爲張養，非張養浩。又如經部南宋刊本《禮書》一百五十卷，原作"二百卷"，史目加以訂正，其案語謂："案舊目二百卷，查目錄止一百五十卷，丁氏《藏書志》、瞿氏《鐵琴銅劍樓目錄》亦然，今改正。"又分類、版本著錄上也有修訂，如《稽古篇》，改版本爲清刊，並移置子部雜家類，其案語謂："謹按此書原目作明永歷十三年刊本，編入別史類。既有谷應泰記，即非明刊，所紀不盡屬史，故移此。"

　　京師圖書館所編的幾部善本書目大多標注舊藏來源。史目對此前各目標注舊藏來源有誤者加以訂正。如經部《尚書正義》(明修監本十三經本) 條，此前的五部善本書目皆著錄爲"舊清內閣書"，史目根據書上有"吳興姚伯子觀元鑒藏書畫圖籍之印"藏印，改正爲"舊歸安姚氏藏書"。像這樣訂正的例子還有很多。但是需要注意的是，史目訂改的舊藏來源也並非完全準確，如經部《經學識餘》十八卷六冊 (印格舊抄本) 條，張目不著來源，史目著錄爲"舊歸安姚氏書"，就未必準確。此書爲秀水姚東升膳清稿本，史目又重複著錄於子部雜學類，題《經史識餘》二十六卷六冊，並加案語"謹按此書原目作十八卷，誤"，且記爲"與前兩部均本館新購書"。目中還著錄姚東升其他稿本多部，皆標爲"本館購進書"。這批姚東升手稿在張目之前未見著錄，是圖書館後來購進者，與圖書館創設之初收

　　① 張濤：《〈京師圖書館善本書目補遺〉與國家圖書館早期善本目錄的編製》(未刊稿)。

入的"歸安姚氏藏書"非同一來源，史目誤記。又如《通鑑外紀注補》（舊鈔本）條，此前諸目皆著錄爲"歸安姚氏書"，史目誤作"清內閣書"。此外，史目亦有沿用張目著錄錯誤的"舊藏來源"而未能加以訂正者，如《五代史記》（元刊本　存卷四十三之六十六）條，此前各目皆著錄爲"歸安姚氏書"，張目誤記作"清內閣書"，史目沿之。又如《永樂大典》條，此前各目皆著錄作"清翰林院書"，張目改作"清內閣書"。實際上在歷任所修京師圖書館善本書目之中，"清內閣書"都是專指清內閣大庫藏書，《永樂大典》未聞曾存儲內閣大庫之中。張宗祥大概是將清宮藏書皆看作是"清內閣書"，故如此修改，史目沿用了張目的著錄而未作訂正。

史目在體例上與張目也有所不同。如張目不設叢部，叢書按子目分散在四部之中。張氏在史部《列女傳》案語中有說明："案以上諸書及集部《元晏先生集》同爲《元晏遺書》本，屬叢書。因本目不列叢書一類，故散列史部、集部中。"而史目在子部末設立"子總類"一門，以著錄《六子全書》等子部叢書，並加說明："謹按本館《善本書目》向無叢書一門，如《二十子》、《六子》不免以一部分裂於各類之中，求合於《四庫》，但曰某子某人著，而編輯此部之人遂泯滅而弗傳。邵亭達人，亦以斯窘。夫《四庫》諸子各據單行本謄錄，當然獨立，與叢書之版本不同，致此窮途，何堪膠柱。竊仿《四庫》經總，另立一類，以觀其通。似創實因，閱者諒之。"

史目過錄原書題跋，偶有與他目文字出入者。如影宋鈔本《皇朝編年備要》條，繆目、張目、史目皆錄有錢大昕題跋，繆目、張目文字相同，而史目所錄文字與之出入頗大。核諸錢氏《潛研堂文集》，史目錄文與錢氏集中卷二十八《跋九朝編年備要》文字全同，不知緣何如此周折，據錢氏文集錄文。

史目的重要價值還在於記載了歷史博物館移來的內閣大庫殘本配補工作詳情，目中一一注明這些殘卷"由歷史博物館移來"。此外，史目中案語也記載了一些殘書配補的具體情況，這爲後人追查內閣大庫殘書的配補分合情況提供了依據。這些"由歷史博物館移來"新增殘卷記錄，是溝通京師圖書館所編六部善本書目與 1933 年趙萬里新編《國立北平圖書館善本書目》的重要線索，爲研究該館早期入藏善本之分合、去向提供了依據。

根據倉石武四郎鈔本，可以看到其根據的底稿仍有陸續補入歷史博物館移來殘卷等批注內容，可以推想這部史編《善本書目》也是一直在增訂，增訂補入的批語可能出於史錫永本人，也可能是其他館員，這也是圖書館編目之常態。如前文介紹，1922 年 7 月《本學年考察京津濟寧蘇滬各圖書館事項表》載京師圖書館善本書 21398 冊又 17 件，而史目著錄善本書約 22500 餘冊，冊數增加的原因，即在於持續配補增入殘書。

1928 年，京師圖書曾計劃校印新的《善本書目》。6 月 2 日致中華教育文化基金董事會函所附《報告書》中，提及"善本則擬校印新目（舊刊目錄已無存書，且稍有錯誤，又於後來添購者未及補入）"①。7 月，京師圖書館改組北平圖書館，7 月 22 日"北平圖書館籌備委員會第一次會議議決案"載"二、印刷書目用中國毛邊紙及連史紙，應先調查所需價目一案"②。當時商議印行的，應即史錫永《京師圖書館善本書目》，但最終未付印。1929 年與北平北海圖書館合併，成立國立北平圖書館。9 月，徐森玉、趙萬里調整善本書庫，分甲乙兩庫，1933 年印行趙萬里主持編纂《國立北平圖書館善本書目》，至此不復有以"京師圖書館"爲名的善本書目。1919 年至 1922 年間張宗祥、史錫永主持編成的兩部《京師圖書館善本書目》，在 1925—1928 年籌建"國立京師圖書館"期間傳抄了一部張目副本、1928 年末倉石武四郎等人傳抄了史目副本之後，只見 1934 年的《本館善本書目新舊二目異同表》曾提及張目，1935、1936 年方甦生《清內閣庫貯舊檔輯刊敘錄》、《內閣大庫書檔舊目補敘錄》引用史

---

①《北京圖書館館史資料匯編（1909—1949）》上，書目文獻出版社 1992 年版，第 210 頁。

②《北京圖書館館史資料匯編（1909—1949）》上，第 219 頁。

目。1937 年抗日戰爭爆發，文物凋殘，北平圖書館所藏《善本書目》原本存佚不明，兩部書目也自此沉寂，逐漸不爲人所知。

本章小結

以上爲根據目前所見資料可以梳理出的《京師圖書館善本書目》基本情況。通過上文可以知道，過去我們對京師圖書館時期編纂《善本書目》情況的了解並不完整，所知僅有繆目、江目、夏目。隨著近幾年海內外學者的關注和發掘，對《京師圖書館善本書目》系列書目才有了較爲完整的認識。尤其是最後張目、史目的發現，這兩部書目沉寂了將近百年，在今天復能爲我們所用，無論是對釐清北平圖書館館史，還是對宋元版研究、近代版本學史的討論而言，都有著重要意義。

繆荃孫所編《清學部圖書館善本書目》合編舊藏書目，其後有館員王懋鎔據之刪訂爲《京師圖書館善本簡明書目》，江瀚、夏曾佑所編善本書目，都以舊編簡目修訂而成，因此，京師圖書館時期的善本書目可以分作三類：繆目是最初藍本，舊編簡目、江目、夏目是“簡明書目”系列，張目、史目是“書志”系列。張目、史目書志體例，著錄詳盡，更難能可貴的是還記錄了當時殘本配補、改裝情況。這爲解決這些宋元本綴合、來源等難題，提供了重要信息。如果說繆目尚未擺脫中國傳統私家藏書目錄之形式，那舊編簡目、江目、夏目三個“簡明書目”則是逐漸規範的公藏書目，而從張目開始變爲書志，史目沿襲了這一形式。時下倡言編纂善本書志，議論紛紛。1930 年趙萬里在《國立北平圖書館館刊》第四卷第 1、4、5 號發表的《北平圖書館善本書志·明別集類》，一般被視爲該館較早發表的館藏書志。趙氏在當時即擬編纂全館善本書志，“本館所藏善本書約三千種，爰擬合編爲館藏善本書志，詳攷板刻時代、著者仕歷及與今本或他刻異同之故。關於集部明別集類之書，業已編竣，

將依其體裁編錄其他各類云"①，又民國二十年云"已完成全數五分
之二，擬次第刊行"②，最終卻未能完成刊行。1958 年，趙氏在編纂
完《中國版刻圖錄》之後，又擬編纂北京圖書館善本書志，其繼任
者冀淑英先生亦有此想法，最終未果，直到今日該館也未編成善本
書志。③ 實際早在民國時期，作爲該館前身的京師圖書館，已經編纂
有兩部善本書志，其成果卻湮沒無聞，未能作爲今日新編善本書志
之參考。

現在我們提到北平圖書館的宋元版研究，基本是以趙萬里爲起
點。實際趙氏加入很晚，1928 年才入北海圖書館工作，次年該館與
北平圖書館合併，趙氏隨之加入北平圖書館。趙氏重編的《國立北
平圖書館善本書目》，將善本書庫劃分甲乙，變動甚巨，過去京師圖
書館時期的善本被大量劃歸乙庫，或另存重複書庫，或退還普通書
庫，與此前《京師圖書館善本書目》面貌大不相同。這是趙萬里時
代的北平圖書館，趙先生勞苦功高，毋庸贅言。但是在前趙萬里時
代，即 1929 年之前的京師圖書館時期，從繆荃孫到史錫永等人編目
成果，有待我們重加評價與利用。

---

① 《國立北平圖書館館務報告》（民國十八年七月至十九年六月），國立北平圖
書館 1930 年版，第 24 頁。
② "館藏善本書大半爲內閣大庫舊藏，近五年來入藏之書亦不尠，除去重複者，
將近四千五百餘種，蔚爲大觀，除簡目業已告竣，付諸木刻外，並由趙萬里君一善
本書志，詳述每書之版本及收藏源流，已完成全數五分之二，擬次第刊行，以補簡目
之未備云。"《國立北平圖書館館務報告》（民國二十年七月至二十一年六月），國立北
平圖書館 1931 年版，第 21—22 頁。
③ 沈津先生提及國圖過去計劃編纂善本書志之歷程曰："以中國國家圖書館爲
例，1950 年代趙萬里在完成《中國版刻圖錄》後，擬將所藏善本寫成善本書志，但因
形勢而作罷。中國國家圖書館資深研究館員冀淑英於 1999 年 7 月 15 日致筆者信中云：
'回首三四十年前，北圖亦曾設想待入藏之書編目告竣之時，當寫成書志，以記錄一代
典籍所存，今則已矣，思之慨然。' 2001 年在另一封中又云：'1958 年在趙萬里先生主
持下，《中國版刻圖錄》完成後，北圖善本部就想將寫作館藏善本書志列入工作計
畫。' 遺憾的是，之後政治運動不斷，寫作環境不復存在。冀先生非常傷感地在信中
說：'北圖今後再也不會有自己的館藏善本書志了。'"沈津：《編寫善本書志有百利而
無一弊》，《圖書館論壇》2017 年第 12 期，第 1—2 頁。

在對《京師圖書館善本書目》編纂情況未有全面的了解之前，每個書目都是孤立的片段。而在對《京師圖書館善本書目》系列進行排序之後，這些編纂於不同時期的書目，展現了京師圖書館藏書的動態變化。每一個目錄都是《京師圖書館善本書目》系列必不可少的一環，即便是 1919 年 1 月所編的《善本書目補遺》，作爲一個新舊書目編纂中的臨時產物，也是有其歷史價值。如果沒有這個目錄，我們將難以推斷東京入札會出現的《京師圖書館善本書目》經部殘本編纂的具體時期，也無法獲知是否張宗祥任上所編。正如喬秀岩先生所言："古籍產生在古代，並不意味著從此一成不變，或只有不可逆性的磨損散佚。經過每代藏書家的收藏、有心的圖書館員的管理，破損的被修補，零散的被配補，古籍又增添新的生命。我們後人只有仔細核查不同時期的目錄記載，才能窺知張宗祥、趙萬里等先人珍愛、呵護這些古籍的具體情況。"①

通過上文介紹可知，本章介紹的十二部稿抄本《京師圖書館善本書目》，僅有四部爲中國國家圖書館所藏（其中繆荃孫稿本亦流落在外而後購歸者），何會有如此多的《京師圖書館善本書目》稿抄本國家圖書館無藏，而散落在海內外？京師圖書館當時屬於教育部社會司管理，早期所編目錄可能存放在社會司內，并不在京師圖書館。如民國五年（1916）夏曾佑《詳爲呈送本館善本書目懇請鑒定事案》提及此前所編善目情況："一爲前館長江瀚所定，現存鈞部社會教育司及本館內。一爲前館員王懋鎔所編，現存鈞部圖書室內。"其中江目存放於教育部社會教育司及京師圖書館，而王目則僅存藏於教育部圖書室。民國七年（1918）京師圖書館目錄課已經對館內所編書目情況不大了解，跋文謂"最後至教育部社會司查檔，始知江前館長瀚曾編善本書目兩次"，當時從教育部藏的書目鈔出《內閣庫存書目》、《壬子本館善本書目》等書目。1929 年北平圖書館館務報告稱："前

① ［日］喬秀岩、宋紅：《〈舊京書影、北平圖書館善本書目〉出版說明》，《文獻學讀書記》，第 159 頁。

京師圖書館雖原有目錄十餘冊，但編目方法均係舊式，且於陸續添購之書未能隨時編入，頗不合用，實有從速改用卡片式目錄之必要。"① 所言 "編目方法均係舊式" 的 "原有目錄十餘冊"，大概是指張目或史目。如此看來，當時京師圖書館收藏的《京師圖書館善本書目》真的十分稀少。大概京師圖書館歷任主事所編《善本書目》，其正本都收藏在社會司，而少量副本存藏圖書館。民國四年《教育部圖書目錄》著錄有 "京師圖書館善本書目　鈔本　一本"②，可能是舊編簡目或者江目。因此，像流散在館外的繆荃孫目稿本、江瀚目稿本、張宗祥目鈔本等，大概都是教育部社會司的藏書，後來散失坊肆。如中國國家圖書館藏的繆荃孫《清學部圖書館善本書目》稿本兩冊，爲莊尚嚴在護國寺街某書店購得，1932 年捐贈國立北平圖書館。而江瀚稿本《京師圖書館善本書目》則爲日本書誌學者長澤規矩也先生弟子薄井恭一舊藏，其藏書以在北京蒐集到衆多稀見書目稱著，八十年代末薄井恭一藏書散出，此書爲斯道文庫購藏。上海圖書館藏張宗祥《國立京師圖書館善本書目》，有中華教育文化基金董事會藏印，此書目當爲當時商議合建國立京師圖書館時所傳抄之副本，亦當自北京購歸。該館所藏稿本《內閣庫存書目》，爲當時移交學部之清單，係自北京中國書店購得，大概也是教育部流出書檔。而史錫永《京師圖書館善本書目錄》兩部傳抄本，東京大學東洋文化研究所藏本爲倉石武四郎等人傳錄，京都大學人文科學研究所藏本可能是倉石氏另行請求京師圖書館傳錄之副本。而令人可怪的是，當時倉石等人傳抄所根據的底本，在繼承京師圖書館藏書的中國國家圖書館中卻失去了蹤跡。

　　百年世變，這些書目能夠在今天重新爲我們所用，需要感謝莊尚嚴等前輩學者，多賴他們獨具慧眼，在當時購藏了這些不受重視的斷

---

① 《國立北平圖書館館務報告》（民國十八年七月至十九年六月），國立北平圖書館 1930 年版，第 22—26 頁。

② 教育部總務廳文書科：《教育部圖書目錄》，民國四年（1915）鉛印本。見《明清以來公藏書目彙刊》第 8 冊，第 567 頁。

簡殘篇《京師圖書館善本書目》稿抄本，護持至今。同時，也多賴中日學者長期不懈的努力，如倉石武四郎先生在編纂《舊京書影》期間傳抄了史錫永《京師圖書館善本書目》，近年喬秀岩、高橋智等學者對日藏《京師圖書館善本書目》稿抄本重加表彰，乃爲國人所重視。這些在動盪時代沒有發揮其應有作用的歷史書目，沉寂了近百年之後，如今重新發揮它們的效用，將爲研究和追蹤內閣大庫藏書及京師圖書館其他早期入藏善本提供重要線索。

第四章

京師圖書館時期內閣大庫藏書之整理

　　長久以來，內閣大庫藏書無法展開追蹤與研究的原因之一，即缺乏可據以資考的書目文獻記載。如前章介紹的京師圖書館時期六部善本書目，完整刊佈且標注舊藏來源的只有夏曾佑《京師圖書館善本簡明書目》(1916) 一種而已①，過去所知京師圖書館藏內閣大庫善本，大多只能通過夏目了解其大致情形，而 1916 年以後京師圖書館對內閣大庫善本整理情況則無從獲知。在張宗祥、史錫永所編兩部《京師圖書館善本書目》發現以後，這一時期情況也逐漸清楚了。下文將結合前一章所介紹的六部善本書目，即繆荃孫《清學部圖書館善本書目》(繆目)、舊編《京師圖書館善本簡明書目》(舊編簡目)、江瀚重編本《京師圖書館善本簡明書目》(江目)、夏曾佑《京師圖書館善本簡明書目》(夏目)，張宗祥《京師圖書館善本書目》(張目)、史錫永《京師圖書館善本書目錄》(史目)，介紹京師圖書館時期著錄內閣大庫善本之情況，以及此時期內閣大庫藏書殘本配補、蝶裝宋元本改裝之情況。

---

　　① 繆荃孫《清學部圖書館善本書目》雖編入《古學彙刊》公開刊行，但不標註舊藏來源。

第一節　京師圖書館時期內閣
大庫藏書之著錄

　　京師圖書館時期所編纂的六部善本書目，著錄善本的總數不斷增長。從最初繆目 783 部，增至史目 1514 部，數量增加了近一倍。目中著錄內閣大庫善本也在不斷增加。所增加的大庫善本，除了民國間整理內閣大庫檔案時所新發現移交過來的內閣大庫殘書外，主要還是館方對清末移交來的內閣大庫藏書續加整理，編入善本書目。

　　內閣大庫藏書在各部《京師圖書館善本書目》中所占比重如下：

表 2　　　　　《京師圖書館善本書目》著錄內閣大庫藏書所占比重

	著錄總部數	內閣大庫書部數	所占比重
繆目	783	434	55%
簡目	865	484	56%
江目	866	481	56%
夏目	968（965）	579	60%
張目	1512（1510）	789	52%
史目	1514	798	53%

＊說明：1、以上統計數據，除了各目明確著錄舊藏來源爲"清內閣書"者，也包括了各目漏載出處而可通過比對考知爲內閣大庫藏書者。疑似而無確證者不計入內。

　　2、繆目不載舊藏來源，據與其他五目比對結果統計。

　　3、夏目共著錄善本 968 部，其中 3 部爲互著條目，實際著錄 965 部。張目共著錄善本 1512 部，其中 2 部爲互著條目，實際著錄 1510 部。

　　4、張目、史目未標及難證來源者甚多，存疑待考，不在統計之列。

　　從上表可以看出，內閣大庫藏書一直居《京師圖書館善本書目》

著錄善本半數以上，這與傅增湘“顧草創之初，所恃以充架者，惟內閣大庫舊藏”[1] 的說法是相合的。而 1919 年張宗祥重編《京師圖書館善本書目》是著錄內閣大庫藏書數量增加最多的階段，比過去夏曾佑《京師圖書館善本簡明書目》多出了 200 餘部，5500 餘冊。前文介紹張目特點時也提到，張氏編目時突破了繆荃孫《清學部圖書館善本書目》所創立的框架，重加編選，著錄善本數量較沿襲繆目的舊編簡目、江目、夏目有較大增長。如張目《凡例》所言，“其有夏目未載者，或當時脫漏，或普通書中檢出，或民國八年後所續購。總之，夏目所載之書，本目無不備載”。張氏在重編善目之前，先仿照夏目體例，在 1919 年 1 月編纂了《善本書目補遺》，著錄了擬提入善本者二百六十餘種，重編善目時，從《補遺》中選取了一部分收入《善本書目》。如北宋刻李善注《文選》、明刊本《明倫大典》、殿版開花紙印本《御纂朱子全書》等，皆張氏編目時提入善本的原內閣大庫藏書。又如內閣大庫舊藏《實錄》、《會典》、《八旗通志》等清廷相關書籍，也都是張氏編目時始著錄入《善本書目》。

　　民國十年（1921）歷史博物館整理出來的內閣大庫殘書移交京師圖書館，這些移來大庫殘書，著錄在史錫永《京師圖書館善本書目錄》。從部數上看，這些移交的內閣大庫殘書並沒有給善本數量帶來較大增長。原因也很簡單，因爲移交來的大多是殘本，史目只是將這些書補配到原有條目之中，因此增加的只是冊數，部數沒有增加太多。在冊數上，史目著錄內閣大庫書較張目增加了 1800 餘冊。

　　繆目、簡目、江目、夏目四目面貌接近，而以夏目最晚，可爲定本。張目、史目相近，而改編始于張目，與前四目面貌差異最大。

---

　　[1]　傅增湘《國立北平圖書館善本書目序》：“顧草創之初，所恃以充架者，惟內閣大庫舊藏，其中宋元秘籍殆數百種，惜其年湮代遠，闕失弘多。”見趙萬里《國立北平圖書館善本書目》，民國二十二年（1933）刻本。

下文將選取夏目、張目二者，具體分析其目中所藏內閣大庫藏書狀況。

一　夏曾佑《簡明書目》著錄內閣大庫藏書情況

1、夏目著錄善本舊藏來源狀況

夏曾佑《京師圖書館善本簡明書目》（1916）著錄善本 968 條，其中 3 部為互著條目，故實際著錄 965 部，約 12602 冊（有數部不著冊數）。其舊藏來源與繆荃孫《清學部圖書館善本書目》相近，主要以內閣大庫、歸安姚氏、海虞瞿氏、南陵徐氏四者為主，其中又以大庫及姚氏書最多，另有少數"本館購進書"。此外，夏目著錄善本舊藏來源，較繆目多出了"清翰林院書"、"清國子監南學書"兩類。

表3　　　　夏曾佑《京師圖書館善本簡明書目》舊藏來源分類

夏目	清內閣書	歸安姚氏書	海虞瞿氏書	南陵徐氏書	本館購進書	清翰林院書	清國子監南學書	互著
部數	579	324	50	3	5	1	3	3
冊數	8640	3491	220	71	112	60	8	0

夏目著錄"清內閣書"579 部[1]，約 8640 冊。從部數、冊數上看，都占了京師圖書館善本總數的六成左右。[2]　其他如"歸安姚氏書"

---

[1]　其中明李元陽刊十三經本《尚書正義》二十卷（又一部），夏目原標"清內閣書"，實"歸安姚氏書"。嘉靖刊本《宣府鎮志》四十二卷，夏目原標"歸安姚氏書"，實"清內閣書"。舊鈔本《金陵古金石考》一卷，原標"陽安姚氏書"，實"歸安姚氏書"之誤。以上三條統計時已據改。

[2]　盧雪燕《臺北故宮博物院現藏清內閣大庫藏書探源》一文根據夏目統計結果，謂："1916 年以前，京師圖書館藏善本書 1099 部，12397 冊，其中來自內閣大庫書籍竟高達 734 部，8619 冊，近乎全館收藏善本書的七成之多。"（《版本目錄學研究》第五輯，北京大學出版社 2014 年版，第 662 頁）其統計數據不甚準確。單就經部而言，盧文統計夏目經部著錄有 161 部書籍，實際夏目僅有 153 部。

326 部，除去互見 2 部，實則 324 部。又 "海虞瞿氏書" 50 部，即清末海虞瞿氏鐵琴銅劍樓進呈本，其中鈔本 37 種，元明舊刊本 13 種。"南陵徐氏書" 爲南陵徐文達舊藏書 3 部。"本館購進書" 爲京師圖書館自行採購之書。"清翰林院書" 1 部，即教育部移交之《永樂大典》60 冊。"清國子監南學書" 5 部，爲國子監南學藏書，其中鈔本《友林乙稿》、《北碉文集》兩部爲清末陸心源捐送國子監書。

2、夏目著錄內閣大庫藏書版本狀況

夏目著錄內閣大庫藏書版本，大致可分爲宋本、金元本、明本、清本、朝鮮本、鈔本稿本六類。

表4　　　　　　　　夏曾佑《京師圖書館善本簡明書目》版本分類

夏目	宋本	金元本	明本	清本	朝鮮本	稿本鈔本	總數
部數	94	172	216	4	8	85	579
冊數	1292	2354	2652	14	65	2263	8640

其中宋刻本 94 部，約 1292 冊，包括宋刻元修、明修者。金刻本 2 部，3 冊，爲《五音集韻》及《尚書正義》(實蒙古刻本)。元刻本 170 部，約 2351 冊，包括元刻明修者。明刻本 216 部，約 2652 冊。清刻本 4 部，14 冊，分別爲《太常紀要》十五卷 (康熙四十一年刊本)、《交輝園遺稿》一卷 (清刊本)、《河東運司志》十卷 (順治庚子刊本)、《夏鎮漕渠志略》二卷 (順治十年刊本)。

鈔本稿本 85 部，約 2263 冊。當中宋寫本《仙源類譜》殘卷、《宗藩慶系錄》殘卷 2 部，明鈔本約 37 部，稿本約 4 部，分別爲《三禮義疏》(《三禮義疏》夏目有兩部，另有一部著錄爲 "精寫本"，實則亦稿本)、《春秋傳義》、《日講禮記解義》、《明通鑑綱目》殘卷，多爲清代修書各館稿本。

　　朝鮮刻本 8 部，65 冊，分別爲《柳先生文集》四十三卷《別集》二卷《外集》二卷（朝鮮本）、《大學衍義》四十三卷（朝鮮本）、《分類補注李太白詩集》二十五卷（朝鮮活字本）、《纂注分類杜詩》二十五卷（朝鮮活字本）、《增補六臣注文選》六十卷（朝鮮刊本）、《百將傳》十卷（朝鮮刊本）、《少微通鑑節要》五十卷（朝鮮刊本）、《近思錄集解》十四卷（明朝鮮刊大字本）。

　　從版本構成來看，夏目著錄內閣大庫藏書中，宋元本占了近半數之多，明本近四成，稿抄本占四分之一。其他清刻本、朝鮮本選入善本者極少。單就宋金元本而言，夏目共著錄宋金元本 338 部 5124 冊，出於內閣大庫者 266 部 3646 冊，其餘爲歸安姚氏 71 部，海虞瞿氏 1 部。當然，夏目標注的版本並非十分可靠，有明版誤作宋元版者，後出的張目對其版本著錄多有是正。但從這個數字仍可大致看出，內閣大庫藏書爲早期京師圖書館所藏宋元版之主要來源。

二　張宗祥《善本書目》著錄內閣大庫藏書情況

　　1919 年 1 月，張宗祥擬重編《善本書目》時，曾對夏曾佑《京師圖書館善本簡明書目》作增補，編成《善本書目補遺》，著錄書籍 286 部，其中有 225 部內閣大庫舊藏書。其後重編《京師圖書館善本書目》，著錄善本 1512 部（其中 2 部互見，實際著錄 1510 部），約 20154 冊。

1、張目著錄善本舊藏來源狀況

　　張目較夏目著錄舊藏來源大致相同，多出"本館鈔本"及私人捐贈之書。其中有 206 條舊藏來源不可考，當中很大一部分應爲內閣大庫藏書，但因爲張目未注出處，對照其他各目亦未標明，暫時歸爲"不詳"一類，留待再考。

表5			張宗祥《京師圖書館善本書目》舊藏來源分類								
張目	清內閣書	歸安姚氏書	海虞瞿氏書	南陵徐氏書	本館購進書	清翰林院書	清國子監書	本館鈔本	捐贈	不詳	互著
部數	789	330	48	6	68	1	50	9	3	206	2
冊數	14165	3295	212	94	509	74	371	18	4	1412	0

＊說明：張目中有部分舊藏來源標注有誤或不規律者，如明永樂間官刊本《詩傳大全》（十一冊）一條，標注出處爲"舊爲清御書樓藏書"，今據史目所標歸入"清國子監書"。明李元陽刊十三經本《尚書正義》二十卷原標"清內閣書"，實"歸安姚氏書"，據史目改。如此之類，統計之時皆已參照其他各目加以訂正。

張目實際著錄善本 1510 部，較夏目增加了 545 部善本。在舊藏來源上張目並沒有很大變動，只是多了"本館鈔本"（京師圖書館自行傳抄之本）及私人捐贈數種，著錄爲"本館購進書"增加了 60 多部。"清翰林院書" 1 部，仍爲《永樂大典》，冊數有所增加（張目中標爲"舊爲清內閣書"，未聞《永樂大典》曾藏內閣大庫，當爲著錄偶誤）。而原來歸安姚氏、海虞瞿氏等舊藏書變動不大。所增加的五百多部善本中，"清內閣書"占了兩百多部，以及未標出處且不見於夏目者（表中"不詳"一類）有兩百餘部。

2、張目著錄內閣大庫藏書版本狀況

據張目標注爲"舊清內閣書"以及對比他目可考知爲內閣大庫舊藏者，約有 789 部 14165 冊，較夏目增加了約 210 部 5525 冊，但由於張目有的條目未標注冊數，實際增加冊數應不止於此。前文提及，1919 年 1 月張宗祥重編《善本書目》之前所編《善本書目補遺》中有 225 部內閣大庫藏書，數量上與張目增加的大庫藏書差不多，事實上二者並非完全重合，《補遺》中大庫舊藏書有部分被批"歸普通"，並未全部載入新編的張目中，張目中所增加大庫書也有出於《補遺》之外者。今將張目著錄內閣大庫書版本同樣歸納爲六類，統計如下。

表6		張宗祥《京師圖書館善本書目》版本分類				
張目	宋本	金元本	明本	清本	朝鮮本	稿本鈔本
部數	122	227	247	7	13	173
冊數	1504	2858	2133	38	133	7499

與夏目相比，張目著錄內閣大庫書增加最多是稿抄本，較夏目增加了88部5236餘冊。其中主要爲明史館、三禮館、會典館等修書各館征集書檔及所修書稿。如寫本《明通鑑綱目》，夏目僅僅著錄1部14冊，張目多著錄12部100冊。其他增加的還有源出三禮館的《周禮注疏》十卷（舊鈔送三禮館稿本）、《周官圖》四卷（清乾隆初三禮館原稿本）、《三禮義疏》一百七十八卷（稿本）1部542冊，《禮記講章》不分卷（稿本）、《周禮集解》殘卷（舊鈔本）、《周禮集解》殘卷（舊鈔本）、《周禮會註》殘卷（舊鈔本）、《周禮官職會通》不分卷（舊鈔本）、《讀儀禮畧說》十七卷（舊鈔本）、《讀禮記畧記》不分卷（舊鈔本）、《三禮攷註》六十四卷（舊鈔本），源出國史館的《昭忠祠列傳二集》殘卷（鈔本）、《昭忠祠列傳續編》三百六十卷（鈔本），以及《大清一統志》（寫本）10部1000餘冊、《政治典訓初集》一百卷》（鈔本）、《政治典訓》一百卷（宣紙朱絲欄寫本）、《政治典訓不分卷》（皮紙朱絲欄寫本）、《清穆宗聖訓》（毛邊紙紅格寫本）、《清穆宗聖訓》（宣紙紅格寫本）、《皇清奏議》殘卷（紅格寫本）等其他修書各館書檔及所修書稿。

　　1915年11月29日教育部第426號令，敕令京師圖書館編輯善本書目時將清代編修之《實錄》、《會典》、《八旗通志》等書收入。"其內閣舊藏清文《實錄》、《會典》、《八旗通志》以及精寫本《會典》諸書，均爲有清一代文物所關，應一併列入書目，從事保存"①。但是1916年夏曾佑所編《簡明書目》並未收入這部分書籍，1919年張宗祥重編善本書目始收入。目中著錄《八旗滿洲氏族通

---

① 《北京圖書館館史資料匯編（1909—1949）》上，書目文獻出版社1992年版，第71頁。

譜》(宣紙紅格寫本) 3 部 200 餘冊、《八旗通志》(宣紙紅格寫本) 2 部 500 餘冊。《大清會典》(宣紙紅格寫本) 5 部 560 餘冊，《各部則例》、《大清會典事例》、《大清會典則例》(紅格寫本) 等 7 部 600 餘冊。

內閣大庫舊藏宋金元刻本，張目在書籍種數上並沒有太多增加，只是在部數、冊數上有所增入。據張目著錄及可考知爲內閣大庫舊藏者，宋版較夏目增加了 28 部 200 餘冊。金本 2 部 3 冊，爲《五音集韻》及《尚書正義》(實蒙古刻本)，與夏目相同。元本增加了 55 部 500 餘冊。但此當中並非單純數量增減之問題，還有張目對夏目版本修正，有原著錄爲明本改元本，原著錄元本改宋刊元明遞修本等情況。

內閣大庫舊藏明本，張目部數增加了 31 部，而冊數則較夏目少了 500 餘冊，這是因爲張目在重編善本書目時，將原來夏目著錄的部分明刊本複本剔除。張目各類之末案語，有說明此類未載入之複本情況。如"按禮類尚有《禮記集說大全》明刊本(存卷九、十)一冊，又明刊小字本(存二十三之二十九)一冊，《欽定周官義疏》抄本(存卷三)一冊，皆另存草一。《三禮義疏》殘頁二百九十三頁，另存草二"、"案雜家類尚有《勸善書》明刊大字本全者十八部，每部十冊。不全者十部，又零冊十一本。皆另存張字、往字、賴字櫃內。《勸善書》明刊小字本全者九十部，不全者十五冊，皆另存賴字、光字櫃內。《爲善陰隲》明刊本一冊，存賴字櫃內"、"案原目尚有《書傳大全》一冊(存卷七)今另存草一"等等。這些大多爲內閣大庫舊藏明刊本，因此張目著錄大庫藏明本，冊數上較夏目有所減少。

內閣大庫舊藏清本，張目著錄 7 部 38 冊，較夏目增加了 3 部，爲《御纂朱子全書》十九卷(殿版開花紙印本) 3 部，每部 8 冊。朝鮮本著錄 13 部 133 冊，較夏目增加了 5 部，分別爲《大學衍義》四十三卷 1 部 2 冊，《栗谷文集》殘卷 1 部 1 冊，《增補六臣注文選》六十卷 1 部 3 冊，《皇華集》2 部 51 冊。

依據張目著錄之大況，可與 1929 年 9 月北平、北海二館合併爲新的國立北平圖書館時館藏善本情況作一比較：

（1）宋刊本一百二十九部二千一百十六册，宋寫本二部五十一册，翻宋本十三部一百零三册，仿宋本二部三十四册，影宋本十五部九十三册，校宋本五十部三百十三册。

（2）金刊本二部三册，翻金本一部二十四册，影金本一部三册。

（3）元刊本二百六十一（册）［部］三千九百九十五册，元寫本一部四册，翻元本十二部一百八十六册，仿元本四部十八册，影元本四部四十四册。

（4）明刊本四百五十七部四千二百九十二册，舊寫本四百四十一部一萬零六百三十六册，稿本四十二部三百八十七册。

（5）清精刊本二十二部一百零三册。

（6）日本刊本六部四十二册，日本寫本一部二册。

（7）朝鮮刊本八部六十一册。①

可以看到，在國立北平圖書館創立之初，繼承自京師圖書館舊藏內閣大庫善本，仍然爲該館善本之主要來源。

3、張目對夏目著錄內閣大庫書版本之訂正

張宗祥對夏曾佑《京師圖書館善本簡明書目》著錄內閣大庫藏書版本的訂正，主要有兩方面。一是訂正夏目版本著錄失誤，如將宋刊誤明刊，明刊誤元刊等。一是版本著錄更爲細化，如在“宋刊本”著錄中分出“南宋刊本”，此外，對遞修本之著錄也更爲詳細。其版本訂改具體有如下數類：

夏目著錄作宋刊本，張目訂正爲元刊本。如《大學衍義》四十三卷（存序目、一之十一），夏目著錄爲“宋刊小字本”，張目著錄爲“元覆宋本”，並加案語：“案此書前目作宋刊，適與上書相反。”

《性理羣書句解前集》二十三卷《後集》二十三卷（存《前集》全　《後集》十七之二十三）夏目著錄爲“宋刊本”，張目著錄爲“元刊本”，並加案語：“按此書原目作宋刊，今查宋諱不缺筆，字體不精，改定。”《易林注》十六卷，原存“存三　四　七之十　十三、四”，夏目著錄爲“宋刊本”，民國七年（1918）張宗祥從蔣汝藻處影補八卷，並改版本爲“元刊本”，另加案語曰：“又按此書向著錄者皆作宋刊，今查卷十一第三十三頁注引《韻府羣玉》云云，則注者必爲元人無疑，今故改定。”又如張目對大庫舊藏元茶陵本《文選》之鑒定，《增補六臣注文選》六十卷（存四之九　十三之十八　二十三、四　二十七之三十二　三十六之五十九），夏目著錄爲“宋陳仁子校補　宋刊配本”，張目著錄爲“元陳仁子校補　茶陵刊配本”。又一部（存三十七、八　四十一、二　四十九　五十），夏目著錄爲“宋刊蝶裝本”，張目改作“板印同前書”，認爲同爲元刊茶陵本。案語謂：“案茶陵本世皆以爲宋刻，其實前有大德己亥冬陳仁子序，是陳氏實元人也。惟刊印精絶，宋槧中亦稱上品，故原書此序多爲坊賈撤去，遂相沿以爲宋刊，明翻本則此序故在也。”在張氏《鐵如意館隨筆》卷一中另有考證：“茶陵本《文選》，槧精印良，刀鋒秀挺，墨色光潤，在宋刊中亦屬上乘，故各家書目多標宋刊，其實元槧也。陳仁子，元人，前有大德二年陳序。書賈射利，多抽去此序，以冒宋名。今明刊《文選》有自此本出者，陳序尚存，可以爲證。”①

　　夏目著錄作宋刊本，張目訂正爲明刊本。如《五燈會元》（存五之十八），夏目著錄爲“宋刊本”，張目更正爲“明刊本”，案語謂：“案此書原目作宋刊，實則明繙宋刊，且不精。”趙萬里《國立北平圖書館善本書目》（1933）著錄爲“元刻明印本”，而卷數配補爲“存卷五至二十”。此本今藏中國國家圖書館（書號0956），《北京圖書館古籍善本書目》著錄爲“明刻本”，同張氏著錄。原書上有民國十三年（1924）四月九日著錄卡片，版本項填“明覆宋本”，署名

---

① 　張宗祥：《鐵如意館隨筆》卷一，《張宗祥文集》第1冊，第21頁。

“檢查者：釁汝僖。覆查者：李文裿”。

夏目著錄作元刊本，張目訂正爲宋刊本或宋刊元明遞修本。如《樂書》二百卷，夏目著錄存卷“存八十三之一百十”，版本作“元刊本”，張目著錄存卷“存八十三之九十一”，版本改作“元明修宋本”。《史記》一百三十卷（存紀七之十二　表一之五　世家一之八　列傳十七之二十九　六十三之七十），夏目著錄作“元刊明補本”，張目著錄作“元明修宋監本”。《大學衍義》四十三卷（存三十一之三十九），夏目著錄作“元刊本”，張目著錄作“宋刊大字本”，並加案語：“按此書宋諱‘匡’、‘桓’等字均缺筆，字亦樸茂，前目誤作元刊，今更正。惟原爲蝶裝，紙極破碎，現已改裝。”又一部（存一之三十六　三十八之四十三），夏目著錄作“元刊本”，張目著錄作“宋刊小字本”，並加案語：“按此書係宋坊刻本，字體不精，故前目作爲元刊。今以下部比校，更證以瞿氏所載宋刊行款、諱字更正之。”《晦庵先生朱文公集》一百卷《續集》十一卷《別集》十卷（存六十九之七十　《別集》七之十），夏目著錄作“元刊本”，張目著錄作“板印同前書（宋刊本），元明修補較多”，並加案語：“案此書原作元刊本，細檢不惟與前書行款同，其板缺處亦復相同，應改正。”《增入名儒集議資治通鑑詳節》殘卷（存八十四之九十一），夏目著錄作“元刊本”，張目著錄作“宋刊本”，並加案語：“案此書原目作《增修陸狀元集百家注資治通鑑詳節》一百二十卷，元張晉亨撰，元刊本。今案標題分卷皆不同，且宋諱‘匡’、‘貞’等字皆減筆，字體精整，係宋坊刻之佳者，當爲宋人節本，故列于此。”

夏目著錄作元刊本，張目訂正爲明刊本。如夏目著錄《南史》四部作“元刊本”，張目著錄作“明覆元本”，並加案語：“案以上四部前目皆作元刊本，板式既不相同，字體亦分優劣，且以《謝瀟傳》證之，誤處尤多，今故特爲更正。”《新序》十卷，夏目著錄作“元刊大字本”，張目著錄作“明刊本”，並加案語：“按此書前目作元刊，其實與後列諸部同，更正。”

夏目著錄作明刊本，張目訂正作宋刊本、元刊本。如《釋氏通

鑑》十二卷，夏目著錄作“明刊本”，張目著錄作“宋刊本”，並加
案語：“案此書刻印不精，故夏目作爲明刊。然書中減筆俗字，皆可
斷爲宋書肆寫刊之證，不必定以宋諱爲據也。”（趙萬里更改作“元刊
本”。）《故唐律疏議》三十卷附《纂例》，夏目著錄作“明刊蝶裝
本”，張目著錄作“元刊本”。《臨川先生文集》一百卷，夏目著錄
作“明刊本”，張目著錄作“宋刊元明補修本”。《玉海》二百四卷，
夏目著錄作“明刊”，張目訂正作“元刊明修本”，並加案語：“案
此書夏目作明刊，其實《玉海》版成、弘後歸南監，正德乙卯修補，
嘉靖乙卯又修補，萬曆戊子又重修，至清始燬於火。此部明修之版
亦不多，特印用棉紙耳。”這些訂改，都體現了張目版本著錄的不斷
準確化和精細化。

小結

　　內閣大庫移交京師圖書館藏書大約六萬餘冊，而張目著錄大庫
善本一萬四千餘冊，史目著錄庫書善本一萬六千餘冊。剩下的四萬
餘冊，大多爲方志及明清書籍，歸入京師圖書館普通書中。清末所
編《內閣庫存書目》著錄志書有 998 種 1520 部 9622 冊，爲當時內
閣大庫移交學部者，上圖藏本《內閣庫存書目》史部地理類末批
“志書一概交去”，可知方志移交之時大約一萬冊。其後繆荃孫將此
批志書編成《清學部圖書館方志目目》（1912），著錄各省府州縣志
1676 部。1913 年 1 月 30 日《京師圖書館造送書籍數目冊》，記錄館
藏善本及其他書籍總數，其中志書 1646 部 19138 卷 6150 冊①。此時
期京師圖書館所藏方志，主要還是內閣大庫舊藏方志。

　　此外，內閣大庫藏書之明清版本未載入善本書目者，部分著錄
在《京師圖書館普通本書目》②中，該目也標註舊藏來源，凡出於
內閣大庫者，皆標“清內閣書”，如內閣大庫所藏清殿版書籍即大多

---

　　①　《北京圖書館館史資料匯編（1909—1949）》下，第 1088 頁。
　　②　京師圖書館：《京師圖書館普通本書目》二十八卷，中國國家圖書館藏鈔本
（見《明清以來公藏書目彙刊》第 12 冊影印本，北京圖書館出版社 2008 年版）

著錄在此目之中。

第二節　京師圖書館時期內閣大庫殘書之配補

內閣大庫藏書中宋元本多爲殘書，清末清理庫書時著錄在《內閣庫存殘書目》中，該目以清查爲主，條目較爲簡略。自移交京師圖書館後，這些殘本的著錄、配補之工作，即由圖書館方面著手，記錄在《善本書目》中。喬秀岩先生在《〈舊京書影、北平圖書館善本書目〉出版說明》[①] 文中，舉內閣大庫舊藏宋刊本《魏書》爲例，形象地說明了該館早期入藏善本分合變化過程，並在與其他研究者合作的《舊京書影詳注稿》中，詳細追蹤了所收 294 部善本之遞藏情況。關於內閣大庫殘書，這樣分合變動的例子很多。在 1933 年趙萬里新編《國立北平圖書館善本書目》後不久，平館所藏善本即因戰爭影響南運，繼而運美，無暇顧及配補整理，此批遷臺善本基本定型，不復有初期整理那樣較大的調整變化。在編目整理初期，這些殘書的存卷分部皆未定型，尤其是對複本較多的大庫舊藏宋元本，配補工作一直在持續。因此，內閣大庫殘書分合變化最大也就是這一時期，而此時期編纂的《京師圖書館善本書目》則顯出其特殊價值。編纂於不同時期的六個善本書目，記錄了目中善本在不同時期的整理情況，相當於給每部善本建立了六份檔案。通過對比其著錄存卷變化，可以追溯到大庫殘書的分合情況。

一　《京師圖書館善本書目》所見內閣大庫殘書之分合

內閣大庫藏書雖然在清代歷朝皆有清點登冊之舉，但是庫吏只是當做物品清單，並未對藏書進行細緻的整理和配補。至清末大庫

---

① ［日］喬秀岩、宋紅：《〈舊京書影、北平圖書館善本書目〉出版說明》，《文獻學讀書記》，第 148—180 頁。

藏書發現、擬交學部時，由劉啟瑞、曹元忠進行整理，才開始內閣大庫藏殘書之配補工作。其後庫書移交京師圖書館，其整理工作由館員接手。在繆荃孫、江瀚、夏曾佑等人所編《京師圖書館善本書目》中，可以看到大庫殘書之分合情況。1921 年歷史博物館移來大庫檔案中清理出殘本，京師圖書館有過一次規模較大的配補工作，將歷史博物館移來殘書配入原來善本書目著錄的內閣大庫藏書之中，這次配補工作記錄在史錫永《京師圖書館善本書目錄》中。1934 年國立北平圖書館編纂的《本館善本書目新舊二目異同表》，對比夏曾佑《京師圖書館善本簡明目錄》(1916) 及趙萬里《國立北平圖書館善本書目》(1933) 二目之異同，也標注了不少二目著錄條目差異及配補之情況。通過這些舊目著錄，可以追溯大庫殘書之配補分合過程。

1916 年夏曾佑所編《京師圖書館善本簡明目錄》，在著錄複本較多的內閣大庫宋元本時，已出現與 1912 年繆荃孫《清學部圖書館善本書目》著錄不對應的情況。如元刻本《通志》殘本，夏氏案語謂："按不全之《通志》七部，現存卷數與繆目、江目所記多不相符，且行款彼此相同，無由知繆目某條所指爲某本。茲不復一一分疏，以淆觀覽。"元刊本《文獻通考》，夏氏案語謂："按此部繆目不載存卷，江目所載與現存卷數相同，惟記重卷耳。按不全之《文獻通考》現存十二部，與江目同。繆目只作五部，至其現存卷數，與繆、江二目所記多不相符。各部行款相同，繆目某條所指當爲某本，實亦無由臆測，茲不復一一分疏。"可知在此期間，館員在整理館藏善本時，對殘本較多的內閣大庫藏書重新進行了補配，以致與此前書目著錄對不上，夏曾佑編目時已無法理清現存各部殘卷究竟出於舊目著錄的哪一部。

以內閣大庫舊藏元刻本《周易集說》殘本爲例，清末大庫藏書發現時，此書最初在《內閣庫存殘書目》中並未單獨列目，僅歸在"易經殘缺雜本　十六本"一項中。庫書移交學部時，在清點冊上"易經殘缺雜本"條下標記有"周易集說三本"。同時曹元忠所編

《文華殿檢書分檔》中，則將三本分爲兩部著錄，一部"存《下經》"，另一部"存《爻傳》上下　《象傳》上　《象辭》上下　《文言傳》　《說卦》　《序卦》　《雜卦》　共兩冊"。內閣大庫藏書移交京師圖書館後，不同時期所編的《善本書目》著錄該書時分合不同，或合爲一部，或仍分兩部。各目著錄的詳細情況如下：

　　繆荃孫所編《清學部圖書館善本書目》，不依曹元忠的著錄，將二部合而爲一。

【繆0005】【庫】周易集說十二卷

　　宋俞琰撰。元刊本。……

　　　　存《下經》一卷　《爻傳》上下　《象傳》上一　《象辭說》上下

繆氏去任後不久，京師圖書館館員舊編《京師圖書館善本簡明書目》中，仍分爲兩部，一部"存《下經》一卷，一冊"，一部"存《爻傳》上下　《象傳》上一　《象辭說》上下，二冊"，與曹元忠分部相同。

【簡0005】【庫】周易集說四十卷（清內閣書）

　　宋俞琰撰。元至正九年刊本。

　　　　存《下經》一卷　一冊

【簡0006】【庫】〚周易集說四十卷〛又一部（清內閣書）

　　元刊本。

　　　　存《爻傳》上下　《象傳》上一　《象辭說》上下　二冊

江瀚根據繆目批改館員舊編簡目，復據繆目將兩部合爲一部。其重編《京師圖書館善本簡明書目》著錄"存《下經》一卷　《爻傳》上下　《象傳》上一　《象辭說》上下，三冊"。

【江0005】【庫】周易集說四十卷　（清內閣書）

　　宋俞琰撰。元至正九年刊本。……

　　　　存《下經》一卷　《爻傳》上下　《象傳》上一　《象辭說》上下

三冊

1916 年夏曾佑所編《京師圖書館善本簡明書目》，仍以舊編簡目爲底本，仍分爲兩部。

【夏 0006】【庫】周易集說殘卷　　（清內閣書）
宋俞琰撰。元至正九年刊本。
存《下經》一卷　一冊

【夏 0007】【庫】〔周易集說〕又一部　　（清內閣書）
元刊本。
存《爻傳》上下　《彖傳》上　《象辭》上下　《文言》　《說卦》
《序卦》　《雜卦》　二冊

1919 年張宗祥重編《京師圖書館善本書目》，亦分爲二。

【張 0009】【庫】周易集說殘卷　一冊
元俞琰撰。元讀易樓本。……舊爲清內閣書。
存《下經》一卷

【張 0010】【庫】周易集說殘卷
元刊本。……舊爲清內閣書。
存《爻傳》上下　《彖傳》上　《象辭》上下　《文言》　《說卦》
《序卦》　《雜卦》

1921—1922 年間史錫永所編《京師圖書館善本書目錄》，沿襲張目著錄，仍分爲二。

【史 0010】【庫】周易集說殘卷　存一冊
元俞琰傳。元讀易樓本。……舊清內閣書。

【史 0011】【庫】周易集說殘卷　存二冊
元刊本。……舊清內閣書。
存《爻傳》上下　《彖傳》上　《象辭》上下　《文言》　《說卦》
《序卦》　《雜卦》

至 1933 年趙萬里所編《國立北平圖書館善本書目》，又合爲一部。1934 年《本館善本書目新舊二目異同表》注明 "新刻書目載此部與下部配爲一部"。

【趙0012】【庫】周易集說十二卷　元俞琰撰　元刻本　存十卷（《下經》　《爻傳》上下　《象傳》上　《象辭》上下　《文言》　《說卦》　《序卦》　《雜卦》）

《周易集說》原書今藏中國國家圖書館，仍合爲一部，《北京圖書館古籍善本書目》著錄書號07，冊數由原來殘書三冊變爲了五冊，應已被改裝。

【北A00007】【庫】周易集說□□卷　元俞琰撰　元至正九年俞氏讀易樓刻公文紙印本　五冊　十二行三十一字　黑口　左右雙邊
存十一卷（《下經》　《爻傳》上下　《象傳》上下　《象辭》上下　《文言》　《說卦》　《序卦》　《雜卦》）

以上爲內閣大庫舊藏元刻《周易集說》殘本之分合情形。如果沒有舊目的這些記錄，我們到國圖查閱已改裝爲五冊的《周易集說》現藏本，是很難想象出該書在過去分合過這麼多次。在京師圖書館時期，內閣大庫舊藏殘書配補分合是很常見的，尤其是對於複本較多的書，如宋元本正史、《樂書》、《玉海》、《通志》、《歐陽文忠公集》、《晦庵先生文集》等。將編纂於不同時期的六部《京師圖書館善本書目》比對，可以看到其著錄存卷前後存在差異，其原因即在於圖書館方面對內閣大庫殘書之配補整理。

　　1921 年，歷史博物館將內閣大庫檔案中整理出來的內閣大庫殘書，移交給京師圖書館。據 6 月 9 日 "教育部指令第 678 號呈准京師圖書館與歷史博物館交換圖書唐經等" 件可知，歷史博物館除了留下的 8 種書籍以外，其他書籍一共 11 箱，清點出 871 種，移交圖書館。遺憾的是，至今未發現當時移交之書單。這些移送來的書籍，其中宋元殘本被大量配補到了原來善本書中，著錄於史錫永《京師圖書館善本書目錄》。史目對於歷史博物館移來之殘卷，皆注明"由歷史博物館移來"，目中共有二百餘處。

以經部書爲例，史目著錄經部 220 部書中（其中內閣大庫藏書 108 部），共有 14 部書配補入歷史博物館移來殘書，皆爲內閣大庫藏書。茲摘錄其目如下：

【史 0013】【庫】周易本義集成十二卷　存四冊

刊本同前。摹印較良。

存《下經》卷第二　《彖傳》卷三之四（卷四第十九頁後計上二冊，由歷史博物館移來）　卷五之十二（五缺九頁，六缺兩頁，八缺兩頁）

【史 0039】【庫】詩集傳二十卷　存五冊

宋朱熹撰。南宋刊本。……蝶裝（原裝兩冊，改訂四冊）。舊清內閣書。

存《詩序》　《國風》（十五頁）　《小雅》（十二頁）　《大雅》（七頁）　《頌》（六頁）　卷一（存十九頁）　卷二（存六頁）卷九之十二（《小雅·鹿鳴》至四月）　十八之二十（《大雅·蕩》至《商頌·長發》注，《詩序》及卷一二殘頁不全，由歷史博物館移來）

【史 0041】【庫】詩集傳十卷　存二冊

元刊本。……舊清內閣書。

存卷一之八（此三冊由歷史博物館移來，本非一版，而經與傳雜此配補，可稱完修）卷五之卷十（《小雅·鹿鳴》至《商頌·長發》，《長發》只存一頁）

【史 0045】【庫】詩童子問二十卷　存四冊

宋輔廣撰。元刊本。……舊清內閣書。

存《序圖》、《攷異》、《綱領》、《粹言》、《詩序》（首序缺兩頁）卷一之十二（卷二缺第八、第十二、第十三頁，卷三十頁以後缺，卷四缺五、六、七計三頁，卷五缺第二、第三兩頁，卷十二

第十四頁以後缺，卷四以上由歷史博物館移來）

【史0085】【庫】禮記集說大全三十卷　十六冊

刊印同前。每冊首有"廣運之寶"朱文大方印，第□冊第十五卷獨漏此寶。此書向缺卷一，經歷史博物館送來內閣殘本，得補其缺，遂成全璧。舊清內閣。

【史0100】【庫】禮書一百五十卷　存八冊

宋陳祥道撰。南宋刊本。……舊清內閣書。

存一之十六（表、序、牒文皆脫，目錄第五頁後半頁尚存）　二十八之六十四（三十七缺首頁）　一百十八之一百二十九　一百三十之一百三十三（末存三頁。此四卷自歷史博物館移補）

【史0101】【庫】禮書一百五十卷　四冊

版印同前。舊清內閣本。

存七十三之七十四（七十三存七頁，七十四存三頁）七十七　八十五之八十九　九十之九十二（九十存二頁半，九十二存七頁）　九十六之一百零二（九十六存三頁）　一百零五（存六頁）一百十九之一百二十四（一百十九存四頁半，一百二十四存二頁）　一百二十六之一百二十七（一百二十六存二頁）

此部自歷史博物館移來，本可補前部之缺，惟篇幅短狹，裝訂亦殊，乃另立一部，與前部並列，即以爲補本也可。

【史0109】【庫】樂書二百卷　存九冊

元明修宋本。行款與前書同。舊清內閣書。

存一之十四（缺楊序）　五十九之八十五　一百五十一之一百六十九（一百六十九存四頁）　一百七十之一百九十（一百七十缺前一頁，一百九十後缺頁）　一百九十三之一百九十五（一百九十三存七頁，一百九十四存九頁，一百九十五存十頁，卷一百五十一之一百六十九、卷一百五十一之一百六十九、卷一百九十三以下計三冊，自歷史博物館移來）

【史0110】【庫】樂書二百卷　存六冊

刊本與前本同。舊清內閣書。

存四十八之六十一　七十七之一百十　一百二十五之一百二十八

（缺頁甚多）　一百六十八之一百六十九（一百六十八存三頁）
一百七十一（一百六十八以下計一冊，自歷史博物館移來）

【史0145】【庫】春秋集傳大全三十七卷　存二冊

明官刊本。……舊清內閣書。

存二十二之二十三（二十二有缺頁，此兩卷由歷史博物館移來）
三十五之三十七（三十七卷末有缺頁）

【史0156】【庫】論語集注十卷　存三冊

明刊本。……舊清內閣書。

存卷三（之六）之十（卷三之五、又八之十計兩冊，自歷史博物
館移來）

【史0166】【庫】孟子集注大全十四卷　存七冊

明經廠本。……舊清內閣書。

存卷三之十四（卷十一之十四計三冊，由歷史博物館移來）

【史0167】【庫】孟子集注大全十四卷　存二冊

明刊本。行款與《大學章句大全》同，間有朱筆點句。舊清內
閣書。

存四之七　十一之十四（由歷史博物館書內提出，十一存五頁，
十四存十六頁）

【史0199】【庫】四聲篇十五卷　存二冊

金韓道昭撰。元刊本。……舊清內閣書。

存卷一之四（計一冊，由歷史博物館移來）　十之十二

以上爲史目經部配入歷史博物館移來內閣大庫殘書之情況，其他各
部情況圍於篇幅所限，不一一細舉。由經部著錄情況可見，歷史博
物館移來殘書陸續被京師圖書館配補入原來最初接收的內閣大庫藏
書中，而配補主要依據是"版本"一致。清末內閣大庫藏書被發現
後的整理工作極爲倉促凌亂，有不少原爲一套的書籍被拆散爲多部，
如能按照原來分部面貌配補完全自然最好。但是，書籍被拆散以後，
很多情況下是難以證明二者本同屬一部，尤其是複本較多者。這就
會給配補帶來困擾，究竟應該依據怎樣的原則來配補。通常做法是

只要“版本”一致，即可配補爲全書。這是過去藏書家及書賈常見做法，在創辦公共圖書館之初，不免仍然保持著這樣的觀念。但是這樣的做法並非十分嚴謹。在京師圖書館整理內閣大庫藏書中，可以看到不同編目者對配補的不同態度。大致而言，張宗祥傾向於依據“藏本”配補，是比較科學嚴謹的態度。而夏曾佑、史錫永等人則依據“版本”，是過去傳統的做法。

二　善本之分合：依“版本”抑或“藏本”

內閣大庫所出宋元刊本，有大量複本，且多叢殘，配補殘書爲編目整理之重要工作。在1919年張宗祥就任之前，京師圖書館已進行過一些配補工作。一般而言，圖書館補配殘書，都是依照“版本”，即只要版本相同之書，卷數正好配得上，則配爲完本，因此也不免有強合之情況，這在繆目、舊編簡目、江目、夏目中比較明顯。張氏對於配補的態度是，視書之版本、開本、存卷，當分則分，當合則合。殘本有可配補者，則合併之；前人所配補之書有不當合者，則拆分之。大致來講，張宗祥是傾向于依照“藏本”作爲書籍分合之原則，即便二書版本相同，若因開本大小不一等原因推知原非同一藏本，則將之分開，不強配作一部。

張宗祥對內閣大庫殘書配補工作之細節，記錄在其所編《京師圖書館善本書目》中，使得後人有案可查。如明正統刊本《後漢書》，“案此書夏目載兩部，今併爲一，重卷另存”。明刊本《元史》，“案此部夏目作十七冊，中華民國七年又檢出六冊，卷數不重，刊本一例，因補入此書”，又如內閣大庫舊藏元刊本《文獻通考》，“案原目十二部，今併作十一部，尚有八十一、二兩卷重複，提出另存”，這些都張目中記錄的配補合併之例。

如原來配補不合理者，則拆分之。以史部元刊明修本《漢書》爲例，繆目、舊編簡目、江目、夏目原著錄有一部殘本，存卷如下（繆目、舊編簡目、江目著錄存卷與夏目相近，則僅舉夏目爲例，下同）：

【夏0158】【庫】〖漢書一百二十卷〗又一部　（清內閣書）
　　元修宋淳化本配補。
　　　　存紀一之五　志七中上之十　傳十三之二十　三十一之六十　五
　　　　十八之六十四　六十七下之七十　又重本志七中之七下　傳六十九
　　　　上之七十下　十冊
　　　　　按繆目無重本，江目有。

至張宗祥編目時，認爲這應該是三部藏本，因而將之拆分爲三。並
加案語："按以上三部刊本裝訂皆同，惟書之大小略有不同，故前目
合爲一部，至有重出卷數，今分之，以存其舊。"其拆分後存卷
如下：

【張0219】【庫】漢書一百二十卷　五冊
　　宋刊元修本。……
　　　　存志七中上之十　傳三十一之六十　六十七下之七十
【張0220】【庫】漢書一百二十卷　十冊
　　刊本同前。……
　　　　存紀一之五　志七中之七下　傳六十九上之七十
【張0221】【庫】漢書一百二十卷　九冊
　　刊本同前。以上三部皆爲清內閣書。
　　　　存傳十三之二十　五十八之六十四
　　　　　按以上三部刊本裝訂皆同，惟書之大小略有不同，故前目合爲
　　　　　一部，至有重出卷數，今分之以存其舊。又按元補板宋諱亦皆
　　　　　缺筆，末卷"日雕修"三字上並非板缺，當是剷去。

至史錫永編目時，補入歷史博物館移來之殘卷，存卷又有所增加。
至此，這三部書之存卷大致定型。

【史0225】【庫】漢書一百二十卷　存五冊
　　宋刊元修本。……舊清內閣書。
　　　　存志七中上之十　傳三十一之六十　六十七下之七十

【史0226】【庫】漢書一百二十卷存　十冊

刊本同前……舊清內閣書。

存紀一之五　志五上之七中之上（由歷史博物館移來）　七中之下七下之下　傳五十七之六十二（五十下存七頁六十二存十五頁）　六十五之六十七（以上九卷由歷史博物館移來）　六十九上之七十

【史0227】【庫】漢書一百二十卷　存二冊改訂九冊

刊本同前。舊清內閣書。

存一之七（由歷史博物館移來）　傳十三之二十　五十八之六十四

趙萬里《國立北平圖書館善本書目》著錄宋刻元印本《漢書》“存三十八卷”、“存十九卷”、“存二十二卷”三部。《本館善本書目新舊二目異同表》云：“此部原爲雜配本，經前京師圖書館主任張宗祥重編改配並配入清內閣殘葉十六卷，新刻書目因之，即一存三十八卷，一存二十二卷，一存十九卷之三部。”此三書今藏中國國家圖書館，分別爲書號040（存三十八卷）、書號0785（存十九卷）、書號0784（存二十二卷）三部，惟著錄之存卷改爲依照《漢書》全書總卷數，故與以上各目著錄分卷卷數不同。可知現存的這三部《漢書》分部情形，始於張宗祥拆分，復經史錫永補入歷史博物館移來之殘卷，最後才形成現在三部《漢書》的存卷形態。

這樣拆分的例子在張目中還有很多。如明正統刊本《漢書》五部，張目案語謂：“按以上五部夏目合爲二部，今以書之大小、紙料不同，仍分爲五。”南宋刊本《後漢書》，“案此部夏目附于第一部二十四冊之內，作爲重本，今提出另爲一部”。元明修宋監本《後漢書》，“案以上六部夏目配補爲二部，今因書之大小不同，仍分爲六”。元明修宋監本《晉書》，“案以上二部夏目附在第二部內作爲重本，今分出”。宋刊明修本《魏書》，“案此部傳三十一、志九之十，夏目載入前部重本。又傳七中、下，夏目載入五冊內。今併提出”。元刊本《隋書》，“案以上四部前目雜配爲二部，今因書之刊印行款大小皆不同，故仍分列"。元明修宋監本《五代史記》，"案以上兩部夏目併爲一部，因爲重卷，今分爲二"。可以看出，張宗祥主要是依據原來"藏本"之形態，如書之大小、紙料不同，作爲分部之標準。

又如已被配補而不便分析者，張氏亦在書目中加以注明。如夏目著錄內閣大庫舊藏元刊本《北史》二十冊，因爲書中有配入明刊本，張目著錄爲"元明雜配本"，並注明其中存卷"列傳五十之六十五、七十四之八十一皆爲元刊本，其餘爲明覆元本"。並指出明刊部分會被配入此部之中的原因，是因明刊本爲覆刻元本而混淆了版本，"板心行款同元刊，惟左右雙綫，上口無字數，下口刊工姓名，與元本不同"。雖然一時未能將之分部，但在書目中加案語說明："案此部早經裝訂一律，未便分析，故特載明元刊卷數。"又如宋刊元修本《魏書》三十四冊，張目案語謂："案此書係三部合配而成，內志第六卷、十三之十四、十七之十八三冊書略小，首有'晉府書畫之印'朱文方印，末有'敬德堂圖書印'朱文方印，印本較晚，略有漫漶，且有明時補板。其餘二部，一部計三冊，亦有明補板。一部計二十八冊，惟目錄、序爲元補。"分別注明原來藏本之形態。

在張宗祥之後史錫永所編《京師圖書館善本書目錄》中，對待善本之分合態度，則不如張宗祥嚴謹，與之前繆目、舊編簡目、江目、夏目差不多，主要依據"版本"作爲分部之準則。如大庫舊藏明宣德刊本《陸宣公奏議》一書，各目著錄如下：

【夏 0350】【庫】重刊陸宣公奏議二十二卷　　（清內閣書）

　　明宣德刊本。

　　　存一之六

【張 0516】【庫】陸宣公奏議二十二卷　一冊

　　板印與前書同。亦清內閣書。

　　　存一之六。

【張 0518】【庫】陸宣公奏議二十二卷　一冊

板印與第一部黑口本同。亦清內閣書。

存十一之十六。

【史0520】【庫】陸宣公奏議二十二卷　二冊

版印行欵俱同前。……舊清內閣書。

存卷一之六　十一之十六

按兩冊向以長短不同，分爲二，今以版同合之。

夏目及以前各目皆僅著錄“存一之六”一部，張目補入一部“存十一之十六卷”者，分別著錄。依照張宗祥的理念，開本不同之書，即不同藏本，不應合併。而史錫永編目之時，即將兩部合併，即便是兩冊“長短不同”，因爲版本一樣，即“以版同合之”。

但是史目也並非只要是版本相同、存卷可配補，即將殘書配入。有時二本差異太大，也會保留其原貌。如前文提到歷史博物館移來內閣大庫舊藏南宋刊本《禮書》四冊，存卷多爲殘葉，較爲破碎。史目並未將之與前面各部配補，其案語云：“此部自歷史博物館移來，本可補前部之缺，惟篇幅短狹，裝訂亦殊，乃另立一部，與前部並列，即以爲補本也可。”

以上兩種配補準則，很難評判孰是孰非。只能說在近代藏書由私轉公過程中，對配補殘本之觀念有所變化。在過去，私人藏書家追求自己的藏書完整，通常以鈔補或配補殘本來配全其書，這種行爲可以理解。但是公共館藏善本，複本衆多，無需每部藏本都提供完整內容，尤其是現存稀少的宋元本而言，其價值主要在於獨特的版本價值。如果不慎配入版本不一或刷印前後差異較大者，反而給版本造成了混亂。對待存本較少的宋元善本和存量巨大的一般明清刻本，配補標準也應有所不同。對于進入公藏的宋元善本而言，實際無所謂完闕，如果只是爲了獲得完整內容，讀者閱讀通行版本即可，無需閱覽善本。喬秀岩先生《古籍整理的理論與實踐》[①] 文中

---

① ［日］喬秀岩：《古籍整理的理論與實踐》，《版本目錄學研究》第一輯，北京圖書館出版社2009年版，第5—34頁。

"離之則雙美，合之則兩傷" 一語，用來形容古籍善本之配補，大概也是適用的。尤其是內閣大庫藏書這宗比較特殊的藏書，如果將來路不同之殘本補配入原來善本中，只會徒添混亂。所幸在史錫永《京師圖書館善本書目錄》中所見配入歷史博物館移來大庫殘書，基本還是配補到內閣大庫舊藏書之中。這大概是當時配補的一個共識：以大庫書配補大庫書。首先是舊藏來源一致，其次才是考慮依據版本抑或藏本分合配補。但在趙萬里編目以後，善本書庫調整，打破了原來京師圖書館的藏書結構。趙氏更注重書籍版本本身，而不甚在意書籍遞藏源流，不復在善本書目上標注舊藏來源。內閣大庫藏善本分散到不同書庫，後來者連辨識何者爲大庫舊藏書也難以辦到，遑論在版本配補上還能堅持 "以大庫書配補大庫書" 的原則。

以上爲京師圖書館時期對內閣大庫舊藏書配補之情形。從中可以看到，這一時期對內閣大庫藏書的配補整理，決定了今存大庫殘書存卷分部的基本形態。而藉助現存六個《京師圖書館善本書目》，可以還原各書之分合情況。其中至爲重要的是張目及史目，如果缺乏二目著錄的分合、配補殘卷情況，要繫聯 1916 年夏曾佑《京師圖書館善本簡明書目》與 1933 年趙萬里《國立北平圖書館善本書目》各條著錄，是比較困難的。1934 年國立北平圖書館編纂的《本館善本書目新舊二目異同表》，對比夏目、趙目之差異，很大程度上也是藉助張宗祥《京師圖書館善本書目》。

第三節　京師圖書館時期內閣大庫藏書之改裝

內閣大庫藏宋元本，多保留蝴蝶舊裝。民國時人參觀圖書館所藏大庫善本，記錄所見蝶裝之貌，以爲奇觀。如惲毓鼎《澄齋日記》記宣統三年 (1911) 五月二十九日至京師圖書館看內閣大庫移來之書："裝訂多用蝴蝶裝，與今東西洋相似，且有題書名於冊脊者，乃知古人藏書亦直立也。"① 民國元年（1912），莊俞《京華記》記載參觀京師圖書館情況，特記及內閣大庫舊藏蝶裝宋本："館藏宋刻本甚多。《陸宣宣集》、《朱子大全》、《文苑（精）［英］華》、《通志》等，皆卷大尺許，布面綾錦包角，每頁中縫居中，頁單不加襯紙，所謂蝴蝶裝。其工致實勝於今之西裝，然則西籍之製作法，實我國之古制也。……此類皆內閣藏本，民國成立始收入館中。"② 內閣大庫藏書中殘損之本甚多，藏書移交圖書館收掌之後，館方對殘損書籍進行修復。在此過程中，有不少蝴蝶裝舊本被改線裝。藉助不同時期所編《京師圖書館善本書目》的著錄，可以了解此期間內閣大庫藏書改裝情況。

一　京師圖書館時期古書修補工作

內閣大庫藏書存放庫中，年久失修，移來圖書館之時，"有水濕者，有燻焦者，有霉爛者"③。京師圖書館創立之初，即聘請專門修書工匠，專司修補舊籍。1915 年 11 月 29 日教育部飭令第 426 號，提及對館中書籍裝訂修補事宜。

> 一、書籍蠹蝕，當輯補也。該館所藏書籍，多係古本，且閉置日久，難免腐蛀。若再經翻閱，破損堪慮。應即勤加修補，以便保留。該館現僅有裝訂工匠一人，且兼理分館之書，若力有未逮，可酌量添雇。④

1917 年京師圖書館遷址國子監後，館內設置有專門的裝訂室。據1920 年 6 月 12 日，京館函復教育部總務廳報送本館建築統計表，可

① 惲毓鼎：《惲毓鼎澄齋日記》，浙江古籍出版社 2004 年版，第 537 頁。

② 莊俞：《我一遊記》，商務印書館 1936 年版，第 92 頁。

③ 民國七年京師圖書館目錄課識語，見《清內閣舊藏書目》，中國國家圖書館藏民國七年京師圖書館鈔本。

④ 《北京圖書館館史資料匯編（1909—1949）》上，第 71—73 頁。

以看到在東南院設有"裝訂室"，占房三間。① 1923 年《京師圖書館
暫行辦事規章》中第五十四條爲關於裝訂處之規定，提及"裝訂處
雇技首一人，匠工數人"。1925 年 2 月京師圖書館主任徐森玉呈文
教育總長，臚陳館務困難情形，其中一項爲書籍破損需加修復整理，
重點提及了內閣大庫藏書。

> 一舊有書籍破碎過多，急待整理也。本館所藏書籍，特別
> 書庫中所藏固多精品，即普通書庫中庋置亦不少善本。全館書
> 籍大都從清內閣移來，開館之始特設裝訂室，招致精於裝訂之
> 人從事整理，歷年以來，成績卓著。善本、普通兩項書籍，經
> 歷任主管員役整理完美者，確亦不少。比因經費支絀，裝訂室
> 中技手暫行解散，只留一人專事修補善本。主任巡視各書庫，
> 業經發見善本、普通兩項書籍中之急待整理者尚有數百種，此
> 數百種雖經主管館員勤加晾曬，已無蟲蝕，而裝線盡脫，紙張
> 焦碎，則非重行裝釘不可。明知時至今日，絕無擴充之可言，
> 而主任職務所寄，既有所見，不得不爲之請命，此關於書籍整
> 理之爲難情形也。②

此期間圖書館方面對內閣大庫藏書的修復，尚未意識到蝶裝舊本在
書裝研究上的特別意義，因此有不少原來蝴蝶舊裝在修復過程中被
改爲了線裝。1926 年馬衡發表《中國書籍制度變遷之研究》③ 一文，
文中用到了內閣大庫舊藏蝶裝《歐陽文忠公集》、《冊府元龜》、《文
苑英華》、《春秋左傳》等書作爲實物例子，並附書影，引起海內外
學者注意。自此，圖書館方面對待原爲蝶裝的內閣大庫藏書修復工
作更爲慎重，特別規定原來蝶裝、包背裝等書籍，修復時需保留其

---

① 《北京圖書館館史資料匯編（1909—1949）》下，第 1099 頁。
② 《北京圖書館館史資料匯編（1909—1949）》上，第 117—118 頁。
③ 馬衡：《中國書籍制度變遷之研究》，《圖書館學季刊》1926 年第 1 卷第 2 期，
第 10—28 頁。

原貌。1929 年 6 月《北平圖書館指南》中介紹國立北平圖書館有
"裝訂"一項，特別提到"除線裝外，其原係蝶裝或包背裝者，悉
依原裝保全"①。1930 年 10 月《國立北平圖書館第一館概略》報告
中，有關於"圖書編目裝庋"一項，提及"至於圖書之裝置，古本
各書原係蝶裝或包背裝者，悉仍其舊。而本館藏書偏於古籍，除少
數新書雜誌外，概係線裝，庋藏之法，普通書皆用木架平置，善本
用玻璃櫃櫥，四庫書用原函原架，唐經則特製箱篋保藏云"②。可知
在後來，內閣大庫藏書中蝴蝶裝舊本得到圖書館方面重視，得以保
留。但是在此之前，內閣大庫藏書移來之時蝶裝舊本有多少部，這
其中又有多少被改裝了，已無從獲知，僅在《京師圖書館善本書目》
可以找到一些零星記錄。

二　《京師圖書館善本書目》所見內閣大庫藏書之改裝

內閣大庫所藏宋元本多保留蝴蝶舊裝，爲書冊制度研究提供了
大量實物例證。從曹元忠董理內閣大庫藏書開始，即對蝴蝶裝之書
籍注意加以著錄，在《文華殿檢書分檔》中題作"蛺裝"，其後繆
目、夏目、舊編簡目、江目等皆沿襲了曹氏對書籍"蛺裝"的著錄。
這些保留了舊裝原貌的書籍，爲中國古代書籍裝幀研究重要實例，
直接促進了民國間書冊制度研究。

夏目著錄了"蛺裝"書 85 部，張目著錄 74 部，皆內閣大庫舊
藏書。但二者著錄條目也並不完全重合，重合者僅有 43 部。夏目著
錄爲蝶裝而張目不著者有 42 部（有兩部張目合併爲一部），張目著錄爲蝶
裝而夏目不著者也有 31 部左右。造成差異原因一方面是因爲裝幀方
式並非善本書目著錄之必要項，著錄具有隨意性。另一方面則是因
爲有部分大庫書被改裝。結合二目著錄，標爲蝶裝的大庫藏書有一
百部以上。

---

① 《北平圖書館指南》，《北平圖書館協會會刊》1929 年 2 期，第 10 頁。
② 《北京圖書館館史資料匯編（1909—1949）》下，第 1172—1173 頁。

張目著錄蝶裝書 74 部如下：

表 7　　　　　張宗祥《京師圖書館善本書目》著錄蝴蝶裝書籍

	書名	版本	冊數
1	詩集傳二十卷	南宋刊本	五冊
2	儀禮集說十七卷	元刊大字本	■
3	禮書二百卷	南宋刊本	八冊
4	樂書二百卷	宋刊本	二冊
5	漢書一百二十卷	南宋刊本	七冊
6	漢書一百二十卷	（南宋刊本）刊本行款同前	四冊
7	後漢書一百二十卷	南宋刊本	二十三冊
8	後漢書一百二十卷	（南宋刊本）刊本同前	二十三冊
9	後漢書一百二十卷	（南宋刊本）刊本同前	九冊
10	後漢書一百二十卷	（南宋刊本）刊本同前	十四冊
11	後漢書一百二十卷	（南宋刊本）刊本同前	三冊
12	後漢書一百二十卷	元刊本	十四冊
13	梁書五十六卷	宋刊明修本	十四冊
14	陳書三十六卷	宋刊本	三冊
15	魏書一百一十四卷	宋刊元修本	三十四冊
16	魏書一百一十四卷	宋刊明修本	九冊
17	魏書一百一十四卷	刊本同前	五冊
18	北齊書五十卷	宋刊明修本	五冊
19	隋書八十五卷	元刊本	十七冊
20	隋書八十五卷	元刊本	十三冊
21	南史八十卷	（元刊本）刊本同前	七冊
22	北史一百卷	（元刊本）刊本同前	三十二冊
23	北史一百卷	（元刊本）刊本同前	十三冊
24	北史一百卷	明覆元本	三十八冊
25	五代史七十五卷	元刊本	八冊

續表

	書名	版本	冊數
26	五代史七十五卷	刊本同前	五冊
27	宋史四百九十六卷	元刊本	六十八冊
28	遼史一百十六卷	元刊本	十三冊
29	遼史一百十六卷	（元刊本）刊本同前	八冊
30	金史一百三十五卷	（元刊本）刊本同前	十六冊
31	金史一百三十五卷	（元刊本）刊本同前	十三冊
32	元史二百十卷	明刊本	二十三冊
33	元史二百十卷	（明刊本）刊本同前	二十四冊
34	元史二百十卷	（明刊本）刊本同前	十四冊
35	元史二百十卷	（明刊本）刊本同前	一冊
36	音注資治通鑑二百九十四卷	元刊本	三十冊
37	音注資治通鑑二百九十四卷	（元刊本）刊本同前	二十九冊
38	通鑑地理通釋十四卷	（元刊《玉海》附刊本）刊本同前	一冊
39	資治通鑑綱目發明五十九卷	（明刊本）刊本同前	四冊
40	通鑑前編十八卷	元刊本	四冊
41	宋史全文資治通鑑前集十八卷後集十五卷	（元刊本）刊本同前	二冊
42	通鑑紀事本末四十二卷	（宋刊大字本）刊本同前	十八冊
43	通鑑紀事本末四十二卷	（宋刊大字本）刊本同前	五冊
44	通志二百卷	元刊本	一百七十冊
45	通志二百卷	（元刊本）刊本同前	一百三十九冊
46	通志二百卷	（元刊本）刊本同前	四十七冊
47	通志二百卷	（元刊本）刊本同前	四十一冊
48	通志二百卷	（元刊本）刊本同上	四十四冊
49	通志二百卷	（元刊本）刊本同前	五十九冊

	書名	版本	冊數
50	通志二百卷	（元刊本）刊本同前	二十九冊
51	相鑑二十卷	明刊本	九冊
52	四史外戚傳四卷	明南監四史板彙印本	二冊
53	宗藩慶系錄殘卷	宋朱絲欄大字寫本	二十二冊
54	眉山新編十七史策要一百五十卷	宋刊小字本	二十五冊
55	至正金陵新志十五卷	棉紙墨格舊鈔本	四冊
56	文獻通考三百四十八卷	（元刊本）行款與前書同	四十冊
57	故唐律疏議三十卷附纂例	元刊本	二冊
58	大誥續編一卷	（明刊本）行款與前書同	一冊
59	通鑑問答五卷	元刊本	二冊
60	新序十卷	（元刊本）刊本同上	二冊
61	內訓一卷	明官刊本	一冊
62	六經天文編二卷	《玉海》附刊本	二冊
63	六經天文編二卷	（元《玉海》附刊本）刊本同前	二冊
64	算法全能集二卷	元刊本	二冊
65	易林注十六卷	元刊本	八冊
66	玉海二百又四卷	（元刊明修本）刊本同前	六十七冊
67	玉海二百又四卷	（元刊明修本）刊本同前	二十七冊
68	玉海二百又四卷	（元刊明修本）刊本同前	十八冊
69	歐陽文忠公集一百五十三卷附錄五卷	宋刊本	二十冊
70	東坡和陶詩四卷	宋刊本	■
71	聖德瑞應詩	畫朱絲欄寫本	二冊
72	文選六十卷	明翻張本	十五冊
73	增補六臣注文選六十卷	（元茶陵刊配本）板印同前書	三冊
74	文苑英華一千卷	宋刊本	十冊

張目著錄爲蝶裝書籍 74 部中，宋刊本 22 部，元刊本 37 部，明刊本 12 部，鈔本 3 部。蝴蝶裝是宋元時期流行之裝幀方式，宋元本保留蝶裝形式是符合常識的，不足爲奇，只是難得有這麼多實物留存至今。目中著錄爲蝶裝的寫本，有宋寫本《宗藩慶系錄》殘卷，爲宋代玉牒。舊鈔本《至正金陵新志》，蝶裝，棉紙影抄元刊本，五卷末有編寫儒生劉溟、呂益、翟庸、徐震四人題名，卷首有 "大本堂書" 朱文方印。畫朱絲欄寫本《聖德瑞應詩》，張目著錄爲："乃永樂時諸臣獻諛之作，行款不一律，當非同時撰進者。原書係蝶裝，現所存皆另頁。"

此外，還有明刊本 12 部及一部分明代遞修本，這是比較值得注意的例子。一般認爲蝴蝶裝盛行于宋元，明代已漸漸改爲線裝。如果張氏版本及裝幀著錄無誤的話，內閣大庫這部分蝶裝明版書籍，可以作爲明代蝴蝶裝之例子。但是，這部分書籍版本著錄是否可靠，尚需進一步討論。如前文列表所舉蝶裝 "明翻張本"《文選》六十卷，舊編簡目、江目、夏目皆著錄爲 "元張伯顏重刊本"，張目著錄作 "明翻張本"，史目沿之，趙萬里《國立北平圖書館善本書目》著錄重新改回爲 "元刻本"，此書今存臺北故宮博物院，著錄爲 "元池州路同知張伯顏刊本"。又如《四史外戚傳》，以明南監《晉書》、《隋書》（皆十行本）、《魏書》、《北齊書》（皆九行本）中《外戚傳》印訂單行者，趙目著錄爲 "宋元刻明印本"。《異同表》序言特意提及此書作爲修正版本之例，"有原題明刻，而審定爲宋元刻者，如《四史外戚傳》是也"[1]。此書之所以著錄爲明印本，是因爲繆目著錄時引《明史藝文志》云永樂中編輯。張目也並不確定此書即《明史藝文志》著錄者，謂之 "《明史·藝文志》所稱永樂中編輯者，不知是否此書"。原書今藏中國國家圖書館，據書影所見，仍爲蝶裝原貌，是否明代印本，尚可討論。但是，標爲蝶裝的明版中，

---

① 國立北平圖書館：《本館善本書目新舊二目異同表（附表）》（經部），《國立北平圖書館館刊》1934 年第 8 卷第 1 期，第 90 頁。

確有爲明代刊本者，如明太祖敕撰《相鑑》二十卷、明仁孝文皇后撰《內訓》一卷，皆明代刊本。有關蝴蝶裝是否在明初尚流行，抑或明代內府仍喜用蝴蝶裝、明內府包背裝是否由蝴蝶裝發展而來等問題，都可根據內閣大庫留存的這批蝶裝舊本作進一步研究。

夏目著錄爲蝶裝而張目不著者有 42 部，其中"明刊蜨裝本"《通鑑答問》"存卷一"、"存四之五"兩部，張目合併爲一部，改爲"元刊本"，另有 3 部未能與張目匹對，待考。其他 38 部可與張目匹配者目錄如下：

表 8　　　　夏曾佑《京師圖書館善本簡明書目》著錄蝴蝶裝書籍

	書名	版本	夏目冊數	張目冊數
1	〖禮書二百卷〗又一部	宋刊本	二冊	二冊
2	〖樂書二百卷〗又一部	宋刊本	六冊	六冊
3	春秋左傳三十卷	宋刊大字本	四冊	四冊
4	宋書一百卷	宋蜀大字本	三十八冊	三十八冊
5	〖宋書一百卷〗又一部	明刊本（張目著錄爲"宋刊元修本"）	一冊	一冊
6	〖南史八十卷〗又一部	元刊本	九冊	十冊
7	〖北史一百卷〗又一部	元刊本	十冊	十五冊
8	〖唐書二百二十五卷〗又一部	宋刊本	三冊	三冊
9	〖唐書二百二十五卷〗又一部	元刊本	四十九冊	四十九冊
10	〖唐書二百二十五卷〗又一部	元刊本	三十一冊	三十二冊
11	〖宋史四百九十六卷〗又一部	元刊本	三冊	八冊
12	〖金史一百三十五卷〗又一部	元刊本	六十冊	六十冊
13	〖資治通鑑二百九十四卷〗又一部	宋刊本	二十二冊	三十六冊
*14	〖資治通鑑二百九十四卷〗又一部	宋刊本	十六冊	十八冊
*15	〖通鑑紀事本末四十二卷〗又一部	宋刊小字本	三十五冊	三十五冊

續表

	書名	版本	夏目冊數	張目冊數
16	〖國朝諸臣奏議一百五十卷〗又一部	宋刊本	四冊	十一冊
17	〖文獻通考三百四十八卷〗又一部	元刊本	二十六冊	二十六冊
18	〖文獻通考三百四十八卷〗又一部	元刊本	四十一冊	四十一冊
19	大學衍義四十三卷	宋刊本	二冊	三冊
*20	〖大學衍義四十三卷〗又一部	元刊本（張目著錄爲"宋刊大字本"）	二冊	五冊
21	華嚴原人論解二卷	明刊本	一冊	■
22	冊府元龜一千卷	宋刊本	十五冊	十六冊
23	小學紺珠十卷	明刊蝶裝本（張目著錄爲元"《玉海》坿刊本"）	一冊	一冊
24	姓氏急就篇二卷	明刊蝶裝本（張目著錄爲元"《玉海》坿刊本"）	二冊	二冊
25	范文正公集二十卷別集四卷	元刊本	一冊	八冊
26	〖歐陽文忠公集一百五十三卷附錄五卷〗又一部	宋刊本	十五冊	十五冊
27	〖歐陽文忠公集一百五十三卷附錄五卷〗又一部	宋刊本	十九冊	十九冊
28	居士集五十卷	明刊本	二冊	二冊
29	晦庵先生文集一百卷	宋刊本	八十三冊	■
30	〖晦庵先生文集一百卷〗又一部	宋刊本	五十一冊	五十一冊
31	〖晦庵先生文集一百卷〗又一部	宋刊本	三十七冊	三十七冊
32	〖晦庵先生文集一百卷〗又一部	宋刊本	二十二冊	二十二冊
33	〖晦庵先生文集一百卷〗又一部	宋刊本	二十四冊	二十四冊
34	〖晦庵先生文集一百卷〗又一部	宋刊本	四冊	四冊

	書名	版本	夏目冊數	張目冊數
35	〔六臣注文選六十卷〕又一部	宋贛州郡齋刊本	十冊	二十一冊
36	河南程氏文集八卷	宋刊大字本	二冊	六冊
37	宋文鑑一百五十卷	宋刊本	十八冊	二十三冊
38	〔文章正宗二十四卷〕又一部	宋刊本	一冊	一冊

夏目著錄爲蝶裝較張目多出的 38 部中，宋刊本 25 部，元刊本 11部，明刊本 2 部。夏目著錄版本有四處與張目不同，今以張目著錄爲準。從張目修改上，可以看到原來著錄爲蝶裝的明版，部分被張目改爲了元版。這也可以看出書籍裝幀形式對版本判斷也有一定幫助。

　　上述 38 部夏目著錄而張目不著錄爲蝶裝的原因，一方面是因爲書目對書籍裝幀著錄的隨意性，另一方面則在於當中部分原爲蝶裝的書籍被改裝爲線裝。通過對比二目冊數變化，也可以看出一部分藏書已被改裝。其中“《資治通鑑》十六冊”、“《通鑑紀事本末》三十五冊”、“《大學衍義》二冊”三條，在張目中有明確記錄爲民國七年改裝。

　　張目在著錄內閣大庫所出宋元本時，十分注重著錄裝幀，對於蝶裝者加以注明。舊本重修已改裝爲線裝，亦注明其舊裝如何。整理編目時，如有因原本殘損不得已而改裝者，亦加注明。舊本改裝之原因，多係因原本破損嚴重，如元刊本《唐書》六十六冊，張目案語：“案此書現爲蝶裝，惟紙質甚脆，將來必須改裝。”雖未加改裝，亦注明此本之保存狀況，指明將來需加修復。而已加改裝者，則在目中一一注明。如夏目中宋刊本《資治通鑑》十六冊（上表第 14條），原著錄爲“踈裝”，張目已改爲線裝，變爲十八冊。張目案語曰：“案此書原爲蝶裝，紙極脆，每卷首尾缺頁甚多，原目十六冊，現改線裝十八冊。”宋刊小字本《通鑑紀事本末》三十五冊（上表第15 條），二目冊數雖無變化，張目案語稱：“又此書原爲蝶裝，中華民國七年改裝。”夏目中元刊本《大學衍義》二冊（上表第20條），著錄“存三十二之三十五　三十六之三十九”。張目改版本爲“宋刊大字本”，卷數也有所變化，“存三十一之三十九”，不知是原目著錄存卷有誤，抑或配補入其他殘本。冊數則由二冊變爲了五冊。張目案語謂：“按此書宋諱‘匡’、‘桓’等字均缺筆，字亦樸茂，前目誤作元刊，今更正。惟原爲蝶裝，紙極破碎，現已改裝。”其他35部夏目原著錄蝶裝之書，在張目中雖然沒有明確標明有改裝，對比二者冊數，可以發現張目著錄的冊數大多有所增加，當中一部分書很可能也經過改裝。

　　張目中所記改裝之書，也並非全部都改線裝，也有仍保留蝶裝原貌者。如南宋刊本《詩集傳》，舊編簡目、江目、夏目皆著錄爲“存九之十二　十八之二十　二冊”，張目著錄存卷無變化，冊數變爲四冊。張氏案語謂：“此書原裝兩冊，中華民國八年改裝四冊。”且張目書志仍著錄爲“蝶裝”，可知改裝後仍爲蝶裝。1921年後，由歷史博物館移來部分殘卷，增爲五冊。

　　張目中還記錄了一部分書籍冊數拆分爲多冊的情況，但是沒有著錄裝幀形式是否有改變。如元刊《玉海》附刊本《漢書藝文志考證》案語：“案此書原爲一冊，中華民國八年改裝四冊。”元刊本《西山先生真文忠公文章正宗》十四冊，“案此書原作一冊，重裝”。

　　古書流傳至今，經過無數次改裝，大多已看不出最初之分冊形態。僅有少量特殊以文字編號者，可以看出原來分冊以字號爲冊①，而絕大多數的書都無法復原舊裝分冊之情形，書目著錄僅注重卷數，不重冊數，改裝也不加著錄，張氏在書目中注明改裝、拆分等情況，對保留著宋元本舊裝的內閣大庫藏書而言，爲至關重要信息，非深知灼見者不能至此。

---

　　①　如明王元賓校梓《淮南鴻烈解》二十八卷，版心分刻六藝“禮樂射御書數”各字。又如明嘉靖四十二年刻本《念菴羅先生集》十三卷，以八音“金石絲竹匏土木革”分編，當爲原來分冊編號。

第五章

善本南遷與現存內閣大庫藏書追蹤初探

　　1924 年 9 月，民國政府設立中華教育文化基金董事會，管理美國第二次退還庚子賠款。基金會以發展文化事業應從圖書館著手，乃與教育部協商合辦 "國立京師圖書館"，1925 年 10 月締結契約十條。1926 年 1 月，因爲教育部未能履行契約①，基金會單獨籌辦圖書館，3 月正式成立，名爲 "北京圖書館"，館址設在北海。因合組不成，京師圖書館仍歸教育部所屬，1926 年 10 月改名 "國立京師圖書館"。1928 年 6 月，南京國民政府宣佈統一全國，定都南京，北京改稱北平。7 月，國立京師圖書館改名 "北平圖書館"，8 月改名 "國立北平圖書館"。而原基金會所設北京圖書館則改稱 "北平北海圖書館"。1929 年 1 月，國立北平圖書館遷址中南海居仁堂，重新開館。9 月，與北平北海圖書館合併，改組爲新國立北平圖書館。1931 年 6 月，遷址文津街新館舍。原京師圖書館所藏內閣大庫藏書，自此成爲新改組的國立北平圖書館館藏。

第一節　國立北平圖書館時期內閣大庫藏書之整理

　　1929 年北平、北海二館合併以後，善本書庫加入了原北海圖書

---

　　①　1926 年 1 月 13 日中華教育文化基金董事會致教育部要求履行十條契約函，《北京圖書館館史資料匯編（1909—1949）》上，第 132 頁。

館善本，加上歷年採購及捐贈，藏書有所變化，對原來的善本書庫進行了調整。當年 9 月份國立北平圖書館館訊即登載有"善本書庫之整理"一則："第一館善本書庫內，往往藏有普通性質之書籍，而普通書庫亦多提入善本書庫者，已由徐森玉、趙萬里二君從事審查，分別優劣，另行插架云。"① 其後歷經數年整理，重新將善本書庫調整爲甲乙二庫，"明本以上書仍儲之舊善本室，名曰甲庫。自清初以來精刊、精印、孤本、稿本、批校及罕傳之書，皆藏之乙庫"②。善本乙庫於 1933 年 8 月正式成立，原內閣大庫所存清代方志、《賦役全書》、殿板等未列入善本者，收入善本乙庫。

　　1933 年印行趙萬里主持編纂的《國立北平圖書館善本書目》，著錄善本甲庫藏書共 3796 部③。趙目與過去善本書目最大不同在於，一是地理類增入大量明代方志，二是集部增加了諸多明集，三是將過去藏書家不重視的戲曲類書籍編入善本書目。④ 尤其是將戲曲類書籍編入善本書目這一點，在當時是開創之舉，可以說是趙氏個人眼光及興趣。此目著錄雖爲善本甲庫藏書，但書目刊刻時善本乙庫尚未正式成立，故戲曲類、金石類、目錄類亦間有清人著述混入，刪之未盡。

　　1934 年國立北平圖書館編纂了《本館善本書目新舊二目異同表》，在《國立北平圖書館館刊》第 8 卷第 1、2、4 期連載，用以說明趙萬里新編《國立北平圖書館善本書目》與夏曾佑《京師圖書館

---

①　民國十八年九月館訊，《國立北平圖書館月刊》1929 年第 3 卷第 3 期，第 160 頁。

②　《國立北平圖書館館務報告》（民國二十二年七月至二十三年六月），國立北平圖書館 1934 年版，第 26—27 頁。

③　在 1932 年的《國立北平圖書館館務報告》（民國二十年七月至二十一年六月）中介紹收書 4500 種，而據刊本傅增湘序，稱"審定入善本庫者"3796 部，似最後定本有刪減。

④　"一曰明刻志乘，共得 500 餘種；二曰明刻明代別集共得 780 餘種；三曰舊本元明劇曲，共得 200 餘種"《國立北平圖書館館務報告》（民國二十年七月至二十一年六月），國立北平圖書館 1932 年版，第 15—16 頁。

善本簡明書目》差異，並在表中注明夏目中未被選入新目的書籍去向。但是由於夏目是 1916 年出版的善目，相隔較遠，著錄善本總數不足一千部，已不大符合後來京師圖書館館藏善本情況了。而《異同表》爲何選擇 1916 年刊行的夏目，而不選更晚出的張宗祥目、史錫永目作爲對比對象？這大概是因爲夏曾佑《京師圖書館善本簡明書目》是唯一一部京師圖書館官方刊行的善本書目①，館外讀者長久以來了解京師圖書館所藏善本，主要依靠夏目。張目、史目雖然著錄情形與趙目更爲接近，但是未曾出版，外間讀者無從得見。無論是考慮"以示徵信"，還是方便讀者計，應該選擇夏目作爲對比對象。

　　1935 年 12 月趙錄綽所編《國立北平圖書館善本書目乙編》出版。此目即善本乙庫目錄，著錄清代刊本、稿抄本 2666 種附 113 種。1935 年以後增入乙庫之書，趙錄綽復編成《國立北平圖書館善本書目乙編續目》②，1937 年 4 月出版，著錄 1241 種附 116 種。二目著錄有趙目剔除的部分內閣大庫藏書。

一　《國立北平圖書館善本書目》著錄內閣大庫藏書情況

　　1929 年 10 月國立北平圖書館館務報告介紹了該館所藏善本情況，與張宗祥《京師圖書館善本書目》著錄善本情況對比可知，北平、北海二館合併爲新國立北平圖書館時，館藏善本情況實際並未有太大改變，仍以內閣大庫藏書爲主。而趙氏根據二館善本新編書

---

　　①　繆荃孫《清學部圖書館善本書目》雖然也曾公開出版，但係繆氏個人藉助編印《古學彙刊》之便，編入刊行，非圖書館方面發行的書目。

　　②　"上年成立善本乙庫，將清代刊刻之本較爲罕見者，集中一處以供研考，惟當時提取之標準過嚴，致有多種未能入選。本年特就普通書籍重行查檢，將刊刻精善、流傳較罕者提出 578 種，其中以順治、康熙兩朝之文集及史料書籍爲多，而瞿氏鐵琴銅劍樓影抄進呈各書亦全部提入此庫，此係本館初並時經繆筱珊監督躬赴江南採購書籍，選定瞿氏精本百種傳抄進呈者，當時僅鈔成 50 種，雖爲時不遠，然所鈔俱爲珍本秘笈，而行款又悉照原書，自非普通抄本所能比擬也。"《國立北平圖書館館務報告》(民國二十四年七月至二十五年六月)，國立北平圖書館 1936 年版，第 22 頁。

目，面貌與此前京師圖書館舊目完全不同。這倒不是因爲館藏善本數量上有根本上的變動，主要是趙氏本人編目理念所致。趙氏新編善目，不是簡單的增加善本著錄總數，在編入新收善本的同時，也大量剔除原京師圖書館舊目著錄善本。

　　趙萬里新編《國立北平圖書館善本書目》，謂有感於京師圖書館時期“舊目編製時，不明版刻源流，舛訛之處，在所難免，覽者病焉”①，故而重加甄別，嚴定去取。趙目較過去京師圖書館舊目著錄善本之變化，主要在三方面。一是分別善本甲乙兩庫，清人著述及清代版本改歸善本乙庫。二是根據其新定標準，將原來善本書庫中一般的書籍退歸普通書庫。三是複本較多或殘闕過甚的善本另存重複書庫。在《本館善本書目新舊二目異同表》序中，提到當時擬定的三個原則：

　　　　（一）善本書庫舊存書，凡印本拙劣及其本尚非罕見者，一律退歸普通書庫，以省容積。（本館普通書庫中文舊籍，亦照章不得外借，與善本書同。）

　　　　（二）別善本書庫爲甲、乙二庫。甲庫藏書宋元明刻本抄本或名賢手校手抄本。至清人著述，無論抄本稿本，或精刻初印本，則概歸乙庫收藏。

　　　　（三）京師圖書館、北海圖書館舊藏善本書，有重複至數帙或數十帙而雕印時代完全相同者，則於新刻簡目中著錄一部或二部，而以餘者別藏善本重複書庫。至其書並非罕見而殘脫過甚者，亦附存焉。②

趙萬里先生學主版刻，誠然無愧爲一代版本學家，所編《國立北平

---

①《國立北平圖書館館務報告》（民國二十年七月至二十一年六月），國立北平圖書館 1932 年版，第 15—16 頁。

②《本館善本書目新舊二目異同表》序，《國立北平圖書館館刊》1934 年第 8 卷第 1 期，第 89 頁。

圖書館善本書目》，眼界極高，依三原則嚴加汰選，選入者皆部帙較爲齊備之本，而其餘叢殘過甚或版刻無特別之處者，則一律汰出善本，務求"新目著錄之書，無不精湛整潔，與舊目校，劃然不可同日語矣"①。趙氏所定"三原則"，前二條無可厚非，惟第三條複本另存重複書庫不載入善本書目之舉，似略有混淆"版本書目"與"館藏書目"功用之嫌，畢其功於一役，務求著錄之精整。趙氏因注重書籍版本本身，而不甚在意舊藏源流，不復延續《京師圖書館善本書目》標注舊藏來源之體例。且對善本書庫重組，自此打破了原京師圖書館時期善本書庫格局，給追蹤原《京師圖書館善本書目》著錄的內閣大庫善本帶來了困難。

誠然，京師圖書館時期的舊編善本書目也有很多問題。京師圖書館創建之時，因最初繆荃孫利用舊藏來源的故家舊目合編《清學部圖書館善本書目》，由此奠定了京師圖書館善本書庫基本格局，所編善本書目保存了最早來源的幾處舊家藏書特徵。其後江目、夏目、張目、史目基本都是在繆目基礎上增補，除了張目剔除了一部分明刻本複本，其他各目極少有剔除之舉。因此，京師圖書館最初選入的善本，並非嚴加汰選的結果，大約因故家舊藏善本有成目可據，組入善目較爲易易，故悉數收入。如海虞瞿氏進呈五十種書，其進呈本鈔本爲鐵琴銅劍樓在清末新鈔，臨期倉促，敷衍藏事，整體質量並不算高，但是全部收入《京師圖書館善本書目》。至趙萬里編《國立北平圖書館善本書目》時，幾乎將五十部海虞瞿氏書都剔除了，其中四十四部歸普通書庫（包括海虞瞿氏進呈鈔本 37 種），兩部歸善本乙庫。又如歸安姚氏藏書，京師圖書館時期善目著錄三百多部。至趙氏編目時，將姚氏咫進齋藏書大量剔出善本書目，或另存重複書庫者，或提入善本乙庫（清人著述），或提歸普通書庫，剔除者近半數。這對提高北平圖書館著錄善本質量而言無疑是有益之舉，但客

---

① 《本館善本書目新舊二目異同表》序，同前。

觀上給追蹤單宗舊藏來源的善本增加了難度①。

趙目著錄的內閣大庫舊藏善本情況也是如此。據《本館善本書目新舊二目異同表》所列舉趙目與夏目之差異，原來夏目著錄的內閣大庫藏書，約有兩百餘部被移出善本書目。夏目著錄大庫書數量只有 579 部，後來的張目、史目又增入了兩百多部大庫藏書，因此實際變動的情況應不止於此。但因為《異同表》只記錄了夏目被汰除善本之去向，本書暫時依據表中信息，對夏目著錄的五百多部內閣大庫書去向進行討論。

1、配補

趙萬里新編《國立北平圖書館善本書目》之時，對部分京師圖書館原藏的內閣大庫殘書重新進行了配補。如元刻本《音注資治通鑑》原存十冊一部，《異同表》曰："此部配入卷二十一之二十四，又將下部《通鑑釋文辯誤》存卷一之六亦併入此部，即新刻書目存四十二卷之一部。"該部"卷二十一之二十四"乃從歷史博物館移來之殘書，史目著錄"存二十一之二十四（二十一缺第十八頁，此四卷由歷史博物館移來）"。而《通鑑釋文辯誤》京師圖書館各目皆單獨列為一部，趙氏將此二書併為一部。

又如元刻本《玉海》內有附刻書數種，最初繆目著錄時，將附刻者附著在《玉海》條目之末：

【繆0547】【庫】玉海二百四卷

元刊本，行款同。

附刻《詩考》一卷 《詩地理考》六卷 《漢藝文志考證》十卷
《通鑑地理通釋》十四卷 《漢制考》四卷 《急就篇》四卷

---

① 單就編纂善本書目而言，編目之時似無義務保留舊藏來源信息。如果在圖書館制度建設較為完備的情況下，比如有另外卡片著錄或者同一舊藏來源書籍單獨編目等方式記錄舊藏來源等信息，自然無需在善本書目上反映。但是，此時期西方圖書館的卡片著錄在國內尚未廣泛推廣，作為唯一記錄善本信息的《善本書目》，則應暫時承擔起此責任，保留相關信息，以便日後稽查。

　　　　《姓氏急就篇》二卷　《周易鄭康成注》一卷　《王會解注》一卷
　　　　《踐阼篇》一卷　《小字紺珠》十卷　《六經天文編》一卷
　　　　《通鑑答問》五卷

夏目著錄，則改將《玉海》附刻各書拆分單獨著錄，分置各部之內，並加案語"按此二部繆、江二目均附《玉海》後，今依《四庫》例置此"云云。其後張目、史目著錄皆沿用夏之例，分別著錄。至趙萬里編目時，將部分《玉海》附刻本重新併回《玉海》之內，如《通鑑地理通釋》十四卷、《踐阼王會篇解》各一卷、《通鑑答問》五卷、《六經天文編》二卷四部重新配回子部《玉海》條內，《異同表》加案語"此部原係《玉海》附刻本，新刻書目配子部《玉海》內"云云。但趙目的更改卻不甚徹底，如《周易鄭康成注》、《急就篇》、《漢藝文志考證》等同為《玉海》附刻本，趙目仍分列在新刻書目各部之內，并不併回《玉海》條目中。

　　前文提到，在京師圖書館時期配補殘本，基本上是以大庫書配大庫書，即不將不同舊藏來源的書雜配在一起。至趙萬里編目時，其人重視版刻，而不甚在意藏書源流。配補殘書時，開始將不同來源之藏本合配在一起，只要版本一致即可。如元刻本《通志》十部，《異同表》曰："以下十部清內閣書八部，歸安姚氏書二部。除姚氏一部一百二十冊完全外，其餘皆以殘本雜配而成部。新刻書目將雜配各部加以整理，編配四部，餘皆另存重複書庫。"將內閣大庫舊藏《通志》八部與歸安姚氏舊藏的兩部雜配在一起。又如明刻本《尚書旁訓》，內閣大庫原藏本存下卷，趙氏編目時配入國子監南學移來之殘本上卷，《異同表》曰："此部配入清國子監書上一卷，已全。"這些經過雜配的殘書，存卷已與原來舊目著錄難以匹配，追蹤起來十分困難。

　　《本館善本書目新舊二目異同表》中多提及張宗祥對原來夏目著錄善本之配補分合工作，與上海圖書館藏鈔本張目著錄情形一致。但是表中將歷史博物館移來內閣大庫殘書配入之工作以為張宗祥時期所爲，實爲誤解。如前所章所舉張目拆分宋刊元修本《漢書》三部之例，《異同表》謂："此部原爲雜配本，經前京師圖書館主任張宗祥重編改配並配入清內閣殘葉十六卷，新刻書目因之，即一存三十八卷，一存二十二卷，一存十九卷之三部。"經前文分析可知，配補歷史博物館移來內閣大庫殘書爲 1921 年史錫永編目時所爲，並非張宗祥時事。

《異同表》中所提到的配補情況，也有與實際情況不符之處。如夏目著錄元刊明修本《後漢書》九冊、六冊兩部，張宗祥編目時，發覺兩部有強合之情形，乃根據開本大小，按照原來藏本分爲六部，分別爲六冊、四冊、二冊、一冊、一冊、一冊。其後史目補入歷史博物館移來大庫殘書，其中六冊改訂十二冊，二冊改訂五冊。趙目著錄了張目、史目的第一部，即張目六冊、史目改訂十二冊一部，剩下的五部存卷並未見著錄於趙目。而《異同表》曰："此二部原爲雜配本，經前京師圖書館張主任宗祥重新編配，分爲六部，同時配入清內閣殘葉二十四卷，俱作宋監本。新刻書目編配二部，即一存五十五卷作宋刻明印本，一存四十二卷作元刻本者是也。所餘重卷，另存重複書庫。""存五十五卷"者即張目六冊、史目改訂十二冊這部，而所謂另一部"存四十二卷"，並非爲剩下五部之殘卷，而是張目、史目所著錄的另一部存十四冊者。趙萬里編目時，保留張目、史目著錄的第一部，而將剩下的五部都另存於重複書庫，而《異同表》誤以爲將剩下的五部合爲趙目著錄的"存四十二卷"一部，其所注情形與實際不符。又如夏目著錄宋監本鈔配本《春秋穀梁注疏》(存卷十一之二十。卷十二十三頁之十八頁舊抄配)，《異同表》謂"此部另存重複書庫"，實則趙目著錄，作"監本春秋穀梁注疏二十卷　唐楊士勛撰　宋刻元印本　存十卷 (十一至二十)"。可知《異同表》所注亦不完全可靠，可能該表爲館員所編，並非完全出自趙氏本人。

2、另存重複書庫

有關"重複書庫"性質，未見確切說明文字。在 1932 年《國立北平圖書館館務報告》介紹趙萬里新編書目時謂："通常習見之書則提歸普通書庫，版刻重複之書則改入另存書庫。"① 彼時似尚未有"重複書庫"之稱法。1934 年《本館善本書目新舊二目異同表》中才出現"另存重複書庫"之說法。重複書庫應該是與善本甲庫同等地位的複本，但是不載入《國立北平圖書館善本書目》的書籍，且不限於是否北平、北海兩館重複，只要是有多部複本而全本中版刻相同或殘本中存卷殘缺過甚者，皆可另存重複書庫。

根據《本館善本書目新舊二目異同表》記載，夏目著錄內閣大庫藏書中，約有 132 部藏書整部另存重複書庫。其選擇的原則是，若有完本，則將殘本另存重複書庫。如元至治二年刊本《周易本義集成》，因爲有歸安姚氏舊藏一部完本，因而將另一部內閣大庫舊藏殘本另存重複書庫，此部夏目著錄"存五之十（五卷缺一、二、五三頁）二冊"，史目配入殘卷，存卷變爲"存《下經》卷第二　《象傳》卷三之四（卷四第十九頁後計上二冊由歷史博物館移來）　卷五之十二（五缺九頁、六缺兩頁、八缺兩頁）"。若沒有完本，則選擇存卷較爲完整者，而將殘缺較多的複本另存重複書庫。

另有 50 多部因爲合併後有重卷，將多出來的重卷另存重複書庫。合併工作有的是張宗祥時期所爲，如元刻本《隋書》兩部，《異同表》曰："此二部均爲雜配本，經前京師圖書館張主任宗祥編配爲三部，並將重卷傳四十五之五十計一冊亦另列一部，新刻書目仍爲三部，其重卷一冊另存重複書庫。"有的是趙氏新編書目時所爲，如前文提到的元刻本《通志》十部，"新刻書目將雜配各部加以整理，編配四部，餘皆另存重複書庫"。其他如存殘本較多的《後漢書》、《唐書》、《遼史》、《文獻通考》等，都有此種情況。

此外，還有一部分書籍複本較多，趙目收入一至兩部，其他複

① 《國立北平圖書館館務報告》（民國二十年七月至二十一年六月），國立北平圖書館 1932 年版，第 15—16 頁。

本另存重複書庫，這種情況大多爲大庫所藏複本較多的明刊本，約有9種。如明刊本《華夷譯語》六部，《異同表》謂"此共六部，新刻書目編入二部，餘另存重複書庫"。明永樂刊本《太和山志》二部，"此二部新刻書目編入一部，餘一部另存重複書庫。俱作明宣德刻本"。明刊本《勸善書》二十部，"此二十部新刻書目編入二部，餘另存重複書庫"。又九十三部，"此九十三部與下一部，新刻書目止編入一部，餘俱另存重複書庫"等。

3、提入善本乙庫

據《異同表》，原夏目著錄內閣大庫藏書中提入善本乙庫者並不多，僅有8部，但冊數較多，共577冊。八部書名如下：《日講禮記解義》六十四卷（精寫本）、《日講禮記解義》六十四卷（稿本）、《三禮義疏》一百七十八卷（精寫本）、《三禮義疏》一百七十八卷（稿本）、《方輿路程考略》（寫本）、《聖孝鴻篇》四卷（清官書舊鈔本）、《新修長蘆鹽法志》二十卷附《援證》十編（舊鈔本）、《西洋新法歷書》一百卷（明刊清修本），多爲清代稿抄本，其中《三禮義疏》稿本2部即占364冊。依照趙氏說法，乙庫所收應爲清人著述及清代版本，明刊清修本《西洋新法歷書》也收入乙庫，因其修補舊版已入清之故歟？

4、提歸普通書庫

據《異同表》，原夏目著錄內閣大庫藏書，有30部266冊提歸普通書庫。這部分主要爲明清版本，其中包括明刻本15部136冊，稿抄本10部110冊，清刻本4部14冊，朝鮮本1部6冊。分別爲：《經禮補逸》九卷（明刊本）、《三禮考注》十卷（明萬曆刊本）、《春秋傳義》十五卷（稿本）、《急就篇注》四卷又一部（明刊本）、《六書正譌》五卷又一部（明刊本）、《少微通鑑節要》五十卷（朝鮮刊本）、《明通鑑綱目》殘卷（黃綾寫本）、《明史歷志稿》十六卷（舊鈔本）、《吏戶禮曹章奏》（順治元年鈔本）、《治河奏牘》二十四卷（寫本）、《闕里志》十三卷（明刊本）、《太平寰宇記》二百卷（舊鈔本）、《濂溪志》十卷（萬曆壬辰刊本）、《乘輿儀仗做法》一卷（明官書刊本）、《太常紀要》十

五卷 (康熙四十一年刊本)、《河東運司志》十卷 (順治庚子刊本)、《夏鎮漕渠志略》二卷 (順治十年刊本)、《文公先生經世大訓》十六卷 (明天啟刊本)、《大學衍義》四十三卷又一部 (明翻宋本)、《天元玉歷祥異賦》十卷 (舊鈔五色繪圖本)、《龍法》 (舊鈔本)、《六壬管見》十二卷 (舊鈔本)、《選擇歷書》五卷 (明刊本)、《欣賞繪妙續編丙集》全卷 (明萬歷刊本)、《雲笈七籤》一百二十卷 (明張萱刊本)、《靈寶聚玄經》三卷 (明鈔本)、《交輝園遺稿》一卷 (清刊本)、《諸儒箋解古文真寶前集》五卷 (明刊本)、《文體明辨》八十四卷 (明刊本)、《明文翼運》殘卷 (明刊本)。

5、版本訂改

趙萬里新編《國立北平圖書館善本書目》夙稱精審，於舊目多所是正。在《本館善本書目新舊二目異同表》序中，有曰："蓋版本之學，至於今日而極其盛。昔人每因比較研究方法與資料之不足，於審定版刻之時間性與空間性時有主觀之沿誤。"此序雖不署撰人，然審此口吻，出於趙氏無疑。趙氏謂"至編目之際，時時發現舊目對於審定版刻時代，亦不盡可靠"，故對收入善目之版本重加鑒定。《異同表》序曰：

> 故新目編製時，於舊目亦多加彈正。有原題宋刻而審定爲元刻者，如《資治通鑑》、《易林》是 (《四部叢刊》借印《易林》時已改題元刻)。有原題明刻，而審定爲宋元刻者，如《四史外戚傳》是。無不以審慎之態度出之。一二人之意見不足憑，必就正於專門名家，或檢得客觀之條件，始敢寫定。此又新目之特色，而爲閱者所不可不知也。茲以新刻簡目與夏目互較，錄爲札記於後，固以徵信，而亦以自便檢尋云爾。①

---

① 《本館善本書目新舊二目異同表》序，《國立北平圖書館館刊》1934 年第 8 卷第 1 期，第 89 頁。

趙氏強調版本鑒定中"比較研究方法"、"客觀之條件"，並特意制定《異同表》，以示徵信。但是《異同表》所舉之版本訂改例子，並非都是從趙目才開始更改的，因爲《異同表》用以對比的夏曾佑《京師圖書館善本簡明書目》相去較遠，該目編纂也略顯粗疏。其後張宗祥、史錫永相繼重編善本書目，對夏目的著錄已加訂改。尤其是張宗祥《京師圖書館善本書目》，對夏目訂正甚多。趙氏編目時，也大量吸收了張氏的意見。如內閣大庫舊藏《宋書》一百卷（又一部），夏目著錄爲"明刊本"，張目改爲"宋刊元修本"，趙目著錄爲"宋刻本"。《增修陸狀元集百家注資治通鑑詳節》一百二十卷（又一部），夏目著錄爲"元刊本"，張目改爲"宋刊本"，趙目著錄爲"宋刻本"。《新序》十卷，夏目著錄爲"元刊大字本"，張目改爲"明刊本"，趙目著錄爲"明刻本"。《玉海》二百四卷兩部，夏目著錄爲"明刊蝶裝本"，張目改爲"元刊明修本"，趙目著錄爲"元刻本"。《姓氏急就篇》二卷，夏目著錄爲"明刊蝶裝本"，張目改爲"元《玉海》坿刊本"，趙目著錄爲"元刻本"。《增補六臣注文選》六十卷兩部，夏目著錄爲"宋刊配本"，張目改爲"元茶陵刊配本"，趙目著錄爲"元大德刻本"。上文提到張宗祥對元茶陵本《文選》之鑒定，在張氏《鐵如意館隨筆》卷一中另有考證①。這些對版本判斷的意見，都被趙目吸收了。因此，《異同表》中所開列的版本異同，並非全部都是趙目開始更正的結果。

　　當然，趙氏新編《國立北平圖書館善本書目》也對張宗祥的鑒定意見有更正之處，體現了趙氏在版本學上的造詣。如內閣大庫舊藏《書集傳音釋》六卷，夏目著錄爲"元刊本"，張目著錄爲"元刊本"，趙目訂正爲"明刻本"。《書集傳音釋》六卷（又一部），夏目著錄爲"元刊本"，張目著錄爲"元刊本"，趙目訂正爲"明

---

① "茶陵本《文選》，槧精印良，刀鋒秀挺，墨色光潤，在宋刊中亦屬上乘，故各家書目多標宋刊，其實元槧也。陳仁子，元人，前有大德二年陳序。書賈射利，多抽去此序，以冒宋名。今明刊《文選》有自此本出者，陳序尚存，可以爲證。"張宗祥：《鐵如意館隨筆》卷一，《張宗祥文集》第 1 冊，第 21 頁。

刻本"。《禮部韻略》五卷，夏目著錄爲"元刊本"，張目著錄爲"元刊本"，趙目訂正爲"明初刻本"，此部另存重複書庫。《禮部韻略》五卷（又一部），夏目著錄爲"元刊本"，張目著錄爲"元刊本"，趙目訂正爲"明刻本"。《五音集韻》十五卷（又一部），夏目著錄爲"元刊配本"，張目著錄爲"元刊本"，趙目訂正爲"金刻元印本"。《漢書》一百二十卷（又一部），夏目著錄爲"明補元本"，張目著錄爲"元刊明修本"，趙目訂正爲"宋刻明印本"。《漢書》一百二十卷（又一部），夏目著錄爲"明正統刊本配補"，張目著錄爲"明正統刊本"，趙目訂正爲"宋刻明正統修本"。《漢書》一百二十卷（又一部），夏目著錄爲"明正統刊本配補"，張目著錄爲"明正統刊本"，趙目訂正爲"宋刻明正統修本"。《四史外戚傳》四卷，夏目著錄爲"明刊本"，張目著錄爲"明南監四史板彙印本"，趙目訂正爲"宋刻明印本"，說見前章改裝一節。《大學衍義》四十三卷（又一部），夏目著錄爲"宋刊本"，張目著錄爲"宋刊小字本"，趙目訂正爲"元刻本"。《五燈會元》二十卷，夏目著錄爲"宋刊本"，張目著錄爲"明刊本"，趙目訂正爲"元刻明印本"。《佛果圜悟禪碧巖集》十卷，夏目著錄爲"元刊本"，張目著錄爲"元刊本"，趙目訂正爲"明刻本"。《釋氏通鑑》十二卷，夏目著錄爲"明刊本"，張目著錄爲"宋刊本"，趙目訂正爲"元刻本"。《秋澗先生大全文集》一百卷，夏目著錄爲"明弘治刊本"，張目著錄爲"明刊本"，趙目訂正爲"元刻明印本"。以喬秀岩先生的說法是，"看到過去模糊不準確的鑑定被趙先生的版本研究一條一條改訂，讀者會感到快刀亂麻的痛快，同時對趙先生的工作油然產生敬慕之心"①。

此外，趙目對舊目版本的訂改，也體現在版本著錄更爲細化。如大庫藏書中原著錄爲"舊鈔本"的《通典》二百卷、《統歷彙集

---

① ［日］喬秀岩、宋紅：《〈舊京書影、北平圖書館善本書目〉出版說明》，《文獻學讀書記》，第163頁。

元龜》殘卷、《青瑣高議》二十卷等書，趙目改爲 "明鈔本"。又如原著錄爲明刊本的《元史續編》十六卷，趙目改爲 "明永樂刻本"，《陸宣公奏議》二十二卷改爲明宣德刻本，《關王事迹》五卷改爲明成化刻本，可見其版本著錄逐漸精確細化。

　　以上僅就《異同表》範圍內舉例，趙目中對舊目著錄訂改不止於此。夏目著錄的 579 部內閣大庫書，提入善本乙庫、提歸普通書庫、另存重複書庫及配補後部分重卷另存重複書庫者，大約 230 多部。這僅就夏目而言，後來之張目、史目著錄內閣大庫善本總數更多，爲趙氏別出善目的大庫藏書總數遠不止於此。

二　國立北平圖書館時期新收內閣大庫書

　　北平圖書館時期所藏內閣大庫書，不僅限於繼承京師圖書館舊藏內閣大庫書籍。圖書館後來又購入了一些新善本，其中即有流失於廠肆的內閣大庫殘書。民國十九年雙十節，國立北平圖書館舉辦了一個圖書展覽會，展出民國十七至十九年間（1928—1930）新購入之書籍。當時在《國立北平圖書館館刊》刊載了趙萬里所編《國立北平圖書館圖書展覽會目錄》①，目前《引言》曰："此屆展覽各書，純係十七年至十九年此二年間所購置者，而 ［第一館]② 舊有之書不與焉。" 據此目著錄，民國十七至十九年間平館新購之內閣大庫書籍有 26 種，疑似 1 種：

1. 周禮講義十四卷（殘）　宋史浩撰　宋刻本　存一冊　此書自明以來久佚　內閣大庫書
2. 大元一統志二冊（殘）　元孛蘭肹等纂修　元刻本　存七百三十、七百三十一、七百九十、七百九十一　四卷　內閣大庫書

---

　　① 《國立北平圖書館圖書展覽會目錄》，《國立北平圖書館館刊》1930 年第 4 卷第 5 期，第 75—124 頁。此目國立北平圖書館後又有單行本。

　　② 單行本《國立北平圖書館圖書展覽會目錄》目前《引言》增 "第一館" 三字。

3. 冊府元龜·冊（殘）　宋王欽若等撰　宋蜀刻本　存第三百零七卷
   內閣大庫書

4. 徐仙翰藻十四卷　元至正間鈔本　疑內閣大庫書

5. 諸階行移一卷　明成化間鈔本

6. 太乙月孛雷君秘法一卷　明成化間鈔本

7. 三山木郎呪一卷附祈雨坐工祈雪文檢　明成化間鈔本

8. 祈禱文檄一卷　明成化間鈔本

9. 侍宸家語一卷　明成化間鈔本

10. 天罡都雷大法一卷　明成化間鈔本

11. 溫帥血脈家傳一卷　明成化間鈔本

12. 祈禱諸階秘旨一卷　明成化間鈔本

13. 朱將軍大法一卷附高天丁秘旨　明成化間鈔本

14. 斗母急告心章一卷　明成化間鈔本

15. 禱雨天篆一卷　明成化間鈔本

16. 飛神謁聖章法一卷　明成化間鈔本

17. 地祇諸階秘法一卷附追瘁回檄　明成化間鈔本

18. 諸階火雷大法一卷　明成化間鈔本

19. 諸品靈章雷君秘旨一卷　明成化間鈔本

20. 祈禱節次諸式一卷　明成化間鈔本

21. 祈禱家書立限便宜檄一卷　明成化間鈔本

22. 祈禱里社行移一卷　明成化間鈔本

23. 諸階鎮貼符一冊　明嘉靖間內府精寫本

24. 金籙御典文集一冊　明嘉靖間內府精寫本　以上二十一種　內閣
    大庫書

25. 蘇文忠公集一冊（殘）　宋蘇軾撰　宋蜀刻本　存和陶淵明詩卷
    第四　內閣大庫書

26. 國朝二百家名賢文粹一冊（殘）　宋蜀刻本　存第十九卷　內閣
    大庫書

目中第5—22皆爲明成化間鈔本，23—24爲明嘉靖間內府精寫本，皆道教典籍。標明爲"內閣大庫書"，係一批書同時購入①，不詳從何得知爲內閣大庫舊藏。又元至正間鈔本《徐仙翰藻》，疑爲內閣大庫書。以上二十二種皆見著錄於趙萬里《國立北平圖書館善本書目》子部道家類。

此外，宋刻本《冊府元龜》，京師圖書館所藏內閣大庫殘卷十六冊，蝶裝。《展覽會目錄》著錄新購一卷，當即大庫流失在外之殘書。史錫永《京師圖書館善本書目錄》著錄京師圖書館藏本存卷有：

【史1045】【庫】冊府元龜一千卷　存十六冊

宋王欽若等奉敕撰。宋刊本。版心寬八寸三分弱，高六寸一分。左右雙綫。白口。魚尾標"冊府"或"府幾"，間有白文者，下標頁數。卷首題"冊府元龜卷第若干"，次行低二格題"某部"，夾注數目。第三行低三格標目。獨卷五十七之六十加題"新刊監本"。《鐵琴銅劍樓目錄》云"此北宋本，每半頁十四行，行二十四字，字體方勁精好。卷中朗、敬、警、驚、殷等字皆減筆，而徵、讓俱不減，當是祥符書成後最初刻本"云云。冊首有"晉府書畫之印"，末有"敬德堂圖書印"、"子子孫孫永（保）[寶]用"三朱文方印。其紙背均有"國子監崇文閣官書　借讀者必須愛護損壞缺失典掌者不許收受"楷書朱文大長方印。羅紋棉紙。蝶裝。舊清內閣書。

---

① "自兩館合併後，將中文采訪組集中於第一館，由徐森玉、趙萬里兩君主持其事。兩君學問淹博，精於鑒別，於簿錄之學，造詣至深。惟年來書價騰貴，舊槧益稀，以云采訪，洵屬匪易。茲將本年度蒐求較重要之珍本，約略述之如左：……（四）宋元明善本書。宋刻有史浩之《周禮講義》，爲宋以後久佚之書。元刻有白文《周禮》，爲阮元《校勘記》所未收。其他宋本殘帙如《冊府元龜》、《蘇文忠公集》、《陳書》等，均可補本館舊藏本之缺。元本有至正間寫本《徐仙翰藻》，明本有汪諒本及白鹿書院本《史記》、嘉靖黃省曾本《水經注》、嘉靖本《楚紀》，均今日不可多得之佳本也。近又收得明成化間寫本道書十九種，足徵明代諸帝奉道教，於宗教史所關至鉅，故不惜重值收之，且均係內閣大庫書，與館藏善本同出一源，尤不應輕易放過也。"《國立北平圖書館館務報告（民國十八年七月至十九年六月）》，國立北平圖書館1930年版，第11—13頁。

存卷六之十（卷六存十三頁，卷七存十三頁，卷八存十五頁，卷九存十一頁，卷十存十一頁，均斷爛殘破。此五卷由歷史博物館移來）　四十一之四十五　五十六之六十　二百七十一之二百七十五　三百四十一之三百四十五　三百五十六之三百七十五　三百八十六之三百九十　三百九十九之四百　四百十一之四百十五　四百五十六之四百六十　四百七十一之四百七十五　四百九十一之四百九十五　五百八十六之五百九十

趙萬里《國立北平圖書館善本書目》已將此新購第三百零七卷併入著錄。此卷今藏臺北故宮博物院。

又如宋刻本《蘇文忠公集》（存《和陶淵明詩》卷第四）一冊。京師圖書館原藏內閣大庫殘書宋刊《蘇文忠公文集》兩冊，又《東坡先生和陶淵明詩》一冊，史錫永《京師圖書館善本書目錄》著錄：

【史 1250】【庫】蘇文忠公文集一百十五卷　存二冊

宋蘇軾撰。宋刊大字本。版心廣約一尺一寸三分，高七寸一分強。左右雙邊。白口。魚尾標"蘇文忠公文集卷幾"或"奏議卷幾"，再下標頁數，近欄標刊工姓名。各卷有分目。宋諱減筆。亦間有補版，原版字體端凝，摹倣亦不易亂真。半頁九行，行十五字。舊清內閣書。

存卷二（第五頁）　卷十六（第十頁）　三十二、三　三十八（第一頁）　四十（第十七頁）　《奏議》卷六（中有缺頁）

【史 1254】【庫】東坡先生和陶淵明詩四卷　一冊

宋蘇軾撰。宋刊本。蝶裝。版心廣約九寸六分，高六寸七分弱。左右雙邊。白口，標字數。魚尾標"和陶幾"，第二魚尾上標"乙卯"或"乙卯刊"，間有白文，亦間標"庚子重刊"，下標頁數，近欄處標刊工姓名。篇中先陶原詩，後和詩，亦間坿子由和作。字體清剛，重刊者遜。半頁十行，行十六字。舊清內閣書。

查趙萬里《國立北平圖書館善本書目》，已將新購得《和陶淵明詩》卷第四殘本一冊，配入第一部宋刊《蘇文忠公文集》殘卷之中，著

錄爲：

蘇文忠公文集四十卷後集二十卷和陶淵明詩四卷樂語一卷奏議十五卷
宋蘇軾撰　宋刻本

> 存十一卷　二（第五葉）　十七（第十葉）三十二至三十三　三
> 十八　四十　《後集》十七　《和陶淵明詩》四　《奏議》一　六
> 十

此本今存中國國家圖書館，《北京圖書館古籍善本書目》著錄：

蘇文忠公文集四十卷後集二十卷和陶淵明詩四卷樂語一卷奏議十五卷
宋蘇軾撰　宋刻遞修本　十冊　九行十五字白口左右雙邊

> 存十六卷　十七至十九　三十二至三十三　三十八至四十　《後
> 集》十六至十七　《和陶淵明詩》四　《樂語》　《奏議》一　六
> 至七　十（書號〇一二〇〇）

還有一部分北海圖書館（原北京圖書館）所購外間流失之內閣大庫
殘書，在 1929 年二館合併之時配入平館善本中。如上文提到的內閣
大庫舊藏宋刻本《冊府元龜》，北海圖書館（原北京圖書館）購藏有殘
本七卷（卷六百十一至六百一十五），爲劉啟瑞舊藏，殆自大庫竊出者，
趙萬里《館藏善本書提要》[①] 有介紹。此七卷亦已併入京師圖書館
所藏宋刻本《冊府元龜》殘卷之中，《國立北平圖書館善本書目》
著錄。

在趙萬里《國立北平圖書館善本書目》出版之後至抗日戰爭爆
發之前，1934—1937 年間平館仍持續購入藏書和整理館中善本，購
入的善本中有部分是流失在外的內閣大庫殘書。根據《館務報告》
記載，民國二十三年（1934）購得內閣大庫舊藏元大德九路本《後漢

---

① 趙萬里：《館藏善本書提要》，《北京圖書館月刊》1928 年第 1 卷第 3 期，第
160—163 頁。

書》、閩刻《續宋中興編年資治通鑑》、《宋季三朝政要》。① 除了新收的內閣大庫藏書以外，北平圖書館也一直在整理原來館中所藏的內閣大庫藏書殘書殘葉，有不少整理新發現的大庫殘書殘葉。如民國二十二年，趙萬里從內閣大庫故紙堆中檢出《華夷譯語》、《元朝秘史》殘葉。② 民國二十四年七月至二十五年六月《館務報告》稱自《國立北平圖書館善本書目》出版以後三年，又已整理內閣大庫殘本及新購書七八百種，編成續目四卷，謂累計至一千種即刊行。③但二十四年十二月僅印行有趙錄綽《國立北平圖書館善本書目乙編》，此爲善本乙庫書目，著錄清代刊本、稿抄本，並非《報告》中稱的善本甲庫"續目四卷"，此"續目"最後應未刊行。民國二十六年國立北平圖書館釐定內閣大庫殘書書名、卷數者，有宋刻《纂圖互注南華真經》，元刻《禮部韻略》、《聖濟總錄》、《易學啟蒙通釋》、《春秋諸傳會通》、《春秋胡傳纂疏》、《莊子口義》、《四書通證》，明鈔本《皇明實錄》等，又宋元兩刻《資治通鑑》補入新發現的殘葉④。但可惜的是，這些整理成果應該記錄在"甲庫善本

① "本年度購書仍承購書委員會之指導努力進行，雖經費銳減而成績尚無遜色，共購入中文書籍計一千四百七十五種，就中如元大德九路本《後漢書》、閩刻《續宋中興編年資治通鑑》、《宋季三朝政要》皆內閣大庫舊物，可配補館藏之缺。"《國立北平圖書館館務報告》（民國二十三年七月至二十四年六月），國立北平圖書館 1935 年版，第 5—6 頁。

② 陳垣《〈元秘史〉譯音用字考》："今年夏，北平圖書館趙萬里先生從內閣大庫故紙堆中發見《華夷譯語》與《元朝秘史》殘頁，計《譯語》三十六頁，《秘史》四十五頁，此洪武槧本也。何以知爲洪武槧本，則以與《華夷譯語》板式紙色相同故。"陳垣：《陳垣史學論著選》，上海人民出版社 1981 年版，第 359 頁。

③ "善本書目甲編出版以來，已歷三年，此三年中，整理內閣大庫殘本以及新購之書，已積至七八百種，茲仿初編體例編成續目四卷，計經部約三十種，史部約二百種，子部約一百餘種，集部約四百種，俟增至一千種時即行付印。"《國立北平圖書館館務報告》（民國二十四年七月至二十五年六月），國立北平圖書館 1936 年版，第 12 頁。

④ "整理宋元本殘葉：本館舊藏內閣大庫書殘葉爲數甚多，此一年間審定書名、釐訂卷數者，計有宋刻《纂圖互注南華真經》，元刻《禮部韻略》、《聖濟總錄》、《易學啟蒙通釋》、《春秋諸傳會通》、《春秋胡傳纂疏》、《莊子口義》、《四書通證》，明鈔本《皇明實錄》等書，此外宋元兩刻《資治通鑑》亦各有新增之葉云。"《國立北平圖書館館務報告》（民國二十六年七月至二十七年六月），國立北平圖書館 1938 年版，第 11 頁。

續目"上，但此目未能刊行，可能已經失傳，如今已無從稽考。①

　　1933 年趙萬里所編《國立北平圖書館善本書目》，可以說是對原京師圖書館藏內閣大庫藏書最後一次大規模整理記錄。此後不久即進入動蕩不安的戰爭時期，平館所藏善本南運，後來又擇要運美保存。自此，原北平圖書館所藏的內閣大庫藏書一分爲二，分藏北京、臺北兩地。

第二節　善本南遷

　　1934 年，鑒於九一八事變後華北局勢動蕩不安，國立北平圖書館將其善本書南遷上海租界。後又將其中部分善本書寄存到美國國會圖書館。1941 年 12 月開始分批移送，至 1942 年畢其事。運抵美國此部分善本書，寄存期間經中美雙方合議，由美方拍攝縮微膠卷。1965 年這批寄存善本移交臺北"中央圖書館"。後移交臺北故宮博物院。而留存大陸部分後歸入北京圖書館，即今中國國家圖書館。

　　1967 年，作爲當事人的錢存訓先生在《傳記文學》發表《北平

---

　　① 又趙萬里曾計劃撰《北平圖書館善本書志》，完成明別集類數篇，連載於《國立北平圖書館館刊》1930 年第 4 卷第 1、4、5 期。有六種書標識"舊爲內閣大庫書"，其中《長春競辰稿》、《玉雪齋詩集》、《南枝草》三種不見於《京師圖書館善本書目》著錄，盧雪燕認爲這三種書可能是平館時期新購入的內閣大庫書："其中《長春競辰稿》、《玉雪齋詩集》、《南枝草》三種不見載於《京師圖書館善本書簡目》，可能也是內閣大庫流出，後爲平圖所購入。"（盧雪燕：《臺北故宮博物院現藏清內閣大庫藏書探源》，第 686 頁）這幾部書如何斷定爲內閣大庫書，是平館新購還是原大庫移交書籍中新整理出來的，未見明確記錄，尚難判斷。其中《長春競辰稿》一書盧文認爲是現藏台北故宮博物院（平圖 013538—013541）一部，書上有"沈氏鳴野山房圖籍印"、"掃塵齋藏"等印，若藏印不僞，則此書經清人沈復粲（1779—1850）收藏，應非大庫藏書（此書中國國家圖書館亦有一部，善本編號 11212，應是後來入藏者，非趙萬里著錄者）。

圖書館善本古籍運美遷臺經過》^① 一文，介紹了善本南遷及運美之經過，是迄今爲止了解善本南遷及運美過程之重要材料，後又增訂，補入遷臺經過^②。錢先生並在《中美書緣——紀念中美文化交換百週年》(1969)^③、《我和國家圖書館——在北圖工作十年的回憶和以後的聯繫》(2009)^④ 等文章中提及其事。此外，臺北 "中央圖書館" 館長蔣復璁有《北平圖書館善本書籍運美經過》(1955)^⑤、《歸還國立北平圖書館存美善本概述》(1966)^⑥ 二文。昌彼得《關於北平圖書館寄存美國的善本書》(1970)^⑦、《國立北平圖書館善本闕書目》(1970)^⑧，《談故宮博物院所藏宋版書》(2002)^⑨ 各文，對當時運美善本與遷臺之數量對比，提出了一些質疑。大陸方面，朱紅召《國立北平圖書館善本圖書運送美國保存經過述略》(2003) 一文^⑩，系統敘述了善本南遷及運美之過程。喬秀岩、宋紅《〈舊京書影、北平圖書

① 錢存訓：《北平圖書館善本書籍運美經過》，臺北《傳記文學》1967 年第 10 卷第 2 期，第 55—57 頁。

② 錢存訓：《東西文化交流論叢》，商務印書館 2009 年版。又見收於《錢存訓文集》，國家圖書館出版社 2012 年版。

③ 錢存訓：《中美書緣——紀念中美文化交換百週年》，臺北《傳記文學》1969 年第 14 卷第 6 期，第 6—9 頁。又見收於《錢存訓文集》，國家圖書館出版社 2012 年版。

④ 錢存訓：《我和國家圖書館——在北圖工作十年的回憶和以後的聯繫》，《國家圖書館學刊》2009 年第 3 期，第 9—14 頁。

⑤ 蔣復璁：《北平圖書館善本書籍運美經過》，《中韓文化論集》1955 年第 2 期。

⑥ 蔣復璁：《運歸國立北平圖書館存美善本概述》，《中美月刊》1966 年第 11 卷第 3 期，第 5—7 頁。

⑦ 昌彼得：《關於北平圖書館寄存美國的善本書》，臺北《 "國立中央圖書館" 館刊》1970 年新 3 卷第 2 期（見收昌彼得《蟫菴論著全集》，臺北故宮博物院 2009 年版，第 446—456 頁）。

⑧ 昌彼得：《國立北平圖書館善本闕書目》，《 "國立中央圖書館" 館刊》1978 年新 3 卷第 2 期（見收《蟫菴論著全集》，第 457—484 頁）。

⑨ 昌彼得：《談故宮博物院所藏宋版書》，臺北《故宮文物月刊》第 228 期，2002 年 3 月（見收《蟫菴論著全集》，第 410—417 頁）。

⑩ 朱紅召：《國立北平圖書館善本圖書運送美國保存經過述略》，見《王重民先生百年誕辰紀念文集》，北京圖書館出版社 2003 年版，第 131—147 頁。

館善本書目〉出版說明》（2011）① 文中也述及此段歷史。林世田、劉波《關於國立北平圖書館運美遷臺善本古籍的幾個問題》（2013）② 一文，對昌彼得提出的質疑作了回應。張立朝、林世田《鐵肩雄心擔道義，履危蹈險顯擔當——記善本南遷與運美寄存事宜》（2015）③，重加表彰了袁同禮、王重民、錢存訓等在抗戰時期保護善本之事跡。

一　善本南遷之經過

1933 年 5 月 2 日教育部致電北平圖書館蔡元培館長、袁同禮副館長，指示善本圖書南運及裝箱寄存概況。④ 但是當時局勢可能尚不嚴峻，善本並未南運，只是選擇分存於天津等地。1933 年 5 月 3 日，胡適致函段錫朋（書貽）、錢昌照（乙藜），提及“南中天氣潮濕，古本書籍在南方不容易貯藏保存。故我們決定在北方選擇妥善地方保存”⑤。所覓存放地點有德華銀行保險庫、天津天主教之工商大學、天津大陸銀行貨棧。國圖館史檔案中有一份《善本甲庫裝箱大概》，記錄了善本陸續移運之情況。從 1 月 13 日至 5 月 23 日，善本書陸續裝箱運往德華銀行、天津大陸銀行貨棧、華語學校等處。⑥

1935 年華北事變，華北局勢日益嚴峻。北平圖書館擇選貴重書

---

① ［日］喬秀岩、宋紅：《〈舊京書影、北平圖書館善本書目〉出版說明》，《文獻學讀書記》，2018 年，第 148—180 頁。

② 林世田、劉波：《關於國立北平圖書館運美遷台善本古籍的幾個問題》，《文獻》2013 年第 4 期，第 75—93 頁。

③ 張立朝、林世田：《鐵肩雄心擔道義，履危蹈險顯擔當——記善本南遷與運美寄存事宜》，國家古籍保護中心編《抗戰時期古籍搶救保護史跡文集》，北京大學出版社 2015 年版，第 23—35 頁。

④ “國立北平圖書館蔡館長、袁副館長鑒密：北平圖書館承文內閣、清學部藏書之遺，爲全國圖書館之最大者，所藏宋元精本及《永樂大典》甚夥。而明代實錄及明人集仍係本來面目，遠非《四庫全書》刪改者可比，尤爲重要，特電。仰將挑有精本南遷，以防不虞爲要。教育部冬。”《北京圖書館館史資料匯編（1909—1949）》上，第 370—372 頁。

⑤ 《北京圖書館館史資料匯編（1909—1949）》上，第 376—378 頁。

⑥ 甲庫善本裝箱清單參見《北京圖書館館史資料匯編（1909—1949）》上，第 370—375 頁。

籍南運，11 月 25 日致函教育部，匯報運書情形，並請求撥裝箱運租費用。"查國立北平圖書館所藏珍本書籍至可寶貴，目下北方時局日趨嚴重，已由同人商決，擇其重要者於日前運出一百三十箱，此後仍當陸續南移，以期安全。"① 12 月 6 日，北平圖書館密呈教育部解決善本圖書南運經費辦法函中，附記當時裝箱情形。其中善本甲庫197 箱，善本乙庫 107 箱，唐人寫經 49 箱，內閣大庫輿圖 15 箱，漢石經楚器及金文拓本 8 箱，西文整部科學雜誌 116 箱，西文東方學善本書籍 30 箱，梁任公寄存書 64 箱，共計 586 箱。②

　　1935 年 12 月 5 日至 18 日，南運書籍陸續抵達上海商業儲蓄銀行、上海中國科學社等處。1936 年以後，北平圖書館又將剩餘部分善本運往南京寄存於國立中央大學圖書館等處，其中內閣大庫舊藏輿圖 15 箱，寄存於故宮博物院南京分院。錢存訓先生《北平圖書館善本古籍運美遷臺經過》一文回憶：

　　　　自從東北事變以後，政府已知華北大局不保，於是在 1934年決定將故都國寶南遷。除故宮古物外，北平圖書館的藏書也是其中一部分。當時送往上海的部分，除善本書籍甲乙庫約5000 餘種 6 萬餘冊外，尚有敦煌寫經 9000 餘卷、金石碑帖數百件（如漢熹平石經殘石、周鼎、楚器、銅鏡、古錢及梁任公家屬寄存碑帖等），均存放公共租界倉庫。另有全份西文科學及東方學期刊三四百種，約 1 萬餘冊，則寄存法租界亞爾培路中國

①　1935 年 11 月 25 日委員會函教育部報告運書情形請撥裝箱運租費函，見《北京圖書館館史資料匯編（1909—1949）》上，第 415—416 頁。
②　《北京圖書館館史資料匯編（1909—1949）》上，第 428 頁。又據 1935 年 11月 23 日《本館善本書南遷報告》云："一、書箱總數：……郵包 584 包。共計 605 箱584 包。內計甲庫 197 箱，乙庫 107 箱又 554 包，寫經 49 箱，金石 8 箱，輿圖 15 箱，西文雜誌 135 箱，西文善本 30 箱，梁任公書 64 箱。二、寄存地點：中央研究院化學、物理、工程研究所 50 箱（甲庫 30，乙庫 20），中國科學社 243 箱，上海銀行第一倉庫246 箱，中央研究院心理研究所 2 箱，梁宅自存 64 箱。"毛華軒、權儒學：《北京圖書館館史（1948 年以前）檔案選錄（下）》，《文獻》1988 年第 1 期，第 240—252 頁。

科學社，稱爲"國立北平圖書館上海辦事處"。另有一部分送存南京地質調查所新建所址，其中除西文參考書、外國官書、全份西文及日文工程期刊四五千冊外，尚有舊藏內閣大庫輿圖及各省輿圖七八千幅，對外稱爲"工程參考圖書館"。①

1937 年 7 月 7 日，盧溝橋事變。7 月 29 日，北平淪陷。11 月，上海淪陷，租界淪爲孤島。1940 年 6 月，法國戰敗，遠東權利半喪於日本人手中，上海法租界形勢也日益緊張，寄存在法租界中國科學社的善本書籍也不復安全。1941 年，通過袁同禮、駐美大使胡適與美國國會圖書館聯繫，擬將存滬善本運美保存，以策萬全。錢存訓《北平圖書館善本古籍運美遷臺經過》文中記載當時裝箱的細節：

> 1941 年初守和先生特親自冒險到滬佈置一切，並由國會圖書館派請王重民（有三）先生回滬協同徐森玉先生挑選出一部分較重要的資料，計 2720 種，約計 3 萬餘冊，裝成 102 箱，箱內用鐵皮密封，以防潮濕。其中包括宋、元本約 200 種，明版近 2000 種和抄稿本 500 餘種。這些書可說是當時平館善本的精華了。②

袁同禮 1941 年 1 月回港滬辦理移運館藏善本書籍送往美國保存事。當時與美國大使詹森大使商議，由美國派軍艦來滬接收。美國總領事要求必須先由法租界移至公共租界，又須江海關發給出口允許證，方肯代運。3 月 4 日，王重民、袁同禮同赴上海，將三百餘箱善本書籍從法租界秘密移到公共租界的美國倉庫，考慮到善本難以全部運美，乃開箱選取其中精本一百箱，作爲運美保存之善本，並由李耀南編寫《國立北平圖書館善本書裝箱目錄》。5 月，王重民由滬返

---

① 錢存訓：《錢存訓文集》第三卷，國家圖書館出版社 2012 年版，第 129 頁。
② 《錢存訓文集》第三卷，第 131 頁。

美，致胡適函中提及此段挑選善本之經過：

> 　　國立北平圖書館所有善本書，甲庫一百八十箱，乙庫一百
> 二十箱，久於蘆溝橋事變前運滬保存。初寄存於法租界亞爾培
> 路科學社圖書館，嗣移呂班路震旦博物院。去年六月，法軍敗
> 績，遠東利權半喪於日本人之手，滬上租界允日憲兵隨時搜查，
> 已攫取我政府寄存物不少，學術界人士莫不以此三百箱古籍爲
> 憂也。館長袁守和先生擬運送來美，寄存國會圖書館中。……
> 甲、乙兩庫書，甲庫百八十箱，最稱善本，擬先從此百八十箱
> 中選其最要者爲百箱。乃逐箱啟視，剔去重本與書本重大而少
> 學術上價值者。然後再就版刻與內容，選其最善最精者爲百箱。
> 箱編號碼，書編目錄（中文一份，英文兩份），爲時三周
> 而畢。①

此外，另有善本兩箱作爲送美展覽會用書，先前已由上海美國領事
館寄出，故錢存訓先生謂運美之善本一共 102 箱。剩下的 100 箱善
本，因爲當時上海海關已爲敵僞把持，開具江海關出口允許證容易
走漏風聲。因此，最後決定將此批善本僞裝爲代美國國會圖書館在
滬新購書籍，委託中國旅行社分批代運。通過錢存訓先生努力周旋，
最終成功找到海關熟人接應，從 1941 年 10 月開始，將 100 箱書分
成 10 批，逐批運美，爲免引人注目，收件人時常更換，25 箱寄國會
圖書館，75 箱寄加州大學，寄到後再匯總到國會圖書館。最後一批
爲 12 月 5 日發出。12 月 7 日，珍珠港事變，太平洋戰爭爆發，美輪
停運。至 1942 年 6 月，報載北平圖書館善本書籍 102 箱全部抵達華
盛頓。平館善本在戰火之中漂洋過海，寄存異國，得獲保全，可謂
萬幸。

---

① 北京大學信息管理系、臺北胡適紀念館：《胡適王重民先生往來書信集》，北
京圖書館出版社 2009 年版，第 9 頁。

　　而留存在滬未運之書，再度由公共租界的美國倉庫分批運回法租界中，分散保藏。1942 年 10 月 27 日袁同禮報告中稱："其較次之清刻善本，時間不及裝運，本年四月經輾轉託人設法，從原寄存之美倉庫，分批運至法租界私人住宅，化名寄託，由職館留滬職員妥爲料理處置，均甚秘密，今後諒不至有意外危險。"① 但是這批書還是被日僞發現了。由於平館善本運美消息傳出，引起了日本華北興亞院方面的注意，當時僞華北教育總署督辦周作人兼任僞"國立北京圖書館"館長，實際負責人爲秘書王古魯（鍾麟）。1942 年 8 月，王古魯及日本專員水川清一、臼井亨一奉命至滬清查平館藏書，證實了善本精華部分已運離上海，乃將當時查到的一部分中西文書籍，分兩批運返北京，11 月 3 日運到第一批中文善本 136 箱，12 月 16 日運到第二批西文書籍 142 箱。1944 年 1 月 19 日，僞北京市長劉玉書發佈訓令《華北各省市限制舊書籍南運實行辦法》②，嚴格限制華北各省市書店舊書籍南運。而當時分藏上海他處的敦煌寫經等其他書籍資料未被發現，直至 1945 年抗戰勝利以後，才將殘留之書籍寄存於陳群住宅，作爲分館之辦事處。

　　1942 年王古魯等人將清查到的平館書籍運歸北京後，次年開箱清點，3 月，俞家驥擔任僞"國立北京圖書館"館長，其後數月間將由滬運回書籍開箱清點，編刊《國立北京圖書館由滬運回中文書籍金石拓本與圖分類清冊》③，共計中文書 2485 部，31314 冊。西文書 335 部，9530 冊。書前有 1943 年 11 月傅增湘序，傅氏序中將

---

　　① 見《教育部長陳立夫致行政院孔副院長折呈》（1942 年 11 月 14 日）所引袁同禮報告。中國第二歷史檔案館：《中華民國史檔案資料匯編》第 5 輯第 2 編文化 2，江蘇古籍出版社 1998 年版，第 604—605 頁。

　　② 北京特別市政府訓令（三十三年一月十九日）令社會、警察、教育局《華北各省市限制舊書籍南運實行辦法劉玉書》，《市政公報》1944 年第 217—219 期，第 14—15 頁。

　　③ 僞"國立北京圖書館"：《國立北京圖書館由滬運回中文書籍金石拓本與圖分類清冊》，民國三十二年（1943）鉛印本。

1934 年善本南遷美化爲 "部議有籌設江南分館之計，館書遂奉令南遷" ①。1943 年 1 月 1 日，王古魯在《國立華北編譯館館刊》②、《教育時報》③ 同時發表《國立北京圖書館南運書籍回館志略》一文，略述運回之書概況。其中甲庫善本約 376 種，4960 冊。乙庫善本約 1968 種，2568 冊。

　　由滬運至美國國會圖書館之善本書，即由當時在該館工作的王重民負責編目並拍攝縮微膠卷等工作。王重民爲美國國會圖書館所藏善本古籍撰寫了一千六百餘篇提要，彙編爲《美國國會圖書館藏中國善本書錄》(1957)。但是該書著錄全爲美國國會圖書館藏善本，原北平圖書館由滬運美善本提要並未收入其中。1947 年王重民歸國後，又繼續爲北京圖書館館藏善本撰寫提要。王氏在美所撰平館善本提要，攜帶回國。身後夫人劉修業將其在美期間及歸國後爲北京圖書館、北京大學圖書館所撰善本提要，合編爲《中國善本書提要》(1983) 出版。書中所標 "北圖" 者，即包含了當時北平圖書館運美之部分善本，不單單是留存北京部分。

　　王重民歸國之後，1949 年由袁同禮至美國國會圖書館接替其工作。1965 年袁氏在美逝世，當時臺北 "中央圖書館" 館長蔣復璁請求美國國會圖書館將寄存善本運往臺灣，由臺北 "中央圖書館" 保存，於當年 11 月運抵臺灣。1967 年，該館編印善本書目，將此批寄存善本編入《 "國立中央圖書館" 善本書目》中，而每條標注 "北平" 二字。1969 年又單獨編印一冊《 "國立中央圖書館" 典藏國立北平圖書館善本書目》，書前有同年 12 月包遵彭序。1985 年，此批藏書移交臺北故宮博物院收儲。

---

　　①　傅增湘序，見《國立北京圖書館由滬運回中文書籍金石拓本輿圖分類清冊》，民國三十二年（1943）鉛印本。

　　②　王鍾麟：《國立北京圖書館南運書籍回館志略》，《國立華北編譯館館刊》第 2 卷第 1 期，1943 年，第 1—6 頁。

　　③　王鍾麟：《國立北京圖書館南運書籍回館志略》，《教育時報》第 10 期，1943 年，第 34—35 頁。

二　善本南遷相關問題

1、運美善本之總數

運美善本之總數，根據各人所述，有不同說法。如 1941 年 5 月王重民致胡適函曰 "擬先從此（甲庫）百八十箱中選其最要者爲百箱"，稱所選善本爲 100 箱。而 10 月 27 日袁同禮報告稱 "共計分裝一〇一箱"。10 月 30 日致胡適函稱 "平館善本書籍一百箱已分數批運美，因海關不肯負責，不得不特別慎重，收件之人必須時常更換，以免引人注意。故內中二十五箱寄國會圖書館，七十五箱寄加省大學"①。而 12 月最後運完，錢存訓回憶爲 "計 2720 種，約計 3 萬餘冊，裝成 102 箱……其中包括宋、元本約 200 種，明版近 2000 種和抄稿本 500 餘種"。總而言之，運美善本之總數 101 箱的說法提得比較少，100 箱、102 箱的說法前人提得比較多。之所以會產生箱數的差別，是因爲有 2 箱是送美展覽用書，與甲庫善本先後裝箱。1941 年 3 月善本甲庫裝 100 箱，加上之前寄出的展覽用書 2 箱，最後運美善本一共 102 箱。而根據 1941 年 5 月李耀南最後所定《國立北平圖書館善本書裝箱目錄》，運美善本共 2954 種，20970 冊。朱紅召《國立北平圖書館善本圖書運送美國保存經過述略》文中認爲錢氏 2720 種之說係根據王重民拍攝膠卷的善本種數，實際拍攝膠卷時若美國國會圖書館已有的善本，則不在拍攝之列，故實際運美善本應超過膠卷之數②。1949 年《存館善本書種數冊數》表記載，"存滬存美善本書種數冊數（約數）"："善甲、乙書共計四千餘種，二萬六千餘冊。"③ 1969 年包遵彭《"國立中央圖書館"善本書目序》稱當時運美書籍 "近三千種，二萬餘冊，分裝一〇二箱"。臺北故宮博物院

---

① 《胡適來往書信集》中，中華書局 1979 年版，第 533 頁。
② 朱紅召：《國立北平圖書館善本圖書運送美國保存經過述略》，見《王重民先生百年誕辰紀念文集》，北京圖書館出版社 2003 年版，第 146 頁。
③ 《北京圖書館館史資料匯編（1909—1949）》下，第 1103 頁。

方面統計現藏平館善本共計 2976 部，20785 冊①。

　　當時運美善本所編目錄《國立北平圖書館善本書裝箱目錄》，共有四份。據 1941 年 10 月 27 日袁同禮報告："其業經運美之書目，原已編寫同樣四份，二份隨書帶美，一份存滬，一份由港轉渝，以供呈報鈞部，不意原件甫經帶至香港，即遭淪陷。擬懇稍假時日，再行設法抄錄正本，補呈備案。"② 據林世田、劉波《關於國立北平圖書館運美遷臺善本古籍的幾個問題》一文介紹，國圖藏有一份《國立北平圖書館善本書裝箱目錄》，爲當時留滬之原本。分上下兩冊，上冊內封題 "裝善本書一百箱目錄（上冊）"，右上題 "卅年三月裝"，又小字題 "此目用複寫紙寫三份寄交袁館長分存備案"。卷首題 "國立北平圖書館善本書裝箱目錄"，下注 "三十年三月裝一百箱"。知最初爲 1941 年 3 月所裝 100 箱書單。其後101、102 箱目錄爲後來補寫之目，下冊末頁題 "以上共計一百零二箱，二千九百五十四種，二萬零九百七十冊。民國三十年五月國立北平圖書館上海辦事處保管員李耀南編造"。由此可知，1941 年 3 月袁同禮、王重民等在滬挑選善本 100 箱，當時編目，確是 100箱。而此前已寄出展覽用書兩箱，可能是在 1938、1939 年寄出者③。據顧廷龍日記，1941 年 2 月 3 日："陸雲伯來，述及其藏有魏稼孫批校舊鈔《金石錄》十卷三冊。又稱美國有版本展覽會之

---

　　① 　此據盧雪燕《臺北故宮博物院現藏清內閣大庫藏書探源》文中介紹，謂係據現今臺北故宮博物院收藏實際情況統計。筆者查閱該館線上目錄，著錄爲 "平圖" 之善本共計 2974 部，20737 冊。

　　② 　見《教育部長陳立夫致行政院孔副院長折呈》（1942 年 11 月 14 日）所引袁同禮報告。中國第二歷史檔案館：《中華民國史檔案資料匯編》第 5 輯第 2 編文化 2，江蘇古籍出版社 1998 年版，第 604—605 頁。

　　③ 　中國國家圖書館藏《北平圖書館運美運滬圖書說明》："後上海淪爲孤島，乃於民國三十年三月拔其優者裝爲一百箱（另外兩小箱民國二十七、八年寄去），陸續運往美國，寄存華盛頓國會圖書館內。" 謂兩箱書是 1938、1939 年寄出。林世田、劉波則根據裝箱目錄，認爲兩箱書是 1941 年 5 月李耀南等人補裝者。見林世田、劉波：《關於國立北平圖書館運美遷台善本古籍的幾個問題》，《文獻》2013 年第 4 期，第75—93 頁。

舉，袁同禮將前往參觀。"① 提及將在美國舉辦之版本展覽會，大約即爲當時北平圖書館與美國國會圖書館合作舉辦的展覽會，至於最後是否舉辦成功，未見有相關記載。包遵彭序稱，1966 年臺灣方面當時清點運回之善本所依據的目錄底賬，係 1941 年 3 月北平圖書館所編原裝箱清冊複印本，並謂 "唯該原清冊僅一百箱之目，而實際運出者爲一百二箱"②。

2、由滬運回善本之情況

1943 年 1 月 1 日，王古魯《國立北京圖書館南運書籍回館志略》文中提及由滬運回善本情況，其中甲庫善本約 376 種 4960 冊，乙庫善本約 1968 種 2568 冊。而根據 1949 年《存館善本書種數冊數》表記載，"三十一年回館善本書種數冊數"："善甲書四百九十八種，五千二百四十八冊。善乙書一千九百八十四種，二萬六千零三十冊。共計二千四百八十一種，三萬一千二百七十八冊。"③ 較王氏所記更多。《國立北京圖書館南運書籍回館志略》文中並具體談到了其中一部分善本的情況：

> 宋刊 有沈約《宋書》（南宋舊監本眉山七史之一）、歐陽修《文忠公集》（南渡後江右新刊），此二書蝶裝初印，字大如錢，至堪悅目，彌足珍貴。又有怡府舊藏之建本朱子《名臣言行錄》、清內閣舊藏之浙本《宋文鑑》、楊星吾舊藏之摺本《大唐西域記》等書。元刊 有西湖書院刊馬端臨《通考》、三山郡庠刊鄭樵《通志》、慶元路刊王應麟《玉海》、興文署本胡注《資治通鑑》、茶陵陳氏刊《昭明文選》，無不校印精美，通非後印本所可及。明鈔本 有內府精寫之《金史》、《法

---

① 沈津：《顧廷龍年譜》，上海古籍出版社 2004 年版，第 162 頁。

② 包遵彭序，見《"國立中央圖書館" 典藏國立北平圖書館善本書目》，"國立中央圖書館" 1969 年版。

③ 《北京圖書館館史資料匯編（1909—1949）》下，第 1103 頁。

苑珠林》等書，文字內容均遠勝今本。明刊有《館閣類錄》、
《國朝典彙》、《皇明制書》、《大誥》《續編》、《金陵梵刹志》、
《三雲籌俎考》等，均爲乙部之要籍。此外清內閣舊藏之滿文
稿本《大清會典》、《八旗通志》、清初各省府進呈本《賦役全
書》、滿文譯本《聖祖實錄》及敕撰稿本《昭忠祠列傳》等，
尤爲可貴。①

　　王氏提及的宋刊本《宋書》、《歐陽文忠公集》、《國朝文鑒》（《宋文
鑑》），元刊本《通志》、《文獻通考》等皆內閣大庫藏書。此外，還
有清內府滿文稿本《大清會典》、《八旗通志》、清初各省府進呈本
《賦役全書》、滿文譯本《聖祖實錄》及敕撰稿本《昭忠祠列傳》
等，也都是內閣大庫舊藏。根據《國立北京圖書館由滬運回中文書
籍金石拓本興圖分類清冊》著錄，運回之書以明清刊本居多，如後
來購入之王國維、李慈銘藏書等，多在其中。

　　1945 年抗戰勝利後，10 月北平圖書館復原，原來分藏上海他處
未被敵僞發現的書籍資料，陸續運回北平。據林世田、劉波《關於
國立北平圖書館運美遷臺善本古籍的幾個問題》一文介紹，根據該
館《善本圖書裝箱簿》，其第一批 24 箱於 1947 年 8 月 9 日由上海辦
事處委託中國旅行社運回北平。又 1949 年《存館善本書種數冊數》
表列有 "勝利後回館善本書種數冊數"："善甲書五百二十五種，三
千一百七十二冊。善乙書二百五十九種，二千五百七十五冊。共計
七百八十四種，五千七百四十七冊。"② 1949 年 12 月，趙萬里前往上
海，清點寄存震旦大學、中國科學社圖書，裝爲 208 箱，運回北平，
結束上海辦事處工作。

---

　　① 　王鍾麟：《國立北京圖書館南運書籍回館志略》，《國立華北編譯館館刊》1943
年第 2 卷第 1 期，第 2—3 頁。
　　② 《北京圖書館館史資料匯編（1909—1949）》下，第 1103 頁。

第三節　原北平圖書館舊藏內閣
大庫藏書現狀

　　善本南遷繼而運美保存以後，原北平圖書館所藏內閣大庫書（包括清末移交京師圖書館者，以及平館後來零星購入者、北海圖書館併入者），一分爲二。今藏海峽兩岸的這批善本現狀如何，近年陸續有學者對此展開調查。2012 年日本高橋智先生在《京師圖書館善本簡明書目・稿本について》① 文中整理斯道文庫藏江瀚稿本《京師圖書館善本簡明書目》時，即對目中著錄之書對比北京、臺北目錄，附注於各條之下。高橋智先生"前言"曰：

　　　　同時爲了更好地探明京師圖書館發展成北平圖書館後分藏於北平、北京兩處的善本與本目錄之間的吻合度，筆者又稍加補注，以資參考。而書中"參考：臺北北平、北京"等的標注均屬翻印者的補記，分指 1970 年臺北出版的《國立北平圖書館善本書目》（原本保管於臺北"故宮"博物院內）及 1986 年《北京圖書館古籍善本書目》中所提到的善本。而北京圖書館編號冠以"0"的善本均原屬北平圖書館，作爲參考，也提到了冠以其它編號的善本。②

高橋智先生較早嘗試將京師圖書館時期藏書與現今北京、臺北兩處

---

① ［日］高橋智：《京師圖書館善本簡明書目・稿本について》，《斯道文庫論集》第 47 輯，2013 年，第 1—87 頁。
② ［日］高橋智撰，杜軼文譯：《關於〈京師圖書館善本簡明書目〉及其稿本》，《中國典籍與文化論叢》第十五輯，鳳凰出版社 2013 年版，第 413 頁（爲前文中文譯本）。

善本書目比對，以見民國時期此批善本今藏現狀。①

2012 年喬秀岩先生主持教育部人文社會科學重點研究基地項目
"北平圖書館舊藏宋元版研究——近代版本學發展史研究之一"，與陳
紅彥、張麗娟、李堅、葉純芳、李霖、馬清源等研究者合作《舊京書
影詳注稿》，對倉石武四郎拍攝的 294 部善本進行了追蹤 (中有 232 部內閣
大庫藏書)。《舊京書影》中出於北平圖書館有 261 部 (中有 7 部原爲北海圖書
館藏書)，203 部爲內閣大庫藏書。據喬秀岩先生等研究者比對追蹤，原
北平圖書館舊藏的 203 部內閣大庫書，約有 72 部今藏北京中國國家圖
書館 (2 部存疑)，89 部今藏臺北故宮博物院 (1 部存疑)，又 5 部被拆散分
藏北京、臺北兩地，37 部下落不詳。原北平圖書館所藏以外的 29 部內
閣大庫藏書爲當時滿鐵大連圖書館藏書以及杉村勇造、黑田源次等私
人藏書，此部分下落不甚詳明。

2014 年，臺北故宮博物院盧雪燕發表《臺北故宮博物院現藏清
內閣大庫藏書探源》一文②，利用夏曾佑《京師圖書館善本簡明書
目》(1916) 等注明舊藏來源之舊目，對比清查了臺北故宮現存由美
運回原北平圖書館藏善本，統計得臺北故宮博物院現藏內閣大庫藏
書 140 種。南北兩館所藏內閣大庫藏書的清查工作，首先由臺灣同
行拉開了序幕，在此深表敬意。

一　臺北故宮博物院藏內閣大庫藏書

臺北故宮博物院所藏由美國國會圖書館運回之原國立北平圖書
館善本，共計 2976 部，20785 冊③。最初著錄於《"國立中央圖書

---

① 筆者在日訪學期間曾見高橋先生手批《讀有用書齋書目》，丹黃滿紙，分注目
中各書今藏所在，歎爲觀止，知先生於近世藏書源流，別具深詣。

② 盧雪燕：《臺北故宮博物院現藏清內閣大庫藏書探源》，《版本目錄學研究》
第五輯，北京大學出版社 2014 年版，第 647—734 頁。

③ 此據盧雪燕《臺北故宮博物院現藏清內閣大庫藏書探源》文中介紹，謂係據
現今臺北故宮博物院收藏實際情況統計。筆者查閱該館線上目錄，著錄爲"平圖"之
善本僅 2974 部，20737 冊。

館"善本書目》，各條之下加注"北平"二字（偶有漏標者）。後移交臺北故宮博物院，編號冠以"平圖"二字。2014 年，臺北故宮博物院盧雪燕《臺北故宮博物院現藏清內閣大庫藏書探源》一文，首次對該館所藏內閣大庫藏書進行了調查。盧氏根據夏曾佑《京師圖書館善本簡明書目》進行追蹤，統計得內閣大庫藏書今藏臺北故宮者130 種，1966 冊。此外，還根據其他目錄追蹤到不見於夏目之內閣大庫藏書 10 種，總計 140 種。

　　由於夏曾佑《京師圖書館善本簡明書目》刊行年代較早，著錄的是 1916 年京師圖書館收藏善本情況，與後來張宗祥、史錫永所編《京師圖書館善本書目》差異較大。如前文介紹，夏目著錄善本 965部，其中內閣大庫書 579 部。張目著錄善本 1510 部，較夏目增加了545 部善本，其中內閣大庫藏書著錄增加了兩百多部。由於張目、史目二目未曾刊布，不爲外界所知，故未能利用。因此，根據夏目來追蹤臺北故宮現存內閣大庫有著先天的不足。盧文也認識到這一點，除了夏目以外，還根據趙萬里《國立北平圖書館圖書展覽會目錄》（1930）、《國立北平圖書館水災籌賑圖書展覽會目錄》（1931）、《北平圖書館善本書志》（明別集類）等目追蹤到不見於夏目的 10 部內閣大庫書。但是可能因爲此項工作著手較爲倉促，對夏目統計、對比的數據也不盡準確。夏目著錄的一些書籍書名、存卷後來有所變動，如不逐一加以考訂，統計時會疏漏。盧氏文中在利用夏目以外的目錄追蹤內閣大庫書時，也有些技術性的疏失。如《國立北平圖書館圖書展覽會目錄》著錄《金籙御典文集》條曰"以上二十一種內閣大庫書"，盧文統計時僅記入《金籙御典文集》一種而遺漏其他二十種。這二十一種皆已收入趙萬里《國立北平圖書館善本書目》（有關其他二十種詳目，參見本章第一節）。因此，綜上種種原因，今臺北故宮博物院所藏內閣大庫藏書，不止盧文統計的 140 部。

　　以經部爲例，盧文統計臺北故宮博物院藏有 18 部內閣大庫藏書，列目如下：

1. 周易傳義大全　明胡廣等撰　明烏絲欄鈔本　五冊　（平圖000040
    －000044）

　　　存卷四至卷十四

2. 書集傳音釋六卷　尚書纂圖一卷　宋蔡沈集傳　元鄒季友音釋　明
    初鄭氏宗文堂刊本　七冊（平圖000062－000068）

3. 書集傳音釋六卷　尚書纂圖一卷　宋蔡沈集傳　元鄒季友音釋　明
    初刊黑口本　六冊　（平圖000069－000074）

4. 書傳大全通釋十卷　明彭勗撰　明宣德十年守中書堂刊本　十冊
    （平圖000084－000093）

5. 禮記集說一百六十卷　宋衛湜撰　藍格舊鈔本　六十冊（平圖000269
    －000328）

6. 春秋本義存六卷　元程端禮撰　元刊本　三冊（平圖000482－
    000484）

　　　存卷十一　卷十二　卷十六　卷十七　卷二十五　卷二十六

7. 春秋集傳大全　明胡廣等撰　明烏絲欄鈔本　十一冊（平圖000506－
    000516）

　　　存卷一　卷十六至卷三十七

8. 讀晦庵孟子集解衍義存八卷　元刊本　二冊（平圖000566－000567）

9. 讀四書叢說存五卷　元許謙撰　元刊本　三冊（平圖000568－
    000570）

　　　缺《論語》

10. 四書集說啟蒙存八卷　明景星撰　明宣德九年及正統三年錢塘夏
    時遜刊本　二冊（平圖000657－000658）

　　　缺《論語》

11. 樂書　宋陳暘撰　元至正七年福州路儒學刊本　二冊（平圖006776
    －006777）

　　　存卷八十二至卷一百　卷一百七十至一百八十一

12. 泰和五音新改併類聚四聲篇　金韓道昭撰　金崇慶間刊本　二冊
    （平圖000885－000886）

　　　存卷十至卷十二

13. 六書故存十卷　元戴侗撰　元刊本　六冊（平圖000808－000813）

存卷六　卷十四　卷十五　卷十七　卷十八　卷二十　卷二十二
卷二十三　卷二十五　卷二十六

14. **高昌譯語一卷　明鈔本　一冊**（平圖000801）

15. **華夷譯語一卷　明火源潔等撰　明洪武間刊本　一冊**（平圖009496）

16. **增修互註禮部韻略存四卷　宋毛晃增註　宋嘉定間國子監刊元代修補本　四冊**（平圖000879－000882）

　　缺卷一

17. **增修互註禮部韻略 存二卷　宋毛晃增註　元至正二十六年秀岩書堂刊本　二冊**（平圖000883－000884）

　　存卷二　卷四

18. **改併五音集韻存八卷　金韓道昭 撰　金崇慶間刊元刊修補本　二冊**（平圖000887－000888）

　　存卷一至卷三　卷五至卷九

以上爲盧文據夏目統計所得經部結果。實際上夏目著錄的部分書籍在1916年以後有所變化，因而使得現存臺北故宮博物院者與夏目著錄無法完全匹配。上所列經部18部以外，另有14部（其中一部臺北故宮拆爲兩部，以臺北故宮現藏本計則共15部）失載。其原因有如下數端。

1、夏目著錄書名變化者
（1）周易經傳集程朱解附錄纂注

【夏0011】【庫】周易會通十四卷（清內閣書）

元董真卿撰。明洪武戊辰刊本。

　存一之十　十二冊

【張0013】【庫】周易會通十四卷

元董真卿編集。明洪武建安務本堂翻元本。……舊爲清內閣書。

　存一之十（卷首序文第一頁缺字，第二頁全佚）

　　案此書雖屬翻印，雕槧頗精，尚不失元本面目。

【史0014】【庫】周易會通十四卷　十六冊

元董真卿編集。明洪武建安務本堂翻元本。……舊清內閣書。

【異 0006】此部配入十一至十四，已全。

【趙 0013】周易經傳集程朱解附錄纂注十四卷　元董真卿撰　明洪武
刻本

【臺 0007】周易經傳集程朱解附錄纂註 十四卷，附朱子易本義圖一卷
元董真卿 撰　明洪武二十一年建安務本堂重刊本　十六冊　（平
圖 000023 - 000038）

夏目著錄者當爲臺北故宮書號 "平圖 000023 - 000038" 一部。此書
失收有兩方面的原因：一是書名著錄變化，趙萬里《國立北平圖書
館善本書目》著錄該書時規範爲卷端題名，題作 "周易經傳集程朱
解附錄纂注十四卷"。二是存卷著錄變化，原存卷一之十，《異同
表》記載此書在趙萬里編目時配入十一至十四，全書完整。由於這
兩方面因素，使得臺北故宮現存之《周易經傳集程朱解附錄纂註》
與夏目著錄的《周易會通》匹配不上。

（2）四書箋注批點

【夏 0102】【庫】四書箋注批點（清內閣書）

　　元王侗撰。元刊本。

　　　　存《大學章句》一卷《大學或問》一卷　《中庸章句》一卷《中
庸或問》一卷一冊

　　　　按此書《四庫》未收。

【張 0168】【庫】四書箋註批點　三冊

　　元王侗撰。元刊本。……半頁十三行，行大字二十四，小字雙行
同。舊爲清內閣書。

　　　　存《大學章句》《或問》各一卷　《中庸章句》《或問》各一卷

　　　　案此書《四庫》未收，倪燦《補遼金元藝文志》亦未載。

【史 0173】【庫】四書箋注批點　存三冊

　　元王侗撰。元刊本。……舊清內閣書

　　　　存《大學章句》《或問》各一種　《中庸章句》《或問》各一種

【趙 0115】大學章句箋注一卷大學或問一卷中庸章句箋注一卷中庸或

問一卷　元王侗撰　元刻本

【臺0104】大學章句 一卷 或問一卷　宋朱熹撰　元王侗 箋注　元至

正十六年翠巖精舍刊本　一冊　（平圖000544）

【臺0107】中庸章句 一卷或問一卷　宋朱熹 撰　元王侗 箋注　元至

正十六年翠巖精舍刊本　二冊　（平圖000545－000546）

案此書趙目題名據子目著錄，臺北故宮著錄沿之，復分作兩部，與

夏目著錄題名不同，致使盧文失檢。《大學章句》書前有翠巖精舍刻

書牌記，與京師圖書館舊目著錄相合。

（3）急就篇

【夏0121】【庫】急就篇注四卷（清內閣書）

漢史游撰，宋王應麟注。元刊本。　一冊

【張0176】【庫】急就篇注四卷　二冊

漢史游撰，宋王應麟注。元刊《玉海》附刊本。行款與《周易鄭康

成注》同。舊爲清內閣書。

【史0183】【庫】急就篇注四卷　二冊

唐顏師古注，宋王應麟補注。元刊《玉海》本……舊清內閣書。

【趙0165】急就篇四卷　唐顏師古注　宋王應麟補注　元刻明印本

【臺0153】急就篇四卷　漢史游撰 唐顏師古注　宋王應麟補註　元後

至元三年慶元路儒學刊《玉海》附刻本　二冊　（平圖000720－

000721）

夏目著錄者當爲今臺北故宮 “平圖000720－000721” 一部。此書失

收原因，大約因爲書名改作《急就篇》。原書卷端有 “京師圖書館

收藏之印” 朱文長方印。

2、夏目著錄存卷變化者

經部同樣因爲配補存卷變化而導致統計失載的還有明刊本《尚

書旁訓》、元刊本《詩童子問》二者。

（4）尚書旁訓

【夏0029】【庫】尚書旁訓二卷（清內閣書）

不著撰人名氏。黑口。大字本，刻精，似明人刊。

存下卷　一冊

按此書《四庫》未收。

【張0033】【庫】尚書旁訓二卷　一冊

行款與前書同。

存卷下

【史0036】【庫】尚書旁訓二卷　存一冊

刊本同前。舊清內閣書。

存下一卷

【異0019】此部配入清國子監書上一卷，已全。

【趙0027】尚書旁訓二卷　明刻本

【臺0021】尚書旁訓二卷　明朱升 撰　明刊黑口大字本　二冊　（平圖 000082－000083）

夏目著錄存下卷，據《異同表》著錄可知，趙萬里編目時配入國子監南學舊藏之殘本上卷，此本已配補完全。很可能即臺北故宮"平圖 000082－000083"一部。查閱該館網上書影，卷上首葉有"國子監印"滿漢文官印，正是原內閣大庫舊藏後配入國子監書之一部。

（5）詩童子問

【夏0035】【庫】詩童子問二十卷（清內閣書）

宋輔廣撰。元刊本。

存四之十二一冊

【張0042】【庫】詩童子問二十卷　一冊

宋輔廣撰。元刊本。……半頁十一行，行二十一字，小字雙行同。……舊爲清內閣書。

存四之十二（前後缺頁甚多）

【史0045】【庫】詩童子問二十卷　存四冊

宋輔廣撰。元刊本。……舊清內閣書。

存《序圖》、《攷異》、《綱領》、《粹言》、《詩序》（首序缺兩頁）
卷一之十二（卷二缺第八、第十二、第十三頁，卷三十頁以後
缺，卷四缺五、六、七計三頁，卷五缺第二、第三兩頁，卷十二
第十四頁以後缺，卷四以上由歷史博物館移來）

【異0025】此部配入卷一之三，現存十二卷。

【趙0037】詩童子問二十卷　宋輔廣撰　元刻本

存十二卷（一至十二）

**【臺0025】詩童子問 宋輔廣撰　元至正四年崇化余志安勤有堂刊本
六冊　（平圖000107－000112）**

存首十二卷　附《詩傳綱領》一卷　《師友粹言》一卷　《詩傳
序》一卷

夏目著錄存四之十二，臺北故宮著錄有存十二卷一部，存卷並不相
符。覆核夏目以後之史目著錄可知，此本在1921年配入歷史博物館
移來殘本之卷首至卷四部分，故現存首十二卷，即臺北故宮所藏
一部。

(6) 禮書

【夏0063】【庫】禮書二百卷（清內閣書）

宋陳祥道撰。宋刊本。蝶裝。

存一之十六　二十八之六十四　一百十八之一百二十九　七冊

【張0097】【庫】禮書二百卷　八冊

宋陳祥道撰。南宋刊本。……蝶裝。舊爲清內閣書。

存一之十六　二十八之六十四　一百十八之一百二十九（首卷
表、序、牒文皆脫去，自目錄第五頁後半頁起尚存）

【史0100】【庫】禮書一百五十卷　存八冊

宋陳祥道撰。南宋刊本。……蝶裝。舊清內閣書。

存一之十六（表、序、牒文皆脫，目錄第五頁後半頁尚存）　二

十八之六十四（三十七缺首頁）　一百十八之一百二十九　一百三十之一百三十三（末存三頁。此四卷自歷史博物館移補）

　　按舊目二百卷，查目錄止一百五十卷，丁氏《藏書志》、瞿氏《鐵琴銅劍樓目錄》亦然，今改正。

【趙0071】禮書一百五十卷　宋陳祥道撰　宋刻元印本

　　存六十九卷（一至十六　二十八至六十四　一百十八至一百二十九　一百三十至一百三十三）

【臺0057】禮書　宋陳祥道撰　元至正七年福州路儒學刊本　八冊
（平圖005208－005215）

　　存卷一至卷十六　卷二十八至卷六十四　卷一百十八至卷一百三十三卷

此本史目配入歷史博物館移補"一百三十之一百三十三（末存三頁）"，存卷情況與夏目著錄不同，因而漏計。卷端有"京師圖書館收藏之印"朱文長方印。

（7）春秋三傳辨疑

【夏0085】【庫】春秋三傳辨疑二十卷（清內閣書）

　　元程端學撰。元刊本。

　　存六之十四　六冊

【張0137】【庫】春秋三傳辨疑二十卷　六冊

　　元程端學撰。元刊本。板心行款皆與上書相同。舊爲清內閣書。

　　存六之十四

【史0142】【庫】春秋三傳辨疑二十卷　存六冊

　　元程端學撰。元刊本。……卷十二缺第四十三、四十四兩頁。舊清內閣書。

　　存六之十四

【趙0099】三傳辨疑二十卷　元程端學撰　元刻本

　　存十卷（六至十四　十八）

【臺0087】三傳辨疑　存十卷　元程端學撰　元刊本　七冊　（平圖

000486－000492）

存卷六至卷十四　卷十八

此本趙目配入卷十八，存卷與夏目有異，因而漏計。卷端有"京師圖書館收藏之印"朱文長方印。

3、夏目不載舊藏來源者

（8）禮書

【夏0064】【庫】〖禮書二百卷〗又一部

宋刊本。蝶裝。

存六之十六　二十八之三十六　二冊

【張0098】【庫】禮書二百卷　二冊

板本裝訂皆同前。舊爲清內閣書。

存六之十六　二十八之三十六

【史0102】【庫】禮書一百五十卷　存二冊

版本裝訂皆同前。舊清內閣書。

存六之十六　二十八之三十六

【趙0072】禮書一百五十卷　宋陳祥道撰　宋刻元印本

存二十卷（六至十六　二十八至三十六）

【臺0058】禮書 存二十卷　宋陳祥道撰　元至正七年福州路儒學刊本

二冊　（平圖006774－006775）

存卷六至卷十六　卷二十八至卷三十六

此部夏目不載舊藏來源，故盧文漏計。據其他各目可推知爲大庫舊藏，即臺北故宮"平圖006774－006775"一部。卷端有"京師圖書館收藏之印"朱文長方印。

4、疏忽漏計者

經部有兩部見於夏目，存卷、題名亦無變化，純粹爲疏忽漏計者。

(9) 明經題斷詩義矜式

【夏0043】【庫】明經題斷詩義矜式五卷 (清內閣書)

元林泉生撰。元刊本。　一冊

按此書《四庫》未收。

【張0055】【庫】明經題斷詩義矜式五卷　一冊

元林泉生撰。元刊本。……首頁末頁皆景鈔。舊爲清內閣書。

案此書《四庫》未著錄，明《文淵閣書目》"一冊全"。

【史0058】【庫】明經題斷詩義矜式五卷　一冊

元林泉生撰。元刊本。……首末頁皆影抄補。舊清內閣書。

【趙0041】明經題斷詩義矜式十卷　元林泉生撰　元刻本

存五卷（一至五）

【臺0029】明經題斷詩義矜式存五卷　元林泉生 撰　元刊本　一冊（平圖000128）

存卷一至五

此本京師諸目著錄皆五卷全，趙目著錄十卷存五卷。即臺北故宮"平圖000128"一部。

(10) 樂書

【夏0113】【庫】【樂書二百卷】又一部 (清內閣書)

宋刊本。蝶裝。此與《禮書》印裝皆出同時，故俱用藍皮。

存六十之七十五　一百零三之一百二十八　一百五十三之一百七十八（一百七十八卷存前二頁）　六冊

【張0103】【庫】樂書二百卷　六冊

宋刊本。與前《禮書》行款、紙印、裝訂皆同。卷首頁鈐有"敬德堂藏書之印"朱文方印一，亦間有附鈐"子子孫孫永寶用"朱文方印者。惜殘闕過多。舊爲清內閣書。

存六十二之七十五　一百零三之一百二十八　一百五十三之一百七十八（一百七十八卷只存前二頁）

【史 0108】【庫】樂書二百卷　存六冊

宋刊本。牒裝。行款與第一部同。細較字畫與圖畫細文，與前殘部微有不同。卷一百零三首頁有"晉府書畫之印"朱文方印，卷一百十二、一百六十四兩末頁有"敬德堂藏書之印""子子孫孫永寶用"兩朱文方印。舊清內閣書。

　　存六十二之七十五一百零三之一百二十八　一百五十三之一百七十八（百七十八卷只存前二頁）

【趙 0144】樂書二百卷　宋陳暘撰　宋刻元印本

　　存六十六卷（六十二至七十五　一百三至一百二　一百五十三至一百七十八）

【臺 0090】樂書存六十六卷　宋陳暘撰　元至正七年福州路儒學刊本六冊　（平圖 007876–007881）

　　存卷六十二至卷七十五　卷一百○三至卷一百二十八　卷一百五十三至卷一百七十八。

案此即臺北故宮"平圖 007876–007881"一部。大庫所藏《樂書》宋刊本三部，盧文僅著錄一部，而漏計其餘兩部，此其一。卷端有"京師圖書館收藏之印"朱文長方印。

（11）四書集義精要

【夏 0099】【庫】四書集義精要三十卷（清內閣書）

元劉因撰。元刊大字本。

　　存一　二　五之八　十一之十九　二十二之二十八　九冊

　　　　按是書卷首牒文稱本書共三十卷，與《元史》本傳合。《四庫全書》所收僅二十八卷，至《孟子·滕文公上》篇止，非完帙也。繆目作二十八卷，今改正。

【張 0165】【庫】四書集義精要三十卷　九冊

元劉因撰。元刊本。……舊（文）［為］清內閣書。

　　存卷一　二　五之八　十一之十九　二十二之二十八

　　　　案是書《四庫》所收僅存二十八卷，至《孟子·滕文公上》篇

　　　　止，今據本書牒文改爲三十卷。字體皆仿趙松雪，印刊甚精。

【史 0170】【庫】四書集義精要三十卷　存九冊

　　元劉因撰。元刊本。……舊清內閣書。

　　　存卷一之二　五之八　十一之十九　二十二之二十八

【趙 0112】四書集義精要二十八卷　元劉因撰　元刻本）

　　　存二十二卷（一至二　五至八　十一至十九　二十二至二十八）

【臺 0111】四書集義精要存二十二卷　元劉因撰　元至順元年江浙儒
學刊本　九冊　（平圖 000551－000559）

　　　缺卷三　卷四　卷九　卷十　卷二十　卷二十一　卷二十九　卷
　　　三十　凡八卷

此本存卷與夏目等著錄相同，卷端有"京師圖書館收藏之印"朱文
長方印。

　　5、夏目著錄以外者

　　張宗祥重編《京師圖書館善本書目》，著錄內閣大庫書較夏曾佑
目增加兩百餘部。這部分不見於夏目的大庫書，若僅據夏目追蹤會
導致漏計。如大庫所藏《樂書》宋刊本三部之一即屬此類。

　　（12）樂書

【張 0105】【庫】樂書二百卷　六冊

　　元明修宋本。與前書行款相同。舊爲清內閣書。

　　　存一之十四　五十九之八十五　一百七十之一百九十（百七十缺前
　　　一頁，百九十後缺頁）

【史 0109】【庫】樂書二百卷　存九冊

　　元明修宋本。行款與前書同。舊清內閣書。

　　　存一之十四（缺楊序）　五十九之八十五　一百五十一之一百六
　　　十九（一百六十九存四頁）　一百七十之一百九十（一百七十缺
　　　前一頁，一百九十後缺頁）　一百九十三之一百九十五（一百九
　　　十三存七頁，一百九十四存九頁，一百九十五存十頁，卷一百五
　　　十一之一百六十九、卷一百五十一之一百六十九、卷一百九十三

以下計三冊自歷史博物館移來）

【趙 0145】樂書二百卷　宋陳暘撰　宋刻明印本

存八十四卷（一至十四　五十九至八十五　一百五十一至一百九十　一百九十三至一百九十五）

【臺 0089】樂書　宋陳暘撰　元至正七年福州路儒學刊明代修補本

九冊　（平圖 000612 － 000620）

存卷一至卷十四　卷五十九至卷八十五　卷一百五十一至卷一百九十　卷一百九十三至卷一百九十五

此部張目始著錄，不見於夏目，故漏計。存卷相符。卷端有“京師圖書館收藏之印”朱文長方印。

6、《京師目》著錄以外者

臺北故宮現藏內閣大庫藏書，有一部分不見於《京師圖書館善本書目》，盧雪燕在文中也注意到這一點，並利用趙萬里《國立北平圖書館圖書展覽會目錄》、《國立北平圖書館水災籌賑圖書展覽會目錄》等目錄追蹤得夏目著錄以外的 10 部大庫藏書。除了盧氏利用的各目以外，還可以參考倉石武四郎《舊京書影提要》，該目對舊為內閣大庫藏書者皆加注明，如經部即可補充不見於京師圖書館系列《善本書目》的內閣大庫藏書兩部。

（13）詩緝

【舊 0019】詩緝三十六卷

宋嚴粲撰。宋刻殘本。舊清內閣書，見藏北平圖書館。

050 卷九之一六寸三分　四寸零五

【趙 0034】詩緝三十六卷　宋嚴粲撰　元刻本

存二卷（八至九）

【臺 0026】詩緝存二卷　宋嚴粲撰　元刊本　一冊　（平圖 000113）

存卷八　卷九

《舊京書影》收有北平圖書館藏《詩緝》一部，未見《京師圖書館善本書目》著錄，而見於趙萬里《國立北平圖書館善本書目》，趙氏訂正版本爲 "元刻本"①。倉石武四郎《舊京書影提要》著錄爲 "舊清內閣書"，知此書亦爲內閣大庫舊藏。即臺北故宮所藏存卷八、九一部。

（14）春秋傳

【舊0040】春秋傳三十卷

宋胡安國撰。宋刻殘本。舊清內閣書，見藏北平圖書館。亦見《宋元書式》。

088 卷八之十一六寸九分　　五寸二分

089 卷九之四　　六寸九分　　五寸一分

090 卷十一之一　　六寸八分　　五寸二分五

【趙0086】春秋傳三十卷　宋胡安國撰　元刻本

存十四卷（七至十二　二十至二十六　二十八至三十）

【臺0068】春秋傳存十四卷　　宋胡安國撰　元刊本　四冊　（平圖000439－000442）

存卷七至卷十二　卷二十二至卷二十六　卷二十八至卷三十卷

《舊京書影》收錄 "宋刻殘本"《春秋傳》一部。此部《京師圖書館善本書目》未著錄，見著於趙目，版本改作 "元刻本"。倉石《提要》著錄爲 "舊清內閣書"，即臺北故宮所藏存卷七至卷十二、卷二十二至卷二十六、卷二十八至卷三十卷一部。原書紙幅闊大，蝴蝶舊裝，爲大庫舊藏無疑。

---

① 《舊京書影詳注稿》："〔張麗娟案〕此本《舊京》作宋刻本，一九三三年書目作元刻本，蓋據其版刻面貌而定。王重民推測與宮內廳書陵部藏元版同版，阿部隆一確定爲同版，遂定爲元崇化余志安勤有堂刻本。增訂版《中央目》因之。又，《中國古籍善本書目》著錄上海圖書館藏《詩緝》三十六卷，元刻本，存卷一至八。《珍貴古籍名錄》第二批 2560 號，著錄爲 '建安余氏刻本'。有 '余氏刊于家塾' 牌記。不詳是否同版。"

由上文臺北故宮藏內閣大庫藏書經部舉例可以看到，由於過去爲客觀條件所限，盧文根據夏目追蹤得 18 部內閣大庫藏書，而失收另外的 14 部。可見在對內閣大庫藏書追蹤，依據孤立的書目片段著錄信息，很難做到精準追蹤。書名著錄會有差異，版本著錄或有不確，存卷配補可能變化，不同時期的書目著錄條目也有多寡之別。這些情況，都需要利用內閣大庫藏書相關書目逐一考訂，始能了解各本具體的信息，再與現藏本進行對比，方能較爲準確地統計內閣大庫藏書現存數量。

二　中國國家圖書館藏內閣大庫藏書

今中國國家圖書館所藏原國立北平圖書館藏書，包括"善本南遷"時留藏北京本館、1942 年由滬運回書籍以及抗戰勝利後回遷之平館書籍。原平館所藏善本，除了"運美善本"部分，剩下部分照理應該仍存藏該館。但長期以來兩岸隔絕，當時未對平館藏書運走與留存者作徹底清查，其間情形不甚清楚。甚至給海峽彼岸造成了一定的誤會，以爲平館未及運出之善本已下落不明。

運美善本移交臺灣後，昌彼得曾將收到善本與當時運書裝箱的登記清冊《國立北平圖書館善本書裝箱目錄》對照，發現藏書多出兩箱（即爲展覽會寄出兩箱），冊數與清冊不符者 16 種，另有目無書者 11 種 49 冊，其中抄本《兩宋名賢小集》一種，因當年曾攝製微片，可以確定係運到美國後所遺失，元版《兩漢詔令》在民國三十一年已從上海運回北平，可以確定未裝箱運美，其餘九種則不詳。[1] 2013 年林世田、劉波《關於國立北平圖書館運美遷臺善本古籍的幾個問題》文中對下落不明善本 9 種作了回應，認爲這 9 種善本"完好地保存在中國國家圖書館，未曾有過閃失"[2]。

［1］　昌彼得：《關於北平圖書館寄存美國的善本書》，《蟫菴論著全集》，第 455—456 頁。
　［2］　林世田、劉波：《關於國立北平圖書館運美遷台善本古籍的幾個問題》，《文獻》2013 年第 4 期，第 89 頁。

　　昌氏同時發表《國立北平圖書館善本闕書目》(1970)，將運臺善本與趙萬里《國立北平圖書館善本書目》對照，發覺有 800 多部善本未運出，即抵去 1942 年由滬運回善本 200 多部，仍有 573 部未見，昌氏編成《闕書目》，並以爲此五百多部書已下落不明①。造成昌氏誤解的原因是因爲建國後所編《北京圖書館善本書目》(1958) 以建國十年來新入藏書爲主，間及 1937 至 1948 年陸續收入之書，在此之前入藏的北平圖書館藏書並不入錄，因此昌氏以爲此五百餘種善本已不詳所在。昌氏 2002 年在《談故宮博物院所藏宋版書》文中，重提舊事，並作呼籲：

　　　　原本我希望寫了這兩篇文章，大陸上的同胞能幫忙查一查，這遺留下來的五百多部善本書，在抗戰之後，是否全部或部分運回北平，還是散佚在外，可是我等了幾十年也沒有等到一個答案。今天做這個報告，我只希望年輕朋友有興趣的人，能夠去核對一下大陸方面近年整理出來的書目，像北京圖書館的善本書目已經出版了，查查到底還有若干種書下落不明，流傳到什麼地方去。這是國家的東西，都是國寶，也是我國重要的文化遺產，希望我們能夠給社會一個了解。更希望大陸的學者們也能去做一個核對，因爲這批書真的是精品。現在當然是更沒

---

　　①　"當時我拿民國二十二年北平圖書館的一份善本書目去核對，其中有一些書都是殘本，有殘一卷，有殘好幾卷的，但選的書中，對剩下十卷、二十卷的不選，只剩下一卷、二卷的，卻選了運到美國去。原藏於北平圖書館的善本書，經過核對，我發現有八百多部善本沒有運出來。民國三十一年，北平圖書館曾將未運美而遺留在上海的存書運返北平，大約有兩百多部，但仍遺留下五百多種，這當中有幾部北平圖書館的鎮館之寶，如北宋本《文苑英華》、南宋版《歐陽文忠公集》、《春秋左傳》等都沒有見到。這幾部書都是內閣大庫的書，還保存著宋代原裝舊式，馬叔平先生的《中國書籍制度的研究》一文中有這幾部書的照片。此外還有若干珍貴的宋、元版都給留下了，好多稀珍的明版、舊鈔及名家批校題跋的書，也沒有運出來。當時我就覺得很奇怪，我們選書既然要送到美國去，是爲了安全，要選當然就要選好的、完整的，爲什麼好的不選卻選次等的?" 昌彼得：《國立北平圖書館善本闕書目》，《蟫菴論著全集》，第 451—45 頁。

有辦法知道這之間的詳情，因爲袁同禮、徐森玉和王重民先生
他們都已經過世了，死無對證。不過如果能發現書的下落，我
們還是希望能夠找到，把書還給國家，因爲這批書真的是太好
太好了。①

實際上在 1987 年新編《北京圖書館古籍善本書目》已將原北平圖書
館善本編入，包括了大部分平館留京未南運之善本以及由滬運回之
南遷善本，昌先生可能由於身體年邁未能重加核查。2013 年林世
田、劉波《關於國立北平圖書館運美遷臺善本古籍的幾個問題》一
文才對昌彼得的質疑作出了回應，該文認爲由滬運回善本不止 1942
年一次，如 "勝利後回館善本書" 中所列 "善甲書五百二十五種"
即已粗符昌氏開列闕書之數。根據該館檔案，抗戰勝利後至 1949 年
初陸續運回善本書 784 種 5747 冊，1949 年 12 月趙萬里又從滬清點
運回 208 箱。文中並將昌氏開列的《闕書目》與北京館藏作了對比：

> 以宋刻本爲例，1947 年 8 月 9 日運回北平的第一批 24 箱
> 中，就有昌文所列 36 種中的 17 種，即《漢上周易集傳》（第
> 20 箱）、《大易粹言》（第 20 箱）、《周禮》（第 21 箱）、《京本
> 春秋左傳》（第 20 箱）、《監本春秋穀梁注疏》（第 20 箱）、《春
> 秋集注》（第 20 箱）、《漢書》（第 17 箱）、《後漢書》（2 種，
> 分裝第 14 第 21 箱）、《三國志》（第 14 箱）、《南齊書》（第 14
> 箱）、《魏書》（3 種，分裝第 1、第 4 箱）、《錦繡萬花谷》（第
> 2 箱）、《歐陽文忠公集》（第 2 箱）、《西山真先生文集》（第 21
> 箱）。檢核 1988 年出版的《北京圖書館古籍善本書目》，這五百
> 餘部絕大多數均著錄在冊。僅以宋本爲例，昌文列舉出 37 種，
> 其中 32 種著錄於《北京圖書館古籍善本書目》，內有 6 種所存
> 卷數、冊數較昌文所列爲多，可能晚近有所配補。《春秋集注》、

---

① 昌彼得：《談故宮博物院所藏宋版書》，《蟫菴論著全集》，第 415—416 頁。

　　《魏書》（存九卷）2 種雖不見於 1988 年的《善本書目》，而見
於 1947 年 8 月運歸北平善本書清單。另 3 種待核。金元本、明
本、稿本、抄本各類，情況亦大致相同。①

　　因此，林、劉文中認爲"絕大部分存滬善本書都已經在 1949 年前回
到了北平，這也是 1949 年國民政府退守臺灣時未能將這些善本書帶
走的重要原因之一"②。同樣，林、劉文中根據史料提出多出的兩箱
書是準備運美參加展覽會的樣書，也解釋了爲何這部分書大多僅有
一冊，因爲用作展覽樣書，無需將全書都運過去③。而戰後這部分本
擬用作展覽的樣書並未再能返回北京，一同隨平館寄存善本移交臺
灣，分藏兩地。

　　根據以上國家圖書館方面的調查可知，平館舊藏善本書中運美

---

① 林世田、劉波：《關於國立北平圖書館運美遷台善本古籍的幾個問題》，《文
獻》2013 年第 4 期，第 89—90 頁。

② 林世田、劉波：《關於國立北平圖書館運美遷台善本古籍的幾個問題》，《文
獻》2013 年第 4 期，第 89—90 頁。

③ "這沒有目錄的三十六種書中，有宋版九種，元版七種及明清刻本若干。這幾
種宋、元版，除了宋版《文選》是兩冊，其餘都是一冊殘本。然而，平館所藏的這些
宋、元、明版並不僅只是一冊殘本。如宋刻《大唐西域記》，平館所藏十二冊全，而運
出只第九卷一冊；如《皇朝文鑑》平館藏有六十五卷，而運出的只第卅二卷一冊；如
《崇古文訣》平館藏十七卷，而運出者只第一冊序與目；如元版《國朝文類》平館藏
有殘本廿二卷，而只運出第四七、四八兩卷一冊；如明天順本《大明一統志》平館藏
六十卷，而運出只第十一至十三卷一冊；如正統本《五倫書》平館藏六十二卷全，而
只運出第卅三卷一冊；如明內府寫本《承天大志》平館藏有三卷，而只運出第卅六卷
一冊。此例尚多，無須縷述。一書之當放置一處，不使拆散，雖幼兒亦知爲之。以當
日負責諸君之博通，竟有此等之事，誠令人百思不解其故。使得那些書大海瞹隔，迄
今二十餘年，猶不能珠聯璧合。還有裝箱清冊所未列載而運回臺灣的書，有清代殿本
《古文淵鑒》、《勸善金科》、《萬壽盛典初集》、《御製詞譜》四種殘本，及清刊《天問
圖》一冊，這根本不是北平圖書館的甲庫善本，在平館善本書目中並沒有著錄，就是
在現在也還未達善本的標準。尤其是《勸善金科》一書上面僅鈐了'朱希祖'、'无竟
先生獨志堂物'二印記，而沒有北平圖書館的藏章。不知道當年竟何以費那麼大的事，
遠渡重洋，運到美國去保存？這也是叫筆者百思不解的疑問。"昌彼得：《關於北平圖
書館寄存美國的善本書》，《蟫菴論著全集》，第 455—456 頁。

遷臺部分以外者，後來大多運回了北平，入藏北京圖書館（中國國家
圖書館）。建國後北京圖書館，海納百川，與民國間以內閣大庫藏書
爲主的善本書庫格局自不可同日而語。但以北平圖書館館藏爲基礎
的中國國家圖書館，館藏善本之中還有多少爲原北平圖書館舊藏內
閣大庫藏書，未見館方公開相關調查結果。下文將依據該館善本書
目及在線檢索目錄以及“中華古籍資源庫”① 公佈之書影作初步探
討，仍以經部爲限。

　　需要注意的是，臺北故宮博物院所藏原平館舊藏善本，基本保
持了1933年趙萬里《國立北平圖書館善本書目》著錄原貌。而建國
後北京圖書館仍由趙萬里主持特藏部，且該館新入藏複本豐富，殘
本配補工作一直在持續②。原平館舊藏善本大多已重加配補，存卷面
貌與1933年多有不同。因此，從館藏書目上追蹤該館所藏內閣大庫
藏書是比較困難的。1933年趙萬里編目時剔除另存重複書庫之部
分，照理應皆留存北京，不在“善本南遷”之列。但是在利用該館
善本書目及在線檢索書目查檢此部分藏書時，部分未查到結果，今
只能歸爲不詳一類。另一方面，有部分原京師圖書館著錄之大庫書
籍在趙萬里編目時劃歸普通古籍，此後一直存放普通書庫，未編入
《北京圖書館古籍善本書目》。如鈔本《春秋傳義》一書，《異同表》

---

①　“中華古籍資源庫”，http：//read. nlc. cn/thematDataSearch/toGujiIndex。
②　“殘本配補，乃是圖書館常用的藏書整理方法之一。《國立北平圖書館館刊》
第八卷第一、二、四號連載《本館善本書目新舊二目異同表》（後二者署《本館新舊
善本書目異同表》），揭示趙萬里《國立北平圖書館善本書目》（1933）與夏曾佑《京
師圖書館善本書目》（1916）的異同，對各殘本的配補情況有詳細說明。署名人民文學
出版社編輯部的《舊京書影、北平圖書館善本書目出版說明》，以北圖藏《魏書》爲
例，通過多種書目、經眼錄的比對，分析了其調整配補的過程，對這種整理方法進行
了詳細的個案探討，很有參考價值。與《魏書》相似，北圖的其他善本殘本，多有調
整配補的歷史。《出版說明》認爲：‘一九三三年《北平圖書館善本書目》以後，這些
善本書再也沒有經過大規模調整配補等變化。’這種說法並不完全屬實，1933年之後
北圖歷次所編善本書目顯示，類似的調整配補在此後也並不少見。”林世田、劉波：
《關於國立北平圖書館運美遷台善本古籍的幾個問題》，《文獻》2013年第4期，第89
頁，注1。

載"此部提歸普通書庫",今爲國圖普通書庫藏書,此部分也屬統計之列。統計時參考高橋智《關於〈京師圖書館善本簡明書目〉及其稿本》文中標注國圖書號以及喬秀岩等研究者合作《舊京書影詳注稿》對《舊京書影》所收大庫藏書追蹤之部分成果。以經部爲例,原北平圖書館所藏內閣大庫藏書,可確定存藏於國圖者有二十二部,疑在國圖近三十部,不詳者近三十部。茲將可確考二十二部開列如下,以見大庫藏書留藏大陸部分現狀。爲節約篇幅,所舉《京師圖書館善本書目》僅以史目爲例,此前繆目、夏目、舊編簡目、江目、張目皆省略。

(1) 漢上易集傳

【史0005】【庫】漢上易集傳十一卷　存六冊

宋朱震撰。南宋本。版心寬九寸二分,高六寸六分強。版口標字數,魚尾標"易幾",第二魚尾下標頁數,下標刊工姓或名。卷首題"周易某經"或"某傳第幾",第二行題"翰林學士左朝奉大夫知制誥兼侍讀兼資善堂翊善長林縣開國男食邑三百戶賜紫金魚袋朱震集傳",第三行經頂格,傳低一格。半頁十行,行二十一字。"恒"、"貞"、"慎"等均缺筆。刊印俱精。卷首有"晉府書畫之印"朱文方印,朱謀㙔《藩獻記》:"晉莊王鍾鉉,憲王之子,高皇帝曾孫,好博古,喜法書,今世傳書畫多晉府章,即其人也。"舊清內閣書。

存卷三之十一(第四卷有缺頁,第五卷第五十三頁以下缺,第六卷首缺半頁,第十一卷四頁以下缺)

【趙0003】漢上周易集傳十一卷　宋朱震撰　宋刻本

存九卷(三至十一)

【北A00003】漢上周易集傳十一卷　宋朱震撰　宋刻本　六冊　十行二十一字白口左右雙邊

存九卷(三至十一)

此本存卷與國圖藏本相同。見收《舊京書影》。高橋智先生標爲國圖書號"三〇"一部,《舊京書影詳注稿》所考同。

(2) 大易粹言

【史0008】【庫】大易粹言七十卷　存二冊

宋曾穜撰。南宋刊本。版心寬八寸四分弱,高六寸二分。白口,標字數或甲乙丙等字不一律,間有黑線。魚尾下標"易言卷幾",第二魚尾下標頁數。卷首題"大易粹言卷第幾",第二行卦名,第三行低一(或五)格《易傳》。半頁十二行,行二十三字。宋諱缺筆至"慎"字。舊清內閣書。

存卷六十之六七十(六十第一、二頁蠹蝕缺)

【趙0008】大易粹言七十卷　宋曾穜撰　宋刻本

存八卷(六十至六十七)

【北A00001】大易粹言七十卷　宋曾穜撰　宋刻本　一冊　十二行二十二至二十四字　細黑口　左右雙邊

存八卷(六十至六十七)

此本存卷與國圖藏本相同。見收《舊京書影》。高橋智先生標爲國圖書號"〇一"一部,《舊京書影詳注稿》所考同。原本卷端有"京師圖書館收藏之印"朱文方印,另"六十第一、二頁蠹蝕缺"特征與現藏本相同。

(3) 周易集說十二卷

【史0010】【庫】周易集說殘卷　存一冊

元俞琰傳。元讀易樓本。版心寬八寸五分弱,高五寸八分強。黑口。魚尾下標"下經"。半頁十二行,行二十一字。卷首題"周易下經",第二行低七格題"林屋山人俞琰集說",第三行卦象,第四行經文,第五行低一格集說。自《咸》卦至《未濟》,凡三十四卦,下經具存。卷末題"俞石澗周易集說下經卷終",空一行低七字題:"嗣男仲溫點校,孫貞木繕寫,鋟梓于家之讀易樓。至正九年歲在己丑十一月朔旦誌。"是書卷數與諸著錄家所分四十卷、十二卷、十卷諸本不同，既係家刊，今爲孤本。《四庫目》標琰爲宋人，實則撰此書已入元代矣。舊清內閣書。

【史0011】【庫】周易集說殘卷　存二冊

元刊本。版心寬八寸四分，高五寸八分強。行款與上部同，左右雙邊。黑口，魚尾標爻傳幾，中間標"浦澤金伯祥助"，下標頁數。《象辭說》第二行低七格題"林吾山人俞琰玉吾叟"。《爻傳》上卷末題"男仲溫校正，孫男蕭書"。《文言》卷末題"嗣子仲溫點校，孫機繕寫"。此書卷數與前部不同。舊清內閣書。

存《爻傳》上下　《象傳》上　《象辭》上下　《文言》　《說卦》《序卦》　《雜卦》

【趙0012】周易集說十四卷　元俞琰撰　元刻本

存十卷《下經》　《爻傳》上下　《象傳》上　《象辭》上下《文言》　《說卦》　《序卦》　《雜卦》

【異0004】新刻書目載此部與下部配爲一部。

【北A00007】周易集說□□卷　元俞琰撰　元至正九年俞氏讀易樓刻公文紙印本　五冊　十二行二十一字　黑口　左右雙邊

存十一卷（《下經》　《爻傳》上下　《象傳》上下　《象辭》上下　《文言》　《說卦》　《序卦》　《雜卦》）

案此部繆目、舊編簡目、江目、夏目、張目著錄略有分合（詳見前文第四章第二節），見收《舊京書影》。高橋智先生標國圖書號"〇七"，《舊京書影詳注稿》所考同。

（4）問義周易經傳

【史0021】【庫】問義周易經傳不分卷　一冊

清潘應標撰。舊抄本。半頁十行，行二十一字。首竹墩李廷益序，後有二序，不著姓名，三序紙均破損。經首題"問義周易經傳"，空九格題"句曲潘應標述"。末論"問義"之義，題"孫樓、曾孫敏、溥、勉同謹識"。此書與前部各家目錄均未載。全書一百一十三頁。舊清內閣書。

【北335】問義周易經傳一卷　清潘應標撰　清抄本　一冊

案此部今藏國圖普通書庫。殆爲1933年趙萬里重編善本書目時剔除者，因此本爲張宗祥編目時新加入善本，夏目不載，故《異同表》未注明。

（5）尚書注疏

【史0026】【庫】尚書正義二十卷　存二冊

唐孔穎達撰。金刊本。版心寬九寸四分，高六寸九分。四周雙線。白口，上標字數。魚尾標"書疏幾"，第二魚尾下標頁數，下間有刊工姓名。有數頁黑口，當係補版。半頁十三行，行二十五至二十七字，小字夾注三十五字。卷首題"尚書注疏卷第幾"，第二行底四格題"國子祭酒上護軍曲阜縣開國子臣孔穎達奉敕撰正義"，第三行頂格題"禹貢第一"，空七格題"夏書"，再空五格題"孔氏傳"，卷八以下則題"孔穎達疏"。卷末近闌處題"長平董溥校正"。是書每卷後總附《釋文》，與《鐵琴銅劍書目》金刊本《尚書注疏》合。《金史·地理志》河東路平陽府"有書籍"，臨汾縣注"平水"，出長平故地。董溥爲高平人，間稱長平，以校平陽府書籍，確有可信。舊清內閣書。

　　存六之十　十六之二十

【趙0022】尚書注疏二十卷　唐孔穎達撰　金刻本

　　存十卷（六至十　十六至二十）

【北A00013】尚書注疏二十卷　題漢孔安國、唐孔穎達撰　唐陸德明釋文　蒙古刻遞修本　二冊　十三行大字二十六至二十九字　小字雙行三十五字　白口　四周雙邊

　　存十卷（六至十　十六至二十）

此本存卷與國圖藏本相同。見收《舊京書影》。高橋智先生標書號"○一三"，《舊京書影詳注稿》所考同。此本趙萬里編《中國版刻圖錄》改爲"蒙古刻本"。

（6）書集傳

【史 0029】【庫】書集傳音釋六卷　存四冊

元刊本。行款與前部同。半頁十二行，行字大小二十二、三不等。舊清內閣書。

　　存三之六

【異 0013】此部亦是明刻，另存重複書庫。

【北 A00012】書集傳六卷　宋蔡沈傳　元鄒季友音釋　明初刻本　四冊　十二行二十三字　小字雙行同　黑口　四周雙邊

　　存四卷（三至六）

此部趙萬里編目時認爲明刻，另存重複書庫。《舊京書影詳注稿》考爲北圖書號012 一部。二者存卷相同，版本改作明初刻本。

（7）周禮集解

【史 0065】【庫】周禮集解殘卷　存五冊

清高愈撰，華泉增訂。舊抄本。卷首題"周禮集解卷之幾"，旁注篇名，第二行低一格題"梁溪高愈紫超原薬"，空二格題"鵞湖華泉天沐氏增訂"。眉上間有注或題簽補注。半頁十行，行二十四至四十字不等。此書《四庫》未收，有《高注周禮》二十二卷入《存目》。舊清內閣書。

　　存卷一之六（卷首缺頁甚多）　十之十九

【史 0066】【庫】周禮集傳殘卷　存二冊

撰人同上。舊抄本。行款均同，眉注簽注亦如之。舊清內閣書。

　　存卷七之九　二十之二十三

【北 1148】周禮集解二十三卷　清高愈撰　清華泉增訂　抄本　七冊（卷末缺頁）

案此本今藏國圖普通書庫，趙目未著錄，殆 1933 年重編善本書目時剔除者。此本爲張宗祥編目時新加入善本，夏目不載，故《異同表》

未注明。今國圖藏本殆合二本爲一。

（8）周禮注疏述注

【史 0067】【庫】周禮注疏十卷　六冊

清呂心忠撰。舊抄本。半頁九行，行十九字，小字夾注同。書面題"此書六冊，乾隆初送三禮館稿本，世無梓版，珍之"。首瑣言，次歷代治經姓氏，次目錄，六官各爲目。卷首題"周禮注疏第幾"，第二行空，第三行低七格題"浙江杭郡歲貢生臣呂心忠述注"，第五行"周禮"，注題"呂驥襄曰"云云。舊清內閣書。

【北 A01935】周禮注疏述注十卷　清呂心忠撰　抄本　六冊　九行十九字　小字雙行同　無格

案此本今藏國圖，封面題識語同，行款亦同。

（9）周禮會注

【史 0068】【庫】周禮會注殘卷　存三冊

不著撰人名氏。舊抄本。半頁十行，行二十五字。卷首題"周禮會注卷上幾"，次行仍頂格題篇名，注均大字。舊清內閣書。

　　存卷七之十三

【北 A00016】周禮會注十五卷　（明）李如玉撰　抄本　三冊　十行二十五字　黑格　白口　左右雙邊

　　存卷七至十三

此本存卷相同。卷首有"京師圖書館收藏之印"朱文長方印。

（10）周官圖

【史 0071】【庫】周官圖四卷　四冊

清王文清等撰。舊抄本。"圖說"八行，行低一格二十一字，小字夾注同。頁數在眉心，標"周幾"或去"周"字。冊首與二冊、四冊題"清本"，第二行題"總裁閱定"，下題"纂修王文清、吳廷華"、"謄錄沈權、樊正"，三行出闌行書題圖目，末行題"周官

圖", 旁題 "第一圖並說共六十一頁", 第二冊題 "七十二頁", 寔
存六十二頁。四冊題 "（計）［共］七十頁", 第三冊未題計數, 寔
存六十五頁。"圖說" 均經朱筆或墨筆點句, 有校改或節删, 間有
簽注, 圖亦有更正, 校勘頗嚴。首有簽題 "吳廷華著有《儀禮章
句》十七卷, 刻於《皇清經解》內"。舊清乾隆初三禮館原稿本。

【北 A01936】周官圖四卷　（清）王文清、吳廷華纂修　稿本　四冊
八行二十一字　小字雙行　紅格

案此本張目著錄爲 "舊清內閣書", 史目著錄爲 "清乾隆初三禮館原
稿本", 實則無異, 爲內閣大庫舊藏原三禮館稿本。外封題名原作 "周
禮圖", 改 "禮" 字作 "官"。有 "國立北平圖書館收藏" 朱文方印。

（11）日講禮記解義

【史 0089】【庫】日講禮記解義六十四卷　二十冊
　　舊抄朱格本。卷面題 "經依石經校", 下題 "纂修官潘永季校", 旁
　　書 "丁卯四月"。次行題 "謄錄監生", 某三行題校四聲, 旁書
　　"丁卯八月", 眉上校字極嚴。版口魚尾下標 "日講禮記解義卷之
　　幾", 下標篇名, 再下標頁數。半頁九行, 行十八字。卷中間有朱
　　筆校, 加圈句讀。舊清內閣書。

【異 0042】此二部提歸善本乙庫。

【北 A01953】日講禮記解義六十四卷　抄本　二十冊　九行十八字
紅格　白口　四周雙邊

此本今藏國圖。外封題字同。卷端有 "京師圖書館收藏之印" 朱文
長方印。

（12）日講禮記解義

【史 0090】【庫】日講禮記解義六十四卷　二十冊
　　舊抄本。卷面標篇名, 下題 "原編纂官王文震", 次行題 "潘永季
　　改訂"。無目錄。卷中朱墨筆改校甚多, 有加簽者, 字迹與前書同,

蓋王氏本而潘氏修改者。半頁八行，行經十八字，字義十七字。舊清內閣書。

【異 0043】此二部提歸善本乙庫。

【北 A01954】日講禮記解義六十四卷　抄本　二十冊　八行十八字
注低一字　行二十一字　紅格　白口　四周雙邊

此本今藏國圖。外封題字相同，卷端有"京師圖書館收藏之印"朱文長方印。

（13）禮記講章單

【史 0091】【庫】禮記講章單　十七件
　　清張英撰。孫岳頒、沈宸垣、周金然白摺楷書。每章繕爲一摺，首列撰進人銜名，當日進講於《喪服》，或有忌諱申明爲不應講之章，另繕清單，爲數既少，白摺又不堪裝訂，但存件數。舊清內閣書。

【北 A01955】禮記講章不分卷　清張英撰　抄本　十七冊　六行十六字　無格

此書今存國圖，每冊外封題"禮記講章"，約略一二折。外封有"京師圖書館收藏之印"朱文長方印。

（14）禮記講章

【史 0092】【庫】禮記講章不分卷　七十九冊
　　清張英撰。原經筵進講稿本。紙幅大小不齊。經文始《月令》"養壯佼"，終《致齋》"於門"節。每冊標匣數及次數次第，五十一匣一百零一次始，至一百五十匣三百次止。英進呈均題銜，第七十二匣題"兵部右侍郎"，第九十九匣題"禮部右侍郎兼翰林院學士"，第一百零三匣題"禮部郎兼翰林院學士兼詹事府詹事"，第一百四十四匣題"經筵講官工部尚書兼管詹事府詹事"。卷面題寫對，皆當日翰林院編檢。自五十一匣至六十匣內多删改，中缺八十四之八十五、一百十一之一百十四、一百十六之一百三十各匣。舊清內閣書。

【北 A01956】禮記經筵講章不分卷　清張英撰　抄本　三十冊　八至九行十八至二十字　無格

此件與前書相近，當即國圖 A01956 一件。惟冊數不符，待核。

（15）三禮攷注

【史 0095】【庫】三禮攷注六十四卷　八冊

舊抄本。半一十行，行二十四字。此書入《四庫存目》。嘉靖本《周禮》凡分十七卷，《儀禮逸經》、《儀禮傳》凡分二十一卷，《曲禮》十卷，萬曆本《周禮》七卷，卷七分上下，《儀禮逸經》爲第八卷，《儀禮傳》第九卷，分上下，《曲禮》第十卷，分上下。此本《周禮》十六卷，自十七至三十三卷爲《儀禮正經》，三十四至三十九爲《逸經》，四十至五十四爲《傳》，五十五至六十四爲《曲禮》，不獨卷帙完整，且多《儀禮正經》，蓋出成化本。首二兩冊間有朱筆圈點目錄校勘原有官職及別本竄入，頗詳校。第四冊《士冠禮》、第六冊《服義》間有朱筆橫於行左爲之節，蠹食已多，經襯紙重訂，難免駁落。卷末乃有夏時正致羅念庵書，末夏跋，缺一頁。

【北 T01996】三禮考註六十四卷　元吳澄撰　抄本　八冊　十一行二十四字　無欄格

此本當即國圖 T01996 一部。

（16）三禮義疏

【史 0097】【庫】三禮義疏一百七十八卷　一百八十二冊

清乾隆十三年敕編。精寫本。冊面黃綾，版口標“欽定某經義疏卷幾”，中標篇名，下標頁數。半頁八行，行二十二字。首題“欽定某經義疏凡例”，次引用姓氏，次目錄，次聖制，次綱領，次總辨。卷中有朱圈句讀，有黏簽檢正，或以黃紙小條作三角形，上下如鉤銷狀，謂之貼紅鉤，間亦有墨筆改正。舊清內閣書。

【異0045】此二部提歸善本乙庫。

【北A01967】三禮義疏一百八十二卷　清任啟運、吳紱等纂修　清乾隆抄本　一百八十二冊　八行十八字　注文中字二十二字　小字雙行二十二字　紅格　白口　四周雙邊

內閣大庫所藏三禮館稿本《三禮義疏》三部，今皆藏國圖，此其一。卷端有"京師圖書館收藏之印"朱文長方印。

（17）三禮義疏

【史0098】【庫】三禮義疏一百七十八卷　一百八十二冊

稿本。遜前本之精。半頁八行，行二十一字。卷面題"纂修官何其睿校"，又"纂修官吳紱圈四聲併訂字"，記時曰"丁卯六月"。每冊或異名，皆當時翰林院編檢。行間眉上有墨筆校或簽校，間有朱圈句讀。舊清內閣書。

【異0046】此二部提歸善本乙庫。

【北A01968】三禮義疏一百八十二卷　清任啟運、吳紱等纂修　清乾隆抄本　一百八十二冊　八行十八字　注文中字二十二字　小字雙行二十二字　紅格　白口　四周雙邊

此亦內閣大庫所藏三禮館稿本《三禮義疏》三部之一。國圖藏本外封題字與史目著錄相同。卷端有"京師圖書館收藏之印"朱文長方印。

（18）三禮義疏

【史0099】【庫】三禮義疏一百七十八卷　五百四十二冊

稿本同上。行格略殊。半頁九行，行十九字。《周官》二十七冊，卷首題"永樂大典"，中有朱筆刪校或圈點，亦有連圈。《儀禮》分篇爲冊，計十八冊，又二十二冊，又二十七冊，又八冊，又十八冊，又十一冊，又三十冊，又二十八冊，又五冊。《禮記》六十三冊，又七十二冊，又八十五冊，又一百二十冊，又七冊。半頁八行

或十行，行皆二十二字。冊面題草本，計若干頁。或題"某中堂閱過"，或題"纂修官某校完"，均當時翰林編檢。卷中皆有朱筆或墨筆刪改，或籤注核。連前三部以次而推，此爲初修本，推上一部爲再修謄真本，再推而上爲三修謄真本，當即進呈本也。舊清內閣書。

【北 A01969】三禮義疏不分卷　清任啟運、吳紱等纂修　稿本　五百四十四冊　九行二十字　無格（或十行　字數不同）　八行十八字　注文中字二十二字　小字雙行二十二字　紅格　白口　四周雙邊

此亦內閣大庫所藏三禮館稿本《三禮義疏》三部之一。卷端有"京師圖書館收藏之印"朱文長方印。

（19）禮書

【史 0101】【庫】禮書一百五十卷　四冊

版印同前。舊清內閣本。

存七十三之七十四（七十三存七頁，七十四存三頁）七十七　八十五之八十九　九十之九十二（九十存二頁半，九十二存七頁）　九十六之一百零二（九十六存三頁）　一百零五（存六頁）一百十九之一百二十四（一百十九存四頁半，一百二十四存二頁）　一百二十六之一百二十七（一百二十六存二頁）

此部自歷史博物館移來，本可補前部之缺，惟篇幅短狹，裝訂亦殊，乃另立一部，與前部並列，即以爲補本也可。

【趙 0073】禮書一百五十卷　宋陳祥道撰　宋刻明印本

存二十七卷（七十三至七十四　七十七　八十五至九十二　九十六至一百三　一百十九至一百二十四　一百二十六至一百二十七）

【北 A01140】禮書一百五十卷　宋陳祥道撰　元至正七年福州路儒學刻明修本　五冊

存四十七卷（三十六　六十　六十二至六十三　六十五至六十七　七十一至七十五　七十七八十五至九十二　九十四　九十六至

一百五 一百十八至一百二十四 一百二十六至一百二十九)

此本見收《舊京書影》。《舊京書影詳注稿》曰："〖張麗娟案〗《舊京》著錄之 078—079，當即一九二九年抄本《京師圖書館善本書目》所云自歷史博物館移來"篇幅短狹，裝訂亦殊"之本。此本今藏北圖（即 01140），因後來續有補入，故一九八八年書目較一九三三年書目多出二十卷。"

此本 1936 年重加配補，故存卷增多。原本書前鈔配有兩個存卷數葉數目錄。其目一"禮書四冊 元刻明印本"，末記"民國二十五年一月十五日查訖"。所記存卷如下：

> 卷六十 七十三至七十四 七十七 八十五至九十二 九十六至一百三 一百五 一百十八 一百十九至一百二十四 一百二十六至一百二十七 一百二十八至一百二十九

其目二"禮書五冊 元刻明印本"，末記"民國二十五年六月八日配入零葉一冊，合前後共得五冊，釐訂卷數葉數如右"。知 1936 年重新配入零葉一冊。

> **第一冊**：三十六 六十 六十二至六十三 六十五至六十七 七十一
> **第二冊**：七十二至七十五 七十七 七十九 八十一 八十五至八十六 **第三冊**：八十七至九十二 九十四 **第四冊**：九十六至一百五 一百九 **第五冊**：一百十八至一百二十四 一百二十六至一百二十九 一百四十四

由書前二目可知，此本 1936 年 1 月覆核四冊存卷，與趙目大體相近。6 月重配入殘葉一冊，變爲五冊。二目所記卷數較趙目著錄多出數卷，即以目二與國圖著錄相較，亦有多出卷數。覆核原書書影，目二著錄符合現藏本面貌。因該本存卷多爲殘葉，雖計一卷，實際不過一二葉，殘破不堪，如卷一百四十四僅剩兩小片殘葉。趙萬里編目時或以殘片不完整，不計入存卷，故著錄存卷略異。可知今存本爲 1936 年配補後之貌。

（20）樂書

【史 0110】【庫】樂書二百卷　存六冊

刊本與前本同。舊清內閣書。

存四十八之六十一　七十七之一百十　一百二十五之一百二十八（缺頁甚多）　一百六十八之一百六十九（一百六十八存三頁）一百七十一（一百六十八以下計一冊自歷史博物館移來）

【趙 0146】樂書二百卷　宋陳暘撰　宋刻明印本

存五十五卷（四十八至六十一　七十七至一百十　一百二十五至一百二十八　一百六十八至一百六十九　一百七十一）

【北 A01158】樂書二百卷目錄二十卷　宋陳暘撰　元至正七年福州路儒學刻明修本　八冊

存六十六卷（九　二十三至二十四　二十九　三十六至三十七四十八至六十一　七十六至一百十　一百二十　一百二十五至一百二十九　一百五十一　一百六十八至一百六十九　一百七十一一百八十三）

案此本今藏國圖，已配入其他存卷殘葉，故存卷與史目、趙目著錄略異。原書前有手寫目錄，末識“民國二十五年七月二十一日改裝八冊，釐訂卷數葉數如右”。

第一冊：九　二十三至二十四　二十九　三十六至三十七　四十八至五十二　第二冊：五十三至六十一　七十六　第三冊：七十七至八十五　第四冊：八十六至九十六　第五冊：九十七至一百二　第六冊：一百三至一百十　一百二十　第七冊：一百二十五至一百二十九　一百五十一　第八冊：一百六十八至一百六十九　一百七十一　一百八十三

知此本 1936 年有配入殘葉，今國圖藏本保留了此次配補後之原貌。

卷首有"國立北平圖書館收藏"朱文方印。

（21）京本春秋左傳

【史0117】【庫】春秋左傳三十卷 存四冊

周左丘明撰。宋刊本。版心寬一尺弱，高七寸一分。白口，標字數。魚尾標卷數，第二魚尾下標頁數，下標刊工姓名，耳標某公某年。左右雙線。卷首題"京本春秋左傳卷第六"，第二行低二格題"僖公中盡二十六年"。每卷末有小字，紀經傳各若干字。半頁七行，行十二字，旁有小字音注並圈句讀四聲。此書宋諱皆不避，然紙墨極精，刊工姓名與本館所藏《東坡和陶詩》相同者，確係宋槧，且為精本。僖二十三年傳"懷與安實敗名"，"與"作"其"，二十五年"晉於是始啟南陽"，"啟"作"起"，與相臺岳氏本不同。餘如陳鱣《經籍跋文》所舉諸條皆無異。故繆氏斷為七百年來斷種秘本。蝶裝。舊清內閣書。

存卷六（十五、十六兩頁舊抄配） 七 十二 十六 二十九

【趙0076】京本春秋左傳三十卷 宋刻本

存五卷（六至七 十二十六 二十九）

【北A00022】京本春秋左傳三十卷 宋刻本 四冊 七行十二字 白口 左右雙邊 有耳

存五卷（六至七 十二 十六 二十九）

此本今藏國圖，存卷相同。書影見《舊京書影》。

（22）春秋傳義

【史0149】【庫】春秋傳義不分卷 存十四冊

清張爾岐撰。舊抄本。半頁八行，行二十二字。首題"春秋傳義"，空一格題"濟陽張爾岐"，空一格題"門人王日章參閱"。有墨筆圈點句讀。

存一冊之十一 十三之十五

【異0063】此部提歸普通書庫。

【北186】春秋傳義 清張爾岐撰 抄本 十四冊

此本史目不載出處，張目著錄作清內閣書。史目所標存卷爲冊數。趙萬里編目時退歸普通書庫，今藏國圖普通書庫。

小結

由以上所考可見，原北平圖書館藏內閣大庫藏書，臺北故宮博物院藏本多保留了原北平圖書館舊貌。而中國國家圖書館現藏本，有存卷仍保留舊目著錄原貌者，如《漢上易集傳》、《大易粹言》、《尚書正義》等。有1933年趙萬里編目時另存重複書庫、今仍屬國圖善本書庫藏書者，如《書集傳》等。有剔除至普通書庫、今藏國圖普通書庫者，如《問義周易經傳》、《周禮集解》、《春秋傳義》等。有殘本合二爲一者，如《周易集說》、《周禮集解》。有1933年趙萬里《國立北平圖書館善本書目》之後重新配補者，如《樂書》、《禮書》在1936年配入殘葉，故存卷情形與此前各目著錄不同。

以原北平圖書館藏內閣大庫藏書經部善本一百餘部爲例，今藏臺北者三十二部，可確考藏於國圖者有二十二部，另有六十餘部疑在國圖或不詳，有待進一步追蹤研究。

第四節　其他公藏內閣大庫藏書

一　北京大學圖書館藏內閣大庫殘書

民國三十七（1948）年，北京大學五十週年紀念會舉辦了一次展覽，由趙萬里、王重民等人挑選善本書。其中李盛鐸木犀軒藏書善本由趙萬里挑選，日本版本由宿白挑選，其他館藏善本由王重民挑選，後編爲《北京大學圖書館善本書錄》[1]。目中著錄內閣大庫書14種，存疑1種。其中宋版9部13冊，元版3部4冊，明版1部2冊（疑爲內閣大庫書），明鈔本2部7冊。茲摘錄其目如下：

---

[1]　趙萬里、王重民：《北京大學圖書館善本書錄》，民國三十七年（1948）鉛印本。

禮記正義存一卷 宋紹熙間兩浙東路茶鹽司刻元補修本　一冊

漢鄭玄注，唐孔穎達疏。此本俗稱越州本，又稱八行本，合疏於注，自此本始。有元人“君子堂”、“風流八詠之家勗誼彥忠書記”、“吳興沈氏以萬書世家作文□”三印，及明晉府“敬德堂藏書印”、“子子孫孫永寶用”二印。蝶裝。內閣大庫書。

　　案：《北京大學圖書館藏古籍善本書目》① 著錄“存卷一至二共三十三葉”。書號：403。喬秀岩先生對此本存葉有所糾正：“有關諸目皆云‘共三十三葉’。其實卷一、卷二共三十二葉，此本又有序第三葉，故爲三十三葉。”②

漢書存一卷　宋刻元印本　一冊

漢班固撰。此即洪邁所謂“江東淮南兩漕司刊本”，後入宋監，宋亡，版歸西湖書院。內閣大庫書。前人謂爲宋蜀本，蓋誤。

　　案：《善本書目》著錄“存高祖本紀卷一下第二至五葉”。書號：2636。

國朝諸臣奏議存一卷　宋刻元印本　一冊

宋趙汝愚輯。內閣大庫書。

　　案：《善本書目》著錄“存卷四十”。書號：8279。

眉山新編前漢策要存七卷　宋刻本　一冊

不著編人。此南宋眉山刻本。有李盛鐸題記。內閣大庫書。

　　案：《善本書目》著錄“存卷七至八、卷十一、卷一六至一七、卷一九至二十。每卷有闕葉，共闕二五葉”。書號：8392。

外臺祕要方存一卷　宋刻本　二冊

唐王燾輯。此南宋初年兩浙東路茶鹽司刻本。內閣大庫書。有李盛鐸題記。

　　案：《善本書目》著錄“存卷三第二至二十三葉”。書號：5335。

冊府元龜存一卷　宋刻本　一冊

---

① 北京大學圖書館：《北京大學圖書館藏古籍善本書目》，北京大學出版社 1999 年版。本節所引《善本書目》皆同此。

② ［日］喬秀岩、葉純芳：《影印南宋越刊八行本禮記正義編後記》，見《影印南宋越刊八行本禮記正義》，北京大學出版社 2014 年版，第 1712 頁。

宋王欽若等輯。此南宋蜀刻本。內閣大庫書。

案：《善本書目》著錄 "存卷七百八十八"。書號：8280。

回溪先生史韻存一卷　宋刻本　二冊

宋錢諷撰。宋諱弘、殷等字缺筆。四庫失收。阮元進呈之十七卷殘本中佚此卷。內閣大庫書。

案：《善本書目》著錄 "存卷三十三（闕三葉）"。書號：4614。

歐陽文忠公集存三卷　宋刻本　三冊

宋歐陽修撰。殘存卷一百三十四之一百三十五、一百三十七，即《集古錄跋尾》卷一之二、四。蝶裝。內閣大庫書。

案：《善本書目》著錄作 "集古錄跋尾十卷（存卷一卷二卷四）宋歐陽修撰　宋刻歐陽文忠公集本　三冊"。書號：8866。

蘇文忠公集存殘葉　宋刻本　一冊

宋蘇軾撰。此宋眉山刻九行大字本。內閣大庫書。

案：《善本書目》著錄 "存卷三十七、三十八、四十"。書號：8282。

通鑑總類存一卷　元刻本　一冊

宋沈樞撰。蝶裝。內閣大庫書。

案：《善本書目》著錄 "存卷十七"。書號：91。

劉向說苑存十卷　元刻本　二冊

漢劉向撰。內閣大庫書。

案：《善本書目》著錄 "存卷一至十（卷二闕二葉）"。書號：8867。

風俗通義存七卷　元刻本　一冊

漢應劭撰。此元大德間無錫重刻宋嘉定丁黼本，與《白虎通》同刊，前人謂即嘉定本，蓋誤。此書元以前刻本均佚，此本元刻元印，紙背又係元季地畝冊子，可寶也。內閣大庫書。有 "晉府書畫之印"、"敬德堂圖書印"、"子子孫孫永寶用" 等印記。

案：《善本書目》著錄 "存卷四至十（卷九有闕葉）"。書號：9092。

增修箋註妙選羣英草堂詩餘前集二卷後集二卷　明洪武間刻本　二冊

宋何士信輯。總目後有牌子，文曰 "洪武壬申孟夏遵正書堂新刊"。

近仁和吳氏雙照樓本，即據此本覆刻，卷中缺葉，影抄配入。疑內
閣大庫書。

案：《善本書目》著錄"明洪武二十五年（1392）遵正書堂刻本
（有抄配）"。書號：179。

容齋續筆存五卷三筆存六卷四筆存四卷　明鈔本　三冊

宋洪邁撰。內閣大庫書。明季硬面包背裝，尚完好如新。

案：《善本書目》著錄作"容齋續筆十六卷（存卷五至十）三筆
十六卷（存卷十一至十六）四筆十六卷（存卷一至四）　宋洪邁
撰　明抄本　三冊"。書號：5065。

覆瓿集存十三卷　明初鈔本　四冊

明劉基撰。此永樂以前處州府家刻本，分卷與《誠意伯集》異，文
字亦時有異同。內閣大庫書。

案：此書版本著錄爲"明初鈔本"，而下又云"永樂以前處州府
家刻本"，"鈔"當爲"刻"之誤。即《善本書目》著錄"覆瓿
集二十卷（存卷七至十九）　明劉基撰　明初刻本（有闕葉）
四冊"一部。書號：406。

除了《北京大學圖書館善本書錄》著錄以上各書以外，北京圖
書館所藏宋刊本《大唐六典》，亦爲內閣大庫藏書。此書半葉十行，
行十九至二十字不等，小字雙行二十二至二十三不等，白口，左右
雙邊。共存有十五卷，分藏國家圖書館、南京圖書館及北京大學圖
書館，1983年中華書局曾據以影印。《北京大學圖書館藏古籍善本
書目》著錄：

大唐六典三十卷　存卷一至三（四十一葉）　卷十二至十五（六
十二葉）　唐玄宗李隆基撰　李林甫等註　宋刻本（蝶裝）　二
冊　書號：4029

以上北京大學圖書館所藏內閣大庫藏書，其來源可能以李盛鐸藏善
本爲主。宋刊本中《禮記正義》、《大唐六典》、《說苑》、《冊府元

甌》、《歐陽文忠公集》等書皆爲李氏木犀軒舊藏。李氏曾從羅振玉
手中購下"八千麻袋"內閣大庫檔案，檔案之中夾帶有部分內閣大
庫殘書殘葉，雖經歷史博物館、羅振玉等人挑選，亦當仍有殘留。
此外，李氏本人也可能在坊肆間搜求得流失的內閣大庫殘書。

　　【2021 年補記】關於宋刊本《大唐六典》等大庫殘書爲何
未在展覽展出、收錄入《北京大學圖書館善本書錄》？2021 年 5
月拜讀欒偉平老師《木犀軒藏書的整理、編目與書目出版》一
文，始得解惑。據文中所引宿白先生回憶，此次展覽最初所選
皆爲精善之本，後因有藏書南運計劃，臨時抽換了一些日本版
本替換①，故有部分精本未編入《北京大學圖書館善本書錄》。

---

　　①　宿白先生《我和北大圖書館》："編李氏書的過程中，適逢籌備北京大學 50 週年
（1948）紀念展覽，圖書館要陳列善本書籍。大約在 1947 年底趙先生選好了一批書，
要我們每種寫一短篇介紹文字。1948 年暑假前一切已大體竣工，不料暑假期間，趙先生
突然召集我們說，教育部可能要北大南運一批善本，我們要在選陳的好書中至少撤下
20 種，以防遺失。我問：種數已上報了怎辦？趙先生想了想，要我趕快補選一批日本刻
本替換。這樣，我們就把原選上的有宋元間人批註的傳世《尚書僞孔傳》最早的宋刻
本、宋兩浙東路茶鹽司最早合刊鄭注賈疏的《周禮疏》、宋刻本《附釋音尚書注疏》、宋
天香書院刻本《監本纂圖重言重意互注論語》、宋建陽刻本《史記集解》、宋刻本《大唐
六典》、宋刻本《新序》、宋刻本《說苑》、紹興二十年饒州刻本《重廣眉山三蘇先生文
集》、宋刻本《國朝二十家名賢文粹》、宋刻本《孟東野集》、宋刻本《臨川先生文集》、
宋刻本《類編增廣黃先生大全文集》、元刻本《重校正地理新書》、明秦氏玄覽中樞抄本
《隸釋》、明姚舜咨抄本《雲麓漫鈔》、明抄本毛扆校《宋元名家詞》等 20 種大多屬於李
氏書中的上上品和重要書籍撤了下來的，補替了朝鮮刻本一目 10 種和日本刻本經部 8
種，集部 2 種。這件事倉倉促促，基本上剛就緒，北大出版社就來催展覽善本的說明稿。
新寫的 20 種介紹文字，沒來得及請趙先生審閱就付印了。紀念北京大學 50 週年的善本
展覽說明——《北京大學圖書館善本書錄》公開發行後，留心古籍的先生們奇怪《善本
書錄》爲什麼把李氏收藏的精華漏掉了不少。這個問題一直沒人說明。現在可以借此機
會作點必要的回答了。"（見莊守經、趙學文編：《文明的沃土》，北京大學出版社 1992
年版，第 108 頁）又據北京大學圖書館欒偉平老師《木犀軒藏書的整理、編目與書目出
版》一文考證，"《北京大學圖書館善本書錄》中的日本刻本數量，宿白先生的回憶可能
有誤，不止'經部 8 種，集部 2 種'，而是經部 8 種，史部 2 種，子部 35 種，集部 2 種，
共 47 種。"（欒偉平：《木犀軒藏書的整理、編目與書目出版》，《國學季刊》第 17 輯，
山東人民出版社 2020 年版，第 22—40 頁）

二　南京博物院藏內閣大庫殘書

前文介紹，1921 年歷史博物館曾將內閣大庫檔案中整理出來的大庫殘書移交京師圖書館，當時博物館方面留下了八種宋版書作爲館藏，未移交京師圖書館。1921 年 6 月 9 日 "教育部指令第 678 號呈準京師圖書館與歷史博物館交換圖書唐經等" 件，記載歷史博物館留存的八種宋刊本內閣大庫殘書情況如下：

《柳柳州集》一本（三十五頁又三半頁）

《韓詩外傳》一本（十一頁）

《韋蘇州集》一本（九頁）

《論衡》一本（七十三頁，殘）

《孟子注疏》五本（卷一、二，共八十八頁，前後缺頁。卷三、四，共七十二頁。卷五、六，共六十五頁。卷十一、十二，共六十六頁。卷十三、十四，共六十九頁）

《六韜·三略·孫子》一本（共八十頁，殘缺）

《唐六典》一本（卷七至卷十一，共六十四頁半，殘補）

《論語注疏》一本（卷十一之卷十九，一百三十五頁半，前後頁殘)[1]

歷史博物館爲今中國國家博物館前身，但該館藏品經抗日戰爭前文物南遷、遷臺等，多有流散，這八種內閣大庫殘書如今未必仍藏該館。在 2016 年 12 月 16 日開幕的南京博物院 "紙載千秋——傳統記憶與保護技藝" 展覽上，展出宋版書數種，有《韋蘇州集》、《柳柳州集》、《大唐六典》等，蝴蝶舊裝，紙幅開闊，爲內閣大庫舊藏，望而可知。經詢相關人士，得知此數種原爲北平歷史博物館藏書，文物南遷時寄存浙江興業銀行，最終撥交南京博物院收藏。即爲當時歷史博物館未移交京師圖書館所留下八種書中部分，文物南遷之時運到南方，後撥交南京博物院收藏。八種

---

[1]　《北京圖書館館史資料匯編（1909—1949）》上，第 99—100 頁。

大庫殘書是否都在南京博物院內收藏，有待進一步追蹤考察。此外，該館所藏宋刻元明遞修本《陳書》殘本，原爲曹元忠舊藏，亦似內閣大庫流失殘書。

【2021 年補記】2021 年 3 月《中國國家博物館館刊》刊有黃燕生、李静《國立歷史博物館舊藏八種宋元版書敍録》① 一文，對原歷史博物館所藏八種宋元版書籍去向作了追蹤研究。"1933 年，隨著戰火逼近，歷史博物館與故宮博物院、古物陳列所等文博機構一起，開始分批向南方轉運珍貴文物。據傳斯年圖書館保存的國立歷史博物館檔案記載，八部宋元版書中有六部列于第一批南遷文物清單中，包括宋版《唐六典》、《六韜》、《柳州集》、《論衡》、《韋蘇州集》、《孟子》，於 1933 年 2 月 17 日由時任中研院歷史博物館籌備處管理主任袞善元攜帶至上海，中研院上海辦事處接收並存放於浙江興業銀行，1935 年 5 月 3 日移交中研院歷史語言研究所；另外兩部書——宋版《論語》和元版《韓詩外傳》，則是在 1935 年 6 月 3 日委託歷史語言研究所人員帶到南京，存放於中央博物院籌備處的臨時庫房。八部宋元版書最終未能回歸歷史博物館，第一批運至上海的六部宋版書，與同批裝箱的明清圖籍檔案一起入藏 1950 年建立的南京博物院；後一批帶往南京的宋版《論語》和元版《韓詩外傳》，於 1948 年 12 月運至臺灣，後來成爲臺北故宮博物院的藏品。"② 據文中所考可知，此八種善本分兩批南遷，第一批文物南遷中《唐六典》《六韜》《柳州集》《論衡》《韋蘇州集》《孟子》六種，今藏南京博物院。而《論語》《韓詩外傳》兩種在 1948 年遷臺，今藏臺北故宮博物院。

---

① 黃燕生，李静：《國立歷史博物館舊藏八種宋元版書敍録》，《中國國家博物館館刊》2021 年第 3 期，第 21—42 頁．

② 黃燕生，李静：《國立歷史博物館舊藏八種宋元版書敍録》，《中國國家博物館館刊》2021 年第 3 期，第 26 頁。

三　日本藏內閣大庫殘書

1、慶應義塾大學附屬研究所斯道文庫

（1）通鑑紀事本末 存一卷（存卷三十一）**宋寶祐五年**（1257）**年趙與篤湖州刻本　一冊**

蝶裝。左右雙邊。白口。上刊字數，下列刊工姓名。單黑魚尾，下標"通鑑紀事本末卷三十一"，下標頁數。半葉十一行，行十九字。卷首題"通鑑紀事本末卷第三十一"。避玄、鉉、殷、炅、恒、貞、徵、讓、完、構、購、慎、敦等諱。刊工有王大用、王興宗、史祖、何祖、何豫、余和、余甫、吳炎、沈祖、周松、周嵩、林茂、徐洪、徐琪、梁貢甫、馬良、張榮、陳必達、婆徐、黃佑、劉共、劉孚、蔡成、錢玕、鍾季升、顧祺等。此書與京師圖書館藏內閣大庫宋刊大字本數部同版。《慶應義塾大學附屬研究所斯道文庫貴重書蒐選（圖錄解題）》著錄①。

（2）文獻通考 存一卷（存卷二百九十三上）**　元泰定元年西湖書院刻本　一冊**

蝶裝。左右雙邊。小黑口。板口上方標字數。第一魚尾下標"文獻通考二百九十三"，第二魚尾上標頁數，下方亦間有標刊工姓名者。卷首題"文獻通考卷之二百九十三上"，次行空九格題"鄱陽馬端臨貴與著"。半葉十三行，行二十六字。此書與京師圖書館藏內閣大庫元刊本數部同版。此本承高橋智先生出示，爲斯道文庫從北京購得者。

2、大谷大學圖書館

（1）金史 存二卷（存卷五十七　五十八）**　元至正五年**（1345）**江浙等處行中書省刊本　一冊**（神田喜一郎舊藏）

蝶裝。半葉十行，行二十二字。四周雙綫。黑綫口。上標"官

---

① ［日］慶應義塾大學附屬研究所斯道文庫編刊：《慶應義塾大學附屬研究所斯道文庫貴重書蒐選（圖錄解題）》，1997 年。

志"字數，下標刊工姓名。第一魚尾下標"金史五十七"、"金史五十八"，第二魚尾上標頁數。卷首有"晉府書畫之印"朱文方印，卷末"敬德堂圖書記"、"子子孫孫永寶用"兩朱文方印。另有神田喜一郎"佞古書屋"朱文方印，又"大谷大學圖書館"朱文長橢圓印、"大谷文庫"朱文方印。此書與京師圖書館藏內閣大庫元刊本數部同版。《神田喜盦博士寄贈圖書目錄》① 著錄，書影見《神田喜盦博士寄贈圖書善本書影》②、《大谷大學博物館二〇〇四年度特別展：京の文化人とその遺產——神田家の系譜と藏書》③。

3、天理圖書館

（1）資治通鑑 存二卷 （存卷七十五第十四至二十四葉、卷七十六第一至十六葉）　南宋鄂州孟大師府三安撫位鵠山書院刻本　二冊

蝶裝。半頁十一行，行大字十九，小字雙行二十四、五不等。左右雙綫。白口。上有字數，下有刊工姓名。第一魚尾下標"監魏七十五"、"通魏七十六"等字，第二魚尾下標頁數。刻工名有伸、松、仇、胡、清、儀、陳等。卷中有"金菊子"朱文長方印。又"李寅"白文方印、"上下千年"朱文圓印，不詳何氏，疑偽。此書與京師圖書館藏內閣大庫宋刊本數部同版。《天理圖書館稀書目錄・和漢書之部 第三》④、《宋元版：中國の出版ルネッサンス》⑤ 著錄。

（2）長春大宗師玄風慶會圖說文 存一卷　元刊本　一冊

書影見於 1929 年倉石武四郎所編《舊京書影》，著錄爲"熊本黑田氏"所藏，當即黑田源次，疑爲內閣大庫藏書。此本原爲"吳

---

① ［日］大谷大學圖書館編刊：《神田喜盦博士寄贈圖書目錄》，1988 年。
② ［日］大谷大學圖書館編刊：《神田喜盦博士寄贈圖書善本書影》，1988 年。
③ ［日］大谷大學博物館編刊：《大谷大學博物館二〇〇四年度特別展：京の文化人とその遺產——神田家の系譜と藏書》，2004 年。
④ ［日］天理圖書館：《天理圖書館稀書目錄・和漢書之部第三》，天理大學出版部，1960 年。
⑤ ［日］天理圖書館編刊：《宋元版：中國の出版ルネッサンス》，1999 年。

興徐氏"所藏，喬秀岩先生《舊京書影詳注稿》稿中推測"吳興徐氏"爲徐森玉（鴻寶）。有關此兩位舊藏者之介紹，詳下章"倉石武四郎《舊京書影》"一節。《舊京書影提要》著錄該本云：

長春大宗師玄風慶會圖四卷附錄一卷

元史志經撰。元刻殘本。首至元六年正月詔書，次李衎《玄風慶會圖化緣疏》，次張與材《慶會圖》，次至元甲戌李道謙《長春大宗師玄風慶會圖序》，次宋渤《玄風慶會序》，次大德甲辰趙孟頫《慶會圖前序》，次杜道堅《慶會圖序》，次大德九年黃仲圭《慶會圖序》，次目錄。末至元閼逢閹茂史志經《慶會圖序後》，下有募緣題名。舊吳興徐氏書，見藏熊本黑田氏。（有商務印書館景印本）

565 圖卷一之一 八寸二分五　六寸零五

566 圖說文卷一之一 八寸二分　六寸一分五

567 序後二十 八寸一分　六寸零五

喬秀岩先生《舊京書影詳注稿》曰："一九八一年出版《天理圖書館善本叢刊漢籍之部》第七卷收錄'《長春大宗師玄風慶會圖說文》殘一卷'，當即此部。是黑田氏藏本後歸天理圖書館。阿部隆一《天理圖書館藏宋金元版本考》（見《遺稿集》第一卷）著錄爲'大德九年路道通刊'，稱'大字寫刻，刻畫精緻，撫印端厚，爲元代版畫之優品，未聞同版別本流傳'。"

4、東京大學東洋文化研究所

（1）資治通鑑 存二卷（存卷一百四十九末第二十半葉、二十一、二十二葉、卷一百五十首起二十四葉）　南宋鄂州孟大師府三安撫位鵠山書院刻本　四冊　（大木文庫）

蝶裝。與天理圖書館藏本同版。版心刻工名有松、吳、陳、許、方、成、伸、文、昌等。存卷一百四十九第二十後半葉、二十一、二十二葉（末兩葉半）、卷一百五十第一至二十四前半葉。書賈將卷一百五十最末第二十四葉前半置於冊首卷一百四十九第二十後半葉前，冒充完葉。卷端有"□□齋"朱文圓印、"□袖和尚"白文方印，不詳何氏，疑出書賈偽造。又"讀數卷殘書"白文方印，爲大木幹一藏印，"東洋文化研究所圖書"朱文方印。

（2）禮記正義 存一卷（存卷六十三）　**宋元明遞修本　一冊**

半葉八行，行十六字，小字雙行二十二、二十三字不等。東文研著錄作"宋紹熙中三山黃唐刊明印本"。阿部隆一《日本國見在宋元版本志·經部》① 著錄作"宋元遞修"。

5、京都大學附屬圖書館

（1）禮記正義 存一卷（存卷六十四）　**宋元明遞修本　一冊**（谷村文庫）

與東洋文化研究所藏本同版。阿部隆一《日本國見在宋元版本志·經部》著錄作"宋元明初遞修"②，並謂與東文研所藏同爲民國間流失於廠肆的內閣大庫零本。

6、關西大學圖書館

（1）禮記正義 存一卷（存卷六十五）　**宋元明遞修本　一冊**（長澤文庫）

與東文研、京大藏本同版。存卷六十五。長澤規矩也舊藏。長澤規矩也《宋元版の研究》③、關西大學圖書館《長澤文庫リスト》著錄。長澤規矩也編《十三經註疏影譜》④ 收錄書影卷六十五首葉（宋版後印）及第三葉（明代補版）兩葉。此殘卷與東文研藏卷六十三乃長澤同時購自北平廠肆。

小結

內閣大庫殘書分藏海內外公私各處者甚夥，難以一一枚舉，以上僅舉其要者爲例。這些分藏海內外的內閣大庫殘書要逐一追蹤，

---

① ［日］阿部隆一：《阿部隆一遺稿集》（第一卷）宋元版篇，汲古書院 1993 年版，第 308 頁。

② ［日］阿部隆一：《阿部隆一遺稿集》（第一卷）宋元版篇，第 308 頁。

③ ［日］長澤規矩也：《宋元版の研究》，見《長澤規矩也著作集》第三卷，汲古書院 1983 年版，第 234 頁。

④ ［日］長澤規矩也：《十三經注疏影譜》，日本昭和九年（1934）珂羅版影印本。

無疑要耗費極大的精力，這樣的工作有何意義？以上文出現較多的《禮記正義》殘卷爲例，此本與潘氏寶禮堂、日本足利學校藏八行本同版。除了上文介紹的北大、東文研、京大、關大藏本以外，還有殘卷存藏於海內外其他各處，各館存卷如下：

1. 北京大學圖書館　存卷一、卷二
2. 中國國家圖書館　存卷三、卷四、卷十一至十八、卷二十四、卷二十五、卷三十七至四十二、卷四十五至四十八、卷五十五至六十
3. 上海圖書館　存卷五殘卷（存第六葉左半至二十葉）
4. 日本東京大學東洋文化研究所　存六十三
5. 日本京都大學附屬圖書館谷村文庫　存卷六十四
6. 日本關西大學圖書館長澤文庫（長澤規矩也舊藏）　存卷六十五
7. 臺北中研院史語所傅斯年圖書館　存卷六十六

2014 年喬秀岩先生影印南宋越刊八行本《禮記正義》，並列潘氏寶禮堂、日本足利學校藏本同葉書影，以便比勘。並在《編後記》[①] 對上述存殘卷有精彩考證，不失爲追蹤內閣大庫殘書之一典型案例。據喬秀岩先生所考，以上殘卷多出於北平琉璃廠書肆，《文祿堂訪書記》著錄一部殘本，存序、卷一、卷二、卷六十三至六十六，有“君子堂”、“敬德堂圖書”、“晁誼彦忠書記”、“吳興沈氏”各印[②]。北大存本藏印與此同，出於文祿堂無疑。而中國國家圖書館藏本雖不在文祿堂著錄殘卷之中，其存卷又見著錄於《涵芬樓燼餘書錄》，所錄藏印同，可知原爲同一部。

關於東文研、傅斯年圖書館所藏殘卷，喬秀岩先生考證曰：“東京大學東洋文化研究所藏本爲東方文化學院舊藏本，傅斯年圖書館藏本爲東方文化委員會舊藏本，則皆購自廠肆，雖未見晉府等印記

---

① 　［日］喬秀岩、葉純芳：《影印南宋越刊八行本禮記正義編後記》，見《影印南宋越刊八行本禮記正義》，北京大學出版社 2014 年版，第 1699—1739 頁。

② 　王文進：《文祿堂訪書記》，上海古籍出版社 2007 年版，第 26 頁。

（卷六十三缺首葉），其爲文祿堂著錄本無疑。長澤規矩也曾言：'在北平，那位姓高的將可能屬於內閣大庫本的三朝本八行《禮記正義》及南宋刊本《重校添注音辯唐柳先生文集》的零本各二冊拿來，我替東方文化學院各購進一冊，自己買下其餘兩冊。'（見一九八四年汲古書院出版《長澤規矩也著作集》第六卷第二六一頁）據其上下文，時間似在一九二八年前後。所謂高姓書賈，乃琉璃廠路南翰文齋店員（見同上書二六四頁）。筆者曾查東京大學東洋文化研究所藏東方文化學院購書賬簿，卷六十三殘本由文求堂購進，當因學院不便購自長澤個人，故中間夾文求堂一層，書價八十一圓，注冊時間爲一九三一年。"① 可知東文研所藏卷六十三爲長澤規矩也爲當時東方文化學院所購。長澤自己也購下一冊，據喬秀岩先生所考，長澤所編《十三經注疏影譜》（1934）收錄卷六十五第一葉（宋修，與足利本同版而後印）及第三葉（明修）書影，推測長澤所得爲卷六十五。長澤規矩也《宋元版の研究》著錄《禮記正義》卷六十五收藏者爲"規"，標爲自藏。日本關西大學長澤文庫目錄，即著錄有此卷，知卷六十五今藏關西大學圖書館。長澤規矩也在回憶訪書生涯購買《四庫全書》零本之事時，順帶提及此書。長澤謂當時受東方文化學院院長服部宇之吉之託，在中國購求宋版等零本作爲樣本，通過文求堂書店將四庫本《竹嶼山房雜部》（存卷第十五至第二十二）與宋刊《禮記正義》（存卷六十三）、《重校添注音辯唐柳先生文集》（存卷第九）讓歸東方文化學院②（以上三書今皆藏東京大學東洋文化研究所）。喬秀岩先生推測與長澤自述相合。

　　上海圖書館所藏第五卷，不在文祿堂著錄殘本之內。喬秀岩先

---

① ［日］喬秀岩、葉純芳：《影印南宋越刊八行本禮記正義編後記》，見《影印南宋越刊八行本禮記正義》，第 1713 頁。

② "この年、出發前當時の東方文化學院院長服部〔宇之吉〕博士から、宋版などの標本の代隨を賴まれたためその中で二冊を購ひ、一冊（竹嶼山房雜部）を北京で見っけた禮記正義．重校添注音辯唐柳先生文集等の零本とともに文求堂を通じて納め、一冊を博士に獻じた。全部購ひ去るには忍びなかったためである。"長澤規矩也：《わが蒐書の歷史の一斑》，見《長澤規矩也著作集》第六卷，汲古書院 1984 年版，第 175 頁。

生推測這部大庫殘書分爲兩批分別散出，並詢上海圖書館陳先行先生，得知此卷購自劉體智處。"據陳先行先生教函，此卷五殘葉，有原版亦有修版，缺首尾，故無圖記可考。陳先生又教示，上海圖書館著錄卡片之原始記錄曰'一九五二年以舊幣五十萬元購自劉晦之'，晦之（一八七九——一九六二）名體智，安徽廬江人，四川總督劉秉璋子。"①

因此，這部內閣大庫舊藏八行本《禮記正義》，現共存三十五卷，即卷一、卷二、卷三、卷四、卷五、卷十一至十八、卷二十四、卷二十五、卷三十七至四十二、卷四十五至四十八、卷五十五至六十，卷六十三至卷六十六，又存序第三葉。追蹤此部殘書之意義何在？喬秀岩先生在考證出以上同爲出於內閣大庫的殘卷之後，將之與潘氏寶禮堂藏本對勘後，認爲此本印葉有早於潘氏藏本者。② 對於存量極少的宋元版，其每一部印本都有特殊價值，這也是喬秀岩先生在影印八行本《禮記正義》時不憚其煩將潘氏殘本、足利藏本同葉上下對照，同付影印，以見其遞修之情況。同樣，出於內閣大庫的這部殘本《禮記正義》，也不能因爲其叢殘零落而輕視其版印價值。

---

① ［日］喬秀岩、葉純芳：《影印南宋越刊八行本禮記正義編後記》，見《影印南宋越刊八行本禮記正義》，第 1713 頁。

② "此殘部書葉所用印版有早於潘本之處，恐屬事實。後印本夾雜較早版片之印葉，雖不合常情，然在部帙較大之遞修版本中，不乏其例。究竟何因，今且存疑待考。"同前。

第六章

內閣大庫藏書與早期"善本書影"編纂

晚清內閣大庫藏書發現大量宋元舊槧，清末以來中日學人對此批藏書的整理、研究，將宋元版研究推向一個高峰。清末以來，曹元忠、劉啟瑞、繆荃孫、江瀚、夏曾佑、張宗祥、史錫永、趙萬里、王重民、昌彼得等學人對此批藏書編目研究，日本學者內藤湖南曾參觀京師館藏書①，長澤規矩也、阿部隆一、尾崎康等對其中宋元版著手調查。

晚清以來學術信息、藏書交流頻繁，加上影印出版普及，古籍版本研究向著更加"可視化"的方向邁進。藏書家、學者不再滿足於過去的行格對比，認爲過去的記錄行款的方法"總不如留真譜爲愈"②，進而追求更直觀地對比書影。先有楊守敬輯刻《留真譜》初編（1901）、二編（1917）之舉，其後陸續有《宋元書景》（1911）、《鐵琴銅劍樓宋金元本書影》（1922）、《宋元書式》（1925前後）、《中國京師圖書館宋元本書式》（1928）、《舊京書影》（1929）、《故宮善本書影初編》（1929）、《盋山書影》（1929）、《嘉業堂善本書影》（1929）、《重整內閣大庫殘本書影》（1933）、《文祿堂書影》（1937）、《涉園所見宋

---

① ［日］內藤湖南：《清國派遣教授學術視察報告：附京師圖書館目睹書目》，原載明治四十四年二月五日《大阪朝日新聞》，又收於《內藤湖南全集》第十二卷，筑摩書房1970年版。

② 《藝風堂書札》致徐乃昌（第三百四十四），《繆荃孫全集·詩文2》，第475—476頁。

版書影》（1937）等出版。與此同時，日本也出版了《訪書餘錄》（1918）、《法寶留影》（1925）、《論語善本書影》（1931）、《成簣堂善本書影》（1932）、《舊刊影譜》（1932）、《近畿善本圖錄》（1933）、《古版本圖錄》（1933）、《靜嘉堂宋本書影》（1933）、《十三經注疏書影》（1933）、《恭仁山莊善本書影》（1935）、《真福寺善本書影》（1935）、《圖書寮宋本書影》（1936）、《孝經善本集影》（1937）等圖錄。而內閣大庫藏書的發現，恰逢新興照相影印技術流行之時。出於大庫的大量宋元本殘書殘葉，一則化爲公藏，一則流失于坊肆，進入當時藏書家、學者視野，成爲了早期編纂善本書影的重要來源。可以說，內閣大庫所藏宋元殘書殘葉在一定程度上促進了早期善本書影的編纂。

　　早期善本書影呈現了三種形態：刻板、照相、影印。最初書影印行是採用傳統“覆刻”的技術，即通過“影鈔”的方式獲得善本書影，再付諸槧版。楊守敬所刊《留真譜》即採用這種形式印行①，其時影印技術尚未普及，採用傳統雕版方式印行。其後繆荃孫在編纂《清學部圖書館善本書目》期間，選輯館藏“留真譜”，後以《宋元書景》之名印行，仍採用雕版覆刻的形式。繆氏《宋元書景》最後定稿之時已爲民國八年，其時影印技術早已發展成熟，而繆氏仍採用雕版覆刻方式印製書影，實則與其人觀念有關。民國間董康、羅振玉等人在日本利用珂羅版技術影印古籍，繆氏對於此道頗不以爲然，以爲價昂且不如刻本之精。其致夏孫桐函云：“近來風行珂羅板，弟不以爲然，南邊不銷，不如刻者，大約上日本當也。”②又致徐乃昌函亦云：“弟不知珂羅版之好處，但知上日本人當而已。”③並因此詬病羅振玉等人珂羅版印書售價太高：“各書收到，弟以爲貴極，羅君尚以爲只收本錢。原信附閱，來五部均售出，不敢再請教

---

① 楊守敬《留真譜》後期也有採用照相複製後再影刻的書影。
② 《藝風堂書札》致夏孫桐（第一），《繆荃孫全集·詩文2》，第354頁。
③ 《藝風堂書札》致徐乃昌（第三百七十），《繆荃孫全集·詩文2》，第483頁。

矣。何以如是之貴，仍似上日本人之當。"① 繆氏代表了中國舊式藏書家的態度。從鑒賞的角度，中國傳統藏書家喜覆刻之法，認爲新印本紙墨精良，可堪把玩。但覆刻的問題在經過影寫、覆刻，兩度失真，存在"留真不真"的弊病，不能完全還原舊本原貌，而新興的照相影印技術則能在最大程度呈現舊本原貌。對於用作版本鑒定樣式的善本書影，採用覆刻的方式會使之效果大打折扣，只能是"聊存梗概"，成爲"博古圖"一類的文房玩物。因此在繆氏以後，製作善本書影皆採取照相影印的方式。文中之所以將"照相"與"影印"作區分，是因爲在初期還有一種以沖印照片散葉製作的善本書影，如《中國京師圖書館宋元本書式》、《内府秘藏宋元本書式》、《舊京書影》等。這類照片書影大多爲藏書家、學者圈内交流的產物，製作成本較高，曬印極少，流通不廣，不大爲今人提及，後來則完全爲影印出版的書影所取代。

繆氏《宋元書景》雖然在版本鑒定上實用性不高，但直接影響了當時製作公私藏書善本書影的風氣，後出的善本影譜在書名上多模仿繆氏《宋元書景》，榮寶齋、清秘閣、故宮博物院等也以"宋元書影箋"爲名刻印善本書影箋紙，在當時文化人圈子廣爲流傳，使得"書影"一詞更廣爲人知。"繆荃孫所輯《宋元書景》對後世產生了很大影響，以致'書影'一詞取代了'留真譜'，成爲版本目錄學上的一個固定學術語言，並逐漸發展成爲一門專門的學問。"② 而内閣大庫宋元本殘書、殘葉，也在一定程度上助推了這股編纂善本書影的潮流。下文即將介紹早期幾部與内閣大庫藏書密切相關的善本書影。

除了編纂出版的善本書影外，内閣大庫所出宋元本殘葉也成爲了藏書家們收集之物，文中選擇了數種作介紹。

---

① 《藝風堂書札》致徐乃昌（第四百一），《繆荃孫全集·詩文 2》，第 491 頁。
② ［日］稻畑耕一郎：《〈宋元書景〉考：兼論百年前古籍書影事業》，《中國典籍與文化》2010 年第 4 期，第 100—108 頁。

第一節　內閣大庫藏書與 "善本書影" 出版

一　繆荃孫《宋元書景》

繆荃孫所編《宋元書景》，爲首部以 "書影" 爲名印行的善本影譜。雖然楊守敬《留真譜》編纂在前，楊氏《留真譜》受日人刊刻影譜啟發，且《初編》刊版在日本。繆氏所纂此書，乃中國本土出版的首部善本書影，直接促進了民國初年公藏圖書館及故家舊藏善本書影編纂，其後相繼出版了多部以 "宋元書影"、"書影" 命名的善本影譜。

繆氏《宋元書景》一書因與有正書局所印行《宋元書影》（一名《宋元書式》）同名，又印行不廣，常爲人混淆。日本稻畑耕一郎先生早年關注傅增湘所藏宋蜀刻本《南華真經》，該書書影收入繆氏此編之中，因對《宋元書景》一書有詳細論考，並據繆氏日記等材料，推定此書定本完成于繆氏辭世前不久的民國八年（1919）十月，詳先生《〈宋元書景〉考：兼論百年前古籍書影事業》① 一文。

繆氏《宋元書景》一書，效仿楊守敬《留真譜》，採用傳統影刻的方式，每書選取書影若干葉，刻板刷印。因爲刊印有先後，所收書影亦略有差異。如據稻畑先生所見中國國家圖書館、上海圖書館、東京大學總合圖書館、京都大學人文科學研究所藏本四部，國圖藏本無《南華真經》書影一葉②。傳統刻板書籍，刷印較爲方便，抽換增補亦常有之事。其書多用於餽贈友朋，付印有先後，選目亦有多寡之別。如上海圖書館藏本，外封題 "書影 江陰繆氏新雕"、"菊生道長惠存 孫毓修謹贈 辛酉正月"，爲繆氏弟子孫毓修民國十

---

① ［日］稻畑耕一郎：《〈宋元書景〉考：兼論百年前古籍書影事業》，《中國典籍與文化》2010 年第 4 期，第 100—108 頁。

② ［日］稻畑耕一郎：《〈宋元書景〉考：兼論百年前古籍書影事業》，《中國典籍與文化》2010 年第 4 期，第 102 頁。

年正月贈張元濟者，印本墨色泛紅，屬初印本，僅收錄書影 26 種，
41 葉，無內封牌記。日本京都大學人文科學研究所藏本有內封，相
對齊全（參見圖十）該本共收書籍 39 種，書影 69 葉。其中標明出於
"學部圖書館藏" 最多，共 12 種。其次繆氏藝風堂自藏本，9 種。
張鈞衡適園藏 6 種，劉世珩玉海堂、南陵徐乃昌藏各 2 種，劉承幹
嘉業堂、陽湖董氏藏各 1 種，另宋蜀刻本《南華真經》標 "無錫"，
據稻畑先生所考，此葉乃無錫孫毓修爲繆氏摹寫。另有 4 種未標
出處。

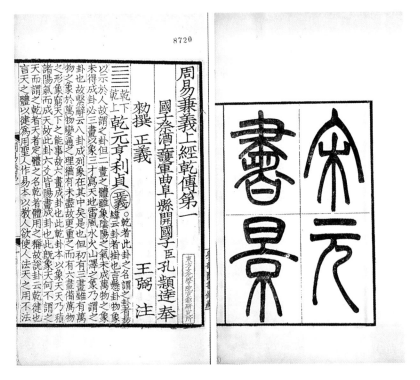

圖十：繆荃孫《宋元書景》

稻畑耕一郎先生《〈宋元書景〉考》文中考證繆氏編刊此書經
過。此書並非一次選定，前後選目有所增刪，《藝風老人日記》中有
相關記載。民國四年（1915）正月初三日，"定留真譜書單，止十九

種，自藏書十種"①。可知當時選目又有增加，並編入自藏書十種，最後刊行本僅有九種。又民國八年（1919）三月廿五日，"影寫家藏宋版書入《宋元書影》"，至此大致定型。同年十月十五日，"饒心舫來，帶來《宋元書影》三十冊"②。此時《宋元書景》當已刻成，不久繆氏即下世。繆氏致徐乃昌札云 "《傳真譜》一冊尚尋不出，須俟客人行後方可開篋，此書刻於湖北，即老陶所刻也"③，知此書刻於湖北陶子麟處。

繆氏此編，發軔于清末爲京師圖書館編纂善本書目，其初所選書影以內閣大庫藏宋元本爲主。清末內閣大庫藏書移交學部，並合歸安姚氏、海虞瞿氏、南陵徐氏等舊家藏書，創建京師圖書館，繆荃孫首任監督，編纂有《清學部圖書館善本書目》。前文曾介紹，繆目中著錄版框尺寸的新體例，被認爲是中國公藏書目著錄版框尺寸通例之始，如《中國古籍版刻辭典》稱 "到繆荃孫編《學部圖書館善本書目》才用尺寸記版框的高廣"④。而繆氏著錄尺寸之舉，則可能與編館藏留真譜有關。

繆氏曾向徐乃昌借閱清人江標所撰《宋元本行格表》，在覆函中不無得意地提及著錄尺寸一項係自其人創始：

> 頃奉手書，復假《宋元行格表》。此等異書竟未寓目，陋甚。汪、朱兩目弟亦想起，總以無解題者爲次。記行字自何小山始，兼記尺寸則亦自繆小山始矣，《藏書續記》、京師圖書館目如此辦，記板心自島田始，總不如留真譜爲愈。⑤

---

① 《繆荃孫全集·日記3》，第 366 頁。
② 《繆荃孫全集·日記4》，第 132、172 頁。
③ 《藝風堂書札》致徐乃昌（第三百三十三），《繆荃孫全集·詩文2》，第 473 頁。
④ 瞿冕良：《中國古籍版刻辭典》，蘇州大學出版社 2009 年版，第 731 頁 "高廣" 條。
⑤ 《藝風堂書札》致徐乃昌（第三百四十四），《繆荃孫全集·詩文2》，第 475—476 頁。

《宋元行格表》係著錄宋元本行款字數的著作。書目題跋著錄行款，由來已久，當然並非自江標始。但江氏此書專著行格，別具特色，因而繆氏稱之爲"異書"。繆氏認爲著錄行款始於何煌，著錄尺寸則始於其本人，著錄版心始於日本島田翰。繆荃孫開創公藏書目著錄版框尺寸的通例，在後來重編的幾部《京師圖書館善本書目》都有繼承。當然，繆氏也並非每種書都著錄版框尺寸，多見於宋元刊本之著錄，偶有明刊本。

但是繆氏認爲無論如何著錄行款尺寸，皆不如書影直觀，"總不如留真譜爲愈"。因此，在編纂《善本書目》的過程中，繆氏也編選了館藏留真譜，《藝風老人年譜》宣統三年"八月，刻本館宋元本書留真譜，本書一葉，牒文、牌子、序跋述源流者均摹之，加考一篇"①，這部"本館宋元本書留真譜"即後來《宋元書景》雛形。

繆荃孫在京師圖書館編纂善本書目期間，致孫毓修函中曾提及編纂《宋元書景》之事，並附最初選目。從札中可以看到，其最初擬目僅有十種。

> 京師圖書館，只能摹留真譜，擬一整葉，如有牒子、牌子、名人跋，必全錄。每種自加一跋，表其好處，即日以十種交鄂匠，聊留真本面目，亦可愛也。
> 《周易本義》宋
> 《通鑑紀事本末》
> 《容齋隨筆》宋
> 《通鑑詳節》宋
> 《通鑑續編》元
> 《荊記》元
> 《琵琶記》元
> 小巾箱本

---

① 《繆荃孫全集·雜著》，第 195 頁。

《左傳》大字白文 北宋

《詩集傳》北宋①

《藝風堂書札》整理本中此札所附十種選目，實際僅見九種書名，原整理本將"小巾箱本"、"《左傳》大字白文（北宋）"兩條分列，疑原札"小巾箱本"、"大字白文"皆指《左傳》而言，則"小巾箱本"《左傳》爲《清學部圖書館善本書目》中著錄爲歸安姚氏舊藏書一種。

最後定本的《宋元書景》中明確標明爲"學部圖書館藏"書影共有十二種，與繆氏最初選目不盡相同。繆氏最初計劃編刊的留真譜有"加考一篇"，即相關解題文字，最後刊行時並未附上。而此十二種出於京師圖書館者，可以繆氏所編《清學部圖書館善本書目》作爲書影相關書志。通過與《清學部圖書館善本書目》及後來夏曾佑、張宗祥等人所編《京師圖書館善本書目》比對，可知其中八種爲內閣大庫藏書，四種爲歸安姚氏藏書。列目如次：

表9 　　　　繆荃孫《宋元書景》清學部圖書館來源書影

	《宋元書景》卷端題名	繆目著錄書名	繆目著錄版本	舊藏來源
1	周易兼義上經乾傳第一	周易兼義十卷略例一卷釋文一卷	宋刊本（實明永樂刊本）	歸安姚氏書
2	周易上經噬嗑傳第三	漢上易集傳十一卷	宋刊本	清內閣書
3	易林卷第十三	焦氏易林注十六卷	宋刊本（實元刊本）	清內閣書
4	尚書注疏卷第六	尚書正義二十卷	金刊本（實蒙古刊本）	清內閣書
5	詩卷第九	詩集傳二十卷	宋刊大字本	清內閣書

① 《藝風堂書札》致孫毓修（第八），札中云"弟在京師，日與書籍爲緣"，知爲清宣統二年、三年任京師圖書館監督時所作。又云"羅叔蘊月出《國學雜志》一帙"，羅振玉編刊《國學叢刊》在宣統二年秋、三年春出版。《繆荃孫全集·詩文2》，第536頁。

	《宋元書景》卷端題名	繆目著錄書名	繆目著錄版本	舊藏來源
6	京本春秋左傳卷第六	春秋左傳三十卷	宋刊大字本	清內閣書
7	春秋卷第十一	春秋集注十一卷	宋刊大字本	歸安姚氏書
8	春秋胡傳卷之一	春秋胡傳三十卷	宋刊巾箱本	歸安姚氏書
9	容齋隨筆五集總序（等）	容齋隨筆五卷四筆五卷	元刊本	清內閣書
10	翻譯名義序	翻譯名義集十四卷	元刊本	歸安姚氏書
11	松江護國禪寺語	別岸和尚語錄	元刊本（實明刊本）	清內閣書
12	雍虞先生道園類藁卷之一	雍虞先生道園類稿五十卷	元刊大字本	清內閣書

可以看出，繆氏雖號稱爲“宋元書景”，但所收京師圖書館十二種版本多有誤判者，有誤元刊、明刊作宋刊。由於繆氏採用影刻的方式複製書影，在覆刻之後書影有所失真，難以看出版本原貌。下文將逐條據繆氏《清學部圖書館善本書目》著錄文字，一則作爲書影的說明，一則以還原所據書影底本。前文已作介紹，繆目對內閣大庫藏書著錄多出於曹元忠《文華殿檢書分檔》，其版本之誤判也多因沿襲舊目著錄所致。

（1）“周易兼義上經乾傳第一”

【繆0002】【姚】〖周易兼義十卷略例一卷釋文一卷〗又全
　　與前書行款同，而印在後。

此本舊爲歸安姚氏藏書。繆目著錄此書歸安姚氏舊藏兩部，前一部（存七之九）著錄作：“宋刊本。每半葉八行，行十八字，小字二十五字。高六寸八分，廣五寸二分。白口。單邊。”張宗祥《京師圖書館善本書目》發現此本書尾近欄處有“永樂甲申藏刊”小字一行，兩部皆改作“明永樂刊本”。此書今藏臺北故宮博物院，書號：平圖000001－000005，卷端有“學部圖書之印”滿漢官印（參見圖十一、圖十二）。

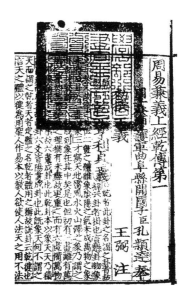

圖十一:《周易兼義》書景　　　圖十二:《周易兼義》明永樂
　　　　　　　　　　　　　　　　　　刊本（臺北）

(2)"周易上經噬嗑傳第三"

【繆0003】【庫】漢上易集傳十一卷

宋朱震撰。宋刊本。每半葉十行,行二十一字。高六寸七分,寬四寸六分。白口。單邊。上有字數,下有刻工姓名。蝶裝。首二卷均缺。三卷首行題"周易上經噬嗑傳第三",次行"翰林學士左朝奉大夫知制誥兼侍讀兼資善堂翊善長林縣開國男食邑三百戶賜紫金魚袋朱震集傳"。(《郡齋讀書志》作"集解",誤。)下卷首行題"周易下經咸傳第四"、"周易下經夬傳第五"。第二冊上卷首頁殘敓,中、下卷首行題"周易繫辭上(卷)[傳]第七"、"周易繫辭下傳第八"、"周易說卦傳第九",次行結銜皆同,惟末卷題"周易序卦傳第十"、"周易雜卦傳第十一"皆無結銜。《書錄解題》謂"序稱'九(傳)[卷]',蓋合說、序、雜卦爲一",於此可得其故。貞、恒等諱皆缺筆。有"晉府書畫之印"朱文鈐記。

存三之十一

此本舊爲內閣大庫藏書，今藏中國國家圖書館，書號：A00003。書影另見《舊京書影》001－003。繆氏所採書影爲此本存卷之首卷三。據《舊京書影》，卷首有"晉府書畫之印"朱方、"京師圖書館收藏之印"朱長方印，繆氏所刻書影無晉府印章（參見圖十三、圖十四）。

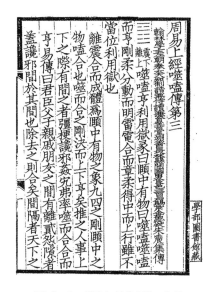

圖十三：《漢上易集傳》書景

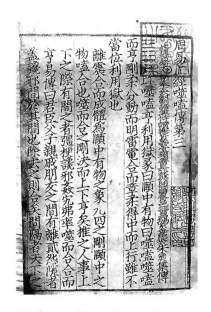

圖十四：《漢上易集傳》舊京書影

（3）"易林卷第十三"

【繆0012】【庫】焦氏易林注十六卷

漢焦贛撰，注不知撰人名氏。宋刊本。每半葉八行，行十五字。白口。高五寸二分，寬四寸五分。雙邊。中縫魚尾下卷數、葉數。蝶裝。此書《四庫》及他書目均不載，注人亦無考，無注則標"無注"，均作大字。

存三　四　七　八　九　十　十三　十四

此本舊爲內閣大庫藏書。張宗祥目改作元刊本，並加案語："此書向著錄者皆作宋刊，今查卷十一第三十三頁注引《韻府群玉》云云，則注者必爲元人無疑，今故改定。"繆氏所選書影爲存卷十三。此本今藏臺北故宮博物院，書號：平圖012099－012106。其缺卷之卷一、卷二、卷五、卷六、卷十一、卷十二、卷十五、卷十六凡八卷已影鈔配全。

（4）"尚書注疏卷第六"

【繆0013】【庫】尚書正義二十卷

金刊本。每半葉十三行，行大字約二十八，小字三十五。高七寸一分，廣四寸一分。白口。單邊。蝶裝。存《禹貢》至《微子》、《多士》至《秦誓》，都十卷。《禹貢》首題"尚書注疏卷第六"，次行低四格題"國子祭酒上護軍曲阜縣開國子臣孔穎達奉敕撰正義"，三行"禹貢第一"、"夏書"、"孔氏傳"，以後各卷篇題下均是"夏書"、"商書"、"周書"、"孔氏傳"等字，而《湯誓》以後"孔氏傳"下均有"孔穎達疏"四字。又每篇前列書序，每卷後附《釋文》，均與瞿鏞《鐵琴銅劍樓書目》載金刊本《尚書注疏》合。此書雖無首冊，不能證《地理圖》中"平水劉敏仲編"云云，然殷、敬、匡、慎諸字皆不缺筆，而末卷《釋文》後有"長平董浦校正"六字。考《金史‧地理志》河東南路平陽府注云"有書籍"，臨汾縣注云"有平水"，又澤州高平縣注云"有丹水"，據《太平寰宇記》云："丹水一名長平水，水出長平故地。"然則董溥爲高平人而稱長平，猶劉敏仲爲臨汾人而稱平水，以編校平陽府所刊書籍，確有可信。

此本舊爲內閣大庫藏書，存六之十、十六之二十，缺十卷。與鐵琴銅劍樓舊藏一部同版，爲蒙古時期平水刻本。今藏中國國家圖書館，書號：013。《北京圖書館古籍善本書目》著錄作"蒙古刻遞修本"。書影另見《舊京書影》017－021、《中國京師圖書館宋元本書式》。卷首有"京師圖書館收藏之印"朱長方印（參見圖十五、圖十六）。

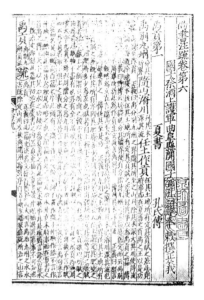

圖 十五:《尚書註疏》書景　　　圖 十六:《尚書註疏》舊京書影

(5) "詩卷第九"

【繆0020】【庫】詩集傳二十卷

　　宋朱子撰。宋刊大字本。每半葉七行，行大小十五字。高五寸九
分，廣四寸六分。白口。上有大小字數，有刻工姓名。蝶裝。首行
題 "詩卷第幾"、"朱熹集傳"，今存《小雅‧鹿鳴》至《四月》，
爲卷九之十二。《大雅‧蕩》至《商頌‧長發》，爲卷十八之二十。
於宋諱玄、畜、匡、樹、殷、恒、徵、慎、敦、鞹、覯等字皆缺
筆，蓋寧宗時刊本也。楮墨大雅，字畫端好。又每冊籤題 "詩朱氏
傳幾之幾"，殆宋槧之極精者。朱熹《詩集傳》二十卷，見《宋史
‧藝文志》及《玉海‧藝文類》，今《四庫》所收尚是通行八卷之
本，此雖殘帙，藉見坊刻未并以前廬山真面目，豈非至寶。陳鱣
《經籍跋文》所見即此本，亦闕。

此本舊爲內閣大庫藏書，原存 "存卷九之十二（《小雅‧鹿鳴》至《四
月》） 十二之二十（《大雅‧蕩》至《商頌‧長發》）"，張宗祥目案語謂：
"此書原裝兩冊，中華民國八年改裝四冊。" 史錫永目有加配補，配

入歷史博物館移來殘卷後變作：“存《詩序》 《國風》(十五頁) 《小雅》(十二頁) 《大雅》(七頁) 頌 (六頁) 卷一 (存十九頁) 卷二 (存六頁) 卷九之十二 (《小雅‧鹿鳴》至《四月》) 十八之二十 (《大雅‧蕩》至《商頌‧長發》注 《詩序》及卷一、二殘頁不全　由歷史博物館移來)”。《本館善本書目新舊二目異同表》：“此部配入卷一二殘葉，又購配卷四之七、卷十四之十七，現存十七卷。”知後來趙萬里《國立北平圖書館善本書目》著錄時又增入卷四之七、卷十四之十七。此本今下落不詳。書影另見《舊京書影》038－041、《中國京師圖書館宋元本書式》。同版本書影另參見《留真譜二編》、《宋元書式》、《盍山書影》。《舊京書影》所見爲蝶裝，卷首有“京師圖書館收藏之印”朱長方印 (參見圖十七、圖十八)。

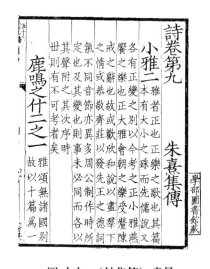 

圖十七：《詩集傳》書景　　　　圖十八：《詩集傳》舊京書影

(6)“京本春秋左傳卷第六”

【繆 0047】【庫】春秋左傳三十卷

宋刊大字本。每半葉七行，行十二字。高七寸二分，廣五寸二分。白口。單邊。蝶裝。首行題“京本春秋左傳第六　僖公中　盡二十七年”、“第七　僖公下　盡三十三年”、“第十二　成公上　盡十

年”、“第十六　襄公三　盡二十二年”、“第二十九　哀公上　盡十
三年”。每卷終有“經傳幾仟幾佰幾拾幾字”，板心有刻工姓名，板
匡外右方有小字“某公幾十幾年”，間有旁注，卷中句讀圈發，均
與相臺岳氏《刊正九經三傳沿革例》所言合。又《沿革例考異》：
“《左傳》僖二十三年‘懷與安實敗名’，建本作‘懷其安’。僖三
十年‘若不闕秦將焉取之’，諸本多無‘若’字與‘將’字，建上
諸本則有。”此本悉與相同。按《景定建康志·書籍門》載《五經
正文》有四，曰監本，曰建本，曰蜀本，曰婺本，疑此即《沿革》
所謂建大字本也，所存四冊中尚缺僖公二十二年傳至二十三年經兩
葉，後人鈔補列入。是本刊印極精而絕無著錄，蓋七百年來久爲斷
種秘本矣。

　　　存六　七　十二　十六　二十九

此本舊爲內閣大庫藏書，今藏中國國家圖書館，書號：A00022。書
影另見《舊京書影》082－083、《中國京師圖書館宋元本書式》。卷
首有“京師圖書館收藏之印”朱長方印 (參見圖 十九、圖 二十)。

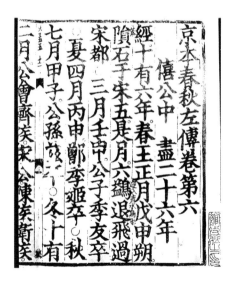

圖 十九：《春秋左傳》書景　　　圖 二十：《春秋左傳》舊京書影

（7）"春秋卷第十一"

【繆0048】【姚】春秋集注十一卷

宋刊大字本。每半葉八行，行十六字，小字同。高六寸五分，寬四寸八分。白口。單邊。上有字數，下有刻工姓名。末行 "劍江譚詠刊"。有寶祐乙卯中和節方應發後序，嵩山楊□□□子文跋。

存七之十一

此舊歸安姚氏藏書。今藏中國國家圖書館，書號：A00025。書影另見《舊京書影》101－103。《舊京書影詳注稿》喬秀岩案語曰："北圖〇二五本今有《再造善本》影印本。據影印本其本卷首及卷六末鈐 '北京圖書館藏' 方印，卷七首葉鈐 '學部圖書之印'，卷七以下每卷首尾均鈐 '京師圖書館收藏之印'，乃知其中卷七至書尾爲北平圖書館舊藏本，卷首至卷六爲後來入藏配補。"（參見圖 二十一、圖 二十二）

圖 二十一：《春秋集注》書景　　圖 二十二：《春秋集注》舊京書影

（8）"春秋胡傳卷之一"

【繆0061】【姚】春秋胡傳三十卷

宋胡安國撰。宋刊巾箱本。每半葉八行，行十七字。白口。高三寸二分，寬二寸四分。紙印極精。

　　存一之四　十一　十二　十四之十七　二十一、二　二十五、六
　　又二十六之三十

舊歸安姚氏書。繆目著錄行款有誤，當爲九行十七字。張宗祥目改
作明刊本，並加案語："按此書行款各家皆未著錄，宋諱皆不避，寔
明刊本。原目定爲宋刊，誤。"趙萬里編目時另存重複書庫。

（9）"容齋隨筆五集總序" 等

【繆0502】【庫】容齋隨筆五卷四筆五卷

　　宋洪邁撰，元刊本。每半葉十行，行二十一字。高六寸八分，寬五
寸二分。下有刻工姓名，間有 "大德乙巳" 補葉。日本有《隨筆》、
《二筆》，瞿氏有《二筆》，俱全，同此一刻。此書得明李瀚本及會
通館活字本尚屬難得，況宋刻乎。惜只存十卷耳。

　　存《隨筆》一之五　《四筆》一之五

圖 二十三：《容齋隨筆》書景

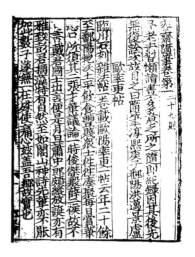

圖 二十四：《容齋隨筆》宋刊元
修本（臺北）

舊內閣大庫藏書。繆目著錄作 "元刊本"，舊編簡目改作 "宋刊
本"，張宗祥目改作 "宋刊元修本"。此本今藏臺北故宮博物院，書

號：平圖 002174－002177。書影另見《舊京書影》478－480、《中國京師圖書館宋元本書式》(參見圖 二十三、圖 二十四)。

(10)"翻譯名義序"

【繆 0579】【姚】翻譯名義集十四卷

　　宋姑蘇景德寺僧法雲編。元刊本。每半葉十二行，行二十二字。高六寸三分，寬四寸二分。黑口。雙邊。後有大德辛丑普洽記。有"漢陽葉名澧潤臣印"朱文方印。

《翻譯名義集》京師圖書館舊藏有兩部。一部內閣大庫舊藏，存卷六，繆目定作"宋刊本"。趙萬里目配入卷四。據《舊京書影詳注稿》所考，卷四今藏臺北故宮博物院，書號：平圖 009571。卷六今藏中國國家圖書館，書號：0947。阿部隆一《中國訪書志》審定臺北所藏卷四爲日本南北朝刊覆宋紹興刊本，喬秀岩先生認爲北京所藏卷六亦同爲日本五山版。京師圖書館藏另一部爲歸安姚氏書，繆氏所刊書景爲"翻譯名義序"，則當爲完整的歸安姚氏舊藏一部，今藏中國國家圖書館，書號：0948，實爲明刻本 (參見圖 二十五、圖 二十六)。

圖 二十五：《翻譯名義集》書景　　圖 二十六：《翻譯名義集》
明刻本（北京）

（11）"松江護國禪寺語"

【繆0570】【庫】別岸和尚語錄

元刊本。每半葉十一行，行二十二字。高五寸四分，廣三寸七分。黑綫口。單邊。下有字數。分護語、芙語、天語、華語、萬語、偈頌。至正辛已沙門善住序，至正甲申沙門正印跋。

此舊內閣大庫藏書。今藏中國國家圖書館，題名《佛日圓明大師別岸和尚語錄五卷》，書號：0963。卷中依次有《松江護國禪寺語》、《宜興州芙蓉禪寺語》、《常州天寧禪寺語》、《無錫州華藏禪寺語》、《平江路萬壽寺語》等。書影另見《舊京書影》542－544、《中國京師圖書館宋元本書式》。

（12）"雍虞先生道園類藁卷之一"

【繆0717】【庫】雍虞先生道園類稿五十卷

元刊大字本。每半葉九行，行二十字。黑口。高七寸二分，寬五寸。有牒文、歐陽玄序。中有鈔葉，均在目錄之外，似同時錄增。目錄文亦間有缺者。《四庫》未著錄。

存（詳未）［存一之二十　二十五之二十七　三十七之四十三　又四十三之五十］

此舊內閣大庫藏書。繆目著錄漏記存卷（"詳未"當爲"未詳"訛倒），據他目補著。趙萬里目補入卷三十三之三十六。今藏中國國家圖書館，書號：01201。書影另見《舊京書影》668－670、《中國京師圖書館宋元本書式》。

綜觀繆氏《宋元書景》所收"清學部圖書館"藏書十二種，其中內閣大庫藏書8部，歸安姚氏書4部。通過還原其書影覆刻之底本，將二者加以對比，一方面可以形象地看到覆刻書影相較原書影像更爲精美，符合傳統藏書家審美趣味。另一方面，則可以看出繆氏所收書影版本多有疏謬，其書雖號"宋元書景"，而多有明刊本廁入。其中以歸安姚氏舊藏書誤判最多，所收歸安姚氏書4部，有3部爲明刊本。內閣大庫舊藏《焦氏易林》，繆氏認作宋刊，張宗祥改作元刊本。同樣，《容齋隨筆》繆氏認作元刊，張宗祥改作宋刊元修本。繆氏所刻此善本影譜，頗得友人揄揚，如宗舜年稱之"聞尊刻留真譜遠駕鄰蘇老人本"①。從刊書精美之角度，繆氏沒有採取楊氏《留真譜》省略書影中間行字的形式，自然是"遠駕鄰蘇老人本"。但無論如何，無可否認繆氏在善本書影編纂上承前啟後之作用，民國間公共圖書館與私人藏書家紛紛效仿，掀起了一股編纂善本書影的熱潮。善本書影編纂也逐步脫離原來傳統藏書家的審美趣味，日漸科學嚴密，至趙萬里《中國版刻圖錄》集其大成。

二　有正書局《宋元書影》

《宋元書影》不分卷，民國有正書局石印本，四冊。外封簽題"宋元書影"，內封題"宋元書式"。分經史子集四冊。此書不詳何人所輯。1928年《北京圖書館月刊》有關《書目長編》的書評中所開列的增補書目中有"宋元書影　有正書局影印本"②，不署撰人。1932年劉紀澤《目錄學概論》中所附《治目錄學之重要書目》著錄爲"宋元書影四卷　狄楚青"③，大概是因爲狄楚青爲有正書局主人，故冠其名。

1925年4月28日，徐兆瑋在有正書局購得《宋元書影》一部，懷疑此書所收書影出自內閣大庫舊藏。徐氏日記曰："予在有正書局購《宋元書影》一部，不言所自出，予疑即內閣大庫殘本集成者，當一考之。"④ 至1931年9月12日，徐氏再度在有正書局廣告中看到此書，以爲是另一種，又重購一部：

---

① 《藝風堂友朋書札》下，第729頁。
② 《書評：書目長編》，《北京圖書館月刊》1928年第1卷第1期，第21—28頁。
③ 劉紀澤：《目錄學概論》，附錄一《治目錄學之重要書目》，上海中華書局1931年版，第15頁。
④ 《徐兆瑋日記4》，第2681頁。

有正書局廣告有《宋元書影》出版，言是清宮舊藏，乃集
取宋元書籍，每部一張，合爲一冊。亟購閱之，則仍是數年前
所印、不知來歷之一種也。謂出清宮，未必無據。予舊藏一部，
擬題數語贈良士。①

徐氏日記中提及有正書局之廣告，應爲當時出版書刊之發售目錄
或者印行書刊函套、附頁所附廣告。據徐氏所述，該《宋元書
影》廣告號稱"清宮舊藏，乃集取宋元書籍，每部一張，合爲一
冊"，徐氏以爲是新編一部，購歸後發覺與"數年前所印、不知
來歷之一種"完全相同，只好將之轉贈瞿良士。有正書局廣告提
到書影爲"清宮舊藏"，與徐氏此前懷疑是"內閣大庫殘本"的
看法相近。

有關《宋元書式》編纂出版之時間，據徐兆瑋日記1925年即已
購置此書，可知其書出版在此前後。此書僅有書影，無隻字說明，
亦無目錄，利用起來有些困難。綜觀書中所收書影，多爲內閣大庫
殘書、殘葉。昌彼得先生在《談故宮博物院所藏宋版書》一文中曾
談及此書，並寄望能將其書名版本逐葉加以考訂：

這當中還堆了一批書，書是蝴蝶裝，容易散落，在北平時
代流落到外面很多，楊守敬得到不少，後來印了一本《宋元書
式》。《宋元書式》著錄的是宋、元本殘頁，將來希望有人能夠
把《宋元書式》做一個考訂，把每一頁都考訂出來是什麼書？
什麼版本？

昌彼得先生謂楊守敬得到流散外間的內閣大庫殘書，編印《宋元書
式》，似無甚根據，或將楊氏《留真譜》與此書相混淆。不過昌彼

---

① 《徐兆瑋日記5》，第3425頁。

得先生倡議將《宋元書式》所收各書之書名、版本作一考訂，是值得著手的工作。只要了解這部書影來源多爲流失在外的內閣大庫殘書殘葉，即可根據《京師圖書館善本書目》等線索，加以考訂。如《書式》所收《詩集傳》卷五之一，與繆荃孫《宋元書景》所收京師圖書館藏本爲同一部，正好爲其缺卷。

　　《宋元書式》相關研究甚少。日本學者倉石武四郎民國間留學中國，在編纂《舊京書影》期間，曾對此前中國出版的善本書影作了系統研究，《宋元書式》一書也列爲參考書之一，在《舊京書影提要》中有 70 餘處引用。所引同版各書，有 64 部爲內閣大庫藏書，6 部爲歸安姚氏書。倉石所編《舊京書影》以內閣大庫新出宋元本爲主，其人殆已注意到有正書局《宋元書式》一書所收書影多爲大庫殘書，故取以資考。筆者在日本東京大學東洋文化研究所圖書室所見倉石氏 1928 年在北京檢書手稿，即有對《書式》每葉書影進行編序，略注版本，並附注其他書影與之同版者，以便在撰寫《舊京書影提要》時加以引用。

　　《宋元書式》中所見內閣大庫舊本書影，多爲當時流失在外的大庫殘書殘葉。如宋刊《書集傳》殘葉，京師圖書館無藏，《舊京書影》所收卷四之六十八、一百兩葉，原爲日本學者杉村勇造所藏，《宋元書式》所收卷四之四十三殘葉，與之同版，同出大庫。宋刊《詩外傳》殘葉，《舊京書影》所收卷三末葉、卷四首葉兩葉，《宋元書式》所收卷三中殘葉，二者同版，皆出內閣大庫舊藏。此書《舊京書影》不著出處，亦當爲流失在外之大庫殘葉。又《書式》影印宋刊《冊府元龜》卷二百四十六，京師圖書館藏本無此存卷。這些都是當時流失在外的大庫宋元本殘書殘葉，其中一部分現今已經難以蹤跡，幸得《宋元書式》留下了一份影像。同時也可以說明，這些公藏及流失在外的大量內閣大庫宋元本殘書殘葉，是促使當時編纂出版善本影譜的一大誘因。

三　《中國京師圖書館宋元本書式》

《中國京師圖書館宋元本書式》
不分卷，1928 年京師圖書館照相
本，冊頁裝一冊。此書因係照片合
裝本，製作不多，公藏藏目未見著
錄。1928 年《北京圖書館月刊》
有關《書目長編》的書評中所列增
補書目中有 "京師圖書館宋元本書
式　影印本"①，不署編撰者。劉紀
澤《治目錄學之重要書目》著錄作
"京師圖書館宋元本書式　徐鴻
寶"②。或以其時徐森玉主事，故冠
其名。(參見圖 二十七)

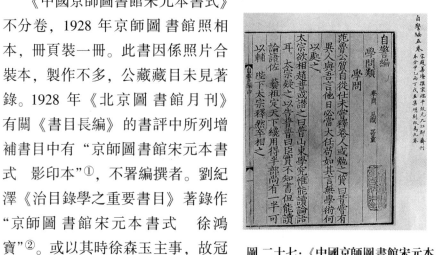

圖 二十七：《中國京師圖書館宋元本
書式》

《中國京師圖書館宋元本書式》
共收錄書影 52 幀，以照片裱爲冊頁，在其側題書名卷數，下雙行小
字題版本、裝幀、諱字，所摘文字多出自《京師圖書館善本書目》
著錄。卷首有中英文說明，茲錄其中文說明如下：

> 中國京師圖書館貯藏六朝唐人寫經八千餘卷，鈔刻本書五
> 十萬餘冊，又《四庫全書》一部，搜羅美富，冠於全國。其鈔
> 刻書中，善本約兩萬餘冊，大半出諸舊內閣大庫中，乃明永樂
> 間取南京藏書送北京，又命禮部尚書鄭賜四出購求所遺者也。
> 今擇善本之宋元鈔刻最精最罕者，得四十餘種，每種攝影一二
> 葉，都爲一冊，以見大略焉。

---

① 《書評：書目長編》，《北京圖書館月刊》1928 年第 1 卷第 1 期，第 21—28 頁。
② 劉紀澤：《目錄學概論》，附錄一《治目錄學之重要書目》，第 16 頁。

據拍賣圖錄所見，所選書影，有宋刊本《大易粹言》、《焦氏易林》、《京本春秋左傳》、《樂書》、《漢書》、《文苑英華》、《自警編》，金刊本（蒙古刻本）《尚書正義》等，皆內閣大庫舊藏。

有關《中國京師圖書館宋元本書式》編纂過程，相關記錄不多。1928 年 6 月 2 日京師圖書館報告書中謂編印新的善本書目，曾提及有攝影善本書影計劃：

> 善本則擬校印新目（舊刊目錄已無存書，且稍有錯誤，又於後來添購者未及補入），並將宋版之絕精者，仿楊氏《留真譜》，攝影印行，以供海內談版本學者之助。①

報告所稱將仿楊守敬《留真譜》而改攝影印行者，當即此部《中國京師圖書館宋元本書式》，書名冠以"中國"二字，且書前同時印有中英文說明文字，似有應餽贈國外學者之需。

與此同時，任故宮博物院院長的傅增湘，也採取攝影曬印之方式製作了《內府秘藏宋元本書式》，二者題名極爲相似，當有關聯。同年前來中國留學的日本學者倉石武四郎，也在北京準備著手拍攝《舊京書影》，在《舊京書影提要》引用有"京師圖書館照片"，當即此部《中國京師圖書館宋元本書式》。倉石《舊京書影提要》所引共有 55 處，皆爲與北海圖書館合併前的北平圖書館（即京師圖書館改名者）舊藏，可據之還原其目如次（版本依《舊京書影提要》之舊）：

1. 大易粹言七十卷　宋曾穜撰　宋刻殘本
2. 尚書注疏二十卷　唐孔穎達撰　金刻殘本
3. 詩集傳二十卷　宋朱熹撰　宋刻殘本
4. 禮書一百五十卷　宋陳祥道撰　宋刻殘本
5. 京本春秋左傳三十卷　宋刻殘本

---

① 《北京圖書館館史資料匯編（1909—1949）》上，第 210 頁。

6. 四書集義精要三十卷　元劉因撰　元刻殘本

7. 四書箋注批點　元王侗撰　元刻殘本

8. 樂書二百卷　宋陳暘撰　宋刻殘本

9. 增修互注禮部韻略五卷　宋毛晃撰　宋刻殘本

10. 崇慶新雕改併五音集韻十五卷　金韓道昭撰　金刻殘本

11. 漢書一百二十卷　刊印同前部（宋刻殘本）

12. 後漢書一百二十卷　宋范曄撰　宋刻殘本

13. 晉書一百三十卷音義三卷　唐太宗御撰　宋刻元明修殘本

14. 晉書一百三十卷音義三卷　元刻殘本

15. 宋書一百卷　梁沈約撰　宋刻元修殘本　爲眉山刻七史之一

16. 梁書五十六卷　唐姚思廉撰　宋刻明修殘本　亦爲眉山七史之一

17. 陳書三十六卷　唐姚思廉撰　宋刻殘本　亦爲眉山七史之一

18. 魏書一百一十四卷　北齊魏收撰　宋刻元修殘本　亦眉山七史之一

19. 北齊書五十卷　唐李百藥撰　宋刻明修殘本　亦眉山七史之一

20. 唐書二百五十卷　宋刻殘本

21. 五代史記七十四卷　宋歐陽修撰　宋刻元明修補殘本

22. 資治通鑑二百九十四卷　宋刻殘本　蜀廣都費氏進修堂刻板　世所謂龍爪本也

23. 資治通鑑二百九十四卷　宋刻殘本

24. 宋史全文資治通鑑前集十八卷後集十五卷　宋李燾、劉時舉撰　元刻本

25. 通鑑紀事本末四十二卷　宋袁樞撰　宋刻殘本

26. 陸宣公奏議纂注十二卷　元潘仁撰　元刻殘本

27. 新纂門目十朝名臣言行錄四十卷　不著編輯人名氏　宋刻殘本

28. 眉山新編十七史策要一百五十卷　不著撰者名氏　宋刻殘本

29. 西山先生真文忠公讀書記六十一卷　宋刻殘本

30. 大學衍義四十三卷　宋刻殘本

31. 容齋隨筆十六卷四筆十六卷　宋洪邁撰　宋刻元修本

32. 自警編五卷　宋趙善撰　宋刻殘本

33. 冊府元龜一千卷　宋王欽若等奉敕撰　宋刻殘本

34. 翻譯名義集七卷　宋釋法雲撰　宋刻殘本

35. 東林和尚雲門菴主頌古一卷　宋釋士珪宗杲撰　宋刻本

36. 佛日圓明大師別岸和尚語錄一卷　元釋若舟撰　元刻本

37. 三教平心論一卷　元劉謐撰　元刻本

38. 杜工部詩千家注六卷　元黃鶴、范梈批註　元刻本

39. 趙清獻公文集十六卷　宋趙汴撰　宋刻元明補殘本

40. 歐陽文忠公集一百五十三卷附錄五卷　宋歐陽修撰　宋刻殘本

41. 歐陽文忠公集一百五十三卷附錄五卷　宋刻殘本

42. 蘇文忠公集一百十五卷　宋蘇軾撰　宋刻殘本

43. 東坡先生和陶淵明詩四卷　宋刻本

44. 批點分類誠齋先生文膾前集十二卷後集十二卷　宋楊萬里撰　元刻殘本

45. 後村先生文集五十卷　宋劉克莊撰　宋刻殘本

46. 雍虞先生道園類稿五十卷　元虞集撰　元刻殘本

47. 黃文獻公集二十三卷　元黃潛撰　元刻殘本

48. 文選六十卷　唐李善注　宋刻殘本

49. 增補六臣注文選六十卷　元陳仁子補　元刻殘本

50. 文苑英華一千卷　宋李昉撰　宋刻殘本

51. 河南程氏文集八卷　宋程顥、程頤撰　宋刻本

52. 格齋先生三松集南塘先生四六梅亭先生四六　宋王子俊、趙汝談、李刻撰　宋刻本

53. 迂齋先生標註崇古文訣三十五卷　宋樓昉撰　元刻本

54. 文章正宗二十四卷　宋真德秀撰　宋刻明補本

55. 西山先生真文忠公文章正宗二十四卷　元刻殘本

倉石武四郎所記 "京師圖書館照片" 55 部，似較拍賣圖錄介紹的 52 幀還多。可能因爲同版重複引用，也可能書影各本之間數量也有抽換多寡之別。從數目上看，《中國京師圖書館宋元本書式》所收書影，幾乎悉數爲《舊京書影》覆蓋。據倉石所引用 "京師圖書館照片" 55 部書中，49 部舊爲清內閣大庫書，6 部歸安姚氏書。

《中國京師圖書館宋元本書式》一書公藏至爲罕覯，筆者至今未得寓目，以上僅據拍賣圖錄所見書影及倉石武四郎《舊京書影提要》所引略作介紹，有待進一步詳考。如果這部京師圖書館方面編選的書影大體已被《舊京書影》覆蓋，則也並非十分重要。《舊京書影》是一部圍繞新出內閣大庫藏書展開拍攝的善本影譜，可謂與內閣大庫藏書相關善本書影中集大成者，詳下節介紹。

四　倉石武四郎《舊京書影》

1、《舊京書影》簡介

《舊京書影》爲民國期間由橋川時雄、倉石武四郎編纂拍攝的一組善本書影照片，以當時北平圖書館所藏善本爲主，間及大連圖書館及私人所藏宋金元刻本，收錄書籍294部，書影716葉，以照片散葉形式印製（參見圖二十八）。同時撰有文字解題《舊京書影提要》，合刊於《文字同盟》雜誌第24、25號。

《舊京書影》在中國收藏極罕，中國學者也罕見引用。2011年由喬秀岩先生推薦影印出版①，始漸爲人知。相較而言，《舊京書影》在日本收藏較多，學者也常加利用，長澤規矩也《支那書籍解題：書目書誌之部》② 加以著錄，且《宋元版の研究》③ 等加以引用，阿部隆一《增訂中國訪書志》、尾崎康《正史宋元版の研究》皆列爲引

圖二十八：《舊京書影》

① ［日］倉石武四郎：《舊京書影》，人民文學出版社2011年版。

② ［日］長澤規矩也：《支那書籍解題：書目書誌之部》，文求堂1940年版。又收入《長澤規矩也著作集》第九卷，汲古書院1985年版。［日］長澤規矩也編著，梅憲華、郭寶林譯：《中國版本目錄學書籍解題》，書目文獻出版社1990年版。

③ ［日］長澤規矩也：《長澤規矩也著作集》第九卷，汲古書院1983年版。

用書目。

有關《舊京書影》的編纂過程，喬秀岩、宋紅先生爲影印本合撰《出版說明》①，引用倉石武四郎《述學齋日記》② 等材料，詳細介紹了《舊京書影》在北平拍攝製作之經過。倉石氏留學中國期間，得到當時北平圖書館徐森玉幫助，借閱館藏善本，拍攝《書影》。倉石爲編纂《舊京書影》，曾借閱抄錄了一份《京師圖書館善本書目》。喬秀岩先生根據倉石回憶鈔書的時間在冬天③，推測編拍《舊京書影》的時間在 1929 年，並指出了《舊京書影提要》對《京師圖書館善本書目》之借鑒。

倉石武四郎《述學齋日記》（1930 年）中有關《舊京書影》之記載如下：

1.17 橋川君送《舊京書影》一份
2.27 橋川君送信，並開《書影》收支單。作書回橋川君。

---

① ［日］喬秀岩、宋紅：《〈舊京書影、北平圖書館善本書目〉出版說明》，見《文獻學讀書記》，生活・讀書・新知三聯書店 2018 年版，第 148—180 頁。該文爲《舊京書影》影印本（人民文學出版社 2011 年版）所作前言，又刊載於《版本目錄學研究》第一輯，北京圖書館出版社 2009 年版。發表時署名 "人民文學出版社編輯部"，實出喬秀岩、宋紅先生合作。文章收入《文獻學讀書記》時有所增訂補充，增加了 "2016 年補述" 三條。本書引文以後者增訂稿爲準。

② ［日］倉石武四郎：《述學齋日記》，稿本。整理出版者有二：陳捷先生撰文介紹並整理日記全文，《一位日本中國學家的留學日記——〈述學齋日記〉》，刊於《中日文化交流史論集：戶川芳郎先生古稀紀念》，中華書局 2002 年版。一爲榮新江、朱玉麒輯注：《倉石武四郎中國留學記》，中華書局 2002 年版。本書引用標註頁碼爲中華書局 2002 年版《倉石武四郎中國留學記》。

③ ［日］倉石武四郎《留學回憶錄》之《關於延英舍》： "京師圖書館的徐鴻寶先生始終給予了我們很大的關照。尤其是當我提出想就圖書館的善本作一個留真譜的時候，他爲我提供了極大的方便。當我們借到了原則上不可外借的善本書目稿本時，由於兩個人人手不夠，我們便發動其他的同道諸君一起抄寫到很晚。那時正值嚴冬，次日清晨我又起得很早，和吉川君一起急急忙忙地趕往圖書館。這樣的日子持續了一段時間。" （見《倉石武四郎中國留學記》第 212 頁。原題：倉石武四郎《延英舍のこと》，見《吉川幸次郎全集》第三卷附刊《月報》，筑摩書房 1969 年版）

3.18 歸路訪徐森玉先生，贈《舊京書影》一份，此役於是告其成矣。①

倉石氏 1928 年 3 月 23 日到中國留學，但是 1930 年初才開始記錄日記，此前經歷未記錄，故日記中未提到《舊京書影提要》的撰寫情況。長澤規矩也著錄《舊京書影》稱"附橋川氏《提要》一冊"②，喬秀岩先生《出版說明》中對長澤的著錄表示懷疑："長澤認定《提要》的撰者是橋川，不知是長澤直接瞭解實情，還是因爲《文字同盟》是橋川的刊物，所以認定爲橋川所撰。"③ 2016—2017 年間筆者在東京大學東洋文化研究所調查稿抄校本書目，發現倉石《舊京書影提要》及北平檢書手稿，可以證實《舊京書影》之編纂及《提要》撰寫，皆出自倉石一人之手。由此稿本，可以更詳細了解倉石武四郎編纂《書影》之意旨及經過。

2、東洋文化研究所藏稿本《舊京書影提要》述略

2016 年 11 月，喬秀岩、小寺敦先生導覽東洋文化研究所書庫，參觀"倉石文庫"，見倉石稿本《倉石文庫漢籍目錄貫籍別撰者索引》。次年春至東文研調查稿抄校本書目，覆檢此書，其中除了《索引》以外，另有倉石《舊京書影提要》原稿及在北平檢書手記等。由此可以確知，《舊京書影提要》作者是倉石武四郎。此稿本在東洋文化研究所目錄上未能反映其全貌，在此著錄其細目如下。

《倉石文庫漢籍目錄貫籍別撰者索引》十四冊，倉石武四郎，稿本（倉石文庫 20654）。紅格稿本。半葉八行，行二十字。版心下有

---

① ［日］倉石武四郎；榮新江，朱玉麒輯注：《倉石武四郎中國留學記》，第 31、80、97 頁。

② ［日］長澤規矩也編著，梅憲華、郭寶林譯：《中國版本目錄學書籍解題》，書目文獻出版社 1990 年版，第 204 頁。

③ ［日］喬秀岩、宋紅：《〈舊京書影、北平圖書館善本書目〉出版說明》，《文獻學讀書記》，第 150 頁。

“清祕閣”三字。最末一冊爲朱絲欄稿紙，半葉十行，版心下有“萬寶齋製”四字。卷端有“倉石武四郎博士舊藏”朱文方印、“東洋文化研究所圖書”朱文方印。原目著錄 14 冊，實 15 冊。01—11 冊，《倉石文庫漢籍目錄貫籍別撰者索引》。12—13 冊，雜記雜稿。第 14 冊，《舊京書影提要》稿本。第 15 冊，北平檢書手記等雜稿。其中第 14 冊《舊京書影提要》稿本。首“實行章程文案”四條。次爲《舊京書影》總目，各書著錄書名、卷數、撰人、版本、行款、藏地，下標數字，爲擬拍攝書影葉數。總目末統計總數，計經部 61 部，175 葉。史部 79 部，222 葉。子部 61 部，161 葉。集部 52 部，148 葉。總計 253 部，706 葉。目中修改甚多，有後添入者，亦有芟去者。次爲《舊京書影提要》正文，即文字同盟社刊行本之原稿。稿中多修改，編纂之時曾作抽換調整，葉序有改動。《提要》始“漢上易集傳十一卷”，止“新刊國朝二百家名賢文粹”，書影第 714 葉。書前總目末尚有“註唐詩鼓吹十卷”一條，則稿本似缺最末一葉。文字同盟社刊行本共收書 294 部，716 葉，有“注唐詩鼓吹”一條。稿本提要正文與書前總目不相配，提要正文較總目所收書影更多，各部所收書部數、葉數與刊本相同，文字內容亦接近，應爲最後定稿。稿本卷首多《實行章程文案》四條，爲了解《舊京書影》編纂與發行之重要材料，一併照錄如下，並附譯文。

實行章程文案　　（《舊京書影提要》稿本卷首）
　　一、第一期として北平京師圖書館・北海圖書館・其他所藏の宋金元三朝の刻本二百五十三部に就き七百零（貳）［六］葉を攝影せり（別紙簡明目錄參照）。但し既に「四部叢刊」等に於て全書の影印されたるもの（元刻殘本「易林」・宋刻大字本「通鑑紀事本末」・宋刻大字本「皇朝文鑑」・元刻本「國朝文類」等）及び明修の殊に甚しきもの（元刻本「古今韻會舉要」・宋監本「史記」十行本等）は之を省けり。

一、第一期以北平京師圖書館、北海圖書館及其他所藏宋金元三朝刻本二百五十三部、七百零六葉書影進行攝影（參照別紙所附簡明目錄）。但已爲《四部叢刊》等全書影印者（元刻殘本《易林》、宋刻大字本《通鑑紀事本末》、宋刻大字本《皇朝文鑑》、元刻本《國朝文類》等）以及明修版過甚者（元刻本《古今韻會舉要》、宋監本《史記》十行本等），則略去不收。

二、原版は各縱六吋、橫四吋（巾箱本宋刻「周禮鄭氏注」及び宋刻「六經圖」は原寸に據りしも他は悉く縮寫せり）に準じ。其の總數を舉けで北平東廠胡同東方文化事業圖書館籌備處に歸して永久保存す。

二、原版各以縱六寸、橫四寸爲準（巾箱本宋刻《周禮鄭氏注》及宋刻《六經圖》據準原尺寸，其他書影皆縮印）。全歸北平東廠胡同東方文化事業圖書館籌備處永久保存。

三、加印希望者は□月□日迄に每部（加印實費銀四拾貳元，送料實費銀一元）銀四拾叄元を添へて。□□□□迄申込まるべし（既に原板費として貳拾元釀出されたる各位對ては原板費の必要消滅したるに就き、更めて之を燒增實費の內金と見做して計算す。但し選擇分印の希望には應し難し）。

三、希望加印者，請於□月□日前按每部銀四拾叄元加付（加印實費銀四拾貳元，郵費實費銀一元）。請於□□□□處申請。（對於已經釀資過原板費貳拾元的各位，除用於墊付原板費用之外，另可算作加印實費的訂金。若欲選印部分書影，則恕難應命）。

四、別に總目提要を編し北平文字同盟社より印行。加印一組に就き一部宛。

四、另行編纂《總目提要》，由北平文字同盟社印行，加印每組寄上一部。

東洋文化研究所藏《倉石文庫漢籍目錄貫籍別撰者索引》稿本十五冊，與該所藏鈔本《京師圖書館善本書目》（即倉石《關於延英舍》

文中所提到的抄錄 "善本書目稿本")、倉石稿本《儀禮疏攷正》① 所用稿紙相同，爲倉石在北平所購 "清祕閣" 紅格稿紙②。該稿本字跡與倉石稿本《儀禮疏攷正》相同，出於親筆無疑。並且根據池田溫先生回憶，倉石武四郎曾自編目錄十一本，"對於清人文集，爲了方便自己取讀，他還專門按作者的地域來區分，編成 11 本目錄，並依次上架排列"③，與稿本中前 11 冊《索引》稿情況一致。

從倉石氏手稿中，可以解讀出哪些信息？

首先，稿本第十四冊爲《舊京書影提要》底稿，前附《章程》四條，文字同盟社刊行本未載，這有助於我們了解《舊京書影》編纂與發行的具體情況。從《章程》可以了解，《舊京書影》最初有分期發行之打算，故稱爲 "第一期"。倉石選擇書影的標準，主要爲宋金元三朝刻本，對《四部叢刊》已全本影印者，及明修版過甚者，皆略去不收。書影以照片發行，除了巾箱本宋刻《周禮鄭氏注》、宋刻《六經圖》二書仍依照原尺寸外，其他各書皆縮小以縱六寸、橫四寸爲準。底片收藏於東方文化事業圖書館籌備處，結合倉石日記中有 "橋川君送信，開《書影》收支單" 的記載，而滿鐵《大連圖書館和漢圖書分類目錄》著錄《舊京書影》 "東方文化事業編"，《舊京書影》似由橋川時雄主持的東方文化事業委員會提供經費攝製。但是據《章程》記載可知，最初製作書影似乎採取了籌資的形式，其後發佈《章程》告示加印之價格，且書影不能選擇分印，同時告知將附送由北平文字同盟社印行的《舊京書影提要》一部。

其次，《提要》稿本著錄書影館藏出處的不同，可推考其編纂之具體時間。文字同盟社刊本《提要》著錄書影出處，有北平圖書館、大連圖書館、東京杉村氏、熊本黑田氏、北平文奎堂各處。而稿本

---

① ［日］倉石武四郎：《儀禮疏攷正》，《東洋學文獻センター叢刊》第七種，1979 年。又汲古書院影印版，1980 年。

② 《倉石武四郎中國留學記》1930 年 1 月 6 日，"向清祕閣買紙"（第 12 頁）。4 月 11 日，"向清秘閣買紅格紙"（第 115 頁）。

③ 《倉石武四郎中國留學記》，序三，第 11 頁。

《章程》則稱書影採自"北平京師圖書館、北海圖書館、其他所藏",稿本總目和提要中則稱"北海圖書館"、"京師圖書館"、"北平圖書館"、"臨邛楊氏"、"北平某氏"各處,與刊本略有不同（參見表10）。

表 10　　　　《舊京書影提要》稿本與刊本著錄公藏出處異同表

部類	書名	版本	書影編號	舊藏	稿本總目出處	稿本提要出處	刊本提要出處
經部	周禮鄭氏注十二卷	宋刻殘本	060－062		北海圖書館	北海圖書館	北平圖書館
	周禮鄭氏注十二卷	宋刻零葉	063	舊清內閣書	臨邛楊氏	大連圖書館	大連圖書館
	周禮疏五十卷	宋刻零葉	064－065	舊清內閣書	臨邛楊氏	大連圖書館	大連圖書館
	精選東萊先生左氏博議句解十六卷	元刻殘本	096－098		北海圖書館	北海圖書館	北平圖書館
	六經圖殘卷	宋刻殘本	115－117		北海圖書館	北海圖書館	北平圖書館
	四書章圖隱括總要	元刻本	135－136		北海圖書館	北海圖書館	北平圖書館
史部	□□□□□	元刻零葉	218	舊清內閣書	臨邛楊氏	大連圖書館	大連圖書館
	南齊書五十九卷	宋刻零葉	222－223	舊清內閣書	臨邛楊氏	大連圖書館	大連圖書館
	南齊書五十九卷	宋刻明修本	224		北海圖書館	北海圖書館	北平圖書館
	大元一統志一千卷	元刻零葉	379	舊清內閣書	臨邛楊氏	大連圖書館	大連圖書館
	通典二百卷	宋刻零葉	388	舊清內閣書	臨邛楊氏	大連圖書館	大連圖書館
	通典二百卷	元刻零葉	390	舊清內閣書	臨邛楊氏	大連圖書館	大連圖書館
	故唐律疏議三十卷附唐律釋文	宋刻殘本	399－400	舊清內閣書	臨邛楊氏	大連圖書館	大連圖書館

續表

部類	書名	版本	書影編號	舊藏	稿本總目出處	稿本提要出處	刊本提要出處
子部	木鍾集十一卷	元刻殘葉	423	舊清內閣書	臨邛楊氏	大連圖書館	大連圖書館
	西山先生真文忠公讀書記六十一卷	宋刻零葉	424	舊清內閣書	臨邛楊氏	大連圖書館	大連圖書館
	新編古今事文類聚前集六十卷後集五十卷續集二十八卷別集三十二卷	宋刻零葉	495	舊清內閣書	臨邛楊氏	大連圖書館	大連圖書館
	雪竇頌古二十卷	宋刻殘本	521	舊清內閣書	臨邛楊氏	大連圖書館	大連圖書館
	獅子林天如和尚語錄五卷別錄五卷剩語言集二卷	元刻殘本	545－548		北海圖書館	北海圖書館	北平圖書館
	纂圖互注老子道德經二卷	元刻本	551－554		北平文奎堂	大連圖書館	大連圖書館
	沖虛至德真經八卷	元刻本	558－559		北平文奎堂	大連圖書館	大連圖書館
集部	李太白文集三十卷	宋刻殘本	568－570		北海圖書館	北海圖書館	北平圖書館
	晦庵先生朱文公文集一百卷續集十一卷別集十卷	元刻零葉	655	舊清內閣書	臨邛楊氏	大連圖書館	大連圖書館
	新刊國朝二百家名賢文萃一百九十七卷	宋刻零葉	714	舊清內閣書	臨邛楊氏	大連圖書館	大連圖書館

倉石稿本中之所以出現“京師圖書館”“北平圖書館”“北海圖書館”的不同稱法，是因爲在此期間北平圖書館曾改組合併。1925 年教育部擬與中華教育文化基金董事會重組國立京師圖書館，後教育部未能履約，基金會另建北京圖書館于北海，1926 年更名北海圖書

館。1928 年 6 月，北京改稱北平。7 月，京師圖書館改名北平圖書館。1929 年 9 月，與北海圖書館合併，改組爲國立北平圖書館。倉石稿本中總目編寫在前，仍沿用“京師圖書館”舊稱，而稿本提要正文則改稱“北平圖書館”，且部分書影稱出於“北海圖書館”，知此時北平、北海二館尚未合併，而京師圖書館已改名北平圖書館，可據此推知倉石編纂《舊京書影》在 1929 年 9 月之前。因此，倉石回憶在嚴冬鈔錄《京師圖書館善本書目》一事，可能是在 1928 年末，稿本中仍有“京師圖書館”的舊稱法，也許在 1928 年來中國留學之第一年，即已著手調查京師圖書館所藏善本。文字同盟社刊行本《提要》中“北海圖書館”已改稱“北平圖書館”，則當時二館已合併，爲 1929 年 9 月以降，可知《舊京書影》在此時已編成。①根據稿本著錄館名的變動，可以進一步佐證喬秀岩先生《出版說明》推斷《書影》編拍于 1929 年之說②。

其三，書影出於北平圖書館以外者，稿本著錄出處前後有變化，可看出書影底本的遞藏經過。《舊京書影》編入之書，北平圖書館藏書爲主要部分，其外尚有大連圖書館及中日私人收藏者，這似乎超過了“舊京”的範圍。然而，如果逐一對比稿本中原著錄，會發現這些看似“出格”者，實則都是內閣大庫殘書（參見表 10），大多可能出於北京琉璃廠書肆。《書影》收書 294 部，其中 232 部出於內閣大庫舊藏。從倉石取材可以看出，《舊京書影》之拍攝主要圍繞新出

---

① 　喬秀岩先生《出版說明》引用今村與志雄先生汲古書院影印本《文字同盟》解題中說法，《文字同盟》“第二十四、二十五號”的刊行時間當在 1929 年 9 月至 12 月之間，今村先生又指出 1951 年發行的《靜嘉堂文庫漢籍分類目錄續》著錄《舊京書影》云“民國十八年（1929）刊”。可以補充的是，滿鐵《大連圖書館和漢圖書分類目錄》著錄《舊京書影》出版時間爲昭和四年（1929），與今村先生說法相同。

② 　“無論如何，編拍《書影》的時間當可推定在一九二九年，因一九二八年六月北京改稱北平，故爾才有‘舊京’之稱。擴印等事宜委託橋川辦理，至一九三〇年一月製作完成，至三月送一份給徐鴻寶，以謝其支持，一項事業算圓滿完成。”《〈舊京書影、北平圖書館善本書目〉出版說明》，見《舊京書影》，人民文學出版社 2011 年版，第 2 頁。

的内閣大庫宋元版展開。倉石編選《舊京書影》，除了依託公藏之北平圖書館、北海圖書館（後合併入北平圖書館）外，也得益於其朝夕流連琉璃廠書肆的經歷。

如《書影》中出處著錄爲"大連圖書館"者，稿本書前總目多著錄爲"臨邛楊氏"（另有兩處著錄爲"北平文奎堂"），稿本提要正文則已改稱"大連圖書館"。將此批書單獨摘出，不難發現，這些都是原内閣大庫藏書。此數部内閣大庫殘書原藏"臨邛楊氏"，在編《書影》期間，爲滿鐵大連圖書館購入，所以最後著錄更改爲"大連圖書館"。不知係倉石因拍攝書影接觸，進而推薦滿鐵購下，最後入藏大連圖書館。還是當時滿鐵已在洽談收購，倉石得知而將之編入書影。

《舊京書影》編選還有私人收藏善本書影，有"北平某氏"二部、"東京杉村氏"七部、"吳興徐氏"一部、"熊本黑田氏"（原吳興徐氏藏）一部。這可能會讓人產生疑惑，一部名爲"舊京書影"的影譜，爲何要借用中日私人藏品來拍攝，這些私人藏品究竟有何特別之處？若將上述十一部出於私人收藏書籍單獨摘出，則會發現以上私人收藏各書，也大多是舊清内閣大庫藏書（參見表11）。

表11　　　　　　　《舊京書影提要》公藏以外書影出處表

書名	版本	書影編號	舊藏	稿本總目出處	稿本出處	刊本出處
書集傳六卷	宋刻殘本	022－023	舊清内閣書	（未見）	東京杉村氏	東京杉村氏
周禮疏五十卷	宋刻殘本	068	舊清内閣書	北平某氏	無	無
周官講義十四卷	宋刻殘本	069－070	舊清内閣書	北平某氏	無	無
漢書一百二十卷	宋刻殘本	186	舊清内閣書	吳興徐氏	吳興徐氏	吳興徐氏

續表

書名	版本	書影編號	舊藏	稿本總目出處	稿本出處	刊本出處
回溪史韻殘卷	宋刻零葉	378	舊清內閣書	東京杉村氏	東京杉村氏	東京杉村氏
咸淳臨安志九十三卷	宋刻零葉	380	舊清內閣書	東京杉村氏	東京杉村氏	東京杉村氏
（附）長安志二十卷長安志圖三卷	明刻零葉	385	舊清內閣書	東京杉村氏	東京杉村氏	東京杉村氏
通典二百卷	宋刻零葉	389	舊清內閣書	東京杉村氏	東京杉村氏	東京杉村氏
雲笈七籤一百二十二卷	宋刻零葉	564	舊清內閣書	東京杉村氏	東京杉村氏	東京杉村氏
長春大宗師玄風慶會圖四卷附錄一卷	元刻殘本	565–567		吳興徐氏	熊本黑田氏	熊本黑田氏
朱文公校昌黎先生文集四十卷外集十卷補遺一卷	宋刻零葉	591	舊清內閣書	（原擬用京師圖書館藏元刻本，抽換）	東京杉村氏	東京杉村氏
節孝先生文集三十卷附錄一卷	元刻明補本	610–612		北平文奎堂	北平文奎堂	北平文奎堂
任松鄉先生文集十卷	元刻本	664–666		北平文奎堂	北平文奎堂	北平文奎堂

內閣大庫藏書大部分收歸公藏，但尚有一部分散佚在坊肆之間。倉石借用以上私人藏品拍攝書影，並非是慕名上門商借藏家珍罕藏品拍攝。實際的情況可能是，他先在北京琉璃廠坊肆及書友的範圍內見到這些大庫殘書，所以選編入書影。書影出處中的兩位日本藏家，“東京杉村氏”爲杉村勇造，當時正在北京擔任東方文化事業委員會的圖書籌備員，爲籌建東方文化圖書館採購圖書，常與書店打交道。倉石日記中亦記有與杉村往來之事。“過文化會，見杉村、橋川兩君，並閱圖書館新購書。”（1930 年 2 月 7 日）“訪杉村君，看東方新收

抄本。"（5 月 10 日）[1] 杉村爲倉石在北平時書友。"熊本黑田氏" 當爲黑田源次[2]，1926 年任滿鐵滿洲醫科大學教授，後擔任該校圖書館長，並參與籌建奉天博物館，與杉村勇造協力開設熱河離宮博物館。其所藏元刻《長春大宗師玄風慶會圖》，原爲 "吳興徐氏" 舊藏，據喬秀岩先生說，徐氏或即徐森玉，此書當爲徐氏見讓或見贈者。此部未標出處，但是同出於 "吳興徐氏" 另一部宋刻殘本《漢書》則標 "舊清內閣書"。因此，《舊京書影》出於私人收藏的書籍，大多是坊間流散的大庫殘書，自然也成爲了倉石編入書影的選擇。

又《舊京書影》中有兩部出於 "北平文奎堂" 書店的書影（參見表 11）。此外，《書影》中元刻《纂圖互注老子道德經》、《沖虛至德真經》二部，刊本著錄出處爲 "大連圖書館"，而稿本總目原稱 "北平文奎堂"（參見表 10），這兩部書應該在編纂《書影》期間，文奎堂書店售歸大連圖書館，很可能是倉石介紹購入。文奎堂爲北京舊書店，清光緒七年（1881）由河北束鹿縣人王雲瑞開設，1927 年後由其子王金昌繼續經營，倉石爲該店常客，常至店中購書。倉石離開北京的時候，書店夥計趙殿成親自來碼頭送別。[3] 綜上可知，倉石完成《舊京書影》編纂之事業，除了依託當時北平圖書館的豐富館藏，也得助於當時北京琉璃廠興盛的書業。

所以，"舊京書影" 書名的意義，應該指所見出於北京的宋元舊槧書影，以北平圖書館藏舊內閣大庫書爲主，間有北平琉璃廠流散之大庫殘書以及舊家藏書。雖然最後刊本出處有大連圖書館及日本私人所藏，似已遠遠超過 "舊京" 之範圍，其最初來源則同出北京。

---

① 《倉石武四郎中國留學記》第 58、140 頁。

② 有關黑田源次生平，可參照李勤璞：《黑田源次：傳記資料與著作目錄》，《遼寧省博物館館刊》，2015 年，第 308—323 頁。

③ 《倉石武四郎中國留學記》1930 年 6 月 14 日："打點行李，頗形忙碌。四點到站檢查行李。送行者楊鑒瓷、孫蜀丞、朱逖先、陳援庵、徐森玉、錢稻孫、趙斐雲、唐孟超、張運鵬、謝剛主、中江、橋川、杉村、加藤、玉井、吉川、水野、原、奧村，並陳（陳：來薰閣陳濟川）、趙（趙：文奎堂趙殿成）、劉三書友也。"（第 166 頁）

這是長年流連在琉璃廠舊書肆中的倉石才能完成的事業，給書影取這樣的名字，大概也寄託了他對舊京書肆的一絲留戀不捨之情。

五 故宮博物院《重整內閣大庫殘本書影》

《重整內閣大庫殘本書影》不分卷，民國二十二年 (1933) 十月故宮博物院文獻館影印本。共收宋刻本 7 種，金刻本 1 種 (《雲笈七籤》)，元刻本 4 種，明刻本 14 種，清刻本 2 種，明內府寫本 9 種，清寫本 1 種，總 38 種 57 葉。

有關故宮博物院編纂《重整內閣大庫殘本書影》之緣由，需追溯內閣大庫檔案流傳過程。內閣大庫藏書發現之後雖大部分已移交京師圖書館，但仍有一些殘書殘葉雜存於內閣檔案之中，未及揀出。徐中舒《再述內閣大庫檔案之由來及其整理》介紹內閣大庫檔案中的殘書殘葉曰：

> 當時學部圖書館接收庫中書籍時，大概即由庫中捆載而去，並未詳細點查。不但這裏面許多珍貴的檔案未曾取去，還有許多殘本殘葉的宋元本書籍，也雜在這些凌亂的檔案裏而被遺下。這些被遺下的檔案，與殘本殘葉的書籍，當時都是預備焚燬的。[1]

民國十年 (1921)，歷史博物館將從內閣大庫檔案中新發現之書籍殘本移交京師圖書館。同年，該館因爲經費欠缺，將剩下破碎之檔案以四千元價格賣給同懋增紙店，作爲還魂紙材料。所幸爲羅振玉等人發現購回。1928 年中央研究院歷史語言研究所創立，購下了內閣大庫檔案，徐中舒等主持整理。因此，《重整內閣大庫殘本書影》一書，爲民國整理內閣大庫檔案之餘，將新發現內閣大庫藏書殘本殘

---

[1] 徐中舒：《再述內閣大庫檔案之由來及其整理》，《歷史語言研究所集刊》1933 年第 3 卷第 4 期，第 547 頁。

葉，編纂爲善本影譜。有關此本編纂之由，徐中舒《內閣大庫檔案之由來及其整理》有介紹：

> 這樣再經宣統元年的遷徙，檔案與書籍更加雜亂不堪，學部既匆卒間將所有書籍接收以去，而埋没在檔案裏的殘本書葉，就成爲今日整理檔案的副産。這中間有北宋本《文選》，宋本《薛氏鐘鼎彝器款識》、《冊府元龜》，元本《農書》、《宋史》、《博古圖錄》及明清以來省府縣志等殘葉，有許多都是海内罕見的書，我們預備檔案整理完竣以後，影印一部《內閣大庫殘存書影》。①

徐氏所稱"預備檔案整理完竣以後，影印一部《內閣大庫殘存書影》"，後來改名《重整內閣大庫殘本書影》印行。因爲民國八年至十年之間歷史博物館有過一次大規模整理內閣大庫檔案中殘書行爲，故此次整理稱爲"重整"。需要注意的是，該書所收爲"殘本"書影，並非當時故宮博物院所藏內閣大庫殘帙都是只有《書影》所收的一二殘葉，不過是選取一二葉書影印入此書。而具體所存殘書卷數、葉數，在該書目錄中並未標明。

《重整內閣大庫殘本書影》所收殘書，多可與京師圖書館所藏內閣大庫藏書相配。如書中所收宋刊本《春秋穀梁注疏》殘葉卷十六第八葉（參見圖二十九），京師圖書館藏有同版，題名爲《春秋穀梁注疏》，存卷十一之二十，三冊。《舊京書影》收有"卷十六之一"一葉，即京師圖書館所藏內閣大庫舊藏書。京師圖書館另有歸安姚氏舊藏一部，與此部同版而存卷完整。《重整內閣大庫殘本書影》所收卷十六第八葉，可能是京師圖書館此部之缺葉。其他如宋刊《禮書》卷二十三之一、《資治通鑑》卷八之一、《通鑑紀事本末》三十四之

---

①　徐中舒：《內閣檔案之由來及其整理》，《明清史料》甲編第一冊，商務印書館 1930 年版，第 13 頁。

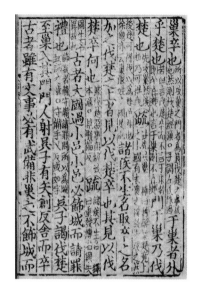

圖二十九:《春秋穀梁注疏》書影

二十八、《國朝諸臣奏議》卷四十三之一、《蘇文忠公文集》□之□及《奏議》七之十一兩葉、《文選六臣注》卷十六之十四,京師圖書館藏內閣大庫書皆有同版。

又如金刊本《雲笈七籤》卷第一百一十三上首、卷第一百一十三下末兩葉,卷首題"雲笈七籤　一百十一之一百十三下"。趙萬里《內閣大庫書經眼錄》:"半葉十五行,行十七字。中縫無界欄,四周單邊。存第一百一十一卷十一葉,一百一十二卷二十五葉,一百一十三卷上十三葉,下三十一葉,共四卷合爲一冊。"① 此本今藏臺北故宮博物院,存卷一百十一至一百十三 (卷一百十二葉十和十一錯置),末有"清河郡□"楷書朱文墨記,注明來源爲"清宮舊藏"。此本後被定爲蒙古乃馬真后三年刻道藏本,與中國國家圖書館藏《太清風露經》爲蒙古道藏僅存的兩種。《舊京書影》收有卷九十一之□□殘葉,稱爲"宋刻",舊爲杉村勇造舊藏,今不詳所在。此本坊間流失零葉頗多,《中國版刻圖錄》載卷九十五之五,今藏中國國家圖書館。上海博物館亦藏有殘葉。近年拍賣會亦時有出現,如卷九十四之六殘葉、黃裳舊藏卷九十五殘葉。

《重整內閣大庫殘本書影》這部分殘書殘葉,經歷此前歷史博物館挑選殘書移交京師圖書館,大庫檔案流落坊間之時又復經書肆及羅振玉、李盛鐸等人挑選,層層篩選,最後剩下斷簡殘編,因此宋元本數量並不多。

---

① 《趙萬里文集》第三卷,第533頁。

六 宋元書影箋

內閣大庫宋元殘書殘葉的發現，掀起了民國編纂善本書影熱潮。當時北京雅好流略之學的藏書家、學者眾多，北京榮寶齋曾據書影製作了一套箋紙，名爲"宋元書影箋"。這種文人雅趣，算不上嚴格意義的"善本書影"，但是此箋譜所收書影多爲內閣大庫藏宋元本，與該宗藏書聚散有關，在此略作介紹。

《宋元書影箋》刊刻有數種，多爲 1932 年榮寶齋所刊，而名稱有《宋元書景箋》、《榮寶齋縮摹製箋》、《榮寶齋製宋版詩箋》等，所收書影亦不盡相同。此外，清秘閣亦刊有《北京清秘閣摹宋版書詩箋》，故宮博物院刊有《故宮博物院藏善本書影箋》。

民國間魯迅等人輯編《北平箋譜》，曾提及此《宋元書影箋》，認爲此類箋紙與《留真譜》無異，不收入《北平箋譜》。1933 年 9 月魯迅致鄭振鐸函曰："《宋元書影箋》可不加入，因其與《留真譜》無大差別也。《大典箋》亦可不要。"[①] 所言"宋元書影箋"，即榮寶齋刊行這套箋紙，而"《大典箋》"則是"《永樂大典》殘帙"(卷一萬九千七百八十六) 箋紙。

《宋元書影箋》刊行，與內閣大庫藏書相關人物劉啟瑞有關。《宋元書影箋》最初即以劉氏所藏宋元本影刊。上海圖書館藏有《宋元書景箋集》一套，係以原箋貼裱而成。外封墨筆題"宋元書景箋集 寶應劉氏藏"。內葉留有原簽"寶應劉氏食舊德齋藏本壬申莫春影刊製箋 滌广識"。又有內封篆書"宋元書景"四字，下署"食舊德齋藏 榮寶齋製箋 番禺商承祚署"。知此本刊於民國二十一年 (1932)。共收錄箋紙十二種，每種四葉。收錄書影如次：

1. 武經龜鑑卷第九

---

① 魯迅：《魯迅全集》第 12 卷《書信》(1927—1933)，人民文學出版社 2005 年版，第 450 頁。

圖三十：宋元書景箋

2. 謝宣城詩集卷第二

3. 文苑英華卷第二百三十一

4. 居士集卷第三

5. 風俗通義過譽第四

6. 蒙求集註

7. 居士集序

8. 農桑輯要卷第二

9. 王文公文集卷第七十一

10. 通鑑紀事本末卷第一下

11. 宣和畫譜敘

12. 六臣註文選卷第五

京都大學人文科學研究所也藏有一部《宋元書景》，該館著錄爲"宋元書景不分卷　劉文興輯　民國二十一年北平榮寶齋景刊本　一冊"，經查與上圖所藏《宋元書景箋集》相同，亦係以 1932 年榮寶齋所刊劉啟瑞宋元書影箋紙貼裱而成，箋紙所收書影種類與上圖藏本一致。承人文研梶浦晉先生賜教，此箋譜爲 1937 年吉川幸次郎捐贈①。吉川氏 1928 年前後與倉石武四郎同在北京留學，當時也參與了倉石武四郎抄寫《京師圖書館善本書目》一事，當熟知此箋譜所收書影源流。吉川氏殆因深知箋譜所收書影在版本學上有特殊價值，故特表而出之，捐贈研究所收藏。

劉氏爲當時委派整理內閣大庫藏書二人之一，其家藏宋元版多爲大庫竊出者。內閣大庫舊藏宋版《文苑英華》京師圖書館存六百一至卷七百，與劉啟瑞所藏卷二百三十一同版，卷端有"晉府書畫之印"朱文方印，書中有"景定元年某月某日裝褙臣王潤照管訖"字樣，同爲大庫舊藏無疑。其他如《六臣注文選》（卷端有"晉府書畫之

---

① 　人文研藏本《宋元書景》承梶浦晉先生、中原理惠女史代檢，謹致謝忱。

印" 印)、《居士集》、《通鑑紀事本末》，京師圖書館皆藏有內閣大庫舊藏同版。從劉氏所取《宋元書景箋》之名，可以看出受到繆荃孫《宋元書景》一書的影響。

第二節　內閣大庫藏書與宋元本殘葉集錦

內閣大庫藏書發現大量宋元本殘書殘葉，大量流失，成爲了當時坊肆、藏書家、學者收集版刻集錦之對象，因而留存了一些以內閣大庫殘葉爲主的宋元版書葉集錦。

一　公藏所見內閣大庫殘葉集錦
1、張宗祥《小百宋一廛書葉》

《小百宋一廛書葉》一百十三葉，張宗祥集，宋元版殘葉，浙江圖書館藏 (善126)。此書因宋元版貴重，圖書館方面保存十分妥善，未能調閱原書。據《浙江圖書古籍善本書目》①、《珍貴古籍名錄》，摘錄其目如下。共收宋元版殘葉 58 種，113 葉。

1. 易程傳　宋程頤撰　宋刻二頁
2. 詩集傳　宋朱熹撰　宋刻三頁
3. 毛詩正義　宋刻半頁
4. 詩童子問　二頁
5. 毛詩注疏　漢鄭玄箋　唐孔穎達疏　宋刻一頁
6. 禮書　宋陳祥道撰　宋刻二頁
7. 周禮注疏　宋鄭玄注　唐孔穎達疏　宋刻一頁
8. 儀禮注疏　宋刻三頁
9. 春秋傳　宋胡安國撰　宋刻二頁
10. 附釋音春秋左傳注疏　晉杜預注　唐孔穎達疏　宋刻四頁

---

① 浙江圖書館古籍部：《浙江圖書古籍善本書目》，浙江教育出版社 2002 年版。

11. 監本附音春秋穀梁注疏　晉范寧注　唐楊士勛疏　宋刻三頁

12. 論語注疏　魏何晏等注　宋邢昺疏　宋刻一頁

13. 樂書　宋陳暘撰　宋刻二頁

14. 增修互注禮部韻略　宋毛晃注　宋刻一頁

15. 漢書　漢班固撰　宋刻二頁

16. 三國志　宋刻三頁

17. 魏書　北齊魏收撰　宋刻二頁

18. 南史　元大德刻一頁

19. 陳書　唐姚思廉撰　宋刻二頁

20. 隋書　唐魏徵撰　北宋刻一頁

21. 唐書　宋歐陽修撰　宋刻五頁

22. 資治通鑑　宋司馬光撰　元興文署刻本一頁

23. 大事記　宋呂祖謙撰　宋刻五頁

24. 通鑑紀事本末　宋袁樞撰　宋刻三頁

25. 通志　宋鄭樵撰　元大德刻本一頁

26. 國語　吳韋昭注　宋紹興十九年刻本一頁

27. 國朝諸臣奏議　宋趙汝愚編　宋刻二頁半

28. 咸淳臨安志　宋潛說友撰　宋刻一頁

29. 唐律　唐長孫無忌撰　宋刻一頁

30. 讀史管見　宋胡寅撰　宋刻二頁

31. 說苑　漢劉向撰　宋刻三頁半

32. 二程遺書附錄　宋刻一頁

33. 程氏遺書　宋刻一頁

34. 程氏遺書　宋刻二頁

35. 程氏遺書附錄　宋刻一頁

36. 讀書記　宋真德秀撰　宋刻一頁

37. 證類本草　宋唐慎微撰　宋刻三頁

38. 自警編　宋趙善璙撰　宋刻三頁

39. 冊府元龜　宋王欽若等輯　宋刻一頁

40. 景德傳燈錄　宋釋道原輯　宋刻三頁

41. 南華真經　宋刻一頁
42. 纂圖互注南華真經　宋刻三頁
43. 杜工部集　唐杜甫撰　宋刻一頁
44. 臨川集　宋王安石撰　宋刻一頁
45. 蘇文忠公集　宋蘇軾撰　宋蜀刻一頁
46. 東坡和陶詩　宋蘇軾撰　宋刻一頁
47. 蘇文定公集　宋蘇轍撰　宋刻半頁
48. 淮海集　宋秦觀撰　宋刻二頁
49. 朱文公集　宋朱熹撰　宋刻一頁
50. 文公別集　宋刻一頁
51. 晦庵文集　宋朱熹撰　宋刻二頁
52. 西山文集　宋真德秀撰　宋刻一頁半
53. 劉後村集　宋劉克莊撰　元刻一頁
54. 六臣注文選　梁蕭統輯　宋贛州刻本二頁
55. 文選注　梁蕭統輯　宋刻二頁
56. 文章正宗　宋真德秀輯　宋刻一頁
57. 皇朝文鑑　宋呂祖謙輯　宋刻三頁
58. 皇朝文鑑　宋呂祖謙輯　宋刻二頁

毛春翔在《古書版本常談》書中曾提及張氏所集此譜："前年浙館館長張闐聲老先生出示《小百宋一廛書葉》，即是宋版集錦，每書收一頁至三五頁，共一百零一頁，大可作爲我們研究之資，其有功於版本學之研究甚大。所可惜的有兩點：一是未撰說明，一是書頁都裱褙過了。"①《浙江圖書館館藏珍品圖錄》②收錄書影五幀。從書影來看，已經托裱，部分標有書名、撰人、版本，如《咸淳臨安志》書葉右欄側墨筆題"咸淳臨安志一百卷　宋潛說友撰　宋刻宋印"、《陳書》書葉右欄側墨筆題"陳書三十六卷　唐姚思廉撰　宋刊宋

---

① 毛春翔：《古書版本常談》，中華書局上海編輯所1962年版，第11頁。
② 林祖藻：《浙江圖書館館藏珍品圖錄》，西泠印社出版社2000年版，第22—23頁。

印　計二頁"。

此書疑爲張氏任京師圖書館主任時取館中內閣大庫藏書宋元版殘葉合訂而成，當爲1919—1921年間所集。如宋版《詩集傳》存綱領之葉六，與繆荃孫《宋元書景》所收京師圖書館藏卷九者同版。

2、徐森玉《內閣大庫宋元本集錦》

徐森玉輯《內閣大庫宋元本集錦》，上海圖書館藏宋元殘葉集錦本（線善25188）。該書上海圖書館定爲二級文物，不允出庫，調閱未得，未詳其目。據顧廷龍日記1943年8月13日所記："徐森玉贈內閣大庫宋元本散頁，以壽葉景葵七十壽。"① 知此本爲徐森玉轉贈葉景葵者，後入藏上海圖書館。徐森玉與張宗祥一樣，曾擔任京師圖書館圖書部主任②，此大庫殘葉集錦不知是館中理書所剩抑或坊肆所得，待考。

3、傅增湘《零璣斷璧》

《零璣斷璧》善本殘葉一冊，哥倫比亞大學東亞圖書館藏，共計收書影11種，爲傅增湘售予美國人書數種之一，詳見沈津先生《再說古書殘本殘頁》一文③。此殘葉集錦應即內閣大庫所出殘葉，茲摘錄其目如次：

---

① 沈津：《顧廷龍年譜》，上海古籍出版社2004年版，第300頁。

② 徐鴻寶（森玉）前後數次擔任京師圖書館主任，1922年2月15日至7月24日初次擔任京師圖書館主任，1924年1月31日再任京師圖書館主任，1925年10月教育部派分館主任錢稻孫在徐森玉赴日期間暫代京師圖書館主任。1926年10月，分設總務部、圖書部兩部，徐森玉任圖書部主任。1930年6月改任採訪部主任兼金石部主任。

③ "1986年，我在美國作圖書館學研究時……那裡，我在哥倫比亞大學東亞圖書館的善本書庫中，見到傅增湘當年售與美國人的書數種，爲《會通館校正音釋詩經》二本，明弘治錫山華氏會通館銅活字印本，100元。《唐書詳節》一本，宋殘本，30元。《左傳》一本，宋殘本，40元。《宋諸臣奏議》一本，明活字本，10元。《欒城集》一本，明活字本，6元。《思玄集》一本，明活字本，6元。共計192元，除'共計'外，上面的字皆爲傅增湘手書，當爲傅氏售出時所寫。有一冊題爲《零璣斷璧》，爲宋刻殘頁，當年售價100元。"沈津：《再說古書殘本殘頁》，《書海揚舲錄》，廣西師範大學出版社2016年版，第150頁。

1. 《蘇文定公集》，宋刻本，皮紙，存卷七第三頁，九行十五字，左右雙邊，白口，單魚尾。
2. 《五代史記》，宋刻本，皮紙，存卷三十九第十頁，十行十八字，左右雙邊，白口，雙魚尾，上刻字數，下有刻工"子明"，有耳題"羅紹威"，"貞"避諱。
3. 《文選》半頁，宋刻本，皮紙，十行十八字，左右雙邊，線黑口，雙魚尾，"敬"不避諱。
4. 《樂書》，宋刻本，皮紙，存卷五十第二頁，十三行二十一字，左右雙邊，白口，雙魚尾。
5. 《杜工部詩集》，原題宋刻本，實明刻本，十行二十字，左右雙邊，線黑口，下白口，雙魚尾，下刻字數。
6. 《通鑑紀事本末》，宋刻本，皮紙，存卷二第三十頁，十三行二十四字，左右雙邊，白口，雙魚尾，下有刻工。
7. 《史記》，原題宋刻本，當爲明刻本，存第十二冊世家二十二，第十頁，十四行二十六字，左右雙邊，白口，書口當中有"第十二冊，世家，二十一"。
8. 《劉後村集》，原題宋刻本，當爲明刻本，存卷十九第十七、十八頁，十行二十一字，左右雙邊，線黑口，雙魚尾，"敬"不缺筆。
9. 《南齊書》，宋刻本，存傳二十五第七頁，九行十八字，左右雙邊，線黑口，無魚尾，上刻字數，下有刻工"陳用"。
10. 《晦菴文集》，宋刻本，皮紙，存卷六十一第五十一頁，十行十九字，左右雙邊，白口，單魚尾，下有刻工"黃劭"。
11. 《穀梁註疏》，宋刻本，存卷九，十行十七字，左右雙邊，上黑口，上魚尾，下面殘缺，"敦"不缺筆。①

二　其他所見內閣大庫殘葉集錦
1、《宋元書影》
《宋元書影》，原上海圖書館藏宋元本集錦本，後退還，見於拍

---

① 沈津：《再說古書殘本殘頁》，《書海揚舲錄》，第150—151頁。

賣會，有上海圖書館退還之章。① 共計存 4 葉：1.《魏書》傳三十六第十四葉，宋刻元公文紙印本，九行十八字。② 2.《史記》列傳十第十六葉，宋刻本，十行十九字。3.《諸臣奏議》卷六十八第六葉，宋刻本，十一行二十三字。4.《新編事文類聚啟劄雲錦》啟庚第七葉，元刻本，十四行二十四字。③

2、《宋元書影真跡》

此本見於北京嘉德 1999 年春季拍賣會。據介紹，爲內閣大庫舊藏宋元本殘葉集錦，共 20 種，40 餘葉。集有宋寶祐小字本《資治通鑑紀事本末》、元本《春秋左傳》、元廬陵葛氏古林書堂本《新刊補注釋文黃帝内經素問》、宋建寧書院本《朱文公集》、宋刻本《朱文公別集》、宋寶祐刻本《五燈會元》、宋刻本《大事記》、宋嘉定刻本《讀史管見》、元大寧國路儒學本《後漢書》、金崇慶刻本《改併五音集韻》、宋紹興刻本《詩經》等。原本未見，今藏不詳，據拍賣圖錄著錄。

3、《宋元書影》

見於中國嘉德 2007 秋季拍賣會。四冊。内收宋刻《丹陽後集》等宋至明洪武間刻《元史》刻本約九十種。經傅增湘、陳清華遞藏。今藏不詳。據拍賣圖錄著錄。

4、宋元刻本零頁十八種

張繼舊藏。十八種五十二葉。見於北京瀚海拍賣有限公司 2014

---

① 據沈津先生所回憶，上海圖書館有退還此類書籍之舉："上個世紀的六十年代文革中，某人的藏書也被送到了上海圖書館，藏書中也有幾本書影集錦，都是宋、元、明刻本的殘葉彙集而成的。記得宋元爲一冊，其他明代的分成明初、明成化弘治、明正嘉間、隆萬間、啟禎間，有數冊之多。七十年代中，我在爲上海圖書館舉辦的古籍訓練班授課時，曾經以此爲教材，指導聽課的學生。後來，這些書影也都因落實政策，而退還原主了。"沈津：《再說古書殘本殘頁》，《書海揚舲錄》，第 149 頁。

② 見於北京瀚海拍賣有限公司 2010 秋季拍賣會，拍品編號 0569 "魏書零頁"。

③ 以上三種見於北京瀚海拍賣有限公司 2011 春季拍賣會，拍品編號 1006 "宋板書影三種（史記、諸臣奏議、翰墨大全）"。

年秋季拍賣會。① 此五十二葉殘葉又在瀚海 2017 年春季拍賣會拆開分售，拍品號 1081－1098，今已散落各地藏家之手。

小結

以上爲源出內閣大庫的宋元本殘葉集錦七種，實際零散的大庫殘葉甚多，在古籍拍賣會上也十分常見，不能一一殫記。據沈津先生所記，此類宋元本殘葉集錦還有多種②，又萬群《宋元散葉裝幀新議》一文記有中國國家博物館藏傅增湘舊藏宋元本殘葉 20 件，天津圖書館藏有周叔弢舊藏殘葉六十多葉③。這些宋元殘葉紙幅開闊，大多出自內閣大庫。

內閣大庫殘書零葉流散坊肆者頗多，民國時人多有見之者。而這些大庫殘本殘葉流失在外的原因，也應分爲數端。一爲內閣大庫藏書發現之初整理者所竊出，如劉啟瑞等人所藏大庫殘書。一爲內閣大庫藏書移交京師圖書館以後，如鄧之誠所稱 "相傳江瀚爲館長時，嘗以古籍私贈達官貴人"④、顧廷龍謂傅增湘 "知傅從內閣大庫

---

① 北京翰海拍賣有限公司 2014 年秋季拍賣會拍品編號 "2815. 宋元刻本零頁十八種 附之襄致張溥泉信札"。所附信札錄文如次："溥泉老兄台鑒：日前臥病，辱蒙臨視，至感至感。近賤恙漸痊，惟體力未允，尚需靜養數日，稍遲再當趨謁聆教。茲將殘宋篇檢出十八份，共計五十二章，附呈瀏覽，藉資參考，間有元刊一二種，餘皆宋槧也。專此，敬頌台綏。弟之襄頓啟。二十七日。"

② "周越然言言齋曾藏有宋金元殘頁四巨冊，約 200 頁，那是他在 40 年代初出重價購得，周先生非常看重這套殘頁巨冊，認爲 '實爲研究古本最妙的工具'。我經眼的殘頁集錦僅有幾種，最早是在六十年代初，上海圖書館藏的一套《宋元精槧粹編》，爲近人俞誠之所輯，計 50 頁。另一種爲陶湘輯《宋元明本書影》，有 107 頁之多。七十年代中，我陪顧師廷龍先生去寧波、杭州，在浙江圖書館見《小百宋一廛藏宋元刻集錦》，一冊，計 101 頁。"沈津：《答客問——古書中的殘本殘頁》（2013－03－19 23：56：36）見博客 "書叢老蠹魚"（http：//blog. sina. com. cn/s/blog_ 4e4a788a01015 cw6. html）。

③ "經初步鑒定館藏弢翁捐贈樣張共計五十八種，大部分爲宋元刻本零葉，其中不乏稀見本，計有宋版 15 葉、元版 23 葉、蒙古本 1 葉、明版 9 葉、影印版 7 葉、照片 1 張、版本暫不詳者 8 葉。"萬群：《 "金玉其相" ——宋元散葉裝幀新議》，《2016 年古籍保護與修復國際學術研討會論文海報集》，廣西師範大學出版社 2018 年版，第 387 頁。

④ 鄧之誠：《鄧之誠文史札記》，鳳凰出版社 2012 年版，第 490 頁。

檢出，携南以贈乙盦。舉公物以贈私交，何異盜賊，公然題于紙尾，可耻孰甚"① 等等。而最大的原因，則爲八千麻袋內閣大庫檔案之中混雜的殘書殘葉。傅增湘任教育部長時，即對檔案中的宋本殘葉特別關心。內閣大庫檔案收貯於歷史博物館之時，檔案中的殘書殘葉在整理中時有盜出。據當時參與整理的工友佟榮回憶，"最奇怪的，就是當時整理的工友也不知道是奉到什麼人的命令，大家都一致認真的在塵埃和亂紙中拼命的去找宋版書，當然，工友們也不是版本家，宋版不宋版全無分別，但是只要能夠找出書冊一本，便會現金交易，立時賞以銅元四十大枚（等於銀元二角），其餘的亂紙自然也就視同廢紙了"② 。又如徐中舒謂有宋拓本殘葉從檔案中盜出，其《宋拓石本歷代鐘鼎彝器款識法帖殘本再跋》曰："以此推之，此次所購得者，亦必爲內閣大庫中物。蓋民國五年移內閣檔案於午門歷史博物館，其中頗多宋、元本殘卷殘葉。當歷史博物館最初清理之時，其中珍貴之件，多爲監守人侵盜，此即彼時所散佚者。此十六葉爲何人所盜，吾等本知之，惟不必在此露布其名也。"③ 其後大庫檔案爲歷史博物館變賣爲還魂紙材料，流失坊肆，其中殘書殘葉有一部分爲書肆挑出販售。八千麻袋大庫檔案爲羅振玉等人搶購回來以後，後又轉售李盛鐸，檔案中的殘書殘葉，又經藏書家們篩選一過。最後中央研究院歷史語言研究所購下之時，檔案中夾雜的殘書殘葉已所剩無幾，徐中舒等人將零殘數種編作《重整內閣大庫殘本書影》。

這些大量流失的內閣大庫宋元殘書殘葉，一方面可以看到其對民國善本書影編纂之推動作用，另一方面也給我們帶來了新的命題：除了將分散在各地內閣大庫殘書配補復原的工作，還有將殘葉配補回殘書之任務。

---

① 沈津：《顧廷龍年譜》，第 162 頁。
② 李光濤：《明清檔案存真選輯初集序》，《明清檔案存真選輯初集》，"中央研究院歷史語言研究所" 專刊之三十八，1959 年，第 2 頁。
③ 徐中舒：《徐中舒歷史論文選輯》（上），中華書局 1998 年版，第 141 頁。

　　同時，從内閣大庫藏書的角度回顧早期善本書影編纂，也給我們帶來新的思考：早期善本書影之編纂，單單只是作爲版本鑒定的工具書嗎？世變滄桑，大内秘藏一朝流散四方，時人目接諸多大庫宋元殘書殘葉，雖有躬逢其盛之幸，也有親睹其散佚之痛。愛好古物的藏書家、書商、學者，不由萌生爲大庫殘書殘葉留下影像的願望。編纂善本影譜，不單單是“留真”，也是爲了“留影”。因此，從内閣大庫藏書聚散的角度，早期的善本書影編纂也有保存殘書殘葉之影像作用，其中以倉石武四郎《舊京書影》爲最。

餘　論

　　繆藝風致李審言札云："世愈亂，好書愈多，何也。"[1] 內閣大庫藏書發現至今已逾百年，因恰逢新舊社會變革、戰亂，藏書南北播遷，分散海內外。百年來各方人士圍繞此宗藏書所展開的活動，不失爲一段豐富的文化史、學術史。內閣大庫藏書發現之初，主事者如劉啟瑞等，監守自盜，造成庫書流失；羅振玉等目光如炬，遠邁時流，數度搶救內閣大庫書檔。掠販家如王文進等，販書之餘，登載入目；好古家、藏書家如傅增湘等，對大庫流失殘書辛勤搜求；歷任圖書館主事繆荃孫、江瀚、夏曾佑、張宗祥、史錫永、趙萬里等，對移交圖書館大庫藏書整理著錄；學者如倉石武四郎等，利用大庫宋元殘書殘葉編製善本影譜；馬衡等利用大庫藏書中蝴蝶裝舊本，研究書籍裝幀史；出版家張元濟與傅增湘書信往來，商議以大庫善本影印出版《百衲本廿四史》；圖書館員袁同禮、徐森玉、王重民、錢存訓等，於戰火中保護善本；日本書誌學者阿部隆一、尾崎康對其中宋元版展開調查研究。凡此種種，多可回溯探討。

　　歷史上可能沒有一宗藏書在短期內有如此頻繁的配補變動（單就工作性質而言，幾可媲美敦煌寫卷綴合），留下如此豐富的著錄信息。六部編纂于不同時期的《京師圖書館善本書目》，相當於給大庫藏書建立了六份檔案，記錄了每一部善本配補、拆分、修復、改裝、聚散等諸多信息。現今國家重視古籍保護，有評選《珍貴古籍名錄》諸舉，

---

[1]　《藝風堂書札》致李詳（第十一），《繆荃孫全集·詩文2》，第364頁。

記錄善本現狀，作爲保護現存珍貴古籍之依據，便利今人，澤被後世。隨著古籍保護工作的推進，對現存珍貴古籍的著錄還應進一步回溯該書在過去的記錄。根據前人遺留藏印、書目、卡片等記錄，回溯其分合、修復、改裝、遞藏等情況，建立每一部珍貴古籍的"歷史檔案"，以了解每部善本的前世今生。對於內閣大庫藏書的深入調查，無疑是可以作爲試行的最好案例。希望在不久將來，可以爲現存內閣大庫藏書建立起珍貴古籍"歷史檔案"，以便讀者在利用這些文獻時，了解其來源及存本分合演變之跡。

由於歷史原因，原內閣大庫藏書分藏於海內外，目前難以在物理形態上使之牉合，但目錄著錄工作可以先行。原屬同一藏本的內閣大庫殘書，先據著錄尋找線索，試行配補，日後或可以通過影印或電子書影的方式，將之合璧，恢復舊觀。

本書僅僅是對內閣大庫藏書情況的初步探討。內閣大庫藏書體量巨大，要精確追蹤到每種書分合之跡，依靠個人之力難以在短期內完成。希望有更多的圖書館、研究者加入此項工作之中，使得"內閣大庫藏書"成爲文獻學上受關注的題目，不斷推進現存內閣大庫藏書之調查研究。

參考文獻

論著

（宋）沈括：《元刊夢溪筆談》，文物出版社 1975 年版。

（明）黃光昇：《昭代典則》，明萬曆二十八年（1600）周曰校萬卷樓刻本。

（明）梁維樞：《內閣藏書目錄》，上海圖書館藏清抄本。

（明）錢溥：《秘閣書目》，齊魯書社 1997 年版。

（明）孫能傳、張萱：《內閣藏書目錄》，民國二年（1913）張氏《適園叢書》本。

（明）謝肇淛：《五雜組》，上海書店出版社 2009 年版。

（明）楊士奇：《文淵閣書目》，清嘉慶四年（1799）顧氏《讀畫齋叢書》本。

（明）楊士奇：《文淵閣書目》，清文淵閣《四庫全書》本。

（明）張萱：《西園聞見錄》，民國哈佛燕京學社鉛印本。

（明）朱國禎：《湧幢小品》，明天啟二年（1622）刻本。

（清）敕纂：《清實錄》，中華書局 1987 年版。

（清）姜紹書：《韻石齋筆談》，清《知不足齋叢書》本。

（清）錢謙益：《牧齋有學集》，上海古籍出版社 1996 年版。

（清）瞿鏞：《鐵琴銅劍樓藏書目錄》，清光緒二十四年（1898）常熟瞿氏家刻本。

（清）阮葵生：《茶餘客話》，中華書局 1959 年版。

（清）汪啟淑：《水曹清暇錄》，北京古籍出版社 1998 年版。

（清）王士禛：《香祖筆記》，北京古籍出版社 1982 年版。

（清）王正功：《中書典故彙紀》，民國《嘉業堂叢書》本。

（清）翁曾翰；張方整理：《翁曾翰日記》，鳳凰出版社 2014 年版。

（清）姚覲元：《咫進齋善本書目》，《中國著名藏書家書目彙刊 近代卷》第 4 冊，商務印書館 2005 年版。

（清）永瑢等撰：《四庫全書總目》，中華書局 1965 年版。

（清）惲毓鼎；史曉風整理：《惲毓鼎澄齋日記》，浙江古籍出版社 2004 年版。

（清）張怡：《謏聞續筆》，民國上海進步書局《筆記小說大觀》本。

（清）震鈞：《天咫偶聞》，北京古籍出版社 1982 年版。

（清）朱彝尊：《曝書亭集》，清康熙五十三年（1814）刻本。

［美］柏克萊加州大學東亞圖書館：《柏克萊加州大學東亞圖書館中文古籍善本書志》，上海古籍出版社 2005 年版。

［日］阿部隆一：《阿部隆一遺稿集》第 1 卷（宋元版篇），汲古書院 1993 年版。

［日］阿部隆一：《增訂中國訪書志》，汲古書院 1983 年版。

［日］倉石武四郎；榮新江、朱玉麒輯注：《倉石武四郎中國留學記》，中華書局 2002 年版。

［日］倉石武四郎：《舊京書影》，人民文學出版社 2011 年版。

［日］倉石武四郎：《舊京書影》，民國十八年（1929）照相本。

［日］倉石武四郎：《舊京書影提要》，1929 年《文字同盟》第 24、25 號合刊本。

［日］長澤規矩也；梅憲華、郭寶林譯：《中國版本目錄學書籍解題》，書目文獻出版社 1990 年版。

［日］長澤規矩也：《十三經注疏影譜》，日本昭和九年（1934）珂羅版影印本。

［日］長澤規矩也：《宋元版の研究》，《長澤規矩也著作集》第 3 卷，汲古書院 1983 年版。

［日］長澤規矩也：《支那書籍解題 書目書誌之部》，文求堂 1940

　　年版。

［日］大谷大學博物館：《大谷大學博物館二○○四年度特別展 京の
　　文化人とその遺產 神田家の系譜と藏書》，大谷大學博物館 2004
　　年版。

［日］大谷大學圖書館：《神田鬯盦博士寄贈圖書目錄》，大谷大學
　　圖書館 1988 年版。

［日］大谷大學圖書館：《神田鬯盦博士寄贈圖書善本書影》，大谷
　　大學圖書館 1988 年版。

［日］喬秀岩等合編：《舊京書影詳注稿》，未刊稿。

［日］橋川時雄：《中國文化界人物總鑑》，中華法令編印館 1926
　　年版。

［日］慶應義塾大學附屬研究所斯道文庫：《慶應義塾大學附屬研究
　　所斯道文庫貴重書蒐選 (圖錄解題)》，慶應義塾大學附屬研究所
　　斯道文庫 1997 年版。

［日］天理圖書館：《宋元版：中國の出版ルネッサンス》，天理圖
　　書館 1999 年版。

［日］天理圖書館：《天理圖書館稀書目錄·和漢書之部第三》，天
　　理大學出版部 1960 年版。

［日］尾崎康：《正史宋元版の研究》，汲古書院 1989 年版。

［日］尾崎康；喬秀岩、王鏗編譯：《正史宋元版之研究》，中華書
　　局 2018 年版。

北京大學圖書館：《北京大學圖書館藏古籍善本書目》，北京大學出
　　版社 1999 年版。

北京大學信息管理系、臺北胡適紀念館：《胡適王重民先生往來書信
　　集》，北京圖書館出版社 2009 年版。

北京圖書館：《北京圖書館善本書目》，中華書局 1959 年版。

北京圖書館：《北京圖書館古籍善本書目》，書目文獻出版社 1987
　　年版。

北京圖書館：《宋版書考錄》，北京圖書館出版社 2003 年版。

北京圖書館：《西諦書目》，文物出版社 1963 年版。

北京圖書館業務研究委員會：《北京圖書館館史資料匯編 1909—1949》，書目文獻出版社 1992 年版。

北京圖書館館史資料匯編（二）編輯委員會：《北京圖書館館史資料匯編（二）1949—1966》，北京圖書館出版社 1997 年版。

曹元忠：《箋經室書目》，美國哈佛燕京圖書館藏鈔本。

曹元忠：《箋經室所見宋元書題跋》，江蘇省立蘇州圖書館 1940 年版。

曹元忠：《箋經室所見宋元書題跋》，《柏克萊加州大學東亞圖書館藏稿鈔校本叢刊》第 11 冊，上海古籍出版社 2013 年版。

曹元忠：《箋經室所見宋元書題跋》，《宋版書考錄》，北京圖書館出版社 2003 年版。

曹元忠：《箋經室遺集》，民國三十年（1941）吳縣王氏學禮齋鉛印本。

曹元忠：《內閣大庫見存宋元槧書目》，復旦大學圖書館藏稿本。

曹元忠：《文華殿檢書分檔》，復旦大學圖書館藏稿本。

曹元忠：《文華殿檢書分檔》，復旦大學圖書館藏謄清稿本。

昌彼得：《蟫菴論著全集》，故宮博物院 2009 年版。

陳乃乾：《陳乃乾文集》，國家圖書館出版社 2009 年版。

陳怡薇：《臺灣公藏宋版書調查研究》，碩士學位論文，淡江大學，2009 年。

陳垣：《陳垣史學論著選》，上海人民出版社 1981 年版。

鄧之誠；鄧瑞整理：《鄧之誠文史札記》，鳳凰出版社 2012 年版。

恩光：《潛雲堂日記》，《歷代日記叢鈔》第 160 冊，學苑出版社 2006 年版。

恩光；許慶江、董婧宸整理：《恩光日記》，鳳凰出版社 2020 年版。

方甦生：《清內閣庫貯舊檔輯刊》，民國二十四年（1935）國立北平故宮博物院文獻館鉛印本。

封文權：《讀有用書齋書目》，民國二十三年（1934）瑞安陳氏裒殷堂鉛印本。

傅增湘：《藏園訂補邵亭知見傳本書目》，中華書局 2009 年版。

傅增湘：《藏園群書經眼錄》，中華書局 1983 年版。

傅增湘：《藏園群書題記》，上海古籍出版社 1989 年版。

傅增湘：《清代殿試考略》，民國二十二年（1933）大公報社鉛印本。

傅增湘：《雙鑑樓善本書目》，民國十八年（1929）刻本。

傅增湘：《雙鑑樓藏書續記》，民國十九年（1930）刻本。

故宮博物院：《重整內閣大庫殘本書影》，民國二十二年（1933）故宮博物院文獻館影印本。

顧廷龍：《藝風堂友朋書札》，上海古籍出版社 1981 年版。

顧頡剛：《顧頡剛讀書筆記》，中華書局 2011 年版。

國立北平圖書館：《國立北平圖書館概況》，國立北平圖書館 1929 年版。

國立北平圖書館：《國立北平圖書館館務報告（民國十八年七月至十九年六月）》，國立北平圖書館 1930 年版。

國立北平圖書館：《國立北平圖書館館務報告（民國二十年七月至二十一年六月）》，國立北平圖書館 1932 年版。

國立北平圖書館：《國立北平圖書館館務報告（民國二十二年七月至二十三年六月）》，國立北平圖書館 1934 年版。

國立北平圖書館：《國立北平圖書館館務報告（民國二十三年七月至二十四年六月）》，國立北平圖書館 1935 年版。

國立北平圖書館：《國立北平圖書館館務報告（民國二十四年七月至二十五年六月）》，國立北平圖書館 1936 年版。

國立北平圖書館：《國立北平圖書館館務報告（民國二十六年七月至二十七年六月）》，國立北平圖書館 1938 年版。

國立北平圖書館：《國立北平圖書館圖書展覽會陳列目錄》，國立北平圖書館 1929 年版。

國立北平圖書館：《國立北平圖書館圖書展覽會目錄》，國立北平圖書館 1930 年版。

國立北平圖書館：《國立北平圖書館水災籌賑圖書展覽會目錄》，國立北平圖書館 1931 年版。

國立中央大學國學圖書館：《國立中央大學國學圖書館小史》，民國十七年（1928）鉛印本。

國立中央研究院歷史語言研究所：《內閣大庫書檔舊目》，民國二十二年（1933）國立中央研究院歷史語言研究所鉛印本。

國立中央研究院歷史語言研究所：《內閣大庫書檔舊目補》，民國二十五年（1936）商務印書館鉛印本。

賀葆真；徐雁平整理：《賀葆真日記》，鳳凰出版社 2014 年版。

胡鈞：《張文襄公年譜》，《新編中國名人年譜集成》第 3 輯，臺灣商務印書館 1978 年版。

許寶蘅；許恪儒整理：《許寶蘅日記》，中華書局 2010 年版。

許全勝：《沈曾植年譜長編》，中華書局 2007 年版。

江瀚：《京師圖書館善本書目》，日本慶應義塾大學附屬斯道文庫藏稿本。

江瀚：《京師圖書館善本書目》，中國國家圖書館藏民國七年（1918）京師圖書館鈔本。

教育部總務廳文書科：《教育部圖書目錄》，民國四年（1915）鉛印本。

京師圖書館：《京師圖書館普通本書目》，《明清以來公藏書目彙刊》第 12 冊，北京圖書館出版社 2008 年版。

李光濤：《明清史論集》，臺灣商務印書館 1971 年版。

李文裿：《北平學術機關指南》，北平圖書館協會 1933 年版。

李希泌、張椒華：《中國古代藏書與近代圖書館史料（春秋至五四前後）》，中華書局 1982 年版。

李興盛：《東遊日記》，黑龍江人民出版社 2009 年版。

李致忠：《中國國家圖書館館史（1909—2009）》，北京圖書館出版社 2009 年版。

李致忠：《中國國家圖書館館史資料長編（1909—2008）》，國家圖
　書館出版社 2009 年版。

林祖藻：《浙江圖書館館藏珍品圖錄》，西泠印社出版社 2000 年版。

劉波：《趙萬里先生年譜長編》，中華書局 2018 年版。

劉紀澤：《目錄學概論》，中華書局 1931 年版。

劉啟瑞：《內閣庫存殘書目》，中國科學院圖書館藏民國鈔本。

劉啟瑞：《內閣庫存書目》，北京大學圖書館藏稿本。

劉啟瑞：《內閣庫存書目》，上海圖書館藏清鈔本。

劉啟瑞：《內閣庫存詔諭碑版輿圖目》，中國國家圖書館藏鈔本。

劉啟瑞：《清內閣舊藏書目》，中國國家圖書館藏民國七年（1918）
　京師圖書館鈔本。

劉薔：《天祿琳瑯研究》，北京大學出版社 2012 年版。

魯迅：《魯迅全集》第 12 卷《書信（1927—1933）》，人民文學出版
　社 2005 年版。

魯迅：《魯迅日記》，人民文學出版社 1976 年版。

羅振玉：《集蓼編》，《羅振玉學術論著集》第 11 集，上海古籍出版
　社 2010 年版。

羅振玉：《雪堂類稿》，遼寧教育出版社 2003 年版。

毛春翔：《古書版本常談》，中華書局上海編輯所 1962 年版。

孟化：《國家圖書館與近代文化（1909—1949）從京師圖書館到國
　立北平圖書館》，人民出版社 2014 年版。

繆荃孫：《清學部圖書館善本書目》，民國元年（1912）上海國粹學
　報社古學彙刊本。

繆荃孫：《清學部圖書館善本書目》，《明清以來公藏書目彙刊》第 7
　冊，北京圖書館出版社 2008 年版。

繆荃孫：《宋元書景》，清末民國間刻本。

繆荃孫：《藝風藏書記》，上海古籍出版社 2007 年版。

繆荃孫：《藝風老人年譜》，《繆荃孫全集·雜著》，鳳凰出版社 2014
　年版。

繆荃孫：《藝風老人日記》，北京大學出版社 1986 年版。

繆荃孫：《藝風堂書札》，《繆荃孫全集·詩文 2》，鳳凰出版社 2014
年版。

繆荃孫：《繆荃孫全集·日記》，鳳凰出版社 2014 年版。

繆荃孫：《雲自在龕隨筆》，《繆荃孫全集·筆記》，鳳凰出版社 2013
年版。

潘懋元、劉海峰：《中國近代教育史資料匯編 高等教育》，上海教育
出版社 2007 年版。

齊秀梅、楊玉良：《清宮藏書》，紫禁城出版社 2005 年版。

錢存訓：《東西文化交流論叢》，商務印書館 2009 年版。

錢存訓：《錢存訓文集》，國家圖書館出版社 2012 年版。

瞿冕良：《中國古籍版刻辭典》，蘇州大學出版社 2009 年版。

上海圖書館：《汪康年師友書札》，上海古籍出版社 1986 年版。

邵瑞彭：《書目長編》，民國十七年（1928）鉛印本。

沈津：《顧廷龍年譜》，上海古籍出版社 2004 年版。

臺北故宮博物院：《“國立故宮博物院”善本書目》，臺北故宮博物
院 1983 年版。

臺北故宮博物院：《“國立故宮博物院”宋本圖錄》，臺北故宮博物
院 1977 年版。

臺北故宮博物院：《大觀：宋版圖書特展》，臺北故宮博物院 2014
年版。

臺北“中央圖書館”：《“國立中央圖書館”善本書目》，中華叢書委
員會 1958 年版。

臺北“中央圖書館”：《“國立中央圖書館”善本書目》，“國立中央
圖書館”1967 年增訂版。

臺北“中央圖書館”特藏組：《“國立中央圖書館”善本書目》，“國
立中央圖書館”1986 年增訂二版。

臺北“中央圖書館”：《“國立中央圖書館”典藏國立北平圖書館善
本書目》，“國立中央圖書館”1969 年版。

臺北"中央圖書館":《"國家圖書館"善本書志初稿》,"國立中央圖書館"1999年版。

譚新嘉:《夢懷錄》,《北京圖書館藏珍本年譜叢刊》第96冊,北京圖書館出版社1999年版。

汪康年:《汪穰卿筆記》,中華書局2007年版。

王國維:《東山雜記》,《王國維全集》第3卷,浙江教育出版社2010年版。

王國維:《觀堂別集》,《王國維遺書》,上海古籍書店1983年版。

王文進:《文祿堂訪書記》,上海古籍出版社2007年版。

王欣夫:《蛾術軒篋存善本書錄》,上海古籍出版社2002年版。

王欣夫:《石梅載筆》,復旦大學圖書館藏鈔稿本。

王欣夫:《學禮齋日記》,稿本。

王重民:《美國國會圖書館藏中國善本書錄》,美國國會圖書館1957年版。

王重民:《中國善本書提要》,上海古籍出版社1983年版。

王重民:《中國善本書提要補編》,書目文獻出版社1991年版。

偽"國立北京圖書館":《國立北京圖書館由滬運回中文書籍金石拓本輿圖分類清冊》,民國三十二年(1943)鉛印本。

韋力:《芷蘭齋書跋三集》,國家圖書館出版社2014年版。

聞宥:《野鶴零墨》,清華書局1918年版。

翁連溪:《清代內府刻書研究》,紫禁城出版社2013年版。

吳晗:《朝鮮李朝實錄中的中國史料》,中華書局1980年版。

夏曾佑:《京師圖書館善本簡明目錄》,民國五年(1916)鉛印本。

夏曾佑:《夏曾佑集》,上海古籍出版社2011年版。

蕭璋:《國立北平圖書館書目 目錄類》,民國二十三年(1934)北平圖書館鉛印本。

謝國楨:《晚明史籍考》,《謝國楨全集》第2冊,北京出版社2013年版。

謝興堯:《堪隱齋隨筆》,遼寧教育出版社1995年版。

熊特生：民國《萬縣志》，《重慶歷代方志集成》第 12 冊，國家圖書館出版社 2020 年版。

徐珂：《清稗類鈔》，中華書局 1986 年版。

徐森玉：《內閣大庫宋元本集錦》，上海圖書館藏宋元本集錦本。

徐森玉：《中國京師圖書館宋元本書式》，民國十七年（1928）京師圖書館照相本。

徐兆瑋；李向東，包岐峰，蘇醒等整理：《徐兆瑋日記》，黃山書社 2013 年版。

徐中舒：《徐中舒歷史論文選輯》，中華書局 1998 年版。

楊洪升：《繆荃孫研究》，上海古籍出版社 2008 年版。

楊守敬：《留真譜初編》，清光緒二十七年（1901）宜都楊氏刻本。

楊守敬：《留真譜二編》，民國六年（1917）宜都楊氏刻本。

葉昌熾：《緣督廬日記抄》，民國蟫隱廬石印本。

佚名：《讀有用書齋古籍目錄》，民國間石印本。

佚名：《京師圖書館善本簡明書目》，中國國家圖書館藏京師圖書館鈔本。

佚名：《京師圖書館善本簡明書目》，《明清以來公藏書目彙刊》第 12 冊，北京圖書館出版社 2008 年版。

佚名：《內閣大庫儲藏舊檔書籍排架冊》，東京大學東洋文化研究所藏清咸豐同治間鈔本。

佚名：《內閣大庫檔冊》，清宣統二年（1910）羅氏《玉簡齋叢書》本。

佚名：《宋元書式》，民國間有正書局石印本。

佚名：《宋元書影真跡》，宋元本集錦本。

袁克文：《辛丙秘苑 寒雲日記》，山西古籍出版社 1999 年版。

載灃：《醇親王載灃日記》，群眾出版社 2014 年版。

章乃煒：《清宮述聞》，北京古籍出版社 1988 年版。

張劍：《莫友芝年譜長編》，中華書局 2008 年版。

張昇：《明清宮廷藏書研究》，商務印書館 2006 年版。

張濤：《乾隆三禮館史論》，上海人民出版社 2015 年版。

張元濟：《張元濟全集》，商務印書館 2010 年版。

張元濟；張人鳳整理：《張元濟日記》，商務印書館 1981 年版。

張元濟、傅增湘：《張元濟傅增湘論書尺牘》，商務印書館 1983 年版。

張宗祥：《國立京師圖書館善本書目》，上海圖書館藏民國鈔本。

張宗祥：《鐵如意館隨筆》，《張宗祥文集》第 1 冊，上海古籍出版社 2013 年版。

張宗祥：《冷僧自編年譜》，《張宗祥文集》第 3 冊，上海古籍出版社 2013 年版。

張宗祥：《小百宋一廛書葉》，浙江圖書館藏宋元本集錦本。

趙錄綽：《北平圖書館善本書目乙編》，民國二十四年（1935）鉛印本。

趙錄綽：《北平圖書館善本書目乙編續目》，民國二十六年（1937）鉛印本。

趙萬里、王重民：《北京大學圖書館善本書錄》，民國三十七年（1948）鉛印本。

趙萬里：《國立北平圖書館善本書目》，民國二十二年（1933）刻本。

趙萬里：《趙萬里文集》第 1 卷，上海科學技術文獻出版社 國家圖書館出版社 2011 年版。

趙萬里：《趙萬里文集》第 2 卷，上海科學技術文獻出版社 國家圖書館出版社 2012 年版。

趙萬里：《趙萬里文集》第 3 卷，上海科學技術文獻出版社 國家圖書館出版社 2012 年版。

趙萬里：《中國版刻圖錄》，文物出版社 1960 年版。

趙萬里：《中國版刻圖錄》，文物出版社 1961 年增訂二版。

浙江圖書館：《張宗祥先生紀念畫冊 紀念張宗祥先生逝世五十週年》，國家圖書館出版社 2015 年版。

浙江圖書館古籍部：《浙江圖書古籍善本書目》，浙江教育出版社
　　2002 年版。

中國第二歷史檔案館：《中華民國史檔案資料匯編》第 5 輯第 2 編
　　《文化 2》，江蘇古籍出版社 1998 年版。

中國第一歷史檔案館：《宣統朝上諭檔》，廣西師範大學出版社 2008
　　年版。

中國古籍善本書目編輯委員會：《中國古籍善本書目》，上海古籍出
　　版社 1989—1998 年版。

中國古籍總目編纂委員會：《中國古籍總目》，中華書局 上海古籍出
　　版社 2010 年版。

中國國家圖書館、中國國家古籍保護中心：《第一批國家珍貴古籍名
　　錄圖錄》，國家圖書館出版社 2008 年版。

中國國家圖書館、中國國家古籍保護中心：《第二批國家珍貴古籍名
　　錄圖錄》，國家圖書館出版社 2010 年版。

中國國家圖書館、中國國家古籍保護中心：《第三批國家珍貴古籍名
　　錄圖錄》，國家圖書館出版社 2012 年版。

中國國家圖書館、中國國家古籍保護中心：《第四批國家珍貴古籍名
　　錄圖錄》，國家圖書館出版社 2013 年版。

中國國家圖書館、中國國家古籍保護中心：《第五批國家珍貴古籍名
　　錄圖錄》，國家圖書館出版社 2016 年版。

中國社會科學院近代史研究所中華民國史組：《胡適來往書信集》，
　　中華書局 1979 年版。

中華再造善本編纂出版委員會：《中華再造善本提要》，北京圖書館
　　出版社 2010 年版。

莊俞：《我一遊記》，商務印書館 1936 年版。

朱行璱、戚名誘、錢曼倩、霍益萍：《中國近代教育史資料匯編 教
　　育行政機構及教育團體》，上海教育出版社 2007 年版。

祖豔馥、[西] 羅斯：《史與物 中國學者與法國漢學家論學書札輯
　　注》，商務印書館 2015 年版。

論文

［日］稻畑耕一郎：《〈宋元書景〉考——兼論百年前古籍書影事業》，《中國典籍與文化》2010 年第 4 期。

［日］高橋智：《內閣庫存書目について》，《斯道文庫論集》2011 年第 46 期。

［日］高橋智：《京師圖書館善本簡明書目・稿本について》，《斯道文庫論集》2013 年第 47 期。

［日］高橋智；杜軼文譯：《關於〈內閣庫存書目〉》，《中國典籍與文化論叢》2013 年第 15 期。

［日］高橋智；杜軼文譯：《關於〈京師圖書館善本簡明書目〉及其稿本》，《中國典籍與文化論叢》2013 年第 15 期。

［日］內藤湖南：《清國派遣教授學術視察報告：附京師圖書館目睹書目》，《日本學人中國訪書記》，中華書局 2006 年版。

［日］喬秀岩、葉純芳：《影印南宋越刊八行本〈禮記正義〉編後記》，《影印南宋越刊八行本禮記正義》，北京大學出版社 2014 年版。

［日］喬秀岩、宋紅：《〈舊京書影、北平圖書館善本書目〉出版說明》，《舊京書影》，人民文學出版社 2011 年版。

［日］喬秀岩、宋紅：《〈舊京書影、北平圖書館善本書目〉出版說明》，《文獻學讀書記》，生活・讀書・新知三聯書店 2018 年版。

［日］喬秀岩：《古籍整理的理論與實踐》，《版本目錄學研究》2009 年第 1 輯。

《本學年考察京津濟寧蘇滬各圖書館事項表》，《浙江公立圖書館年報》，1922 年第 7 期。

曹元弼：《誥授通議大夫內閣侍讀學士君直從兄家傳》，《箋經室遺集》，民國三十年（1941）吳縣王氏學禮齋鉛印本。

昌彼得：《關於北平圖書館寄存美國的善本書》，《蟫菴論著全集》，故宮博物院 2009 年版。

昌彼得：《國立北平圖書館善本闕書目》，《蟫菴論著全集》，故宮博物院 2009 年版。

昌彼得：《談故宮博物院所藏宋版書》，《蟫菴論著全集》，故宮博物院 2009 年版。

陳垣：《〈元秘史〉譯音用字考》，《陳垣史學論著選》，上海人民出版社 1981 年版。

鄧珂：《談談內閣大庫檔案》，《文物》1959 年第 9 期。

方甦生：《讀徐中舒先生〈內閣檔案之由來及其整理〉以後》，《大公報文學副刊》1931 年 1 月 13 日。

方甦生：《讀徐中舒先生〈內閣檔案之由來及其整理〉以後》，《大公報文學副刊》1931 年 1 月 20 日。

方甦生：《內閣大庫書檔舊目敘錄》，《內閣大庫書檔舊目》，民國二十二年（1933）國立中央研究院歷史語言研究所鉛印本。

方甦生：《內閣大庫書檔舊目補敘錄》，《內閣大庫書檔舊目補》，民國二十五年（1936）商務印書館鉛印本。

方甦生：《清內閣庫貯舊檔輯刊敘錄》，《清內閣庫貯舊檔輯刊》，民國二十四年（1935）國立北平故宮博物院文獻館鉛印本。

方甦生：《清太祖實錄纂修考》，《輔仁學志》1938 年第 7 卷第 1—2 期。

傅熹年：《〈藏園日記鈔〉摘錄》，《文獻》2004 年第 2 期。

顧永新：《金元平水注疏合刻本研究——兼論注疏合刻的時間問題》，《文史》2011 年第 3 期。

國立北平圖書館：《本館善本書目新舊二目異同表（附表）·經部》，《國立北平圖書館館刊》1934 年第 8 卷第 1 期。

國立北平圖書館：《本館新舊善本書目異同表（續）·史部》，《國立北平圖書館館刊》1934 年第 8 卷第 2 期。

國立北平圖書館：《本館新舊善本書目異同表（續）·子部集部》，《國立北平圖書館館刊》1934 年第 8 卷第 4 期。

國立北平圖書館：《國立北平圖書館圖書展覽會目錄》，《國立北平圖書館館刊》1930 年第 4 卷第 5 期。

寒冬虹：《北京圖書館歷年所編的古籍目錄》，《文獻》1989 年第
　2 期。

黃裳：《“藏園”佚事》，《來燕榭文存二編》，生活·讀書·新知三
　聯書店，2011 年版。

黃燕生、李靜：《國立歷史博物館舊藏八種宋元版書敍錄》，《中國
　國家博物館館刊》2021 年第 3 期。

蔣復璁：《北平圖書館善本書籍運美經過》，《中韓文化論集》1955
　年第 2 期。

蔣復璁：《運歸國立北平圖書館存美善本書概述》，《中美月刊》
　1966 年第 11 卷第 3 期。

蔣元卿：《中國圖書制度之變遷（上）》，《學風》1936 年第 6 卷第
　3 期。

蔣元卿：《中國圖書制度之變遷（下）》，《學風》1936 年第 6 卷第
　4 期。

金梁：《內閣大庫檔案訪求記》，《東方雜誌》1923 年第 20 卷第
　4 期。

金梁：《內閣大庫檔案訪求記》，《國際公報》1923 年第 18 期。

李光濤：《明清檔案存真選輯初集序》，《明清檔案存真選輯初集》，
　中央研究院歷史語言研究所 1959 年版。

李慧敏：《史語所藏內閣大庫檔案緣起》，《檔案季刊》2009 年第 8
　卷第 2 期。

李鵬年：《內閣大庫——清代最重要的檔案庫》，《故宮博物院院刊》
　1980 年第 2 期。

李勤璞：《黑田源次：傳記資料與著作目錄》，《遼寧省博物館館刊》
　2015 年期。

李清志：《修訂本館善本書目芻說》，《“國立中央圖書館”館刊》
　1983 年第 16 卷第 2 期。

李文裿：《中國書籍裝訂之變遷》，《圖書館學季刊》1929 年第 3 卷

第 4 期。

李鎮銘：《京師圖書館的基礎藏書及其淵源》，《北京圖書館館刊》
1995 年第 2 期。

林世田、劉波：《關於國立北平圖書館運美遷臺善本古籍的幾個問題》，《文獻》2013 年第 4 期。

劉錚雲：《舊檔案、新材料：中研院史語所藏內閣大庫檔案現況》，《新史學》1998 年第 9 卷第 3 期。

柳向春：《徐乃昌及其積學齋藏書記》，《收藏家》2013 年第 7 期。

盧雪燕：《臺北故宮博物院現藏清內閣大庫藏書探源》，《版本目錄學研究》2014 年第 4 輯。

魯迅：《談所謂"大內檔案"》，《而已集》，人民文學出版社 1973 年版。

樂偉平：《木犀軒藏書的整理、編目與書目出版》，《國學季刊》2020 年第 17 期。

羅振玉：《京師創設圖書館私議》，《教育世界》1906 年第 130 期。

羅福頤：《清內閣大庫明清舊檔之歷史及其整理》，《嶺南學報》1948 年第 9 卷第 1 期。

羅福頤：《清內閣大庫明清舊檔之歷史及其整理》，《紫禁城》2008 年第 8 期。

羅繼祖：《內閣大庫書籍檔案爲什麼會流落到蘇北》，《揚州師院學報（社會科學版）》1983 年第 3 期。

呂堅：《內閣大庫及其檔案》，《文獻》1984 年第 4 期。

馬衡：《中國書籍制度變遷之研究》，《圖書館學季刊》1926 年第 1 卷第 2 期。

毛華軒、權儒學：《北京圖書館館史（1948 年以前）檔案選錄（上）》，《文獻》1987 年第 4 期。

毛華軒、權儒學：《北京圖書館館史（1948 以前）檔案選錄（下）》，《文獻》1988 年第 1 期。

繆荃孫：《與盛杏蓀書》，《學術集林》卷七，上海遠東出版社 1996

年版。

錢存訓：《北平圖書館善本書籍運美經過》，《傳記文學》1967 年第
　10 卷第 2 期。

錢存訓：《中美書緣——紀念中美文化交換百週年》，《傳記文學》
　1969 年第 14 卷第 6 期。

錢存訓：《我和國家圖書館——在北圖工作十年的回憶和以後的聯
　繫》，《國家圖書館學刊》2009 年第 3 期。

全根先、王秀青：《國家圖書館民國時期所編各類書目概述》，《文
　津學志》2013 年第 6 期。

任文彪：《新發現的至正刊本〈宋史〉殘葉》，《文獻》2015 年第
　3 期。

單士元：《文淵閣》，《故宮博物院院刊》1979 年第 2 期。

單士元：《清內閣大庫檔案流散記》，《文史資料選編》第 12 輯，北
　京出版社 1982 年版。

沈津：《編寫善本書志有百利而無一弊》，《圖書館論壇》2017 年第
　12 期。

石祥：《版框尺寸：描述與記錄的歷史》，《版本目錄學研究》2013
　年第 4 輯。

《書評 書目長編》，《北京圖書館月刊》1928 年第 1 卷第 1 期。

蘇揚劍：《北京大學藏〈內閣庫存書目〉三種》，《中國典籍與文化
　論叢》2013 年第 23 輯。

蘇揚劍：《〈內閣庫存書目〉三種研究》，《北京大學中國古文獻研究
　中心集刊》2015 年第 14 輯。

宿白：《我和北大圖書館》，《文明的沃土》，北京大學出版社 1992
　年版。

桐隱：《中國書裝之沿革》，《蘇鐸》1941 年第 1 卷第 6 期。

桐隱：《中國書裝之沿革（續）》，《蘇鐸》1941 年第 2 卷第 1 期。

萬群：《"金玉其相"——宋元散葉裝幀新議》，《2016 年古籍保護與
　修復國際學術研討會論文海報集》，廣西師範大學出版社 2018

年版。

王道瑞：《簡述清代中央國家機關檔案的損壞與流失》，《明清檔案與歷史研究 中國第一歷史檔案館六十週年紀念論文集》，中華書局 1988 年版。

王國維：《庫書樓記》，《王國維全集》第 8 卷，浙江教育出版社 2009 年版。

王國維：《明內閣藏書目錄跋》，《王國維遺書》，上海古籍出版社 1983 年版。

王亮：《北宋本〈李善注文選〉殘卷遞藏經過與刊印時代》，《版本目錄學研究》2014 年第 5 輯。

王天然：《蜀石經拓本所鈐“東宮書府”印補說》，《版本目錄學研究》2016 年第 7 輯。

王鍾麟：《國立北京圖書館南運書籍回館志略》，《國立華北編譯館館刊》1943 年第 2 卷第 1 期。

王鍾麟：《國立北京圖書館南運書籍回館志略》，《教育時報》1943 年第 10 期。

王祖彝：《京師圖書館回顧錄》，《中華圖書館協會會報》1931 年第 7 卷第 2 期。

伍媛媛：《王國維與清代內閣大庫檔案》，《中國檔案》2019 年第 5 期。

伍媛媛：《清內閣大庫檔案損毀流失述略》，《歷史檔案》2017 年第 3 期。

徐蜀：《承先啟後的江瀚〈京師圖書館善本簡明書目〉》，《圖書館報·文獻保護專刊》2019 年 11 月 8 日。

徐中舒：《內閣大庫檔案之由來及其整理》，《明清史料》甲編第一冊，商務印書館 1930 年版。

徐中舒：《再述內閣大庫檔案之由來及其整理》，《歷史語言研究所集刊》1933 年第 3 卷第 4 期。

楊印民：《國家圖書館館藏方志來源與書目編次》，《中國地方志》

2011 年第 12 期。

庾向芳、湯勤福：《試論方甦生的學術貢獻》，《民國史家與史學 1912—1949 民國史家與史學國際學術研討會論文集》，上海大學出版社 2014 年版。

張德澤：《清內閣大庫檔案分散與變遷的情況》，《檔案工作》1957 年第 3 期。

張立朝、林世田：《鐵肩雄心擔道義，履危蹈險顯擔當——記善本南遷與運美寄存事宜》，《抗戰時期古籍搶救保護史跡文集》，北京大學出版社 2015 年版。

張昇：《明文淵閣考》，《故宮博物院院刊》2002 年第 5 期。

張濤：《〈京師圖書館善本書目補遺〉與國家圖書館早期善本目錄的編製》，未刊稿。

張廷銀：《繆荃孫與京師圖書館藏書目錄》，《文獻》2008 年第 4 期。

張學謙：《蜀石經拓本所鈐"東宮書府"印非宋內府印辨》，《圖書館雜誌》2014 年第 9 期。

張宗祥：《我所知道的魯迅》，《圖書館》1961 年第 4 期。

趙萬里：《館藏善本書提要》，《北京圖書館月刊》1928 年第 1 卷第 3 期。

周作人：《竊書的故事》，《知堂集外文 四九年以後》，嶽麓書社 1988 年版。

朱紅召：《國立北平圖書館善本圖書運送美國保存經過述略》，《王重民先生百年誕辰紀念文集》，北京圖書館出版社 2003 年版。

朱希祖：《清內閣所收明天啟崇禎檔案清摺跋》，《國學季刊》1929 年第 2 卷第 2 期。

索　引

後　　記

　　內閣大庫藏書"發現"已經一百多年了，但相關的研究卻並不多。在決定以"內閣大庫藏書"作爲博士論文選題時，我曾對此有過困惑。2014年初，我寫信向當時在北京大學任教的喬秀岩先生請教這個問題，先生給我回信："估計很多學者都純粹出於興趣，想瞭解內閣大庫藏書的詳細情況。情況不太清楚，有線索可以探索，就有學者分析研究。他們沒有考慮做好了到底有多大意義。我個人認爲，瞭解內閣大庫舊藏本的情況，最大的用處，就在區分配本。在京師、北平階段，因爲內閣大庫本大部份是殘本，所以經常拿來配補。後來研究版刻的學者不瞭解這些情況，拿北平舊本當一種印本看，判斷就不準確了。我看尾崎康先生的書，也發現他分析配補的情況，與我通過京師目錄瞭解到的情況不一樣。這是比較大的問題。我現在的項目，打算以《舊京書目》爲範圍，就每一部編排學部以來的目錄著錄，觀察配補情況的變化以及鑑定的變化。做這樣小規模的試驗，或許能掌握應該關注什麼問題。"先生當時正在翻譯尾崎康先生《正史之宋元本研究》，因而對北平圖書館早期入藏善本作溯源研究。在喬秀岩先生的鼓勵下，我才堅定了研究此題目的信心。

　　與先生認識，始於2011年。本科我就讀於復旦大學中文系，後來轉專業到哲學系國學班，畢業前有去北京大學歷史系讀研究生的想法，於是聯繫了先生，由此相識。

　　北大推研的事後來不了了之，我繼續留在本校求學，經季忠平老師介紹，拜入吳格先生門下，就讀於本校古籍整理研究所中國古典文獻學專業。吳師的本職在圖書館古籍部，同時在古籍所帶研究生。在研究生正式入學前半年，吳師要到日本早稻田大學訪問，就提前安排我到古籍部當助管，於是我便開始了在古籍部半工半讀的生涯。三年下來，每日取書上架，普通書庫的古籍不用看索書號我也能知道大概在哪個架上。工作之餘，藉著看書的便利，開始調查復旦圖書館所藏王欣夫先生藏書，對照《蛾術軒篋存善本書錄》每日看幾種。王欣夫先生是蘇州人，清末經師曹元弼弟子，藏書以稿鈔校本爲特色，重晚近文獻，特別偏重吳中學術一脈。其蛾術軒遺書中有不少近世學人的稿本，以張錫恭、曹元弼、曹元忠、胡玉縉等人最稱大宗。在碩士論文開題的時候，我報的題目是“曹元忠著述文獻學研究”，即與欣夫先生藏書相關。最後因碩博連讀不用提交論文，這個題目也就擱置了。但此時已注意到曹元忠遺稿中有《文華殿檢書分檔》、《內閣大庫見存宋元槧書目》稿本兩種。

　　復旦大學的光華樓啟用後，古籍部設在其西主樓的五至六層。五樓是普通書庫及讀者閱覽室，六樓是善本書庫及辦公區。每天吳師在六樓辦公，而我則在五樓看書。看書遇到疑問，便隨時上樓向老師請益。吳師是老派學人，對門下弟子的訓練也很傳統，每週一次讀書會，所讀內容大多是原始文獻，偏重於書札、日記、手稿、題跋一類。在老師指點下與同門切磋中，經年累月地涉獵文獻，認字、斷句、考釋的工夫，略有見長。

　　2013 年 7 月，喬秀岩先生邀請參加山西臨汾舉辦的首屆“晉學會議”，且以當地“平水刻書”命題。暑中我翻閱了一遍《中華再造善本》中的平水地區金刻本、蒙古刻本，將蒙古時期平陽張存惠晦明軒刻書的情況寫成一篇論文。在查閱相關著錄時，發現繆荃孫《清學部圖書館善本書目》對《尚書註疏》的著錄與曹元忠《文華殿檢書分檔》基本相同，由此懷疑繆目的著錄文字是不是別有依據，於是撰寫了《繆荃孫〈清學部圖書館善本書目〉編纂考》一文。考慮到所論與國家圖書館早期藏書相關，便將文章投稿給《文獻》雜誌。2014 年恰好是繆荃孫誕辰 120 週年，9 月份國家圖書館舉辦了一個紀念會議，承蒙張廷銀先生邀請參會，我藉此機會到國家圖書館文津街分館調查了該館稿鈔本書目。遺憾的是當時正值國圖善本書庫搬遷，未能查閱善本膠卷。期間還曾到中科院圖書館、第一歷史檔案館查閱相關資料。在會議期間，適逢中國國家典籍博物館正式開館，展出了內閣大庫舊藏蝴蝶裝《文苑英華》、《冊府元龜》等書。之前只在民國馬衡的文章裏見到黑白書影，第一次親睹實物，頗爲激動。

從北京回來，我也正式步入讀博階段。在博士論文選題階段，我覺得對內閣大庫藏書相關材料已基本掌握，便向吳師提出可否以此爲題。先生在圖書館工作，此題目關涉近世典籍流通及圖書館史，自然也首肯。

上述致函喬秀岩先生事，即發生在此之前。喬秀岩先生負責"北平圖書館舊藏宋元版研究"項目，並在 2012 年已影印出版倉石武四郎《舊京書影》一書。該書前言首次介紹了日本所藏倉石武四郎鈔本《京師圖書館善本書目》的相關情況，這可能是國內已經失傳的張宗祥所編善本書目。我時常去函請教京師圖書館幾部善本書目的相關問題，同時也奉告在上海圖書館所調查到的鈔本的情況。在喬秀岩先生幫助下，通過與日本藏鈔本對比，推定上圖藏的這部才是張宗祥所編原目，而日藏的兩部鈔本應該是後來館員改編。2015 年 8 月，浙江圖書館舉辦張宗祥先生逝世五十週年紀念會，我將對張宗祥所編善本書目鈔本的調查寫成了一篇文章參會交流。

2016 年初，博士論文開題。9 月，在國家留學基金委資助下，前去日本早稻田大學訪學。早大的對接導師是稻畑耕一郎先生。稻畑先生常來上海，往來接送，時得親炙。到日本後，先生對我十分關照，並爲我到日本各地訪書提供了極大的方便。與此同時，喬秀岩先生也從北大辭職，回到東京青山學院大學任教。我在東京安頓下來不久，喬秀岩先生便帶我去參觀東京大學東洋文化研究所"倉石文庫"，碰巧又發現了倉石武四郎《舊京書影提要》稿本，臨近回國前在早大以此爲題作了報告。先生住在東大附近，常約在神保町一帶用飯。聽說我要去京都訪書，又把我介紹給京都大學人文科學研究所的梶浦晉先生。在日期間，前後兩次到京大人文研看書。梶浦先生十分熱情，帶我參觀了人文研的書庫，因而有幸看到了《永樂大典》、《舊京書影》等實物。陳捷老師在這年剛從國文研調到東京大學工作，身邊聚集了一批留學生青年朋友，創辦了“東亞古典籍研究會”。在日期間，我在調查與內閣大庫藏書相關資料的同時，也順便調查了日本收藏的明清稿鈔校本書目。在 2017 年回國前夕，我在東大作了題爲“日本藏中國稿鈔校本書目狀況簡介”的報告。作爲該研究會的第一場報告，備感榮幸。

在日本期間，每週還去慶應義塾大學斯道文庫旁聽高橋智先生的課。高橋先生精熟中日兩國藏書源流，我到日本公私藏書機構訪書前，總要向先生請教各地規矩，先生還專門抽空帶我們去足利學校參觀。聽說我要研究內閣大庫藏書，便十分熱情地將斯道文庫所藏江瀚稿本書目及斯道文庫在北京買的內閣大庫舊藏蝶裝宋本拿出來給我看。當時一起聽課的有福田文彬、劉斯倫、王連旺、沈暢、郭墨寒、何沛東諸兄，先生給中日學生授課，談論的卻都是明清以來藏書故實，聽起來頗有時空錯位之感。由於課程是日語授課，內容我只能聽個大概。每週過去，實際更期待是課後找高橋先生聊天，聽先生講述東京書市見聞。又或者帶上近來在古書會館所購舊書，請先生品鑒優劣。雖然每次到最後得到都是“太貴了太貴了，過去只要三千日元”這樣的意見，但還是樂此不疲。

神保町離我在東京的住所很近，步行只需 20 分鐘，那是我在東京一年間去得最多的地方。2017 年的暑假，北大傅剛、潘建國老師也來早大作短期訪問，成爲了每週都會見面的“書友”，同時還有劉斯倫、沈暢、周健強諸兄。神保町的古書會館每週五有書市，時常碰面。逛完書市，然後到日本書房、松雲堂等書店一圈轉下來，最後到山本書店歇下腳。日本古書店仍存中國舊時書店風貌，長年累月地閱市，對倉石武四郎留學中國期間優遊廠肆，編纂《舊京書影》的心境，似乎更增了一層理解。

在京都期間，還兩次拜訪芳村弘道先生。芳村先生 2013 年曾在復旦訪問。我剛到日本之時，便與先生在東京數次相見，相約同去看展或逛神保町。每走進一家書店，先生都會向我介紹該店淵源，因此獲悉了不少日本書林掌故。兩次到關西訪書，還到先生府上及立命館大學參觀藏書。先生好古敏求，對中日兩國古籍精熟過人，藏書極爲美富。此外，内山精也先生導覽金澤文庫，村山吉廣先生導覽東京的“孔廟”湯島聖堂（昌平坂學問所）書庫，皆令我大開眼界，對中日兩國公私藏書、近世古籍流轉有了更多的瞭解。

2017 年 9 月回到中國，花了一個月時間重新適應校園生活的節奏，隨即開始動筆撰寫博士論文。次年 3 月份完成初稿，5 月 28 日通過答辯。畢業後，我到華東師範大學嚴佐之老師門下從事博士後研究，繼續編纂完善《京師圖書館善本書目彙編》。2020 年 8 月出站後，我來到了上海交通大學人文學院工作，同年 10 月論文獲得國家社科基金資助出版。

也許看到“内閣大庫藏書”這個題目，讀者更容易聯想到是劉啟瑞、傅增湘這些藏書家所收藏的大庫殘書，以及周作人、黃裳筆下“竊書的故事”。如果抱著這樣的期待打開本書，可能會感到失望。本書主要圍繞内閣大庫移交給京師圖書館的這一部分藏書展開研究，對流失在外的庫書尚未作系統的調查。流失的内閣大庫殘書，大多沒有印鑒或文獻記載的憑據，只能依靠經驗進行判斷。比如 2014 年曾在浙江博物館的展品大廳看到一冊標爲“清刻本”的《通鑑紀事本末》，楮墨精整，紙幅開闊，蝴蝶舊裝，爲内閣大庫舊藏宋版，望而可知。後來尾崎康先生來看過，也認爲應該是宋版。該書現聞已撤展。依據書籍的樣貌推斷其舊藏所自，是一種純經驗判斷。這樣的經驗判斷要找到實證是比較困難的，只能逐項追查其遞藏經過，或許尚存一絲蹤跡，相關工作極爲瑣碎。古人云“先立乎其大者，則其小者弗能奪也”，對移交到京師圖書館的内閣大庫藏書這部分善本的配補整理、著錄、去向等情況的研究，應是首要的工作。至於流散在外内閣大庫殘書的調查，只能留待日後，尚乞讀者恕之。

　　由於時力所限，論文中有一些問題還沒有完全展開，如大庫藏書來源、清朝內閣大庫書檔之收藏變動詳情等。論文完成後數年間，奔走生計，也沒能繼續推進相關研究，此次出版只在博士論文基礎上作了一些局部的修訂。如論文中繆荃孫、張宗祥二目相關情況曾撰文在期刊發表過，過去發表時有一些疏誤，現在作了較大的修訂。《繆荃孫〈清學部圖書館善本書目〉編纂考》（2015）一文則增加了2017年日本新發現的初稿和謄清稿本的內容，並對內閣大庫藏書運到學部時間作了更詳細的考證。另外，該論文發表時認爲曹元忠未繼續參與圖書館的編目工作，現在通過對史料的進一步考察，判斷曹元忠應該是擔任了學部圖書館的纂修，繼續參與了編目，這些也都在本書中作了修正。過去誤信前人之說，以爲"南陵徐氏書"是徐乃昌積學齋藏書，本書訂正爲徐文達、徐乃光父子藏書。《張宗祥〈國立京師圖書館善本書目〉概述》一文發表時我在國外，未見校樣文章就直接刊出了，有一些錯誤沒來得及修改。比如篇名的"國立京師圖書館"稱法即不妥，因爲張宗祥編目時，該館尚未改名"國立京師圖書館"，"國立"二字是這個鈔本重抄時加上去的。另外，撰寫該文時，還沒獲悉中國科學院圖書館藏稿本《善本書目補遺》及2017年日本新發現的經部鈔本殘本，且當時尚未考出日本東文研、人文研所藏《京師圖書館善本書目錄》是史錫永所編，故相關問題的討論不是十分徹底。這些內容收入本書時，也作了較大的補充修訂。

　　論文完成後三年間，內閣大庫藏書相關研究有了一些新的成果，本次修訂出版，也吸收了部分新成果。如喬秀岩先生《〈舊京書影、北平圖書館善本書目〉出版說明》一文2018年收入《文獻學讀書記》中時，增加了"2016年補述"三條，對相關問題有了進一步補充說明。又如江瀚時期所編的兩部《京師圖書館善本簡明書目》，2019年徐蜀先生發表《承先啟後的江瀚〈京師圖書館善本簡明書目〉》一文，也提到了兩部書目，但是徐蜀先生認爲江瀚改編本在前，而舊編簡目是在江瀚改編本基礎上刪繁就簡，編纂時間在後，與本書觀點不同。又如北京大學圖書館所藏原李盛鐸舊藏《大唐六典》等大庫殘書爲何沒有出現在 1948 年北京大學五十週年紀念展覽上，也是撰寫論文時令我困惑的問題。2021 年 5 月拜讀樂偉平老師《木犀軒藏書的整理、編目與書目出版》一文，始知當年計劃將北大藏書南遷，才由宿白先生臨時將這些善本換下 20 種，代之以朝鮮本、和刻本。2016 年南京博物院"紙載千秋：傳統記憶與保護技藝"展覽上展出宋版《韋蘇州集》、《柳柳州集》、《大唐六典》等書，復旦文博系王欣然師妹參與其事。當時我剛到日本，比較關注日本的手漉紙研究，故就此有所交流。通過網上圖片看到這幾部書蝶裝舊貌，我立即意識到這些都是大庫殘書。經咨詢相關人士，獲悉這批藏書原爲北平歷史博物館藏書，文物南遷時寄存浙江興業銀行，最終撥交南京博物院收藏。這幾部書即 1921 年歷史博物館與北平圖書館交換圖書時留下的八部宋版中一部分。2021 年黃燕生、李靜發表了《國立歷史博物館舊藏八種宋元版書敘錄》一文，對八部宋版作了追蹤，可知《唐六典》、《六韜》、《柳州集》、《論衡》、《韋蘇州集》、《孟子》六種今藏南京博物院，《論語》、《韓詩外傳》兩種 1948 年遷臺，今藏臺北故宮博物院。這些都是近年關於內閣大庫藏書的新成果，在此次修訂中，以"2021 年補記"的方式補入相關章節。

　　本書得以順利完成及出版，首先要感謝業師吳格先生，先生不棄愚頑，引我入文獻研究之途，十年來言傳身教，寸衷銘感，無以言表。吳師治學，不趨時流，亦鼓勵門下弟子關注冷門的人物與文獻，發潛闡幽。求學六年間，印象最多的是與老師在路口揮手告別的場景。吳師家離復旦北區博士宿舍不遠，回去正好順路。古籍部閉館後，我便到六樓等候老師，一同步行回去。一路上或請教疑問，或談近來看書見聞。走到武川路武東路路口，等老師過了紅綠燈，揮手告別，各自回家。論文寫作時，每日在路上向老師匯報進展，請教疑問。在我爲論文感到頭緒紛如之時，吳師每每以"守先待後"一語相勉，鼓勵我就力所能及者先做起來。正是在老師的不斷鼓勵下，才膽敢將不成熟的文字拼湊成初稿並參加論文答辯。吳師不忍心多佔用學生的時間到他的項目之中，不干涉學生的興趣，很少指派他的工作給我們，基本都是一個人默默承擔。尤其是匯總《中國古籍總目》條目的時候，海量的書目數據耗盡老師所有的心力。後來吳師查出心血管疾病，與此前長年累月的辛勞不無關係。也正是因爲出於對學生愛護之心，門下弟子一個個畢業了，而老師手頭一些大型文獻整理工作至今都沒有完成。

　　感謝論文答辯委員會的各位老師：華東師範大學古籍所嚴佐之教授、山東大學文學院杜澤遜教授、日本早稻田大學稻畑耕一郎教授、復旦大學中文系陳尚君教授、復旦大學圖書館眭駿研究館員。諸位老師給予肯定鼓勵的同時，也從不同角度對論文進行了細緻入微的指導。特別是杜澤遜老師指出內閣大庫的書檔舊目才是繼承了明內府藏書目錄的傳統，昭若發蒙，啟迪良深。

　　論文寫作期間，日本青山學院大學喬秀岩教授、臺北中研院史語所陳鴻森先生、中國科學院國家科學圖書館羅琳先生、北京大學中文系劉玉才教授、清華大學圖書館劉薔先生給予了很多指導和幫助，受益良多，至深感佩。在北京訪書期間，朱憲老師、田吉師兄、褚若千師姐、常愷銘兄、馬學良兄爲我排憂解難。本科就讀期間，復旦大學徐雷、應質峰、徐紅、雲連旺老師誘掖備至，極蒙關愛。碩博士求學期間，復旦大學圖書館古籍部楊光輝、眭駿、龍向洋、樂怡、黃正儀、邢建明老師，古籍所陳廣宏、鄭利華、陳正宏、錢振民、劉曉南、季忠平、張桂麗、何凌霞老師諄諄教導，獎借逾恒。在日訪學期間，芳村弘道、高橋智、梶浦晉、村山吉廣、內山精也、益西拉姆、古屋昭弘、和平、陳捷、葉純芳老師導覽款待，至感盛情。中原理惠、下村泰三、劉斯倫、王連旺、沈暢、翟墨、蔡燕梅、張詩洋、廖明飛、李家橋諸學兄相友相助，益我爲厚。同門王亮、柳向春、陳誼、金曉東、宋一明、許麗莉、秦蓁、崔燕南、王風麗、秦穎、淩一鳴、華蕾、顧雷、楊月英學行砥礪，聲應氣求，匡我不逮。師友孟剛、郭時羽、盧康華、張濤、林辰達、王瑾過從往還，惠我實多。廣東省委黨校林戈老師拳拳垂愛，近二十載。父母與家人多年來支持學業，任勞任怨。回顧十年間往事，歷歷在目，念茲在茲，實所難忘。過去曾請人刻黃仲則句 "平生學道無堅意" 爲一印，在此茫茫世間，沒有師長親友的扶持鼓勵，難以走到今天這一步。

　　今年是業師七十華誕，也是家嚴八十壽辰，謹以此書，爲長者壽。

壬寅疫年五月記於滬南